ちくま学芸文庫

比較歴史制度分析 上

アブナー・グライフ
岡崎哲二 神取道宏 監訳

筑摩書房

INSTITUTIONS AND THE PATH TO THE MODERN ECONOMY:

Lessons from Medieval Trade by Avner Greif

Copyright © Avner Greif 2006

Japanese translation published by arrangement with Cambridge University

Press through The English Agency (Japan) Ltd.

私の心に生き続ける父，レオン・アリー・グライフに

לאבי, מורי, ורבי, סא'לדד"ר לאון אריה גרייף. חנצב'א

序　文

　本書は，中世後期（1050-1350 年頃）に生じた経済的・政治的な出来事の原因をよりよく理解しようとする試みである．この時代のイスラーム（地中海）世界は，多くの研究者が商業的統合の全盛期と考えるような状況に到達していた一方で，ヨーロッパにおける市場の拡大が顕著であったため，著名な歴史家たちはこの現象を「中世後期の商業革命」と呼んだ．それゆえ，この時代をよりよく理解することは，なぜ，そしてどのようにして有効に機能する市場や経済的に有益な政治形態が，ある歴史的な状況では普及して，他では普及しなかったのかという問題について，われわれの知見を前進させることが期待できる．経済学者は長い間，市場の拡大が経済厚生を高める効果を強調してきたが，われわれは市場発展の歴史が描いてきたさまざまな軌跡が何に由来するかについては驚くほど何も知らないのである．

　この時代は別の意味でも興味深い対象である．それは，この時代がイスラーム世界とヨーロッパ世界の歴史の分岐点であったからである．中世後期には，イスラーム世界はおそらく，ヨーロッパよりも経済的，技術的，そして科学的に進んでいた．実際，ヨーロッパ人は当時のイスラーム世界から多くのことを学んだ（Watt 1987 等）．しかし，そ

の後の数世紀の間に，イスラームは経済的にも政治的にもヨーロッパとは異なる経路で発展し，長い目で見れば経済的により貧しくなってしまった.

　この時代とその後の発展への含意を理解するにあたって，テルアビブ大学で上級学位を目指していたときに受けた歴史分析の教育が有益であった. とりわけ，中世イスラーム世界の専門家である Moshe Gil 教授の指導の下で研究できたのは幸運であった. 私はノースウェスタン大学で，Joel Mokyr，John C. Panzar，そして William P. Rogerson 教授の指導を受けて研究するという幸運に恵まれ，そこでの経済学と経済史に関する大学院教育がテルアビブ大学での歴史分析の教育を補完した.

　このような2つの専門分野の訓練を受けたことが，歴史学的分析方法と社会科学的分析方法を統合した本書に反映されている. 一方で，本書は，歴史的特殊性や歴史的プロセスを正当に評価することを試みている. 実際，本書は，一見同じように見える状況でも，異なる結果と発展が生じるという現象を理解するために，歴史的特殊性や歴史的プロセスが鍵になると論じる. 一方で，単なる歴史叙述は，アドホックで一般的洞察を欠いたものになってしまう危険性があることも認識している.

　したがって，本書で行う分析は，明示的な理論に依拠し，分析的モデルを用い，推論が経験的に反証されるかどうかを調べるという社会科学の伝統に従っている. 同時に，本書は次のような社会科学的アプローチの限界も認識してい

る．すなわち，一般理論では歴史的特殊性を説明できない
ことが多く，モデルの使用は数学的な手法に制約され，ま
た歴史的に特殊な推論は統計的方法で評価できないことが
多くあるという限界である．

したがって，歴史的分析と社会科学的分析は代替的であ
ると考えられることが多いが，むしろ相互に補完的なので
ある．本書で提示する私の研究によって，これら2つの分
析方法を統合することの必要性，実行可能性，そして有用
性が示されることを望んでいる．

中世後期を研究する過程で私は，新古典派経済理論が教
えることとは異なって，技術，資源の初期保有量，あるい
は消費者の嗜好（選好）の相違に注目するだけでは不十分
であることに気がついた．関心の対象となる結果やプロセ
スを理解するためには，制度の影響を分析に組み込む必要
があった．経済学の分野では，制度学派は，通常，制度を，
経済活動を規制する政治的に決定されたルール，あるいは
市場内で相互に作用しあう経済主体が選択した契約形態や
組織形態と同一視する．しかし，このようなアプローチは
私の目的にとって狭すぎるものであった．なぜなら，政治
秩序も市場秩序も分析を行う際に外生的条件として扱うこ
とができなかったからである．いいかえれば，私の目的
は，さまざまな政体や経済の内生的な生成と動態的変化を
考察することであり，政体や経済の中における諸主体の行
動の考察ではなかったからである．

したがって，さまざまな政体や市場の内生的生成，運営，

および含意を理解するために，政治的に決定されたルール，または市場内で相互作用する経済主体の最適反応として制度をとらえるという見方を乗り越える必要があった．市場や政体を外生的であると考えるのではなく，内生的であると考え，それらの制度的基盤を研究しなければならなかった．分析をこのようなより深いレベルで行うために，私は，経済的取引や政治的取引において行動に影響を与える要因を理解しようと試みた．そのような理解のためには，ルールの研究を超えて，ルール・予想・規範・組織（社会構造）の体系が，さまざまな取引における行動をどのようにして方向づけ，可能にし，そして動機づけているのかを考察する必要があった．

　ルール・予想・規範と組織が相互に関係したシステムとして制度を研究することは，困難であるが実り多いものであることが明らかになった．例えば，観察できない予想や規範にアドホックに依存することによってどんな出来事であっても説明することはできるが，そのことは，実際にはわれわれが何も説明していないことを意味している．したがって，許容できる制度の集合を限定する方法を持つことが必要である．制度の集合を限定する際に，歴史的分析とミクロ経済学的，特にゲーム理論的分析を組み合わせることが，概念的に適切で，また経験的にも有益であることに私は気がついた．歴史的分析とゲーム理論的分析を組み合わせることによって，許容可能な制度と結果の集合を分析的に制限し，経験的に評価しながら，同時にルール・予想・

規範，そして組織についてあり得るシステムの多様性を正当に取り扱うことができるようになった．

　そのうえ，このアプローチは，制度の動態的変化という難問の研究を進展させる新しい方法を示した．制度は，その後の制度的，ひいては歴史的発展の軌跡にどのような影響を与えるのだろうか？　通常，経済学者は，制度の動態的変化は，現在の条件と予想される条件に対する意思決定者の最適反応を反映していると主張する．しかし，他分野の社会科学者や歴史家は，制度の動態的変化は歴史の束縛を反映していると主張する．この議論のそれぞれの側面は，現実の潜在的に重要な側面をとらえているが，どちらもそれだけで十分とはいえない．ここではより広い視点から制度を考察し，歴史的枠組みとミクロ分析的枠組みを統合することによって，われわれはこれら2つのアプローチの橋渡しをすることができる．変化する環境の中で，ある制度がいつ，なぜ存続するのか，どのようにして制度はそれ自身の消滅につながるプロセスを起動させるのか，そしていかにして過去の制度，おそらくもはや行動に影響を与える効力を失った制度がその後の制度に影響を与えるのか，をよりよく理解することが可能となる．

　さまざまな予想・規範，および組織（社会構造）の形成と含意については，社会学，政治学，認知科学など，経済学以外の分野で広く研究されていた．したがって，本書は，経済学以外の分野で発展した分析的枠組みと概念上の枠組みにも基づいている．特に本書は，主流派経済学にお

いて行われている制度の研究と，社会学で行われている文化的・社会的要因の研究とを融合させる利点を強調する．従来，社会学的分析の領域にあった予想，規範，そして組織に焦点を合わせることによって，本書は，経済学における制度分析の「社会学的転回」の一翼を担うものとなっている．制度の形態や発展に見られる多様性を説明するために社会学的変数が用いられている．

　特定の歴史的出来事をよりよく理解するためには，制度分析を前進させる必要があった．社会科学者の多くは，制度は重要であり，制度の動態的変化は歴史的プロセスであるという立場をとっている．そうであるとすれば，制度とその動態的変化を研究する能力は，異なる社会の間や社会の内部で豊かさが不均等に分布している理由やこのような状況を改善させるために何ができるかを理解するためにきわめて重要となる．本書で概要を示す枠組みは，過去と現代の市場と政体，そしてそれらの動態的変化の制度的基盤について，われわれが比較分析を行う能力を向上させようとするものである．

　本書は，特定の歴史的出来事の分析と制度研究のための一般的枠組みをともに含んでいるため，いくつかの相互に重複した要素で構成されている．第1に，中世後期の市場と政体の基礎を与えた制度に関する詳細な研究である．第2に，この時代のヨーロッパ世界とイスラーム世界における制度の比較分析である．第3に，制度とその内生的な動態的変化の研究を行うための概念的・分析的（特にゲーム

理論的)・実証的枠組みである．実際，本書の中では，特定の制度に関する分析は，この枠組みの主要な側面を示すものとして紹介されている．

　そのため，本書は多面的であり，さまざまな読み方が可能である．ある読者は，経済的・政治的制度に関する理論を提示している書物であり，その中で歴史的事例は特定の理論的主張を説明していると読むだろう．また，制度分析に内生的な動態的変化を導入すべき理由とその方法，あるいは，文脈に依存した，理論に裏づけられた事例分析が有用である理由を述べたものとして読む人もいるだろう．本書を，ヨーロッパ世界とイスラーム世界における中世後期の市場と国家の制度的基盤に関する比較研究として読む人もいれば，これらの特定の歴史的出来事とその動態的変化に関するわれわれの理解を進めるものとして読む人もいるだろう．また，制度の発展と文化的・社会的進化との間の相互関係の研究，あるいは文化的要素と社会的要素を組み込むことによって経済学における制度分析を拡張する試みとして読む人もいるだろう．他にも，実証的な制度分析に対するゲーム理論の応用可能性を確認するものとして読む人もいれば，社会科学的な歴史研究として読む人もいるであろう．私自身にとっては，本書は，特定の歴史的出来事をよりよく理解し，この時代から制度全般について学ぼうとする試みを反映している．

　本書を書くうえで，私は2人の先生からもっとも大きな学恩を受けた．Joel Mokyr と Douglass C. North である．

彼らは，多くの時間を費やして私を元気づけ，励まして，詳細なコメントを与えてくれた．この企画に対する彼らの誠意のおかげで本書を書くというプロジェクトは大きく進展した．青木昌彦，Randall Calvert，Philip T. Hoffman，Timur Kuran，David Laitin，Steve Tadelis，Barry Weingast，そして Oliver Williamson からもまた，本書のさまざまな段階の草稿に多くの詳細なコメントをいただいた．学部時代以来，私の研究の発展に影響を与えてくれた Elhanan Helpman にも，この場を借りて謝意を表したい．

本書の執筆中にスタンフォード大学で特別に望ましい職場環境を与えられたことは私にとって幸運であった．経済学部の比較制度分析と経済史グループのメンバー，とりわけ，青木昌彦，Paul David，Marcel Fafchamps，Paul Milgrom，Steve Tadelis，銭穎一（Yingyi Qian），および Gavin Wright によるこのプロジェクトに対する有益なコメントから，そして彼らとの交流と刺激から，私は大いに恩恵を受けた．制度を研究しているスタンフォードの他の多くの研究者にも，多くの点でこのプロジェクトに貢献していただいた．James D. Fearon，John W. Meyer，Stephen H. Haber，Stephen D. Krasner，David Laitin，そして Robert Powell には特に大きな手助けをしていただいた．Paul Milgrom，Barry Weingast，David Laitin とは，本書から発展し，あるいは後に本書に組み込まれたプロジェクトについて共同研究を行った．また本書の原稿に取り組んでいる間に，Robert Bates，Margaret Levi，Jean-Laurent Rosenthal および Barry Weingast と *Analytic Narratives* を執筆し，彼らと共同研究を行い，彼らから学ぶという幸運を得た．

いくつかの組織が，私が本書の原稿を書くうえで重要なフィードバックを与えたコンファレンスやセミナーを後援してくれた．ワシントン大学の新制度社会科学センター，コーネル大学の社会経済研究センター，ジョージ・メイソン大学・リバティー・ファンドのメルカートスセンター，カナダ高等研究所などである．これらのコンファレンス等は，Itai Sened，Victor Nee，Richard Swedberg，Paul S. Edwards，Brian Hooks，Elhanan Helpman らによって組織された．彼らのコメントに加えて，私は，参加者，とりわけ Lee Benham，Peter J. Boettke，Randall Calvert，Bruce G. Carruthers，Stanley Engerman，Philip T. Hoffman，Jack Goldstone，David Harbord，Jack Knight，Michael Macy，森口千晶，Gary Miller，John V. Nye，Norman Schofield から多くのアドバイスをいただいた．Avinish Dixit，Thráinn Eggertsson，Steve A. Epstein，Henry Farrell，Judith Goldstein，Peter Gourevitch，Yaron Greif，Leonard Hochberg，Jeffrey Rogers Hummel，Peter Katzenstein，Margaret Levi，Bentley MacLeod，Chris Mantzavinos，岡崎哲二，Daniel Posner，John Pencavel，Robert Powell，Rudolf Richter，Gérard Roland，Andy Rutten，Kenneth Shepsle，Shankar Satynath，Kathleen Thelen，Carolyn Warner からもまた，有益なコ

メントをいただいた.

Saumitra Jha, Navin Kartik, Na'ama Moran, Lucia Tedesco, Joanne Yoong の優れた研究補助は，本書で報告された研究に大いに貢献した．同様に，私は学生やポスドク，特に Kurt Annen, Gregory Besharov, 神林龍, Kivanc Karaman, Aldo Musacchio, Mu Yang Li, Nese Yildiz, Pai-Ling Yin から得た有益な教訓から恩恵を受けている．

国立科学財団の助成金と，マッカーサー財団とカナダ高等研究所のフェローシップ，スタンフォード大学の人文科学センターと高等行動科学センターの補助は，私がこの仕事を完成させるための資源と時間を与えてくれた．私のアシスタントである Deborah Johnston は，何にもまして，何度となく改訂される原稿をチェックして，有益な助言を与えてくれた．Barbara Karni は，優れた編集を通じて，本書の表現を理解しやすいものにしてくれた．ケンブリッジ大学出版局の編集チームの Lewis Bateman, Brian R. MacDonald, Eric Schwartz もまた大いに助力してくれた．

私の母，Koka Lea Greif の限りないエネルギーと素晴らしい知性は，常に私のインスピレーションの源であった．最後に大事なことだが，私がこの原稿を書いている間ずっと支えてくれた，妻 Esther Greif, および子どもたち，Adi, Yaron, Arielle から恩恵を受けている．彼らは常に私を支援し，動機を与えてくれた．私が本書を完成させるために彼らが進んで払ってくれた個人的犠牲に感謝の意を

表したい.

　本書の章の多くは，著者が以前に発表した研究に基づいている.

　第3章と第9章は，"Reputation and Coalitions in Medieval Trade: Evidence on the Maghribi Traders" (*Journal of Economic History*, 1989), "Contract Enforceability and Economic Institutions in Early Trade: The Maghribi Traders' Coalition" (*American Economic Review*, 1993), "Institutions and Commitment in International Trade: Lessons from the Commericial Revolution" (*American Economic Review*, 1992), "Cultural Beliefs and the Organization of Society: A Historical and Theoretical Reflection on Collectivist and Individualist Societies" (*Journal of Political Economy*, 1994, copyright by the University of Chicago, all rights reserved) によっており，それぞれ，経済史学会，アメリカ経済学会，シカゴ大学の許可を得ている.

　第4章はシカゴ大学の許可を得て，"Coordination, Commitment and Enforcement: The Case of the Merchant Guild" (*Journal of Political Economy*, 1994, copyright by the University of Chicago) によっている. 第6章の修正版は，*American Political Science Review* の許可を得ており，"A Theory of Endogenous Institutional Change" (coauthored with David Laitin, *American Political Science Review*, 2004) として発表された. 第8章は，プリンストン大学出版局の許

可を得ていて，"Self-Enforcing Political Systems and Economic Growth: Late Medieval Genoa"（in *Analytic Narratives*, 1998）によっている．

　第 10 章は，シュプリンガー出版グループの許可を得ていて，"Institutional and Impersonal Exchange from Communal to Individual Responsibility"（*Journal of Institutional and Theoretical Economics*, 2000），"Impersonal Exchange without Impartial Law: The Community Responsibility System"（*Chicago Journal of International Law*, 2004, 5（1），109–38）によっている．

日本語版への序

　私が本書を書き上げるまでにたどった道のりは，日本を経由しているということができる．本書は制度一般に関するものであり，また日本からはるかに離れた地域の社会の歴史的経験に基づいていることから，このような言い方は奇異に思われるかもしれない．しかし，日本の歴史を参考にし，日本の研究者と対話することが，本書におさめた研究に大きな影響を与えたのである．特に，スタンフォード大学の同僚である青木昌彦教授は，私が1989年にスタンフォード大学に着任して以来，制度とその動態的変化に関する研究について，私を励まし，刺激を与えてくれた．1980年代末には，制度の重要性は今日ほど認知されていなかった．私は青木教授と出会う以前から制度に関心を持っていたが，私がこの研究をさらに進めて行くうえで，青木教授の支援は欠くことができないものであった．

　また，青木教授は，1990年代初めに私が東京大学に長期滞在することをアレンジして下さった．その期間に私は神取道宏教授と岡崎哲二教授と対話する機会に恵まれた．神取教授はゲーム理論研究者，岡崎教授は経済史研究者である．それ以来の彼らとの議論は，ゲーム理論と経済史を統合した本書に，有益な形で取り込まれている．

　このようなわけで，本書の日本語版が出版されること

は，私にとって大変喜ばしいことである．日本の研究者と日本の歴史からの刺激が本書の出発点となり，その内容に寄与したのと同じように，本書が日本の読者にとって有益なものとなれば幸いである．

アブナー・グライフ

目　次

Annali	*Annali Genovesi di Caffaro e dei suoi Continuatori*, 1099–
	1240
Bodl.	Bodleian Library, Oxford, England
CDG	*Codice Diplomatico della Repubblica di Genova dal MCLX-*
	IIII [*sic*] *al MCLXXXX* [*sic*]
DK	David Kaufmann Collection, Hungarian Academy of Science, Budapest
Dropsie	Dropsie College, Philadelphia
INA	Institute Norodov Azii, Leningrad
TS	Taylor-Schechter Collection, University Library, Cambridge, England
ULC	University Library, Cambridge, England (exclusive of the TS collection)

比較歴史制度分析　上

準備

Preliminaries

第1章
イントロダクション

Introduction

　1210年3月28日，ジェノヴァ在住のルベウス・デ・カンポは，ルッカ出身のヴィヴィアヌス・ヨルダヌスの代理人としてロンドンに赴き100マルク銀貨の負債を返済する，という取り決めに合意した[1]．この取り決めは，別段とり立てていうほど珍しいものではない——事実，当時のヨーロッパでこのような合意が交わされた証拠は何千と残っている．しかしこの逸話は，なぜルベウスという人物がある特定の時代に生きていたのかを，暗に示すものなのである．その時代とは，都市化，人口増加，資本蓄積そして交易形態の変化など大きな進展が見られた，目覚しい経済成長の時代である[2]．

　第1に，この逸話は市場が正しく機能していたことを示している．市場の制度的な基礎はしっかりしており，法的な契約がなくても，海外での業務を取り扱う代理人を信用

することができるほどであった．ヨーロッパの隅々からや
ってきた商人たちの間で，個人的関係に依存しない融資は
広く行われていたし，所有権は十分に守られていて商人た
ちは自分たちの財産を持ったまま外国を移動することがで
きた．第2に，上記の逸話は政治体制もまた正しく機能し
ていたことを反映している．当時のヨーロッパにおける政
治体制の制度的基盤は，経済的繁栄をもたらす政策を促す
ようなものであった．ルベウスが上記の取り決めに合意し
た場所であるジェノヴァは，その約1世紀前に成立した都
市共和国であり，繁華な商業中心地となるための政策を推
進していた．このように正しく機能する市場と政治体制
が，歴史上のさまざまな場面で，なぜ，どのように出現し，
何がその存続と衰退をもたらしたのかを理解するために
は，その制度的な基盤を分析しなければならない．

　制度分析は，なぜ豊かな国と貧しい国とがあり，なぜ社
会に繁栄をもたらす政治体制とそうでないものとがあるの
かを明らかにする．社会的に有益な制度は，繁栄につなが
る協調や行動を促すものである．そうした制度は，所有権
の効率的な割り当て・保護・修正，あるいは契約の保証，
分業と交換の促進などを通じて市場の基礎を築く．良い制
度はまた，貯蓄の促進，人的・物的な資本への投資，有益
な知識の発見やその応用によって産業を振興する．そし
て，持続可能な人口成長を支え，平和と繁栄，資源の流通，
公共財の供給をはじめとする有益な政策を促進する．

　このような経済・政治体制の制度的基盤の質の良し悪し

は，社会の繁栄を決定づけるうえでもっとも重要なものである．なぜなら，個々の人間は必ずしも何が社会にとって有益なのかを認識しておらず，適切な制度がなければそれを追求する動機を持たないからである．このように考えると，社会科学と歴史学の中心的な問いとして2つのことが浮かび上がってくる．1つは，社会がなぜさまざまな制度的発展の経路をたどって進化するのかということであり，もう1つは，なぜ社会はときとして，より経済的に成功した他の社会の制度をうまく取り入れることができないのかということである．

本書は詳細な歴史分析に基づいて，1つの新しい視点を提示・紹介するものである．それは「比較歴史制度分析」と呼ばれるもので，制度の分析全般の発展に寄与するとともに，とりわけ社会の発展にまつわる問題を考えるうえで大きな役割を果たすものである．第1に，本書は，従来の研究で用いられてきた，一見すると互いに異なるさまざまな「制度」の定義に対し統一された概念を提示する．第2に，互いに影響を及ぼし合う個々人のレベルで制度を分析すると同時に，制度化された行動のパターンが，外部からの強制なしにどのように守られるのかという問題も考察する．第3に，首尾一貫した概念的・分析的枠組みを作り上げて，制度の存続とその内生的変化，および過去の制度が後世の制度の発展にもたらす影響を分析する．最後に本書は，演繹的な理論と統計的な分析に依拠したこれまでの社会科学の実証分析の方法を超えるものが，制度の分析には

必要であることを主張する．そして，そうした従来の分析方法を補完する，理論−歴史対話型の，文脈に依存した分析手法とは何かを入念に考察する．この，事例研究に基づいた手法の中心となるのは，理論，モデルの構築，そして歴史背景に関する知見を動員して，制度とは何かを特定し，その起源を明らかにし，制度がどのように存続し，変化するのかを理解することである．

　この新しい見方は，制度とは何か，それはどのように発生するのか，制度の実証分析はどのように行うことができるのか，そして制度の安定性や変化に影響する要因とは何であるかを明らかにする．また，制度は過去の影響をなぜ，そしてどのように受けるのか，なぜ制度はときとして変化するのか，なぜ制度は社会によって大きく異なるのか，そしてなぜ制度の変革を目的とした政策を立案することが困難であるのか，といったことに説明を与える．

　本書は，現在も発展を続けるこの新しい考え方の主な特徴を提示し，例として中世経済史の重要な論点を分析し，その適用可能性を明らかにする．実際のところ，従来の制度分析の方法でこれらの論点を取り扱うことには限界があり，それが本研究のきっかけとなったのである．さらに本書は，ヨーロッパ（ラテン）世界とイスラーム（地中海）世界の制度の比較歴史分析を行う．ここでの比較歴史分析は中世後期に焦点を当てるが，それはこの時代が，ヨーロッパの経済と政治体制がその後の覇権に向けて浮上を開始した時期だからである．そして，このような早い段階にお

いて，ヨーロッパ内部，およびヨーロッパ・イスラーム世界間に制度の違いが発生し，それが後世の制度のあり方を方向づけたことが示される．この分析を通じて，その後のヨーロッパの経済的・政治的優位と，ヨーロッパ内部における制度の著しい相違の起源について，1つの推測にわれわれはたどり着くことになる．

　本章は4つの節から構成されている．第1.1節では経済学における制度分析のさまざまな流れを概説し，その限界を明らかにする．そして，制度がどのような経済厚生上の成果をもたらすかを理解するためには，超えなければならない3つの課題があることを論ずる．第1.2節では，比較歴史制度分析がどのようにこれらの課題を解決し，また既存の制度分析，とりわけ経済学以外における分析とどのように関連しているのかについて，簡単に論じる．また，制度分析がなぜ社会科学の従来の実証研究の方法を乗り越える必要があるのかを明らかにし，本書で展開する補完的な実証分析方法のあらましを述べる．第1.3節では，本書が中世後期のヨーロッパ，イスラーム両世界における制度発展に注目する理由を紹介する．第1.4節は本書全体の構成と，後の章で扱われる論点を大まかに述べる．

1.1　制度研究の課題

　社会はそれぞれ，地理的条件，知識，資本蓄積などの異なった「技術的」特徴を持っており，その違いは経済的な

成果に影響を及ぼす．また，各社会は，法とその執行方法，所有権の分配と保障の様式，汚職や信頼の程度など，それぞれ異なった「非技術的」特徴も持っている．このような非技術的特徴を，通常は制度と呼ぶことが多い．後の第2章でわれわれは制度を再定義し，その定義とこれらの非技術的特徴との関係を論じるが，本章ではひとまずこの通常の用語法に従うことにする．

経済理論の示唆するところによると，制度の違いは労働，貯蓄，投資，技術革新，生産，交換などに関する意思決定に影響を及ぼし，その結果として制度の違いが経済的な成果に影響を与える．そして計量経済学を用いた分析は，実際にそのような影響が存在することを示唆している．それらの結果はあくまで暫定的なものではあるが，より強く保障された所有権，より徹底した法による支配，より大きな信頼関係が，より良い経済的な成果と関連していることが知られている（R. Hall and Jones 1999; Acemoglu, Johnson, and Robinson 2001; Rodrik, Subramanian, and Trebbi 2003; Zak and Knack 2001）．

また，計量経済学を用いた分析と事例研究は，異なった社会の非技術的特徴の違いが，どのような歴史的起源を持つのかについても，示唆を与えている．その違いをもたらすものは，例えば，過去の文化，社会的・政治的構造，中世期の共和政の伝統などであると論じられてきた（Greif 1994a; Glaeser and Shleifer 2002; Putnam 1993）．発展途上国では，その違いは植民地時代の環境（Acemoglu et al. 2001），

旧宗主国の影響（North 1981），初期の富の分布（Engerman and Sokoloff 1997）などを反映しているとされる．

しかしながら，これらの研究成果は，制度の理解を目的とした研究計画の最終的な成果というよりも，むしろその始まりにすぎない．これらの研究成果の背後にある因果関係を理解するためには，さまざまな非技術的要素を測定し，それらと関心の対象となっている結果との間の相関関係を明らかにするだけでは不十分である．真に必要なのは，どのように人々が相互に影響しあいながら，そうした相関をもたらす行動をとる動機が生まれ，また実際にそうした行動をとることが可能となっていたのかを研究することである[3]．

例えば，政治の腐敗が投資の減少をもたらすという発見は有用なものではあるが，しかしこの発見だけでは，何が人々の腐敗した行動を可能にし，動機づけているのかを明らかにすることはできない．同じように，所有権の保障と何らかの経済的成果との間に相関関係を発見することだけでは，そもそも所有権の保障の水準やその変化の仕方が社会によってどうして異なるのかを説明したことにならない．経済学でよく見られるように，所有権が保障される度合いは所有権がどのような機能（例えば，効率性やエリートの利害関係）を果たしているのかによって決まる，と主張するだけでは，いかにして所有権が多かれ少なかれ保障されるようになってきたのかを説明できない．所有権がいかにして保障されているのかを理解するためには，他人の

所有権を物理的に侵害することが可能な立場にある人々が
なぜ実際にはそうしないのかを知る必要がある．同様に，
過去の歴史上の出来事と，現在見られるさまざまに異なっ
た非技術的特徴との間に相関があることを発見することだ
けでは，どのように，そしてなぜ，過去の制度が後世の制
度発展に影響をもたらしたのかを明らかにすることはでき
ない．

　社会の非技術的特徴が与える影響や，その持続性と変化
を理解するためには，それらの特徴の発生，安定性，そし
てその時間を通じた変化を個人レベルで支えるミクロ的な
メカニズムを分析する必要がある．その際，特に，それら
の非技術的特徴を支える個々人の行動をもたらす動機（イ
ンセンティブ）を詳しく検討することが必要となる．

　新制度学派の経済学で用いられてきた主要な概念的・分
析的枠組みは，残念なことに，この種の動機に焦点を当て
てはいない[4]．新制度学派では，経済的な制度と，政治体
制によって経済主体に「上から課された」ルールとが，し
ばしば同一視されている．こうした政治的に決定されたル
ールは，例えば，所有権を割り当てたり，納税額を決定し
たりすることで経済生活を左右している．したがって，彼
らの分析の中心になるのは，政治的制度——指導者の選出
や集団の意思決定の方法を規定するルール——と政治的組
織（例えば権益集団や労働組合など）である．経済的制度
は政治的な過程を通じて成立し変化するので，政治制度と
政治組織こそが重要であるというわけである（North 1981,

1990; Barzel 1989; Sened 1997; G. Grossman and Helpman 2002). この新制度学派の分析を補完するのが取引費用経済学で, そこでは経済主体はそれぞれのルールにふさわしい契約形態を選び, そのことを通じて取引費用を最小化する組織を作り出すと仮定される (Coase 1937; O. Williamson 1985, 1996).

　この「ルールとしての制度」という枠組みは, 政治家が好むルールとは何かとか, 取引費用を最小化する契約形態は何かなどの論点を分析する際には, 非常に有用である. しかし, ルールや契約によって指定された行動は, いくらでも無視することができるたんなる指図にすぎない. 行動の規範的ルールに実効性を持たせるためには, 個々人はそれに従うよう動機づけられていなければならない[5]. 行動が合理的なもの, 模倣的なもの, 習慣的なものの何であれ, 動機は環境から行動を導く媒介となるものである. ここで私は, 動機という語を, 期待, 予想, 内面化された規範などを含む広い意味のインセンティブという意味で用いている.

　「ルールとしての制度」という枠組みは, しかしながら, ルールや契約で定められた行動の指示に人々が従う動機を考察する際には, 適切なものとはいえない. 1次近似として, あるいは分析目的によっては, (明示されていない他のルールによって罰則が与えられるので) 人々は行動ルールに従うものである, と仮定することで十分な場合もあるかもしれない. しかしこの種の考え方は, ルールを執行する

立場の人は必ずルールの執行を行うものである，ということを仮定しており，その意味で制度の実効性に関する考察を単に先送りして避けていることになる．なぜルールは執行されるのであろうか？　見張り役を見張っているのは誰であろうか？

　行動に関するルールは，それが国内で生まれたものであれ国外からもたらされたものであれ，その一部は守られ，一部は無視されるのであるが，これはなぜかを知ることが行動を理解するうえでぜひとも必要である．そして，動機を外生的に扱っている分析の枠組みでは，この問いに答えることはできない．規範を示すルールや現実の行動を記述したルールを包括的に理解するためには，特定の行動ルールに従う動機がどのように作り出されるかを分析する必要がある．

　個人間のレベルで動機を内生的なものとして考察することは，多くの重要な論点に取り組む際に決定的に重要である．それは例えば，「自律的秩序」とよばれる状態——契約を執行する機関の役目を果たす第三者がいなくても秩序が維持されている状況——を理解するうえできわめて重要である．このような状況では，秩序の維持や欠如は，第三者との関係ではなく，互いに影響を及ぼしあう社会の構成員の行動によって決まる．国家が存在しなかったり，経済主体にとって国家は財産を守るのではなく収奪するものと思われていたり，あるいは国家が所有権を保障したり契約を執行したりする意思や能力がなかったりする場合でさえ

も，所有権や交易の保障をもたらす秩序が存続することがあるのである．また，うまく機能している国家のもとで行われている現代の市場経済においてさえ，自律的秩序は重要な役割を果たしている．

　制度は人間の行動を反映したものである以上，たとえ国家が存在する時代のものであっても，われわれは究極的には制度を自律的秩序として分析しなければならない．分析目的によっては，国家は強制力を独占しており，そこでのルールを執行できると仮定する——「ルールとしての制度」分析のように——ことは有用である．しかし政治秩序やうまく機能する国家は結果として生じたものに過ぎない．政治関係者は暴力に訴えたり，強制力を伴う権限を強化しようとすることができるし，またときとしてそういうことが実際に起こり，政治的混乱や革命がもたらされてきた．したがって，政治秩序と混乱の分析には，政治関係者が個々のルールを遵守する動機を考察する必要がある．さらに，国家が発したルールの実効性は，官僚機構・司法機構内部で働く人々がそうしたルールを執行する動機に左右される．国家の影響力を理解するには，それにかかわる人々の動機を分析する必要がある．いいかえれば，政治的秩序やその欠如，国家の構成要員の行動を包括的に理解するためには，関係する個々人の行動に影響を及ぼす動機を考察することが必要なのである．

　「ルールとしての制度」アプローチは，動機を分析するうえで以上のような限界があるが，それに加えて制度の時間

を通じた変化を分析するうえでもやはり限界がある．制度の安定性や変化を説明するにあたって，このアプローチでは，政治と効率性という，重要ではあるがきわめて部分的な要因がもたらすインパクトにもっぱら注目する．制度が政治的に作られたルールや効率的な契約と同一視されるとき，制度の変化は，ルールや効率的な契約を設計する政治関係者の利害関係や知識が外生的に変化する結果として理解される（Weingast 1996; O. Williamson 1985）．制度は，現行のルールや契約を支える利害関係や知識を変えることによってのみ，変化の要因となると考えられているのである．

制度がなぜ存続するかということに関する従来の見解は，制度の調整過程にかかる摩擦抵抗（例えばルール変更の費用）や，慣習や伝統などの外から与えられた非公式な制度の力にその原因を求めた．これらの非公式な制度は，不変の，すなわち無視できるほどゆっくりしか変化しない文化的特徴ととらえられている（North 1990）．このような見方は，存続や変化が分析対象の制度とは別個のものの力に起因するとしてしまっている点で，きわめて不十分なものである（O. Williamson 1998, 2000）．

制度の分析を内生的な動機を研究する方向に拡張するにあたっては，古典的なゲーム理論が広く用いられてきた．ゲーム理論は，1人のプレイヤーにとっての最適な行動が，他のプレイヤーの行動に左右されるような，いわゆる「戦略的」な状況を考察する理論である．ゲーム理論的分析がまずその出発点として定式化するのは，各プレイヤーがと

りうる行動や持ちうる情報の範囲と，すべてのプレイヤーがとった行動によって決定される各人の利得である．このようなゲームのルールを所与として，古典的なゲーム理論では，すべての意思決定者が他者の行動を正しく予想し，それに対して自身の行動を最適に定めた状態である，「均衡」状態を主要な分析対象としている（ゲーム理論の基本的概念は付録Aにまとめられている）．この枠組みは，内生的に動機づけられた行動を考察することを可能にするものである——各プレイヤーが均衡行動を選ぶ動機をもたらすものは，正しく予想された他のすべてのプレイヤーの実際の行動なのである．ゲーム理論はこうして，ゲームのルールと自己実現的（self-enforcing）な行動との関係を考察することを可能にするのである．

ゲーム理論的な均衡分析を用いて，なぜ個々人が特定のルールに従うのかを考察してきたのは，これまでは主として経済学者であった[6]．こうした分析は自律的秩序の研究に応用されており，特に，国家が管理する実効性を持つ法制度がない状態でも所有権が保障され契約が履行される状況が分析されてきた（O. Williamson 1985; Greif 1989, 1993; Ellickson 1991; Dixit 2004）．また，情報の非対称性や法による契約執行に限界がある状況にもかかわらず，さまざまな契約が守られる内生的な動機を分析する関連した研究もある（Townsend 1979; Hart and Holmstrom 1987; Hart and Moore 1999）．ゲーム理論的アプローチにおいては，制度はさまざまな仕方でとらえられており，その中には制度を「均衡」

ととらえるもの (Schotter 1981; Greif 1993; Calvert 1995),
「均衡行動を動機づける予想の共有」ととらえるもの (Greif
1994a; Aoki 2001),「ゲームのルール」ととらえるもの
(North 1990) などがある.

しかし,制度をこのように定義すると,古典的なゲーム
理論は制度の時間を通じた変化——つまり,制度を変化さ
せる力の源泉や,過去の制度が後世の制度にもたらす影響
——を研究するうえで,不十分な分析用具となってしま
う.厳密にいえば,古典的なゲーム理論では,プレイヤー
の各時点の行動はあらかじめ定めておいた戦略が実行に移
されたものにすぎない.したがって各時点の行動は,それ
までに起こった出来事によって条件づけることができると
はいえ,基本的には過去の歴史に左右されるというより
も,もっぱら将来のことを考えて決められたものだという
ことになる.さらに,こうした行動が均衡となっていると
いうことは,制度を変化させる力が内側から働く余地はな
いことを意味している.ゲームのルールが変化したとき
——例えば,技術革新の結果などによって——,制度が外
からの力で変化することをとらえることはできるものの,
内的な制度変化を分析することは,制度を均衡と見なす考
え方とは相いれないものなのである.

さらに困ったことに,ゲーム理論が明らかにするところ
によると,往々にして,1つのゲームには数多くの均衡
——つまり,自己実現的な行動パターン——が存在する.
すべてのゲームにおいてただ1つの結果を予測できるよう

にゲーム理論の均衡概念を強化する試みがなされてきたが，それは，同じ人同士がくり返し関係を結ぶ状況の分析においては，失敗に帰した．この「くり返しゲーム」の状況こそが，制度の分析において中心的な役割を果たすものなのである．さらに，ゲーム理論のみでは，ある時点のゲームにおける行動と，それより後の時点の別のゲームにおける行動との関係について何もわからない[7]．たとえ新しいゲームと前のゲームがほとんど同じであったとしても，前のゲームで起こったことと同様なことが新しいゲームで生じるという結論は得られず，新しいゲームにさまざまな均衡があった場合，それらはすべて同様にもっともらしいものだということになってしまう．このように，制度をゲームにおける均衡や予想であるとの観点に立つと，過去の制度が後世の制度に与える影響を分析することはできなくなってしまうのである．

　制度をゲームのルールととらえて，そこでの均衡行動を分析するという方法は，説明するべきことをあらかじめ仮定してしまっているきらいがある．技術的可能性が類似しているにもかかわらず，なぜ異なる社会において異なるゲームがプレイされているのだろうか？　ある特定のゲームは，利用可能な技術や物理的な諸条件のみで決まるルールを持つ，より大きな「メタゲーム」の均衡であると考えることもできるが，満足のいく結論には至らない．制度の源泉という重要な論点を一歩後退させているにすぎないからである．「メタゲーム」はいったいどのように生まれるも

のなのだろうか？　ゲーム理論は内生的な動機の分析を可能にするものの，制度の時間を通じた変化を分析するうえではきわめて不十分なものなのである．

　最後に，ゲームを定式化しそれを解くうえでは，各プレイヤーの認識がどの程度共有されているかを示すモデルと，彼らの合理性に関して，強い仮定をおく必要がある[8]．したがって，ゲームを固定して分析を開始することは，制度がいかにして知識や認識を生み出し，合理性を導き出すかという問題を，蚊帳の外においてしまっている．しかしながら，制度が果たしうるこうした重要な役割は，「旧制度学派（old institutionalism）」の分析では関心の中心であった．彼らは，制度の明白な（prima facie）存在理由は，個々人は完全に合理的でもなく，また状況についての完全な知識を周知の事実（common knowledge）として共有することもできないことにある，という説得力のある議論を展開していた（Veblen 1899; Mitchell 1925; Commons 1924; Hayek 1937 などを参照）．

　限定合理性や認知に関する旧制度学派の主張を制度分析や制度の動学的な分析にとり入れる試みは，進化ゲーム理論に深くかかわる進化制度学（evolutionary institutionalism）の分野で行われている．このアプローチは，各個人の属性（行動様式，習慣，日課，選好，規範）と制度とを同一視し，どのようにして進化的な力が，突然変異，模倣，試行錯誤などを伴って，これらの属性の長期均衡分布に影響を与えるのかについて分析をしている（Ullmann-Margalist 1977; Nelson and Winter 1982; Sugden 1989; Kandori, Mailath and Rob 1993; Weibull 1995; Kandori 1997; Young 1998; G. Hodgson 1998; Gintis 2000)[9].

この進化論的な考え方は，動機の問題をいったん横に置き，行動の変化は進化的な力に起因すると考えることで，古典的なゲーム理論が持っていた制度の時間を通じた変化を分析するうえでの欠点をうまく緩和しているといえる．しかしながら，その分析的手法は，応用の範囲を狭く限定するようなものになってしまっている．制度変化の原動力となる試行錯誤，突然変異や学習過程を外生的なものとして分析しているからである．David（1994, p. 208）は「進化プロセスの正確な仕組みについては，ほとんどわかっていない」と述べている．さらに，計算上の理由によって，これらの分析はしばしば人間性について極端な仮定を用いざるをえなくなっている．個々人は通常，完全に近視眼的で，過去に誰と交流したのか認識することができず，誰と交流するのかを選ぶこともできず，他人と行動の調整を行うこともできず，また自ら周囲の環境を整備する能力も一般にないと仮定されることが多い．これらの仮定は，人間社会における進化プロセスのミクロ的基礎づけとしては不十分なものである．

　以上の簡単な議論からも明らかなように，経済学では制度についてさまざまな定義が用いられている（社会学や政治学においても同様である）．これらの定義はこれまで，互いに相いれないものであると考えられてきた．「ルール

としての制度」アプローチは制度を主に，ルール，組織，契約などとして定義している．古典的ゲーム理論を用いる学者は，制度をゲームのルール，均衡や，それを実現する参加者の予想などとして定義する一方，進化制度学派は制度を，行動様式・習慣・慣例・選好・規範などの参加者の均衡属性と同一視している．

　さらに，ある社会の構成員が自らの制度を選択するにあたってどの程度の自由度を持っているかということについても議論がある．社会学や古い制度学派に多い，構造的（文化的）な見方をする人は，制度は個々の主体を超越する存在であり，個々の主体の行動を決定する不変の文化的特徴であることを強調する（Sewell 1992; Scott 1995; Dugger 1990）．これと対照的に，経済学や新制度学派に多い，主体説的（agency view）（機能的）な見方をする人は，個々人がさまざまな機能を果たすために制度を創造するのだと強調する．制度が利害関係や必要度に反応して変化することをはっきり意識している機能的な考え方のほうが，制度の分析には適したものと考えることができる．

　これら各々のアプローチ内部でも，研究者によって制度形成やその時間を通じた変化の源泉が何であるかについては見解が異なっている．例えば，制度を主体説的に見る研究者の間でも，制度は効率性を考慮して生まれるものだとする研究者もいれば，所得配分の問題や社会的ステータス・政治権力の追求などの重要性を強調する者もいる．また，制度は，個々人の限定合理性や認識能力の限界によっ

て生じた意図せざる帰結を反映したものとする者もいれば，合理的で，かつ先々のことを見越した（forward-looking）個々人の意図が反映されたものだとする考えもある（Schotter 1981; O. Williamson 1985; North 1991; Knight 1992; Acemoglu et al. 2001）．

制度の異なる定義を互いに相いれないものととらえ，制度の本質やそれを形成する力の源泉について異なった前提のもとで制度分析を始めてしまっては，制度分析を満足な形で発展させることはできないであろう．それぞれの定義において前提とされているものは，たしかに互いに異なってはいるが，それぞれが重要な一側面をつかみとっているのである．制度を外生的な構造ととらえて分析するのが適切な場合もあれば，社会の構成員にとって内生的なものであると考えたほうが適している論点もあるであろう．また，制度を，一部の構成員の行動や利害を反映したものとして分析するのが適切な場合もある．したがって，制度分析に際して，構造的/主体説的な見方のいずれか一方がつねに最適であると最初に断じてしまうのは早計である．

制度分析を進めるにあたっては，従来の制度分析のさまざまな路線を統合し，それぞれの流派が注目してきた要素・影響力・論点などを抱合した，概念上と分析上の枠組みが必要なのである．

以上の議論から，制度と経済厚生上の成果との関係を制度学派の観点から分析しようとする際には，互いに関連する次の3つの課題に答えなくてはならないということが，

より一般的に理解できよう.

・制度に関する統一的な概念を構築し,一見すると異な
  って見える,さまざまなアプローチにおいて得られた
  制度に関する見識や分析的枠組みを役立てることがで
  きるようにすること.
・社会の個々の構成員レベルで制度を分析する一方で,
  行動のルールに従う動機を分析の中核に据えること.
・制度の存続,内生的な制度変化,過去の制度が後世に
  及ぼす影響を分析できる,統一的な概念上・分析上の
  枠組みを構築すること.

1.2 比較歴史制度分析

本書は,前節で掲げた首尾一貫性・動機・時間を通じた
変化にかかわる3つの課題に答えるための新しい見方を,
従来の制度分析の成果を取り入れて提示するものであ
る[10].現実にさまざまな軌跡をたどって制度が発展してき
たことに鑑みて,本書では,制度発展の多様性の源泉とそ
の意味するところを追究するために,明確に定式化された
分析枠組みと文脈的・歴史的資料とを組み合わせて用い
る.私はこのアプローチを,比較歴史制度分析(compa-
rative and historical institutional analysis)と呼んでいる.

第1.1節で掲げた3つの課題に取り組むにあたって,本
書は,これまで制度分析を支配してきた2つの慣行と袂を

分かつことにした．その慣行の１つは，制度を一枚岩のような実体として定義してきたことである．前節で見たように，これまで制度にはさまざまな定義が与えられてきたが，そのどれにおいても，規則，ゲームのルール，予想，規範，行動様式などとして，制度は一枚岩のようにとらえられていた．それに代わって本書で展開する分析は，制度は決して単一の性質を持ったものではなく，ルール・予想・規範などをはじめとする区別可能な複数の要素によって構成されていて，これらの要素はときとしてさまざまな組織に具現化されるという見地に立っている．これらの**制度的要素**（institutional elements）は，その影響の対象となる社会の各構成員にとっては外生的なものである．制度的要素は，各人の行動に認知・行動の調整・規範・情報の各面でミクロ的基礎づけを与えることによって，各人が特定の行動に従うことを可能にし，それに指針を与え，動機づける働きをする．

　本書が袂を分かつ慣行の２つめは，制度を，（社会学のように）構造的・文化的見地から，または（経済学のように）主体説的・機能的見地からのどちらか一方のみの見方に立ってとらえることである．それに代わって本書で展開する分析は，構造的見方と主体説的見方とを組み合わせたものとなっている．本書では，均衡現象として制度を分析することの重要性を強調する．均衡現象としての制度は，人々の行動に影響を与える構造として働く一方で，この構造に反応して人々がとる行動が制度を再生産する．制度を均衡

現象として分析するにあたって，私はゲームと制度のどちらも制度分析の基本単位であるとは考えない．その代わりに，私はある特定の見方で取引をとらえ，それを制度分析の基本単位とすることにする[11]．

いいかえれば，本書では，均衡としての見地から制度を分析する一方で，制度を一枚岩のものとはとらえず，取引を分析の基本単位と考える．この前提に立つことによって，なぜ制度は行動に甚大な影響力を持ち，なぜ制度は制度変化のありかたに独自の影響力を持つのかを明らかにするような，統一的な概念を構築することが可能になる．また，過去の制度が制度変化のタイミングや変化の仕方に影響を与える歴史的な過程として，制度の時間を通じた変化を分析することが可能になり，新しく生まれる制度の詳細な性質とその意味するところを考察することができる．このような貢献の意義を詳しく述べることは，本章の範囲を超えることになるので，以下では，先行研究の立場と本書の貢献との関係についてその基本的な部分を述べることとする．

本書で展開される制度の統一的な定義は，制度的諸要素を均衡の結果として生ずるものととらえる．そうした諸要因は，それらによって行動が影響される各個人にとってみれば，外生的なものである．そして，主としてこのことが本書の分析の及ぶ範囲を確定する．本書では，制度はさまざまな要素によって構成されていると考えるため，本書の定義は多くのさまざまな代替的定義（「国家が執行するル

ール」とする定義や「予想のシステム」とする定義）を特別な場合として含むものとなっている。さらに、制度はそれぞれ異なった起源や機能を持つという事実、また制度はあるときには学習過程や限定合理性を反映し、あるときには状況の正しい理解に基づいて将来を見越した行動を反映しているという事実を、ともに認めることができるものとなっている。したがって、制度分析のさまざまな流派で構築されてきた知見や分析枠組みの上に分析を展開することが可能となる。本書が与える定義の有用性は、後の章でさまざまな実証的課題に応用する際に明らかとなるであろう。

　同様に、本書の見方は、制度に対する主体説的な見方と構造的な見方とを統合することによって内生的な動機を分析するという課題に答えるものである。それは、もっとも一般性の高いレベルにおいては、**内生的制度**——すなわち、**自己実現的**である制度——を分析することを可能にする。自己実現的な制度においては、すべての動機は内生的に与えられる。各個人は、他者の行動や行動に対する期待によってもたらされる制度的要素に反応しながら、そもそも各個人の行動を生み出した制度的要素へと導くような行動を他人にも可能にし、それに指針を与え、動機づけるよう行動するのである。各個人が制度を所与のものとして制度化された行動に従うことが最適であると考え、その制度化された行動が所期の予想や規範に沿うものとなるという意味において制度を再生産する——このような行動を自己

実現的な行動と呼ぶのである.

　制度を均衡現象として分析し，制度を自己実現的なもの
とする力の源泉を明らかにすることで，制度の崩壊につな
がる外生的ショック——とりわけ，制度を自己実現的でな
いものにしてしまう外生的ショックについても知ることが
できるであろう．しかし本書の成果はこれにとどまるもの
ではない．本書の分析によって，制度の時間を通じた変化
を歴史的な過程として分析することが可能になる．制度は
外部環境が変化しても安定的であることもあれば，環境の
変化なしに制度変化が生ずることもある．また，過去の制
度が——たとえそれが自己実現的でなくなった制度であっ
ても——後世の制度の詳細に影響を与えることもある．

　1つの枠組みのもとで安定性と変化を分析するために
は，制度的要素が行動のミクロ的基礎づけを与えること，
また制度が均衡現象であることをふまえる必要がある．こ
れによって，変化する環境における制度の存続と，安定的
な環境における内生的な制度変化の両方を分析することが
可能になる．ある個人が行動を選択するにあたっては，適
切な情報，認知モデル，および他人の行動を予想する能力
が必要となる．各個人はまた，道徳にかなった，社会的に
許容される行動とは何であるか模索する．行動のミクロ的
基礎を，このような認知・行動の調整・規範・情報の各面
で与えるのが，さまざまな制度的要素なのである．同時に
また，過去の経験に引きずられ，合理性に限界がある一方
で，将来のことも抜け目なく見越して行動する個人は，自

らの私的情報・知識・生まれつきの嗜好などに基づいて，制度的要素が推奨する行動や規範に反応する．制度が行動を生み出すような状況の下では，制度的要素は，状況が持つこのようなさまざまな属性を凝縮した均衡を構成する．

したがって，ある条件のもとでは，制度は変化する環境の中でも存続することが可能となる．このようなことが可能になるのは，個々人が自らの行動を，環境に直接基づいて決めるよりは，制度的要素がもたらす認知的・協調的・規範的・情報的内容に基づいて決める方が，必要かつ望ましいと考えているからである．ゲーム理論の専門用語でいいかえると，個々人はゲームのルールに対してプレイしているのではなく，（制度化された）ルールに対してプレイしているのである．これらの制度的要素は均衡であり，必ずしも私的情報や知識を正しく集約したものとは限らないので，環境の変化に比べて制度の方が安定的となることがしばしば起こりうる．したがって，変化する環境のもとでも行動は変わらない．実際に，仮に個々人が自分たちの行動を環境に基づいて決めていたならば過去の行動がもはや自己実現的でなくなってしまうようなケースであっても，行動が持続可能となることがある．

内生的な制度変化を理解するためには，制度が行動に与える影響を決定するさまざまなミクロ的メカニズムと，それらのメカニズムが（行動あるいはそれ以外のものに）もたらす帰結との間の相互作用を分析する必要がある．このことによって，均衡現象たる内生的制度がどのように**強化**

（reinforce）されたり弱体化されたりするのかが明らかにされる．強化された（弱体化された）制度とは，より広い（狭い）パラメータの集合において自己実現的となるもののことである．これらの強化・弱体化の過程を分析することで，特に，どのようにしてある制度が自らの崩壊の種を育て，その内生的変化へと導いていくのかを知ることができる．

　なぜそしてどのようにして，過去の制度がその後の制度変化を方向づけるのかを理解する際に鍵となるのは，制度の構成要素の持つ二面性を理解することである．制度のさまざまな構成要素はまた，個々人や社会の特徴を表すものでもある．過去から受け継がれたルール・予想・規範は，個々人が共有する認知的モデルを構成すると同時にそれを反映したものになっている．これらのルール・予想・規範は，個々人の嗜好（選好）や自我の概念に体化されている．さらに，規範に適うものとして社会で認められ，期待される行動とは何かについて，共有された予想をもたらす．そしてそれらはしばしば，さまざまな権限を獲得した組織の中に具現化する．したがって，過去から受け継がれた制度的要素と，技術的に見れば実現可能なさまざまな代替案とのあいだには**根本的な非対称性**があるといえる．

　よって，仮に特定の制度のもとでの行動がもはや自己実現的でなくなったとしても，あるいは，仮にある制度が新たな経済活動を統制しなければならなくなったとしても，新たな制度として技術的に実現可能なすべての選択肢が同

様にもっともらしい候補であるとは限らないのである．む
しろ，結果として実現する新たな制度は，過去の制度的要
素の影響を反映したものとなるであろう．過去から受け継
がれた予想・規範・組織は，新たな制度へといたる過程の
初期条件の一部を構成するであろう．このような変化の過
程が人々の意図的な連携によってもたらされたものであっ
たかどうかにかかわらず，過去の制度的要素は技術的に実
現可能なものの中から新たな制度を選択するに際して影響
力を持つのである．制度的要素に内包された過去は，制度
変化の方向性を決定づけ，各社会がそれぞれ異なる制度発
展の軌跡をたどるよう導くのである．

　本書の考え方は，さらに，制度の基本単位として取引を
据えることで，異なる時点と異なる社会を比較する制度分
析を可能にする．われわれは，異なる歴史上の出来事にお
ける同種の取引に注目し，それぞれの出来事での取引にお
ける行動を，均衡の結果としてもたらす制度を追究するこ
とができる．取引に注目する一方で制度を均衡として分析
することは，新制度学派における2つの主要な研究の方向
性の溝を埋めることになる．取引費用経済学（O. William-
son 1985）では制度は取引費用を軽減するために形成され
ると説くが，「ルールとしての制度」アプローチ（North
1990）では制度が取引費用を決定すると説く．制度を均衡
として見る本書の見方は，各主体が自らを利する行動をと
ることを許容しながら，同時に均衡の結果として生じる制
度によって各主体の取引費用が定まると考える．

本書で概念化されている意味での制度を分析するために
は，さまざまな分析的な枠組みを用いることができるし，
またそうすべきである．本書で提供される議論と実証分析
は，古典的ゲーム理論に加えて，社会学，認知科学，学習
ゲーム理論，実験ゲーム理論をはじめとするさまざまな分
野の成果を加味することが，いかに有益かを明らかにす
る．制度分析においてゲーム理論が有益であるかどうかに
ついては，社会科学の各分野で長く議論されてきた．Gib-
bons（1998）をはじめとする多くのミクロ経済学者がゲー
ム理論は必要不可欠なものであると信じているのに対し
て，North や Williamson のような制度経済学者はそれに
対して慎重な姿勢を示している．社会学や政治学では，実
証分析におけるゲーム理論の有益性をめぐって激しい議論
がたたかわされてきた（Hechter 1992; Scott 1995; D. Green
and Shapiro 1994; J. Friedman 1996; Scharpf 1997; Bates, de
Figueiredo, and Weingast 1998; Elster 2000; Munck 2001）．

　賛否いずれの立場から述べられる論拠もそれぞれ注目に
値するが，ゲーム理論の有用性をめぐるこうした議論で
は，2つの別個の論点がしばしば混同されてしまっている．
1つは，ゲームが制度分析の基本単位であるか否かという
こと，ならびにゲーム理論が制度に関する理論を提示する
ことができるか否かという論点[12]であり，いま1つは，ゲ
ーム理論が実証的・分析的に有用であるか否かという論点
である．著者自身は，ゲームは分析の基本単位ではない
し，ゲーム理論は制度に関する理論を提示してもいない

が，ゲーム理論は分析的にも実証的にも有用であると考えている．

また，ゲーム理論が制度分析に実際に役に立ってきた事実がある一方で，その分析が人々の認識・情報・合理性について非現実的な仮定に依存しているのは，考えてみれば不思議なことである．これがなぜかを考えることは，制度を理解するうえできわめて重要である．本書の立場は，これらの非現実的な仮定を課すことの必要性から，われわれは何かを学ぶことができるのではないか，というものである．どのように，どの程度，これらの非現実的な仮定は現実世界で満たされているのであろうか？　これらの仮定がどのように満たされるかということと，ゲーム理論がどんなときに，またいかにして現実世界の行動を分析するのに使えるかということとの間には，何か関係があるのではないだろうか？　本書の後の部分で明らかになるように，これらの論点に正面から取り組むことでわれわれの制度に対する理解は大いに深まるのである．

ゲーム理論的な均衡分析のレンズを通して制度を分析していることから，本書で提示される分析手法はしばしば**均衡としての制度**アプローチと呼ばれ，そこで取り上げられる制度は**自己実現的制度**と呼ばれる．これらの用語は分析の精神を表してはいるが，本質を突いたものではない．制度はゲーム理論でいう均衡ではなく，ゲームは制度分析の基本単位ではなく，ゲーム理論は「制度に関する理論」を提示するものでもない．むしろ，ゲーム理論を用いて制度

分析を進めるうえで鍵となるのは，ゲーム理論的な均衡分析と制度分析との相違点を正しく認識することであろう．

　進化制度学派も古典的なゲーム理論も，そのいずれもが，制度についての包括的で演繹的な理論——すなわち，観察される外部条件と制度との間に一対一の対応を提供する理論——を追い求めることは無駄であろうことを示唆している．進化的モデルで一意の均衡を達成するためには，主体がとりうる行動・合理性や，試行錯誤・学習・突然変異の背後にある確率過程についてかなり制限の強い仮定が必要である．古典的ゲーム理論では，複数の均衡が——すなわち複数の制度が——それぞれ自己実現的となりうることが知られている．個々人が高度に合理的であり，ゲームの構造は周知の事実となっているというゲーム理論的仮定のもとでさえ，均衡は複数存在する．このことは，制度分析で重要な，人々がくり返し関係を結ぶような状況については，決して例外ではなく，むしろ広く見られる現象なのである．

　この不決定性は，制度を演繹的に分析しようとするにあたって大きな難関となる．演繹的分析が前提とする考え方は，理論は，外生的に与えられた外部条件のもとで内生的に生ずる結果を特定する——予想する——ことができるということである．そこでの予想は，有意義な実証分析を可能にするほど正確なものでなくてはならない．しかしながら，制度分析に関する限り，制度を予想できる演繹的理論をわれわれは持ち合わせていないのである．

観察可能な特徴に基づいて制度を識別し分類する，フランシス・ベーコン流の帰納分析もまた同様に，動機の分析の必要性に注意を払いながら制度を分析するためには不十分なものである．制度の本質を，ルールや組織のような観察可能な特性と同一視することは誤解を招く．というのも，観察不可能な予想や規範によって生じる動機が，ルールに従うべきか否か，組織がどのような影響力を持つか，ということを決める要因となっているからである[13]．制度の構成要素の中には，株式市場や裁判所に代表される成文ルールや組織のように観察可能なものもあれば，誠実さを推奨する規範や法の執行に対する予想のように，もともと観察や測定が困難なものもある[14]．

　さらに，ゲーム理論をはじめさまざまな分析が明らかにしているように，仮に個々人が高度に合理的でゲームのルールが周知の事実であったとしても，同じ状況のもとで複数の予想や規範がそれぞれ自己実現的となりうる．観察可能な制度の要素（ルールや組織）と，観察不可能なもの（予想や規範）との間に一対一の対応は存在しない．同一のルール・組織が，期待形成や規範において異なる別個の制度の構成要素となりうるのであり，観察可能な要素のみに基づいて制度を帰納的に分析することはできないのである．

　制度の演繹的理論もなく，観察可能な要素のみに基づいて制度を識別することもできない以上，社会科学で伝統的に用いられてきた実証分析の手法は大きな難題に直面したことになる．これらの伝統的手法は2本の柱，すなわち演

繹理論の予想能力と帰納的分類の可能性との上に成り立っているからである.

　この課題が困難であることは，制度の本質を，制度の観察可能な特性（特に法制度）や制度がもたらす帰結（特に所有権保障の程度）と同一視したうえで，制度の効果を計量経済学的に評価しようとする試みを見ればわかる．多くの研究者の参加と計量経済学的分析にもかかわらず，そこで得られた知見が制度の重要性を支持しているか否かについては，いまだ議論が続いている（Rodrik et al. 2003; Glaeser et al. 2004）．市民の自由や所有権の保障のような定量的尺度を用いて，制度が経済成長に与える影響を実証しようとする試みも，また同様に確固たるものではない（Aron 2000）．政治的不安定さやソーシャルキャピタル（社会関係資本）が経済成長に与える影響についてでさえ，計量経済学的に実証するのは困難であるとされている（Campos and Nugent 2002; Schneider, Plumper, and Baumann 2000）．

　このようにすっきりとしない結論にいたった理由は，異なる社会の間では，観察不可能な制度的要素が体系的に異なっており，それが制度の効力を直接左右しているという事実に対して，十分な注意を払ってこなかったことであろう．所有権に関して同一の成文ルールを持つ2つの社会であっても，所有権の執行について異なる予想が形成されていれば，異なる投資水準が達成されるであろう．これらの観察不可能な制度的要素を単に，個別の事例ごとに異なる誤差項として片づけてしまうと，説明変数の欠落の問題が

生じるため，そのような計測結果には必ずバイアスが生じてしまうことになる．

　制度分析は，従来の社会科学の実証的手法がこうした課題に直面していることを明らかにしたわけであるが，これに対する１つの回答として，本書では事例研究を補完的に用いるという方法を提示したいと思う．制度に関する演繹的な理論がなく，現実の制度が大きな多様性を持っている事実があるうえに，政策的な目的のために特定の制度を正しく理解することが必要とされ，制度について何らかの一般的命題を引き出すことが求められている現状においては，これは特に有望な手法である．

　この方法は，過去から受け継がれた制度的要素は後世の制度に影響するであろうという考えに立脚しており，制度分析において文脈的（歴史的）な情報を用いることの必要性を強調するものである．より一般的にいえば，本書は実証的事例研究を進め，歴史上の事例に関する文脈的知識と，理論および文脈に即した明示的なモデルとを統合しようとするものである．文脈的知識と，文脈に即したモデルとを対話型で用いることで，制度を特定し，なぜ，どのように制度が定着するかを明らかにし，制度の存続・変化，それがもたらす成果を理解する[15]．

　制度を構成する要素はまた個々人や社会の属性を表すものともなっていることをふまえ，本書では，制度をルールや契約として分析する立場（経済学で主流である）と，制度を文化的な現象として分析する立場（経済学以外の社会

科学で主流である）とを橋渡しする理論を展開する[16]．文化や制度の定義をめぐって論争し，特定の現象を説明するためにはある定義が他の定義より優れていることを声高に主張するような行いは無益である，というのが本書の立場である．

　本書の立場はむしろ，「文化学派」と「制度学派」は，かなりの程度，本質的に同一の現象に関心を持っていることを浮き彫りにするものである．その現象とは，個々人の行動に一定の規則性をもたらす一方，各個人にとっては外生的なものであるような，人為的に作り出された非物質的な諸要因が存在し，それらがさまざまな影響をもたらすということである．このような要因の例として，予想の体系や内面化された規範などがあげられる．したがって，本書は，「文化学派」と「制度学派」とがどの程度，どのような条件のもとで重なり合うかを明らかにするものである．経済学についていえば，これによって制度分析とソーシャルキャピタル（社会関係資本）の分析とが同時にもたらされるのである[17]．

　さらに重要なことは，本書では，制度的なものと文化的なものとがどのように相互関係を持つかを明らかにし，その相互作用の分析を可能にしている．本書の重要な結論の1つは，文化は制度の変化・発展に影響力を持つということである．同時に，文化的要素をその社会の制度にとりこむことは，制度の安定・存続をもたらす1つのメカニズムとなる．

本書は分析の範囲を，文化的・社会的・組織的なものまで広げているが，これは本書の見方が社会経済的（socio-economic）なものであることを意味している[18]．これは，経済的・政治的に決定されたものとして制度を分析する「ルールとしての制度」アプローチからやや距離をおき，それを補完しようとするものである．この社会経済的な見方は，「ルールとしての制度」において重視された政治的・経済的分析から離れ，「社会学の出番」に行き着いた経済学の新制度学派の流れを反映し，また同時にその構築に寄与するものである．社会経済的な見方は，「ルールとしての制度」において重視された政治的・経済的な分析を包摂するだけでなくそれを超える分析を可能にしている．

　なかでも，社会学の制度学派におけるさまざまな伝統的手法を活用しているのが本書の特徴である．その中には，社会的に決められた行動規範や予想に注目するデュルケームの手法，規範的行動に注目するパーソンズの手法，社会的構造と人間関係に注目する Wrong（1961）；Granovetter（1985）；March and Olsen（1989）の手法，行動・組織・社会構造の認知的基礎に重点を置く Weber（1947, 1949）；Berger and Luckmann（1967）；Searle（1995）；W. Powell and DiMaggio（1991）の手法などがある．これらの社会学的概念はまた，古い制度学派において中心的な役割を果たすものであったので（Dugger 1990），新制度学派を拡張してこれらの概念を含むようにすることは，経済学における制度分析の2つの流派の融合をもたらすことを意味することに

なる.

　制度の時間を通じた変化を歴史的な過程として分析する試みは，制度の安定性，内部からの変化，過去の制度が後世に及ぼす影響を統一された枠組みのもとで取り扱う.このことを通じて，この試みは次に挙げる3つの研究の流派を補完するものとなる.すなわち，制度は歴史過程を反映したものであるとする政治学の歴史制度学派（P. Hall and Taylor 1996; Thelen 1999; Pierson and Skocpol 2002），歴史的にもたらされた現象の安定性を強調する経路依存学派（David 1985; Arthur 1988），および状況の変化に対応して社会を再構築するための「道具一式」として文化を研究するもの（Swidler 1986）の三者である.

　以上と同様に重要なことは，本書の考え方と進化的制度学派との関係である.制度の時間を通じた変化を歴史的な過程として分析することは，過去が後世に及ぼす影響の度合いや方向をとらえようとする意味で，進化論的な視点に立つものといえる.特に，制度発展における進化的な過程のミクロ的基礎に本書は注目している.現存する制度は学習・模倣・試行錯誤の過程に影響を与えることにより，新しい制度を形作る.また，現存する制度は新たな制度的要素を取り入れることの費用や便益に影響を与える.また，現存する制度は，新しい制度に一定のバイアスをかけ，新しい制度が古い制度の要素を取り入れ，そこから大きく外れないように働きかける.

1.3 中世後期における制度と商業の発展

　本書の実証分析では，主として中世後期（1050年頃から1350年頃まで）における，ヨーロッパ内部，およびヨーロッパとイスラーム世界との間の制度発展の比較を行う．11世紀トレドの学者であり裁判官でもあったイスラーム教徒，サイード・イブン・アフマドの言葉から，なぜこの時代を分析対象とすることが興味深いかを知ることができる．彼は，科学・軍事・美術・工芸においてどの程度の成果が達成されたかをもとにして，さまざまな国家の比較を行った．彼によれば，ヨーロッパ人——「北方の未開人」——は大した連中ではない．ヨーロッパ人は「理解の鋭さや知性の明晰さを欠いており，無知と……無気力と……愚かさとに支配されている」（B. Lewis 1982, p. 68）．仮に経済発展の尺度として都市化や輸出品の内容などの基準を用いるなら，11世紀のヨーロッパはまさに，地球上のいくつかの地域に比べて経済的に後進地域であったのだ．

　サイード・イブン・アフマドが「北方の未開人」を一刀両断したこの11世紀は，ちょうどヨーロッパの経済・政治・社会が，中世末期のヨーロッパ商業の成長とともに始まる「西洋の勃興」へ向けて第一歩を踏み出した時期であった（North and Thomas 1973; Rosenberg and Birdzell 1986）．遠方との交易が「経済の進歩の原動力となり，後に産業革命が近代世界を決定的に変えたのとまるで同じように，つ

いには人間の活動のすべての側面に影響を及ぼした」(Lo-pez 1967, p. 126)[19]. 地中海沿岸の商業の中心地は，イスラーム世界から徐々にヨーロッパへと移りつつあった.

　本書では，この中世末期の商業の拡大とそれに続いて起こる政治的・社会的変動の基礎となった制度のさまざまな側面を分析対象とする. この歴史上の出来事は，制度，制度の時間を通じた変化，およびその帰結の一般的性質を探るのに適している. 実は，交易理論が予測するところと異なって，この交易の拡大は資源の賦存量や技術条件の変化に応じて起こったものではなかった. むしろ，新しい制度が，市場や政体を基礎づけ，交易を促進し，制度発展と交易の拡大との補完的なプロセスを創出するうえで重要な役割を果たしたのである.

　「ルールとしての制度」アプローチをとる研究者は，この時代の歴史的・理論的重要性に注目してきた. 彼らは，封建時代の戦争状態が下火になり平和が訪れると，人口が増加し，「もともと潜在的に相互利益をもたらす」ものであった「ヨーロッパ内の異なる地域間の商業」による利益が認識されるようになったと考える (North and Thomas 1973, p. 11). そして，その後に続く制度変化は，取引費用を軽減しようとする試みを反映したものであると考える. 「交易の復権は……市場の不完全性を軽減するための（保険契約や船荷証券のような）たくさんの制度的取り決めをもたらしたのだ」(p. 12).

　この解釈によると，交易の復権をもたらしたものは外生

的な政治的出来事であり，それによって効率性を向上させるような制度変化がもたらされたことになる．しかしながらこの考えは，多くの関連する論点を無視したものとなっている．本当に制度が戦闘の減少をもたらしたのだろうか？　そうだとすれば，それはどの制度だったのか？　異なる政体間の戦争をやめさせる力を持った「国家」は存在しなかったし，1つの政体の中においてさえ，強制力を伴った権限を独占的に保持する主体も存在しなかった．そんなときに，どのようにして平和が保たれたのであろうか？中世後期には，遠距離交易に必要な諸制度を提供できる国家は1つも存在しなかった．自らの移動や商品の輸送を行う商人たちの所有権は，どの制度によって保障されていたのだろうか？　ヨーロッパの隅々からやって来る人々が時間や空間を超える契約をとりかわすのに必要な契約の執行は，どの制度が行っていたのだろうか？

　交易の拡大は，単に平和と生産要素の賦存量の変化がもたらしたものであったのであろうか？　それとも，過去から受け継がれた制度的要素が交易の拡大のタイミング・場所・範囲に影響を及ぼしたのであろうか？　交易の拡大に伴ってヨーロッパでみられた新たな制度の生成は，なぜ同じような交易の拡大（および類似の技術的条件）に直面した他の経済地域でみられるものと異なっていたのであろうか？　なぜ，中世の初期にはヨーロッパ・イスラーム世界・ビザンツ世界において共通であった契約や組織が，15世紀には異なる形態を持つようにいたったのであろうか？

これらの疑問に答えるためには，制度を単なるルールと
みたり，制度発展を交易や平和からの利益に対する必然的
な反応とみなしたりする考え方を乗り越える必要がある．
たがいに影響を及ぼしあう政治的・経済的主体の行動を生
み出す制度的諸要素の起源や徴候をさぐり，それらがどの
ように均衡を構成しているのかを分析する必要がある．と
りわけ，本書が扱う歴史分析で明らかになるように，中世
後期の商業の拡大を理解するためには，国家・市場の制度
的基盤を考察することが必要である．

　この歴史研究は，「西洋の勃興」の問題と関係がある．
「西洋の勃興」は，そして一般に歴史の律動というものは，
さまざまな決定論的な要因のもとで説明されてきた．研究
者の中には技術的・環境的決定論の立場をとり，ヨーロッ
パの成功を，炭鉱の位置や，新大陸との交易に適した港湾
などの地理的要因によって説明しようとする者がいる (Dia-
mond 1997; Pomeranz 2000; Sachs 2001; Acemoglu, Johnson, and
Robinson 2002)．あるいは，文化的・社会的決定論の立場を
とり，ヨーロッパの経済上・政治上の所産を過去から受け
継がれてきたソーシャルキャピタル（社会関係資本）や信
頼関係で説明しようとする研究者もいる (Putnam 1993;
Fukuyama 1995)．また，「西洋の勃興」は近代になってから
起こった現象であると論じる研究もある．実際のところ，
ヨーロッパの経済的地位（食料の消費量・市場の統合など
の指標によって測定された意味での）は19世紀にいたる
まで，地球上の他の地域と比べて決して優れていたとはい

えなかった（Pomeranz 2000; Shiue and Keller 2003）．これら
の知見は，ヨーロッパの成功の基礎は，鉱業資源に基づい
た経済・植民地主義・大西洋経済の勃興などの近代的現象
にもとめることができるという推論を裏づけるものとされ
ている（Pomeranz 2000; Acemoglu et al. 2002）．

　本書で展開する歴史研究は，すでに中世後期には西洋は
他と異なる諸制度を作り出してきたことを明らかにしてい
る．西洋社会における組織の中核は，人為的に作り出され
たさまざまな制度にあった．これらの制度の中心となった
のは，国家でもなければ，部族・氏族制のような血縁的社
会構造でもなく，むしろ，利害関係に基づく，自治的な，
非血縁的な組織であった．主として団体（corporation）と
いう形態をとるこれらの組織は，中世後期の成長期におい
ても現代の成長期においてもヨーロッパの政治的・経済的
諸制度のもっとも重要な部分を占めている．

　この時期にこうした社会組織が生成したことに寄与した
要因はいくつかあるが，とりわけ過去から継承されてきた
制度的諸要素が重要であった．その中には，個人主義的文
化や弱い血縁的結合（これらは多かれ少なかれ教会の意図
と活動を反映したものであった），国家制度の脆弱さ，自治
統治を正当なものと考える規範などがある．こうしたもの
が歴史的遺産として継承されたことの背景には，血縁的組
織や国家に根ざす諸制度に頼っていても，協調すれば得ら
れるはずの利益を実現できなかったことがあるものと思わ
れる．同時に，経済的・政治的資源は比較的均等に分配さ

れていたので，比較的権力を持った人が利益をあげるためには多くの主体の資源が動員される必要があった．こうして，利害関係に基づく，自治的で，非血縁的な経済的・政治的法人が創設されるようになったのである．

それ以来，この特有の社会組織（自治的・非血縁的な組織および個人主義）は常に，ヨーロッパ特有の経済・政治発展をもたらす行動や成果の背後に存在し続けてきた．この社会組織は，中世後期の経済拡大，ヨーロッパの科学・技術の興隆（Mokyr 2002），そしてより大きな社会的単位ではなく個人を基本単位とする，自治的・非血縁的法人の究極の発現形態たる近代ヨーロッパ国家の成立（Greif 2004b）など，一見関係のないさまざまな歴史現象の背後にある普遍的な共通点である．

制度が経済・社会・政治上の成果を決定的に左右し，制度発展は歴史的な過程であるとすれば，西洋の成功の根源は過去の政治的・経済的諸制度に求められてしかるべきであろう．しかし，この主張はさしあたり暫定的なものであることを強調しておく必要がある．過去の諸制度についてはっきり知られていることは驚くほど少ないので，ヨーロッパの制度と非ヨーロッパの制度との間に，現在考えられているよりもずっと共通点が多いということも十分考えられる．さらに，ある特定の制度の集まりがどの程度の相対的な効率性を持つかは，文脈に依存する．また，西洋の諸制度はその過度の個人主義と物質主義によって，長期的にみればすでに内部から蝕まれている可能性もある（Lal

1998, 例えば世界人口に占める割合で考えれば, 西洋はすでに衰退を始めていると考えることもできる). したがって, 「西洋の勃興」がその制度的特殊性を反映したものであるか否か, あるいはより一般的に, 過去の制度によって生み出される, 制度の時間を通じた変化こそが歴史の原動力であるといえるのか否かは, 依然として未解決の問題である. しかしながら, 中世後期の制度的特殊性が, 近代におけるヨーロッパの勃興と関連していることは強調に値する. ヨーロッパ経済の発展が起こったこの2つの時代は, 類似した制度的な基盤を持っているのである. 「西洋の勃興」が事前に与えられた要因や近代の出来事によるものであると主張する者は, それらの外生的な要因や出来事がヨーロッパの制度の特異性を反映したものでないことを示す必要がある.

1.4 本書の構成

第1部の後半となる第2章では, 本書で展開する制度の概念を提示し, 他の概念との関連について論じる. 第2部では, ゲーム理論を用いて, 互いに関連しあうさまざまな要素が生み出す均衡システムとして, 内生的制度を分析する. そこでは2つの実証的研究を行い, 市場の制度的基盤に対する本書の見方が有用であることを示す. 第3章でまず, イスラーム世界の商人間で契約履行を担保した制度を分析し, 法的な執行がなくても交易が可能であったことを

論ずる．第4章では，所有権を保障することで遠距離交易を促進したヨーロッパの制度を考察する．この制度は，強制力を伴う権限を独占的に保持する支配者が，他国商人の所有権の尊重を保証（コミット）することを可能とするようなものであった．

第5章では，制度化されたさまざまな要素の性質と，それらの相互関係についてより深く考察する．このことによって，ゲーム理論的分析が前提とする強い仮定と，それから得られる知見が，制度について何を示唆しているかを知ることができる．また，制度分析に際してゲーム理論を適切に用いるとはどういうことであるかが明らかにされる．第5章は，認知科学・旧制度学派・社会学などさまざまな分野を基礎として，規範的・社会的な見方を制度の分析に取り入れることについて論じる．なお，第5章の分析を付録Bで補足し，個々人が（本書で用いる意味で）合理的であるという仮定と，制度を規範的・社会的にとらえることが重要であるという考え方とが整合的であるかどうかについて論じる．

第3部では制度の時間を通じた変化を分析する．第6章でまず内生的な制度変化について考察し，続いて第7章で過去の制度が後世の制度に及ぼす影響について論じる．そして第6・7章での理論的分析の例証として，ジェノヴァとヴェネツィアというイタリアの2大海洋都市国家の制度的基盤の比較分析を行う．この分析を通じて，強制力を伴った権限を事実上独占し，その強制力を生産的な経済活動の

ために使う国家の内生的創立という，国家建設にかかわる重要な問題について論じようと思う．第8章はこれをすすめて，ジェノヴァの国家建設の過程における制度の成功・失敗・時間を通じた変化の分析を行う．第9章は，イスラーム世界とヨーロッパ（ラテン）世界の2つの商人集団での制度・契約発展の比較分析を提示する．そこでは，文化に根ざした予想（大ざっぱにいえば，意図的に調整されてはいないが共有されている予想）が制度選択に影響し，既存の制度の中に統合され，制度変革の過程や環境変化への対処を方向づけることを強調する．

第10章は，他の分析方法を相互作用的に補完する，文脈に依存した分析の有用性を示す．この章で注目する論点——公平な裁判制度がない場合にも個人的関係に依存しない取引を可能にした制度——はそれ自身興味深いものである．この章で扱う実証分析は，ヨーロッパで見られたある特定の制度が果たした役割に光を当てる．この制度は，共同体間の個人的関係に依存しない取引を支えた不公平な司法制度が，やがて共同体間において公平な契約を執行する制度によってとって代わられることを内生的に促した．これらの新しい制度によって遠距離交易が促進され，そのことはまた，国家内部での契約執行制度の進展にも影響を与えた．第11章はこの例で得られた知見を一般化し，なぜ制度分析には演繹論と帰納論との組み合わせが通常必要となるのかを説明する．そして，理論−歴史対話型の，文脈に依存した分析を行う際に，歴史的・文脈的資料と明示的

なモデルとを組み合わせる方法について述べる. 付録 C でこの議論を補足し, 自律的秩序と評判に基づく制度に注目しながら, こうした制度を形成するさまざまな要因を理論がどのように描写し, またそれに関連する証拠を見つけ出すために理論がどのように役に立つかを詳しく述べる. 最後の第 12 章では, 本書で得られた結果と中心的な概念とを振り返って, このような歴史研究によって得られる一般的な知見について詳しく考察する. 最後に, 経済発展と制度設計に関して本書の持つ含意を評価して本書を終える.

　さまざまな読者の利便をはかるために, 本書は, 制度の研究と歴史分析のいずれか片方のみを主要な関心としながらも読み進められるようになっている. 制度とその分析に関心のある読者は第 2・5・6・7・11・12 章および付録 B・C を中心に, 歴史的な事項に関心のある読者は第 3・4・8・9・10 章 (それぞれ, 理論的結果についても簡単にまとめられている) および第 12 章を中心に読み進めるとよい. ゲーム理論に精通していない読者には, 付録 A にまとめられているゲーム理論入門が役立つであろう.

第 1 章註

1) Lanfranco Scriba (1210, no. 524).
2) この経済的大変動は, Britnell (1996); Lopez (1976); Persson (1988);

Postan（1973）; Pounds（1994）らの研究者によって明らかにされている.

3) Djankov et al.（2003）は，所有権が私的に侵害される危険性と公的に侵害される危険性との間にはトレードオフがあり，これを理解するためには比較経済学（comparative economics）を用いるべきであると論じた. 自律的秩序，司法の独立，監督行政，国有化などのような制度設計はこのトレードオフへの対処である. 設計された制度のもとで，どの程度の効率性が一国内で達成できるかは，住民の協調の度合いに依存している. 本書で展開される見方が，設計された制度のミクロレベルでの機能と住民の協調の度合いとの間にどのような関係があるかを，統一的に分析する枠組みを与えることになる.

4) 社会科学の新制度学派の最近の研究については，経済学に関して Eggertsson（1990）; Bardhan（1991）; Furubotn and Richter（1997）; G. Hodgson（1996b, 1997a, 1998a, 1998b），政治学に関して P. Hall and Taylor（1996）; Thelen（1999），社会学に関して W. Powell and DiMaggio（1991）; Smelser and Swedberg（1994）; Scott（1995）; Brinton and Nee（1998）を参照せよ. これらの研究がもたらしたものは，行動のミクロ的基礎に焦点を当てる新制度学派の考え方である.

5) ここで，「強制された（enforced）」ではなく「動機づけられた（motivated）」という語を用いるのは，行動というものは，罰則による脅しだけでなく遵守に対する報酬によっても誘導できることを強調するためである.

6) 政治学では，「構造派生均衡」（structure-induced equilibria）アプローチが，政治関係者の動機を考察することによって，「ルールとしての制度」アプローチをいっそう深化させている. これは，政治的意思決定の手続きに従ってプレイされるゲームを考え，そこでの均衡の結果として，政治が決定するさまざまな規則が生み出されるさまを研究するものである. このアプローチは，政治的意思決定過程の構造的特徴（例えば，米国下院の委員会制度）を，政治関係者がプレイするゲームのルールの一部としてとらえる. そこでの均衡分析はまさに，政治関係者がある経済に関する規則を制定する際に，何が動機となっているかを明らかにするものである（Shepsle 1979; Weingast and Marshall 1988; Moser 2000）.

7) 複数の期間からなるゲームでは，たしかに，後の時点での行動が先の時点の行動や現象に左右される. しかし，これは異なるゲーム間の関係をとらえたものではなく，与えられたゲームの中での異なる時点や段階間の関

係をとらえたものにすぎない．ゲーム理論はゲームから戦略の組み合わせ
への関数関係を考察するが，異なるゲーム間の関数関係を分析するもので
はない．

8) 古典的なゲーム理論は，合理的な主体が自分をとりまく環境の詳細を
知りつくしたうえで（つまりそれらが周知の事実（common knowledge）
となっているときに）とる戦略的行動を定式化するものである．ある事象
Sが周知の事実であるとは，すべてのプレイヤーがSを知っており，すべ
てのプレイヤーはすべてのプレイヤーがSを知っていることを知ってお
り，さらにすべてのプレイヤーはすべてのプレイヤーがすべてのプレイヤ
ーがSを知っていることを知っていることを知っている……という条件
が無限に続いて成立することである．

9) 社会に存在する多数の個人がランダムに対戦するさまを扱うこれらの
モデルと異なって，同じプレイヤー同士が互いにくり返し関係を持つ状況
での学習を分析するモデル（learning models）については，Schotter
(1981)；Fudenberg and Kreps (1988)；Ellison (1993)；Marimon (1997)；
Fudenberg and Levine (1998) を参照せよ．

10) この点について初期の部分的な説明は，Greif (1989, 1992, 1994a, 1996b,
1997a, 1998a, 1998b, 2000) を参照されたい．本書で提示する新しい制度分
析ともっとも関連が深いものは，Shepsle (1992)；Calvert (1995)；Gibbons
(2001)，特に Aoki (2001) である．

11) 取引費用経済学においては，取引が分析の基本単位である．O. Wil-
liamson (1993) を参照．同書はさらに，制度経済学における分析単位とし
て他にどのようなものがありうるかを論じている．本書で用いられる取引
の定義は，取引費用経済学におけるものとは異なっている（第2章参照）．

12) ここで「制度に関する理論」とは，外生的な条件を与えれば結果として
生ずる制度を予想できる理論という意味である．これに対して，ゲーム理
論は戦略的状況における行動を予想する理論である．

13) この理由により，行政府に対する憲法上の制約，所有権を保障するルー
ル，司法の独立性などのような特徴をもって制度と同一視することは見当
違いである．

14) 予想や規範が反映されているであろう手紙類や調査のような史料はと
きとして有益である．この点については，例えば Zak and Knack (2001)
を参照されたい．

15) この立場は以下の文献の精神と共通するものである．Sutton (1991)；

Greif（1989, 1996b, 1997a, 2000）; Scharpf（1997）; Bates et al.（1998）; Levi（2004）; その他.

16) 「文化的な」を定義することは難しい. 1952年の時点で, Kroeber と Kluckhohn は「文化」に対して少なくとも164通りの定義があることを確認している. 詳しくは DiMaggio（1994, 1997）および本書第3部を参照.

17) ソーシャルキャピタルはしばしば「協調行動を促進し社会の効率性を改善する, 信用・規範・ネットワークなどの社会組織の機能」として定義される（Putnam 1993, p. 167）. Coleman（1990）および Putnam（1993, 2000）が広く知られる. Woolcock（1998）; Dasgupta and Serageldin（2000）; Sobel（2002）; http://www1.worldbank.org/prem/poverty/scapital/home. htm も参照されたい.

18) 本書の見方は, Smelser and Swedberg（1994）, *The Handbook of Economic Sociology* にまとめられている, 社会学が制度を見るうえで立てる4つの柱を包摂したものとなっている. 今日, 経済学でも普通に受け入れられているようになったことだが, 本書の見方が強調するのは, 選好や合理性は社会的に形成されるものであるということ, 社会的構造や社会的意味が重要であるということ, そして経済は社会の不可欠の一部分をなすということである.

19) Herlihy（1958）; Lopez（1967）; Duby（1974）; Mokyr（1990）などの研究者は, この成長過程における農業生産の増大や技術変化の影響を強調している. P. Hoffman（1996）; G. Clark（1991）; Grantham（1992, 1993）らはこの見解に異をとなえている. この時代について一般的な考察は, Pirenne（1939, 1956）; Lopez（1976）; Hatcher and Bailey（2001）; Cipolla（1993）を参照されたい.

第2章
制度と取引

Institutions and Transactions

　経済学・政治学・社会学の研究者はそれぞれ制度（in-
stitution）という語にさまざまな定義を用いている．本章
の第2.1節および第2.2節ではこの語に正確な定義を与
え，本書の分析の輪郭を描く．この定義の中心となるのは
特定のルール・予想・規範・組織であり，この定義により
次のようなことが明らかになる．すなわち，なぜ制度が行
動に多大な影響を与えるのか，またどのように制度を分析
するべきか（第2部），なぜ環境の変化のもとで制度が存続
し，またなぜ現在の制度のあり方がその将来の変化の方向
に独自の影響を与えるのか（第3部），そしてどのように制
度を実証分析すべきか（第4部）ということである．

　本章で提示する定義は，一見すると異なって見える他の
さまざまな定義を包含したものとなっている．本書の定義
は，われわれの研究の対象を1つのまとまった概念でとら

えることを可能にし，制度に対するさまざまな定義によってもたらされてきた洞察や分析の枠組みを1つにまとめることを可能にする（第2.3節）．この定義はまた，どのような意味で取引が制度分析におけるもっとも基礎的な単位であるかを明確にする．ただし，そのためには，これまで経済学でなされてきたよりも，もっと広い意味で取引を定義し直す必要がある．異なる取引の結びつきこそが，制度の根幹をなすものである．その主な理由は次の通りである．ある取引における行動を動機づける，制度化された予想や規範というものは，その取引が他のどのような取引と，いかなる形で結びついているのかで決まってくる．そして，こうした取引の結びつきを反映し，それを達成する手段となっているのが組織なのである（第2.4節および第2.5節）．

　本章を読み進める際には，何がここでの分析対象になっていないのかに注意する必要がある．制度の起源や，制度がなぜどのように変化するのかという論点は本章ではなく，後の章で詳しく述べる．この章は，分析の対象である「制度」とは何であるかを明確にすることのみに関心を集中する．

2.1　制度とは何か？

　制度とは，行動に一定の規則性を与えるさまざまな社会的要因が形成するシステムである[1]．このシステムをなす

各要素は，その下で行動を選択する各個人にとっては外生的なもので，また人為的に作り出された非物質的なものであるという意味で，「社会的」な要素である．これらの要素は一体となって，技術的に実現可能なさまざまな行動の中から，個々人が1つのものを選びとることを可能にし，動機づけ，指針を与えるものである[2]．以下ではしばしばこれらの社会的要素を制度的要素（institutional elements）と呼ぶ．本研究で注目する制度的要素は，ルール・予想・規範のほか，それを具現化した組織を含む．まとめると，制度とは，（社会的）行動に一定の規則性を与えるルール・予想・規範・組織のシステムである．これらの要素はすべて，上に述べた条件を満たしている．

制度は，その下で行動を選択する各個人にとって外生的なもので，また人為的に作り出された非物質的なものであり，社会的状況において行動に一定の規則性を持たせるものである．このように定めることにより，研究対象は一定の領域に限定される（後で述べるように，「社会的状況」といった場合，取引を伴う状況を意味する）．すべてのルール・予想・規範がこの条件を満たしているとは限らない．例えば，行動に影響を与えることのない成文ルール・憲法の条文・道徳規範や予想は，制度の構成要素ではない．一方，市場価格で売買が可能であるという予想は，市場における行動に影響を与える制度の構成要素である．「法執行の制度」は裁判所そのものではなく，ルール・予想・規範・組織のシステムであり，裁判所はそのうちの1つにすぎな

い.

　こうして定義された制度がどのようなものであるかを理解するために，例として所有権を保障するルール・予想・組織のシステムを考えてみよう．このシステムでは，政治的に決定されたルールが，対象となる財産を定め，所有権を付与し，所有権者を確認し，所有権の侵害行為とそれに対する（法的な）罰則とを定める．個人が1人でルールを変更することができない政治過程においては，このルールは1人ひとりの個人にとって外生的なものとなる．民主主義のような政治過程ではこのルールは全員にとって内生的なものであるし，独裁制のような政治過程ではこのルールは独裁者を除くほぼ全員にとって外生的なものである．

　しかしながら，ルールがいかに行動を規定するものであっても，人々がそれに従う動機を持たない限り，人々の行動に影響を与えることはできない．ルールが制度の一部分となるには，それに従う動機を個々人に与えなくてはならない．この条件は例えば，所有権の侵害には十分に厳しい罰則が与えられることが周知の事実（common knowledge）として知れ渡っている場合に満たされる．この法的制裁についての予想が周知の事実であることは，個々人にとってこれが外生的なものであることを意味する．個人は制裁が本当に起こるかどうか自由に考えることはできるけれども，「自分以外の者は全員が法的制裁が起こると信じている」ということを，すでに与えられたものとして受け入れなくてはならない状態だからである．

このシステムにおいては，ルールが行動に指針を与え，法的制裁に関する予想が行動を動機づけている．しかしながら，このような予想が生じるためには，法制度に相当する組織（現代世界においては裁判所や警察）が必要である．これらの組織がなければ，法的制裁に関する予想は早晩崩壊するであろう．もちろん，腐敗していたり機能していないような法制度も数多くあり，裁判所や警察権力が存在するからといって直ちに所有権の侵害が罰せられるという予想をもたらすものとは限らない．したがって，法制度の影響を知るためには，これらの組織の構成員間および彼らと他者との間の行動を引き起こすルール・予想・規範についても分析しなければならない．この意味において，組織それ自身もまた1つの制度を構成するのである．組織は次のような二面性を持っている．すなわち，組織は，制度の構成要素であると同時に，それ自身が1つの制度を構成するのである．組織は，われわれが理解しようとしている行動をもたらす制度の構成要素である一方で，当の組織の構成員の行動に関する限り，それ自体が1つの制度なのである．また，そこにおけるルール・予想・規範が，構成員の行動と非構成員の行動とに異なる影響を与えるという点で，組織は他の制度と異なっているといえる．

　ここで述べた制度においては，他者の反応に関する予想（法的制裁）が個々人の動機づけとなっている[3]．しかし，行動に一定の規則性をもたらすことのできる予想とはこのようなものばかりではない．周囲の環境についての認識モ

デルを反映した内面の予想もまた行動に影響を及ぼすであろう．例えば，技術進歩が神々の怒りをかったというプロメテウスの神話は，その種の予想を反映したものであろう．プロメテウスは点火という新技術をもたらしたことで（そして人間はそれを受容したことで）罰せられた．この新技術の恩恵にあずかったギリシア人たちにとって，プロメテウスは英雄となった．しかし，この天罰の神話に表れているような予想がいったん内面化されると，それは，各個人にとっては外生的な，人為的に作り出された非物質的な要素となって技術進歩を抑制する方向に働くのである．

　これらの例でわかるとおり，本書の定義は分析の対象をさまざまなやり方で限定し，制度研究にあたって重要ないくつかの要素にわれわれの注意を向ける役割を果たすのである．

2.1.1 行動の規則性

　本書の研究の対象は「行動の規則性」に限定されるが，その行動の規則性とは，特定の社会的地位を占める個々人（のほとんど）が，与えられた社会的状況のもとで，従ったり従うことが期待されていたりするような行動のことである[4]．それは，「法的な契約を結ぶ」というような，一般的な規則性であることもあれば，「特定の契約形態を利用する」というような，個別的な規則性であることもある．行動の規則性はまた，しばしば実際に発生するものであることもあれば（例：米国におけるクレジットカードの支払

い），ほとんど実際には発生しないものであることもある（例：米国における大統領の弾劾）．いずれにしろ，制度分析は規則性を分析対象としており，その規則性は頑健で，広い状況で実際に実行に移されている必要がある．行動の規則性に焦点をあてるということは，制度分析が関心の対象とするのはくり返し観察される状況であり，それは同じ個人間で時間を通じて見られる状況（例えば，貸し手と借り手との関係）のこともあれば，異なる個人間でみられる状況（例えば高速道路の運転手同士，判事とさまざまな被告，議会の国会議員同士）であることもある．

　社会的地位は本人の社会的アイデンティティを明確にするものであり，それは非常に一般的な要素（性別など）や，より特定的な要素（職業や，債務不履行の履歴など）によって定義されうる．社会的地位の例としては，買い手と売り手，親と子，貸し手と借り手，雇用者と従業員などがある．社会的地位を占める個々人の行動を研究するためには，どのようにして彼らの行動が個人の特徴よりも社会的な力によって影響されるかを分析することが必要になる[5]．

　人々の行動が個人的な差異を反映したものでなくても，行動の多様性は広範に見られる．なぜならば，（年齢，性別，人種などの特徴を超えて定義された）異なった社会的地位を持つ個々人は，同じ状況のもとでも異なった行動をとるからである．たしかに，同じ社会的地位の内部においても，個人特有の理由によって，一部の人は個人的な予想を形成したり特別な属性を持ったりすることで，他人と異

なる行動をとることがあるかもしれない．しかし，ここで
問題とするのはもっぱら，このような個人特有のばらつき
が，社会で共有される予想や規範がもたらす平均的行動の
まわりの誤差として扱うことができるような状況である．
制度変化をもたらす源泉としての，このような個人特有の
予想形成の役割については後に論じる．

2.1.2 行動に影響を与える，人為的に作り出された非物質的な要素

　制度分析は，複数の行動が物理的にも技術的にも可能で
あるような状況を対象とするのである．このような状況で
どのようにして行動の規則性が生成されるかを考えるため
に，本書での定義は，人為的に作り出された非物質的な要
素に注目する．

　行動に影響を与える人為的に作り出された要素は，意図
的であるか否かにかかわらず人間の行動を反映したもので
ある．扉・鍵・垣根のようないくつかの人為的要素は，物
質的なものである．本書で注目するのはこのような要素で
はなく，むしろ，宗教上の信条や内面化された規範，交通
違反への罰則に関する期待など，非物質的な要素である．
このように非物質的要素に注目するのは，非物質的要素を
物質的に具体化したもの（例えば，牢獄，寺院，象徴など）
は制度化された行動を生成するうえで二次的な役割しか果
たさないであろうという考えを反映している．効果的な法
制度を構成するのは牢獄そのものではなく，法を遵守する

行動を生成するのに必要な関連法令，予想，組織である．

　物質的要素とともに，技術や遺伝子もまた，人為的に作り出された非物質的な要素の中で，どのようなものが実現可能であるかに影響を及ぼす．ビデオカメラのような労働者の監視のための技術は，サボると罰則が与えられるだろうという予想形成を可能にする．遺伝的諸要素はいろいろな経路を通じて直接に行動の規則性の一因となるものであるが，それらは人為的に作り出された非物質的な要素ではない．しかし，進化は規範を内面化したり，社会的地位を追求する能力などの，遺伝的傾向をわれわれにもたらす．この遺伝的な基盤によって定まる境界線の内部で，人為的に作り出された非物質的な要素がさまざまな形で発現するのである．とりわけ，規範的行動や社会的関係が構築されるやり方には，異なる社会間で非常に大きな多様性がみられる．

2.1.3　各個人にとって外生的で，その行動に影響をあたえる諸要因

　われわれの研究の対象は，各個人にとって外生的で，その行動に影響を与える諸要因に注目することでさらに限定される．これは，制度分析とは，行動を可能にし，行動に指針を与え，行動を動機づける諸要因に関するものである，という主張の当然の帰結である．一個人が自分で直接コントロールするような要因（その人の「選択変数」）は，彼の行動を可能にし，指針を与え，動機づけているものと

はいえないのである.

第5章で議論されるように,制度化されたルールや予想は人間によって作り出されたものではあるが,それによって行動が左右される各個人にとっては外生的なものである.それらが各個人にとって外生的であるということの意味は,物理的にとりうる行動が1つに決まっていないような状況において,それらのルールや予想が周知の事実として広く知れわたっているということである[6].とりわけ,その社会のすべての構成員がこれらのルールを知っており,これらの予想を形成しているということが,広く知られているということである.こうしたルールや予想への各個人の反応が,それらを周知の事実とするメカニズムの一部として働いているのだが,それでもなお,「社会の他の構成員がこれらのルールを知り,そのような予想を形成している」ということ自体は,各個人にとっては外生的なことである.

なぜ規範が,それが影響を与える個人にとっては外生的であるかを理解するのは比較的容易であろう.一度内面化されると,規範(個人が他人との関係を通じて内面に取り入れた,望ましい行動を指定するルール)は一個人のコントロールを離れてしまう.とりわけ,規範は道徳的に何が適切かを定めたものであるので,規範を一度内面化した個々人はそれを変えることを望まなくなる.同様に,共同体・法廷・警察のような組織は,ルール・予想・規範によって構成されており,そして,そのようなものとして影響

を受ける人々にとって外生的である.

　1つの例を挙げれば，英国では，人々は道路の左側で車を運転し，また運転することが期待されているのは周知の事実である．この周知の事実と期待とを広めているルールは各ドライバーにとっては外生的なもので，各ドライバーは道路上での行動について他者が考えていることを変更することはできない．ルール・予想・規範は，誰が社会の構成員であるかを定め，また構成員と部外者に対する行動を指定するものであるが，リーダーシップを欠いた，上下関係のない社会状況では，各個人はこれらを外から与えられたものとしてとらえている．せいぜい，一個人はその社会を離脱することができるくらいであり，そこでの制度的要素を一方的に変更することはできないのである.

　制度的要素は，各個人の行動に影響を与えつつも各々にとっては外生的な，人為的に作り出された非物質的な要素という意味で，社会的な要素である．このことは，制度がすべての個人にとって常に外生的なものであるといっているわけではない．ある個人の選択変数が，他の個人の行動に影響を与える制度の一部をなすということはありうる．実際には，**制度的ヒエラルキー**というものが存在し，このヒエラルキーの中で上位に位置するものは他者に対して**権力**を持つといわれる．制度的ヒエラルキーについては後の章で詳しく検討するが，それは意図的な制度変化の機会をもたらす働きをする.

　経済の領域では，法制度や労働組合のようなさまざまな

制度的要素が，従業員に対して，企業がどのような契約上の義務を負うかを決める際に影響を及ぼす．企業が従業員に提示するこうした契約は，企業が直面する制度によってもたらされた行動である．しかしながら，従業員にとっては，これらの契約は，自らの行動に影響を与える制度の一部たるルールを明示するものである．

　同様に，法的ルールは独裁者にとっては制度的な要素ではない．なぜなら独裁者は法の上にいるからである．もっとも，独裁者といえども一般には彼の行動はさまざまな制度（強制力を掌握するのに必要な制度）を反映したものともなっている．いずれにせよ，法的ルールは被支配者にとってみれば，（制度のごく一部であるとはいえ）彼らの行動に影響を与える外生的で，人為的に作り出された非物質的な要素である．独裁者と同じように，総理大臣もまた法的ルールを変更することのできる地位にいると考えられるかもしれない．しかし，独裁者の場合と異なって，いったん法的ルールが制度化されると，総理大臣は法に従うものであるから，法的ルールは総理大臣の行動に影響を与えることになる．

　この例で独裁者と総理大臣とに共通する点は，法的ルールの変化を先導する能力があることである．この意味で，これらのルールは彼らにとって外生的なものではない．彼らはいずれも，特定の制度化された手続き，規則の体系・予想・規範・組織を反映して行動し，他との相互関係を通じて新しい制度を形作る．

2.2 ルール・予想・規範・組織のシステムとしての制度

　制度をシステムとしてとらえることは，それを例えばルールのような一枚岩のものとしてとらえる，これまでの慣例と袂を分かつことを意味する[7]．行動の規則性をもっとも一般的なレベルで理解するためには，相互に関係するさまざまな要素からなるシステムを研究する必要がある．それぞれの制度的要素がどのような役割を演ずるかについては第5章で詳細を論じ，この主張を裏づけるが，ここではさまざまな制度的要素（ルール・予想・規範・組織）が行動を生成するうえでさまざまに異なった役割を果たしていることを指摘しておけば十分であろう．制度をルール・予想・規範・組織のどれか1つとして定義してきたこれまでのさまざまな制度研究のアプローチは，これらの要素の1つ1つが果たす役割に特に注目した研究であるということができる．

　社会的に明確化され流布されたルールは，認識の共有をもたらし，情報を提供し，行動を調整し，道徳的に適切かつ社会的に許容される行動を指し示す．それによって，状況を認知的・規範的に理解することを可能にし，その状況における人々の行動を調整することで，各個人の行動を可能にし，方向づけている．これらのルールは個人的な学習を反映することもあるが，多くの場合，社会的に明確化さ

れた形で流布しており，多様な形態をとりうる（例えば，公式なものか非公式なものか，間接的なものか直接的なものか，暗黙の了解か明文化されたものか，など）．

　ルールは，人がそれに従おうという動機をもたない限り行動と合致することはない．予想や規範は個々人に，制度化されたルールに従う動機を与える．例えば，賞罰が用意されているであろうという予想は，個人が特定の行動をとろうとしたりやめようとしたりする動機を与える．右側通行を定めたルール自体が右側通行させるのではない．皆が右側通行をするであろうから，われわれもそうした方がもっともよいという予想が動機を与えるのである．

　行動の動機づけをする予想には，2つの違ったものがあることを理解しておくことが重要である．1つは内面化された予想であり，もう1つは行動に関する予想（期待）である．内面化された予想とは，われわれが経験する世界（そしておそらく他の世界でも）の構造やその詳細に関する予想であり，それらを通じて人間の行動とその結果の関係を推し量るものである．これは，個々人が自らの環境を説明し理解するために構築する認知的（精神的）モデルの形をとった知識によって形作られる．このような予想は，直接的な形で個人レベルでの行動を動機づけることがある．例えば中世初期のヨーロッパでは，森にはさまざまな神々が住んでいるという予想があり，人々は神の報復を恐れて開墾を行わなかった（Duby 1974）．

　内面化された予想はまた，間接的な形で行動に影響を与

えることもある．権力を持つ個人（制度化過程に影響を与えることのできる個人）が自身の確信に従って行動するケースである．例えば重商主義の時代には，政策決定者たちは国際交易がゼロサムゲームであると信じていた．彼らは，ある国家の経済的成功（とりわけ商品の輸出）は他国の成功を犠牲にしてもたらされるものであると信じていたのである．規制を通じて，政策決定者は，世界交易における自国の競争力の強化につながるルールや予想を制度化することに努めていた[8]．

行動に関する予想は，その行動が実際に起こるか否かにかかわらず，さまざまな事態のもとでの他者の行動に関する予想である．他者の行動に関する一個人の予想は，直接的に行動上の選択に影響を及ぼす．皆が右側通行するであろうという予想は，その個人に同じく右側通行する動機を与える．この予想は行動（右側通行）に関するものであり，右側通行はこの予想を前提とすれば実際に起こるものである．与えられた予想の下で実際には生じることなく終わる行動に関する予想もまた，行動に影響を及ぼしうる．警察官が罪を犯す者を逮捕し，法制度が犯罪人を罰するであろうという予想は，犯罪を犯す動機を弱めるであろう．この予想が犯罪抑止に十分なものであれば，犯罪行為は発生しない．この，実際には起こらない状況での警察官の対応に関する予想が，行動に影響を与えているのである．最後に，内面化された規範は個人の超自我（良心）に包摂された，社会的に構築された行動の基準であり，個人の選好の

一部となることによって行動に影響を与えている.

　異なる制度的要素はおのおの独自の役割を持っており，それぞれが異なるやり方で行動の規則性を生み出すことに寄与している. ルールが規範的な行動を指示し，認知的システムの共有・行動の調整・情報をもたらす一方，予想と規範はそのルールに従う動機を与えている. 組織（議会や企業のように公的なものであれ，共同体やビジネスネットワークのような非公式なものであれ）は，相互に関係する3つの役割を持っている. 1つはルールを形成し流布すること，1つは予想や規範を持続させること，もう1つは実現可能な行動に関する予想のありかたに影響を与えることである. 制度が行動を生成する状況においては，ルールはその行動を動機づける予想や規範と合致する一方で，組織は今述べたようなやり方でこうした結果をもたらすことに寄与するのである.

　例えば，道路に関するルールは，運転手の間にどのように行動の規則性をもたらすのであろうか？　ルールは，運転手が遭遇する標識（赤信号や徐行の標識）やさまざまな概念や状況の定義（追い越し，徐行，優先権）の認知的理解の共有をもたらす. ルールはまた，取締官，歩行者，他の運転手のさまざまな状況での期待される行動についての指示を含んでいる. 他者がこの行動ルールに従うであろうという予想は，多くの運転手に多くの場合これに従う動機をもたらす. 運転免許試験場や司法当局は，このルールを生成し流布させ，それに合致した予想の形成を促進する組

表2.1 システムとしての制度

ルール	組織	信念および内面化された規範	もたらされる行動の規則性
交通ルール	車両関連を扱う部局および司法当局	他の運転者や司法当局が特定の行動に従うであろうという予想	ルールを遵守した走行
贈賄の金額・方法・目的に関するルール	州当局，警察，裁判所	州・警察・裁判所が収賄者を見逃すだろうという予想 贈賄が目的を達するうえで最小コストの方法だという予想	汚職
クレジットカード利用者および不履行者の起訴に関するルール	クレジットカード会社および司法機関	カード会社が支払い能力のある利用者を選別し，法的罰則を与え，信用履歴を損なわせることができるという予想	売り手とカード保持者との間の現金を伴わない一見決済
会員資格および，会員・非会員に対する応対を定めるルール	ニューヨークのユダヤ人商人の共同体	共同体の構成員は裏切者に罰則を与える能力と動機があり，よって裏切は利益をもたらさないという予想	法的契約に依らない取引
森林開拓をしないという慣習	なし	森の神様からの報復に関する内面化された予想	森林開拓の忌避
米国の奴隷制を法制化・統治するルール	南部の白人共同体，州政府・連邦政府，司法当局	奴隷制は正当なものと考える内面化された信念 他の白人，アフリカ系米国人および司法当局の行動に関する予想	奴隷制

織である．運転手の行動を理解することはこれら3つの制度的要素を研究することが必要である．この3つの制度的要素は，互いに関連しあう要素として，1つのまとまりを持ったシステムを形作り，そこではルールが行動に関する予想と行動自身とにうまく合致している．

　表2.1はさまざまな制度的要素の役割の例を表したものである．行動の規則性の基礎を明らかにするためには，こうしたさまざまな制度的要素を記述することが必要となる．これらの制度的要素については，第5章において詳しく分析することにする．

2.3 制度に対する統一的なアプローチ

　制度を相互に関係するルール・予想・規範・組織（人為的に作り出された非物質的な社会的要素）のシステムとしてとらえることは，経済学でもっとも広く用いられている，「公式・非公式なルールとその執行メカニズム」という定義を包摂するものとなっている（North 1990）．しかしながら，本書で与える定義は，分析の中心にルール（そして結果として予想や規範）に従う動機をすえるものである[9]．この定義は，ルールとそれに従う動機とを統一的に分析することの必要性を強く主張する．North の「ルールとしての制度」アプローチのように，人々がルールに従う理由を分析の枠組みの外においてしまうことはさまざまな目的の下では明らかに有用なのではあるが，動機を外生的なものとみなしてしまうことの制限は大きい．それによると，ルールと行動との間の一対一の関係，つまり，説明変数とわれわれが理解したい帰結との間の一対一の関係は存在しないことになってしまう．真に必要なのは，人々がルールに従うと仮定することではなく，われわれはなぜ人々はあるルールには従い，他のルールには従わないのかを説明することである[10]．

　より一般的にいえば，本書で提示する定義は，経済学・政治学・社会学において用いられている制度のさまざまな定義の多くを包摂するものとなっている．その中には，制

度を社会におけるゲームのルールと定義する考え方
(North 1990; Ostrom 1990; Knight 1992; Weingast 1996), 議
会・大学・氏族・家族・共同体のような公式・非公式組織
(社会構造) と定義する考え方 (Granovetter 1985; R. Nelson
1994), 他者の行動や, 周囲の世界およびそこでの行動と帰
結の関係に関する予想 (Weber 1958 [1904-5]; Denzau and
North 1994; Greif 1994a; Calvert 1995; Lal 1998; Aoki 2001), 行
動についての内面化された規範 (Parsons 1990; Ullmann-
Margalit 1977; Elster 1989b; Platteau 1994), 行動の規則性や,
安定的・継続的にくり返される社会的な行為, 特に企業を
はじめとする組織における契約の規則性 (Abercrombie,
Hill, and Turner 1994, p. 216; Berger 1977; Schotter 1981; O.
Williamson 1985; Young 1998) などがある.

　経済制度について近年の重要な研究は, そのいずれも
が, 制度を定義することを避けているか, 他の定義を捨て
て1つだけの定義を採用している[11]. しかしながら, 制度
の異なる定義を相互に排他的なものであるととらえること
は非生産的であり, 制度分析の進展を妨げるものである.
制度的要素のさまざまな役割に関する議論が明らかにする
ように, 一見異なった定義は互いを代替するのではなく補
完するのであり, 対立しているというよりはより多く共通
のものを持っている. 先行研究を私なりに理解したところ
によれば, 制度の研究者たちは, その理論的アプローチや
専門分野が何であれ, 究極的には, 個々人の行動に影響を
与えながらも各人にとっては外生的な, 人為的に作り出さ

れた非物質的な要素によって生成される行動の規則性を研究している．制度分析のさまざまな流派は，これらの要素のうち1つにのみ注目して，他を排除しているのである．本書で採用した定義は，これらの共通点を生かして，さまざまな分析方法において構築されてきた見識と分析的枠組みを活用するものとなっている．この意味で，本書の定義は包摂的な概念である．

しかしながら，制度分析に対する主要なアプローチの相違点は，定義の違いだけにはとどまらない．制度の性質，時間を通じた変化，起源についての基本的主張や，前提とする条件においてもまた異なっているのである．これらの主張や前提条件は分析の及ぶ範囲を限定し，分析を力強いものとする働きをする．例えば，制度を政治的に決定されたルールと同一視することは，分析範囲を政治過程のもたらす成果に限定する．しかしながら，異なったさまざまな前提に依拠して分析の範囲を限定するだけでは，さまざまな定義を用いて構築された考察や分析的枠組みを統合することがおろそかになってしまう．本書で提示する定義は，このような統合を図るため，制度的要素と行動の規則性とに焦点を当てる分析対象を限定する．

制度分析には，制度の**主体説**（agency perspective）をとる研究者と**構造説**（structural perspective）をとる研究者とを分かつ大きな断層線がある．前者によると個々人は自らの目的を達成するために制度を形成し，後者によると制度は個々の動作主体を超越する．

主体説では，分析の中心に個々の意思決定者が据えられ
ている．主体説は，制度を，それを構築した個々人の目的
が反映されたものであると考える．したがって制度はその
創設者の利害を反映したものであり，その発生をもたらし
た条件を超えて存続することはないと仮定されている．例
えば，政治家は，彼らの政治的・経済的な目的にもっとも
資するルールを創設することを志向する．その目的かルー
ル形成の政治過程のどちらかに変化がおこれば，結果とし
て生ずるルールも変化するのである．したがって，このよ
うな制度分析の出発点は，（ミクロ）レベルでの個人であ
り，かれらが特定の環境において相互作用を通じて制度を
生み出すさまが着目される．

　制度は個々人の行動に影響を与えるが，制度の構造説
は，そうした個々人のニーズや可能性を制度が反映してい
るというよりは，むしろそれらを生み出すものが制度であ
ると考える．制度は人間の相互関係に構造を与え，個々人
の属性を形成し，また個々人が交流する社会的・文化的世
界を形作る．したがって制度は，その発生をもたらした状
況を超越した存在となる．予想・内面化された規範・組織
は，個々人が交流する構造の一部分であるが，この構造全
体はそうした構成要素の単なる総和以上の意味を持つ．し
たがって，このような制度分析の出発点は，（マクロ）レ
ベルの構造であり，そこで人々が相互関係を結ぶさまが着目
される．

　経済学者は伝統的に主体説を採用しており，制度は行動

を規制するために意図的に策定されたものであることを強調する．経済学とは「どのようにして，利己的な目標を追求する個々の経済主体が，彼らを満足させる手段として制度を進化させるのかを問う学問」である（Schotter 1981, p. 5）．制度は「政治的・経済的・社会的相互関係を形作るために，人為的に作られた制約」である（North 1991, p. 97）．しかし経済学者の間においてさえ，構造説から制度を分析しようとする者も多くいる（例として Hodgson 1998）．

　対照的に，社会学者は構造説を採る傾向があり，制度は個々の主体を超越するものであり，個々人の利害や行動を形作るものであると仮定する．彼らによると，制度とはすべての個人にとって外生的なものである．制度は，個人の「上に課された」社会的属性であり（Durkheim 1950 [1895], p. 2），「社会的行為に安定性と意味づけとを与える構造および活動」によって構成される（Scott 1995, p. 33）[12]．しかし社会学者の間においてさえ，Weber (1949) の伝統に従う研究者たちは，しばしば主体説から制度を分析しようとする．

　これらの一見矛盾する制度についての 2 つの見方（構造説と主体説）は，それぞれ現実の重要な特徴をとらえたものであるから，2 つの間に橋渡しをする必要がある．制度はときとして，それが行動に影響を及ぼす個々人の手を離れた構造であり，またときとして，制度は彼らの行動がもたらす産物なのである．分析目的によっては，制度を所与の構造としてとらえることが有用であるし，また別の分析

目的の場合には，制度によって行動を左右される個人やその他の個人の営みによって制度が生み出されると考えて研究することが有用である．したがって，どちらのケースをも排除しない制度の概念を構築することがぜひとも必要となる．より一般的にいえば，社会学でこれまで長く認識されていたように，制度は行動に影響を与えると同時に人為的なものでもあるので，構造説・主体説を組み合わせながら制度を研究することが必要となるのである（例：Coleman 1990）．

　本書で提示する定義は，制度が人為的なものであると同時に，それが行動に影響を与える個々人にとって外生的なものでもあるという二面性を認識して，構造説・主体説を組み合わせるものである．この二面性を把握することで得られるものは多岐にわたる．これによって，制度の存続，内生的変化，制度が制度発展に与える影響を研究するための統一的枠組みを提示することができるのである（第3章）．

　これまでさまざまなアプローチが，制度の起源と機能という関連した論点について異なった前提を採用してきた．ハイエク（1973）は，制度は自然発生的・非意図的に生まれると考える．個々人は限られた知識と合理性しか持たないので，制度は人間の行動を反映してはいるが意図を反映してはいない[13]．他の多くの研究者（O. Williamson 1985; North and Thomas 1973; North 1990）は，自らの取り分を増やそうとする個々人の意図が，制度発生の過程を支えてい

ると考える．政治学では，合理的選択アプローチは目的達
成の手段として生み出されたものとして制度を分析するの
に対し，歴史制度学派は制度が歴史過程を反映したもので
あることを強調する（Thelen 1999）．

　制度分析の他のアプローチは，制度が特定の機能を果た
すものであると主張する．North をはじめとする研究者
は，「社会における制度の主要な役割は不確実性を軽減す
ることである」と考えている（North 1990, p. 6）．William-
son をはじめとする研究者は，制度は効率性を促進するも
のだと考える．制度は「潜在的な利害対立が，互いの利益
を実現する機会を逸失させる可能性があるような関係にお
いて，秩序を達成する手段」である（O. Williamson 1998, p.
37）．Knight（1992）は，制度の主要な機能は利得の配分を
決めることであるとする．

　制度の研究の異なるアプローチはまた，人間の性質につ
いて相反する見方に依拠している（P. Hall and Taylor 1996
を参照）．例えば Parsons（1951）は，個々人はルールを内
面化することができ，制度は内面化された行動の基準であ
ると仮定している一方，O. Williamson（1985）は，外部の力
が働かない限り個々人は機会主義的に行動すると考える．
Young（1998）および Aoki（2001）は，制度は人間の限定さ
れた認知能力を反映していると考えるのに対し，O. Wil-
liamson（1985）や Calvert（1995）などは，個々人は自分た
ちの活動をとりまく環境について包括的な知識を持ってい
ると考える．

本書で提示する定義は，これらの前提のどれに与(くみ)するものでもない．本書は，制度が設計できるか，自然に発生するか，社会の構成員に賦課されるものであるかを議論するものでもないし，インセンティブの供与・不確実性の軽減・効率性の促進・分配の決定などの特定の機能を提供するものであると断じるものでもない．行動の規則性に注目することによって，本書の定義がその必要性を明らかにするのは，例えば，ホッブズが考えた無政府状態での万人の万人に対する戦いや，一部の国家でのみ所有権を保障する制度のような，制度と帰結との関係についての研究である．

　同様に，本書の定義は，制度が将来のことを見越した主体による意図的な意思決定を反映したものであると主張するものでもなければ，限定的な認知能力を反映した非意図的な進化的学習過程がもたらしたものであると論ずるものでもない．本書の制度の定義は，動機が経済的・規範的・社会的・強制的に与えられたものであるか否かについて特定の主張に依拠してもおらず，特定の分析枠組みのみに従って分析を進めるものでもない[14]．

　こうしたさまざまな主張や前提に依拠しない定義を採用することは，制度分析を進めるうえで有用である．なぜなら，制度は，さまざまな機能を実行し，さまざまな過程を経て発生するし，認知的によく理解された状況における行動に影響を与える一方，そうでない状況での行動にも影響を及ぼし，また制度が依存する動機づけの要因もさまざま

に異なっているからである。例えば、社会においてインセンティブを与える構造という、特定の機能に基づいて制度を定義することは（North 1990）、ちょうど、車を辞書通り「車輪で動く乗り物」と考えるのをやめて、車は人々を輸送するものであるというようなものである。人々の輸送は車が持つ多くの機能のうちの1つであるが、車が何たるかそのものではない。同様に、個々人が内面化された規範と外部のインセンティブのいずれか片方のみによって動機づけられていると仮定してしまっては、せいぜい部分的な定義しか得られない。個々人が「規範的」に行動するか機会主義的に行動するかは、社会の制度に依存している（例えば、制度が特定の規範の内面化をもたらすようなものであるかどうか、ということである）。最初から個々人が規範的に行動するとかしないとか仮定してしまうことは、この種の行動の制度的基盤を分析する必要性を無視することになる。

　本書で用いられる定義は、制度が何であるか、制度が何をするか、制度はどのような意味を持つのか、を区別するものである。制度は、人為的に作り出された非物質的なもので、個人の行動に影響を及ぼしながらも各人にとっては外生的であるという点で、社会的な諸要素が形作るシステムである。そして制度がすることは、行動の規則性を生成することである。制度が何を反映したものか（つまり、どのようにして制度が存在するようになったのか）や制度がどのような意味を持つのかということについては、これら

を先験的に仮定したり，また実現可能な制度の範囲を演繹的に導くための道具として使うべきではない．これらのことは，むしろ分析的かつ実証的に研究されるべきなのである．

　制度は特定の機能を実行するものであるとか，特定の起源を持つものであるとか，特定の動機を反映したものであるというように定義することが，これほどまでに広く行われている理由はいったい何なのであろうか？　こうした定義が用いられる理由は，分析の範囲を確定したり，制度変化を方向づける力を突き止めることにある．仮に制度は政治体制の利益のために政治的に決定されたルールであると主張するならば，分析は政治的に決定されたルールに制限されることになり，制度の起源は政治の舞台に限定され，制度変化をもたらす力は政治過程や政治主体の目的の変化に限定されることになる．しかしながら，これらの強い結論には，予想や内面化された規範などの潜在的に重要な論点を外生的なものとして扱ってしまうという欠点がある．これらの予想や内面化された規範は行動に影響を与えるものであり，本来，分析の一部分をなすものでなくてはならない．対照的に，本書で与える定義は，くり返し発生する状況と，特定の社会的地位にある個人間の行動の規則性に注目する．また，制度的要素が人為的に作り出された非物質的なもので，個々人の行動に影響を与えながら各人にとっては外生的な要素であることを要求する．そうすることによって，本書の定義はその分析の範囲を限定するのであ

る.

　本書の考え方は，さまざまな分析的枠組みを統合することの必要性と可能性の双方に焦点を当てるものである．例えば，制度とルールとの関係を分析する際には，ルールの形成に関して政治経済学の研究でもたらされた分析や知見とを，うまく活用することができる．制度と内面化された規範との関係を分析する際には，社会学や政治学でもたらされた分析や知見を活用することができる．ルール・組織・行動の間の関係については，取引費用経済学がもたらす分析や知見を活用して，意思決定者がいかにして取引費用を軽減しようとするかを調べることができる．同時に，本書で提示する定義，およびそれがもたらす分析は，さまざまな分析的枠組みを支えている前提によって制限を受けることがない．例えば，制度は取引費用を軽減する手段であるととらえることができるが，すべての制度がこの帰結を生むという仮定を課さなくともよくなる．

2.4　外部効果と取引

　予想や規範は個々人の行動に影響を与えるが，各人にとっては外生的なものであり，それらによってもたらされる動機は，環境と行動との間を取り持つものとして，制度の機軸をなす．このような予想や規範が存在するためには，制度によって生成される行動をとる個人の利得が，他の誰かのさまざまな行動から直接影響を受けていることが必要

である[15]．そうでなければ，そうした行動は，社会的な要因——制度的要因——によって動機づけられているとはいえないからである．社会的な要因とは，定義によって個人にとって外生的であるべきものである．いいかえれば，もし他者のとった行動，とろうとしている行動，とることが期待されている行動が，ある個人がさまざまな行動をとる際に得られる利得に影響することがないのであれば，その人の行動が影響を受けているのは，その人にとって外生的な人為的要素ではないことになる．ロビンソン・クルーソーは（島に到着する前に彼が内面化した規範や予想を除けば）制度化されていない世界に生きていた．彼の行動は規則性を持っていたかもしれないが，その規則性は彼の選好・知識・習慣・自然界の法則を反映したものであり，制度を反映したものではない．彼の外側に社会はなかったのだ．

　ここで問題とされる過去・現在・期待される未来における他者の行動は，外部効果を持つものである．外部効果を持つとは，ある人の行動が直接かつ不可避的に他者の行動に影響を与えることである．制度によって生成される行動をとる者は，他人の行動の影響を受けるか否かを自ら選ぶことはできない[16]．人は，両親が教えた規範や，期待される警察官の行動を自ら選ぶことはできない．このような外部効果は，金銭的報酬・身体的罰則・社会的制裁や褒賞・社会的に獲得した内面的規範を通じて発現するものである．外部効果は，さらに，他人が与える模範的行動によっ

てもたらされることもある。それは個人の志やアイデンティティ，したがって，さまざまな行動をとることから得られる利得に影響を与えるからである。

　どの制度においても，外部効果を持つ行動を取る者が存在しなければならないということは，制度において取引が中心をなしていることを意味する[17]。ここでは取引（transaction）を，商品・社会的態度・感情・意見・情報などの実体が１つの社会的単位から別の社会的単位へ移転される際にとられる行動として定義する[18]。ここでいう社会的単位とは，個人，組織，他の実体（「神」や祖先の霊魂など）などであり，われわれの研究対象となる者が行動主体であると考えるものなら何でもよい。また，取引は，経済的取引（金銭的報酬の提供），政治的取引（議会における投票），社会的取引（社会的認可の付与）を含み，苦痛を科すことや感情の共有（同情の表現）などであってもかまわない。この定義は，取引の理由や形態について何ら特定の仮定をするものではない。経済学が通常仮定するように自発的なものであってもよいし，非自発的なもの，強制されるものであってもよい。合法・非合法も問わないし，一方向（片方からもう一方へのみ何かが移転される場合）・双方向・多方向のいずれでもよい。

　取引は状況を社会的なものにする。本書では，少なくとも１つの社会的単位（以後，個人（individuals）と称する）の利得・知識・内面化された予想や規範に直接影響を与えることによって，外部効果を引きおこす取引に焦点を当て

る．例えば，法的制裁・社会的制裁・財産の移転・褒賞を伴う取引は利得に影響を与える．ある個人の信用調査に関する情報をもたらす取引は知識に影響を与え，教会での説教や講義のようにものの見方を授けるような取引は内面化された予想に影響を与え，社会化の過程にかかわる取引は規範に影響を与える．

このような取引が介在する場合にのみ，ある者の行動は他者の過去・現在・未来の行動によって影響を受ける．ある者の行動が人為的に作り出された非物質的な外生的要素によって影響を受けるための必要条件は，別の誰かの行動を反映する何か（例えば，金銭，褒賞，あるいは罰則）が彼に移転された，移転される，あるいは移転されると期待されることである．制度化され内面化された予想や規範は取引によって形作られる．これらの予想や規範を形作るのは社会化の過程であり，そこでは自らの世界観・アイデンティティ・規範が構築され，予想（例として，教典や創世神話に対する予想）が形成される．同様に，制度化された行動に関する予想は，取引に関するものである．というのも，そうした予想は，ある人が他人の行動に対してどう反応するかに関するものだからである．例えば，契約上の義務の不履行に対して法廷が罰則を与えるという脅しは，契約を遵守しようとする規則性を持った行動を生成する．法的制裁の持つ潜在的な外部効果が経済的な取引における行動を誘導するのである．また，人々が経済的な取引において契約上の義務を遵守するであろうという予想は，経済的

な取引で生じたことに依存して，法的な取引での行動を発動することによって達成される．

　この例において注意すべきことは，法廷と個人との間の法的取引は次のような意味で**補助的**なものであるということである．すなわち，法的取引は，もう1つの取引，つまり契約を結んだ個人間の取引における予想の生成をもたらす働きをするのである．個々人に特定の予想や規範の内面化をもたらす取引もまた同様な効果を持つ補助的取引である．補助的な取引はまた，取引以外の行動に規則性をもたらすような制度の一部分にもなる．例えば，法的制裁の脅しが非合法な麻薬の使用を控えさせるときには，補助的な取引が影響を与えるのは他の取引における行動ではなく，人が活動の有無を決定する際の行動である．

　制度がある取引における行動を生み出すとき，その取引を**中心的**であるということにする．説明を容易にするため，中心的な取引における行動を生み出すような制度に特に注目するが，行動の規則性が取引以外の行動（例：喫煙やダイエット）に関連するような場合にも同様な分析を適用することができる．同じく説明の簡単化のため，実際の取引と潜在的な取引とを区別しない．個人間である実体を移転し，少なくとも一個人の利得や情報に直接影響を与えるために発動される可能性がある行動のことを**潜在的な取引**と呼ぶ．例えば，法廷による罰則の脅しが不正行為をやめさせるのに十分であれば，法廷と個人との間で取引は実際には行われないであろう．そのような場合，個人は法廷

の反応に関する予想に導かれて，法を遵守するからである．この行動をもたらす潜在的取引は，補助的な取引である．

2.5　取引間の結びつき，制度，および組織

　補助的な取引と中心的な取引との区別を認識できたならば，制度的要素についてより立ち入った見方を展開することが可能になる．制度化された予想や規範の中には，補助的な取引を中心的な取引と結びつけるという意味で，取引間の結びつきを構成したり創出したりするものがある．例えば，契約上の不履行に対する（一族やマフィアの反応ではなく）法廷の反応に関する予想は，経済主体間の（中心的な）経済取引と，各主体と法との間の（補助的な）法的取引とを結びつけている．「神」が詐欺師を罰するであろうという予想は，経済取引と人類と神との間に存在すると考えられている取引とを結びつけている．規範は，超自我と自我（あるいはイド）との間の取引間の結びつきを創出する[19]．

　中心的な取引において起こりうる行動に関する予想は，取引間の結びつきを生み出す予想や規範に依存している．法廷が詐欺師に罰則を与えるであろうと信じられているときは，人々はこの制裁を恐れるので詐欺はしないであろうと信じることが可能になる．十分に多くの人々が「神」を恐れる心や，正直を良しとする規範を内面化していること

が周知の事実となっていれば，中心的な経済取引において彼らは正直にふるまうであろうと信じることが可能になる．中心的な取引における行動を直接生み出すのは，制度化された予想や規範であるが，それらをもたらすのは，社会においてこれまでにどんな取引の結びつきがみられたかということである．

　同時に，前節で述べたように，補助的取引における人々の相互作用は制度的要素を生み出す重要な源泉の1つである．補助的取引（分析の対象となっている中心的取引以外の取引）における行動はさまざまな制度的要素を生成する．制度化されたルールは，取引を通じて伝達された情報によって生み出される．制度化され内面化された予想や規範は，教育・社会化・教義による洗脳・模範的な行動の提示などをもたらす取引における知識や，そこでの行動によって形作られる．そして制度化された行動に関する予想もしばしば同様の起源を持つ．

　補助的な取引の重要性を考慮することによって，組織についてより深い見方が得られる．組織は，補助的取引における行動が行われる舞台である．そのようなものとして，組織は複数の役割を遂行する．組織は，ルール・情報・知識を作り流布させ，予想や規範を存続させ，中心的取引において生じうる予想の範囲に影響を与える．組織が果たすこの最後の役割は，組織が取引の間で生じうる結びつきの範囲を左右することからくるもので，さらなる詳述に値する項目である．

経済的取引における特定の行動（例：誠実な行動）が，法的制裁に関する予想によって動機づけられるには，その前提として法廷が存在することが必要である．いいかえれば，法廷は，（補助的な）法的取引における行動が（中心的な）経済取引における行動と結びつけられていると信じるための必要条件である．同様に，共同体の存在は，共同体内部の制裁が経済行動の動機づけをもたらすであろうと信じるための必要条件である．組織は，取引間の結びつきを反映したものであると同時にそれを達成する手段でもある．こうして組織は，中心的取引における行動に関する予想として，どんなものが可能であるかを左右するのである[20]．

　上記の議論の要旨とその一般性を理解するために，例として，商取引を可能ならしめる制度のケースを考えてみよう．商取引においては一般に関係者が順を追って行動をとるため，2番目に行動する者は，事後的に約束を破棄しないことを，事前に保証（コミット）することができる必要がある[21]．そうした保証（コミットメント）を達成する一般的な方法は，その中心的取引（商取引）と他の取引とを結びつけることにより，人々が約束を破棄しないと信じることを可能にする，ということである．こうした取引の結びつきは，それを支える組織がなくても達成できる．過去の行いによって将来商取引に参加できるかどうかが決まるようにすれば，現在と将来の取引とを結びつけることができる．この将来の商取引の価値が，現在の不履行による利

益と比べて十分に大きければ，正直な行動に対する予想が維持できることになる．

中心的取引と他の取引とを結びつける組織は，中心的取引で実現可能な行動に関する予想の集合を拡大する．そうした組織は，上で述べたような，二者間の異時点間のつながりを通じて達成できる以上のものをもたらすことができる．そのような組織は異なった起源を持ち，多様な形態をとりうる．公式・非公式，意図的・非意図的のいずれの組織も考えうる．例としては，共同体，社会的ネットワーク，法廷，企業，信用調査所，証書受託会社，信用格付け会社などがあり，これらはすべて，中心的取引を他の取引と結びつけることで，中心的取引における可能な予想の集合を変化させる制度的要素である．

信用調査所，クレジットカード会社，ムーディーズ，ベリサイン，TRUSTe は，さまざまな経済取引において取引者間の可能な予想の集合を拡大する組織である．共同体内においては，社会的交換はさまざまな他の経済的・社会的取引と結びつけられている．法廷制度は，経済主体間の取引と，彼らの各々が法との間で取り結ぶ法的取引とを結びつけている．宗教団体においては，信者同士の取引は，各人と神との間に存在すると考えられている取引と結びつけられている．政党は政治家と投票者との間の取引を結びつけている．

これらのどの例においても，制度的要素たる組織は，中心的取引を他の取引と結びつけるためのメカニズムであ

り，またその結びつき方を反映したものとなっている[22]．
信用調査所や共同体のような組織によってもたらされる情
報は，将来の取引相手が彼らの行動を過去の行動に依存さ
せて決めるであろうという予想を可能にしている．例え
ば，人々の行動を調整したり，出来事に対して共通の見解
を与えたり，行動を監視したりするような制度は，同様の
働きをする．組織がとる形態はさまざまで，異時点の取引
の間を結びつけるのにより適した，無限に存続し続けるプ
レイヤーの形をとることもあるし，また同様に，異なった
地域間の取引を結びつけるのに適した，ホテルチェーンの
ようなものであることもある[23]．このようにして組織は，
中心的取引の行動に関する可能な予想（より一般に規範）
の範囲を変化させる力を持つ．

　以上の点をふまえれば，組織は制度の要素でもあり，ま
た制度自身でもあるというすでに述べた見解を具体的に説
明することができる．組織は，検討対象たる中心的取引に
対しては制度的要素であるが，一方でそれは，組織の構成
員間の行動を生み出す制度（個々人の行動に影響を与える
が各人にとっては外生的なルール・予想・規範のシステム）
である．組織を制度ととらえるか否かは，分析しようとす
る論点に依存する．例えば第3章では，中心的取引におけ
る行動を理解する前提として，商人共同体の構成員が共同
体に所属し続け，情報を取引するように仕向けられていた
のはなぜかを理解することが必要となる．

　組織を単なる制度の要素として分析しようと，制度その

ものとして分析しようと，いずれにせよ組織の行動は内生的に決定されるものととらえる必要がある場合もあるであろう．ある組織が中心的取引における予想に対して与える影響とその性質を理解するためには，その組織の関係者（例：判事や警察官）の行動の選択を考慮する必要がある．法廷が経済取引における行動に関する予想に与える影響を理解するうえでは，法廷をわざわざ制度としてとらえ，法廷内部の意思決定者間の行動を生成し，法廷に罰則を与える権限を持たせるようなルール・予想・規範を分析する必要はないであろう．しかし，判事が賄賂を受けずに公正な裁きをする動機を詳しく調べることは必要である．いいかえれば，どのようにして法廷は中心的経済取引を法的な取引と結びつけ，賄賂の受け渡しという判事と当事者との間の私的取引には結びつけないのかを理解することが必要である．

　制度と組織との関係についてのこうした見方は，両者の関係の研究においてこれまで有力であった，次のような3つの見解と袂を分かつものである[24]．すなわち，組織は政治的ルール決定の舞台であるという見方，組織は政治的ルールの決定過程にかかわるプレイヤーであるという見方，あるいは組織は制度が与えるインセンティブに対する私的な反応がもたらしたものであるという見方である．

　経済学や政治学において主流の「ルールとしての制度」という1つ目の見解は，組織を議会のような集団的意思決定の主体ととらえている．制度は，これらの組織の構成員

によって決定されたルールとして定義されている．2つ目の見解は制度を，何らかの共通の目的を持って集まった個人のグループと定義している（Arrow 1974; Olson 1982; North 1990; Thelen 1999）．利益団体，法廷，労働組合のような組織は，政治的意思決定過程に参画することで，政治的に決定されるルールに影響を及ぼす．組織は，既存のルールの受益者がその存続を目的として作られる場合，しばしば既存のルールが生み出したものとなっている．

3つ目の見解は組織論に基づくもので，組織は，生産のような「比較的限定された目標の追求をめざした集合体」であるとする（Scott 1998, p. 26）．しかしこの見解が主張するのは，組織は制度がもたらす選択肢や制約条件によって形作られるということである．ここでいう制度は，意味の体系やさまざまな調整過程（執行メカニズム）として概念化されている．社会学における組織論は，組織は，制度によってもたらされる意味・目的・アイデンティティによって形作られることを強調している（例：Scott, Meyer et al. 1994; Scott 1995 を参照）．経済学における組織論は，制度がさまざまな組織形態のコストや便益に影響を与えていることを強調する．そして組織はこれらのインセンティブに対する最適な（つまり，取引費用を最小化する）反応がもたらすものであると論じる（Coase 1937; O. Williamson 1985, 2000）[25]．

これらのどの考え方にも，動機づけに対する関心が払われていない．組織は制度を決定するものであるか，逆に制

度によって決定されるものであるかのいずれかでしかない. そこで動機づけが分析の俎上に載せるのは, 特定の制度(ルール)を選択するインセンティブや, 制度に反応して特定の組織を作る際のインセンティブを考慮する場合のみである. 対照的に, 本書で提示する考え方は, 組織はまた制度的要素の1つとなりうることを強調する. すなわち組織は, さまざまな取引における行動を動機づけるような, 制度の構成要素となりうるのである. 組織は, 中心的取引を他の取引と結びつける手段であり, またそうした結びつきの具現化でもある. こうした結びつきを作り出すことによって, 組織は, 中心的取引における行動を動機づける, 制度化された行動に関する予想の範囲を変化させる力を持つ. 制度化された状況では, 行動に関する予想が行動を動機づける. そうした予想は取引間の結びつきに依存して決まり, 組織はそれらを生み出すための手段となる.

組織と制度とを区別することは, 制度が機能するうえで象徴や記号(契約・為替手形・結婚式・握手など)が果たす役割を浮き彫りにする. これらの象徴や記号は, ある人の社会的地位を, 関連する組織(や個人)に伝達する手段なのである. 法的な負債契約は裁判所における債務者の社会的地位を表す. ビジネスネットワークの構成員同士の握手は他の構成員に対して, その2人が互いに特定の義務を負っていることを示す. 結婚式は役所や共同体に対して, その2人の社会的地位を示すものである. そして, いかにして個人が, こうした社会的地位において期待される行動

ルール（権利や義務）に従うかということが，他者の反応を決定する．逆に，こうした他者の反応に対する期待が，もともとの個人の行動に影響する[26]．

　異なる取引が同一の中心的取引に結びつけられることもあるので，ルール・予想・内面化された規範・組織の形態には，取引の結びつき方に応じて，多様なものが考えられる．例えば，借り手は，もし返済をしなければ法廷に罰せられる，マフィアにやられる，あるいは共同体から追放されるなどと信ずることによって，返済に応じることであろう．同一の制度的要素はこのようにさまざまな具体的形態をとることがあるが，それらは与えられた中心的取引での行動に影響を与えるうえで，互いにとって代わることもあれば，補完しあうこともある．

2.6　結語：自己実現的制度

　本書で提示する制度の定義は，特定の制度が特定の行動を生み出すうえで効果的となる条件を明らかにするものでもないし，特定の状況で重要となる制度をどのように判定すればよいのかを教えるものでもない．われわれの定義は，何を調べる必要があるかを浮き彫りにし，そして，もっとも一般的にいえば，**自己実現的**であるという意味で内生的なものとして制度を分析する必要があることを指摘しているだけである．自己実現的とは，他者の行動や他者の期待される行動によってもたらされる制度的要素に反応し

て選んだ各個人の行動が，他者の行動を動機づけ，それに指針を与え，それを可能にし，そして結果としてそれらの他者の行動が先に述べた制度的要素をもたらすということである．本書の分析は他の制度（例：政治的制度）を外生的なものとして持ち込むことなしに，こうした制度を説明する．また，制度はその機能によって決定されるとか，環境要因によって決定されるという仮定にも依存していない．むしろ，各個人が所与のものとしてとらえる構造（制度的要素）が，集団レベルにおいて，その構造自身を作り出すような行動を各個人がとることを可能にし，動機づけ，それに指針を与えるものであることを念頭においた分析となっている．

　制度一般，特に自己実現的な制度の異なった側面を研究するためには，さまざまな分析的枠組みを使うことができる．本書は，ゲーム理論に基づいてそれを行う．

第2章註

1) ここで「システム」といっているのは，1つの制度のさまざまな要素間の相互関係を強調するためである．なお，制度はこのシステム（ルール・予想・規範・組織）の要素をすべて含んでいる必要はない．

2) ここで「指針を与える」というのは，ある特定の行動をとるのに必要な知識を与えるという意味である．「動機づける」とは，外的・内的な賞罰に基づいて行動を誘導することである．

3) 行動以外の反応に対する予想も，同じように行動に影響を与えうる．Nee and Ingram（1998）は，社会規範と政治制度とは，主にその執行のメ

カニズムに差異があると述べている.

4) 制度分析が社会的地位の研究とつながることは, 社会学では普通のことである. Berger and Luckmann (1967, p. 74) は,「制度化された行為にはすべて, (社会的) 地位がからんでいる」と述べ, それを社会的に知れわたった「行為者の属性」と呼んでいる. E. Hughes (1937, p. 404) は, 特に公式の組織に関しては,「公式に定義された役割を意識的に充足することが, 社会的組織をそれ以外のより原始的な集団的現象から区別するものである」と述べている.

5) Giddens (1997); Abercrombie et al. (1994) と Zucker (1991) は, 個人の行動が個人の属性ではなくその社会的地位によって決まる度合いをもって, 制度化の度合いを測るべきであると論じている.

6) 物理的にとりうる行動が 1 つしかない場合, 互いの行動に関する予想は周知の事実となりやすいが, このようなケースは重要なものではない. 一通りしかありえない行動は予想に依存するものではないからである.

7) Scott (1995, p. 33) は, 制度を一枚岩でないものとしてとらえるうえで, 本書とは異なった概念を提起し, 制度は「社会的行動に安定性と意味づけとをもたらす認知的・規範的・統制的構造や活動によって構成される」ものであるとした. これら 2 つの定義の関係については, 第 5 章で明らかにする.

8) この一連の因果関係は, North (2005) で中心的に論じられている.

9) 他の相違点としては, North は, 組織は制度の一部ではなく, 制度 (政治的に決定されるルール) の構築を行う政治的ゲームにおけるプレイヤーと考えている. 制度の欠かすことのできない一部としての組織についての, より立ち入った見方を後に詳しく説明する.

10) 実のところ, 動機は社会学における制度分析でも中心的な問題である. Parsons (1951) の分析は行動の規範的基盤を中心においている. 近年の社会学における認知論的な動向によると, 人々が制度に従うのは, 社会的に構築された自己像と, それに対する他者の感情とを気にかけることによって動機づけられているからであるとする (例えば, Scott 1995; March and Olsen 1989 を見よ). 概説としては, Ellickson (1991); Scott (1995); P. Hall and Taylor (1996) がある. 本書で構築した用語法では, これらの動機は制度化された予想や規範を反映していることになる.

11) 例えば, North (1990); Eggertsson (1990); Ostrom (1990); Furubotn and Richter (1997); Weingast (1996); Young (1998); Aoki (2001) を参照.

多くの制度研究者は，制度分析のさまざまな流派を統合することの必要性と潜在的な便益とに言及している．例えば，Coleman（1990）および Ostrom（1990）を参照．

12) 政治学におけるこれらの違いの概略的解説は，P. Hall and Taylor（1996）を参照．

13) Sugden（1989）; Knight（1992）; G. Hodgson（1998）; Young（1998）を参照．社会学における制度学派（sociological institutionalism）の主要な対立点については Scott（1995）を参照．

14) 例えば，Sugden（1989）による定義は，分析を特定の制度的枠組みの下に置くものである．制度（彼の用語では慣習）は，複数の進化的に安定な戦略を持つゲームにおける1つの進化的に安定な戦略であるとされている．

15) これらの行動には，予想や規範の内面化をもたらすものも含まれる．

16) ときとして人々は，外部効果の影響に晒される状況にかかわりあうか否かを選択することができる．例えば，Ensminger（1997）は，宗教改宗を効力のある外部効果を変えてしまう試みとして説明している．

17) 特に Williamson（1985, 2000）によって展開された取引費用経済学は，取引の特質に応じて契約・組織がどう反応するかを研究するものである．私の考えは，取引の結びつきの役割を強調することによって，取引費用経済学のアプローチを補完するものである．しかしながら，中心となる取引の特質は，さまざまな取引の結びつきが持つ役割に影響を与えている．

18) 制度における取引の重要性については多くの研究者が強調しているにもかかわらず（例えば，Coase 1937; O. Williamson 1985; Furubotn and Richter 1997 の概説を参照），取引という用語にたいして，定説となっている定義はない．もっとも広く用いられている定義は，取引は「財やサービスが，技術的に分離可能な境界を超えて移転される際に発生する」というものである（O. Williamson 1985, p. 1）．

19) ジークムント・フロイトによると，子どもはイドを備えて生まれる．イドは，他者のことを顧みずその時点で良いと感じることを何でも望むという快楽原則に基づいている．3歳になるまでに子どもは自我（エゴ）を構築するが，エゴは現実原則に基づいている．エゴは，他者も要求や欲望を持っており，衝動的になったり利己的になったりすることはときとして長期的には裏目に出ることを理解している．イドの要求を容れながら状況の現実性を考慮に入れることはエゴの仕事である．5歳になるまでに子ども

は，われわれの道徳原則を構成する超自我を構築する．超自我（道義心）は善悪に関するわれわれの予想を支配し，エゴは超自我とイドとの媒介として機能する．

20)　第5章において，ここで用いられた「可能」(possible) という言葉の意味を定義する．そこで考えられるゲームは，結びつきを持った取引を反映するものであり，中心的取引における自己実現的（均衡）予想の集合を，組織が変化させることになる．

21)　基本となるゲームは一方向の囚人のジレンマ（信頼ゲームとしても知られている）である．付録 A および C を参照．

22)　Greif (1989); Milgrom, North, and Weingast (1990); Greif, Milgrom, and Weingast (1994); Greif (1993); Aoki (2001); Tadelis (1999, 2002); Ingram (1996) がこうした組織の役割について論じている．

23)　もしこのような組織が制度的要素でない場合，中心的取引における予想や行動を変化させることはできない．もしある経済主体が法廷を自由に解散できたりそれを統制下においたりできるのであれば，法的制裁の脅しはこの主体の行動に影響を及ぼす制度の一部分とはならないであろう．

24)　わずかな例を除けば (Bowles and Gintis 1976)，経済学者による研究は，内面化されたルールや予想を持続させるために組織が果たす役割の重要性を無視している．この点については第5章でまた述べる．

25)　私はこれらの見解を歴史分析に取り入れる．例えば，契約履行と所有権の保障を行う法制度の欠如に対して，マグリブ貿易商のグループ（第3章）は非意図的な反応であり，商人ギルド（第4章）は意図的な反応であった．

26)　自己実現的な制度を調べる際には，われわれが社会的地位を取り扱うのと同じように，象徴や記号を均衡の所産として考えることもできる．象徴が行動に影響を与えるのは，各個人の行動を象徴によって条件づけることができるためである．さらに，他者が象徴に条件づけられた行動をとることに対する各人の最適反応は，自分もそれに従うことである．Calvert (1995) も参照．

第 2 部

均衡状態にあるシステムとしての制度

Institutions as Systems in Equilibria

概念の定義は分析の方向を定め，実証研究の範囲を定める．研究を行うには，分析的な枠組みが必要なのである．分析的な枠組みは，ある特定の制度が特定の行動をもたらすために効果的な条件とは何かを明らかにし，因果関係を浮き彫りにし，予測をたて，議論を評価するために必要である．分析的な枠組みが，制度を検討するために特に重要なのは，予想や規範が目に見えないからである[1]．

　ここでの分析的な枠組みで中核をなすのは，古典的ゲーム理論である．ものごとの真の価値は，それを使ってみなければ判断できないので，この枠組みが，ここで定義される制度の研究に有用であることを証明するような，5つの実証研究を本書は収録する．これらの研究で用いる実証的な手法は，与えられた状況とその歴史に関する詳細な文脈上の知識を，文脈に固有なモデルを明示的に構築することに結びつけるものである．この事例研究的方法では，文脈的な知識を用いて，取引の特定の結びつきとそれに関連する制度が現実に重要な役割を果たしたであろうという予想をたてる．次に，この推測を評価するために，明示的なゲーム理論モデルを使う．こうした実証研究の方法は，この本のすべての歴史的分析に用いられている．これについては，さらに第4部で詳しく述べることにする．

　ここで提供される実証研究は，市場の制度的な基盤を考察するものである．それは，市場を説明される必要のない前提として考える，古くはアダム・スミスまで遡る制度分析の長い伝統と袂を分かつことを意味する．彼らの見解に

よると，市場は有益な交換の機会が存在する時と場所に，自生的に発生するというのである．O. Williamson がいうように，「はじめに市場ありき」である（O. Williamson 1975, p. 20）．

特に市場経済への移行期にある経済が，市場の育成に失敗したことは，こうした主張の脆弱さを明らかにした．市場は，必ずしも有益な交換の機会に応じて，自生的に発生するわけではない．交換が生じるためには，所有権を保護し，契約を履行するための制度が整っていなければならない．こうした制度は，誰が交換に参加し，どの商品が交換可能かを定め，それによって市場の範囲と規模を決定する[2]．

次の2つの章は，市場の制度的な基盤を実証的に検討するうえで，本書で展開されるような見方が有用であることを示すものである．第3章は，契約履行のための，自律的秩序に基づいた制度について検討する．第4章は，外国貿易商の所有権を保護した制度を明らかにする．異なった制度を取り扱うこうした分析は，第2章でなされた主張に対して，実証的な裏づけを与えるものである．制度を分析的に検討するにあたって避けて通ることができないのは，取引間の結びつきと，この結びつきに効力を持たせ行動の規則性を生み出すような，たがいに関連するさまざまな制度的要素について考察することである．

第5章で述べるのは，ゲーム理論と，ここで定義されるような意味での制度とのより一般的な関係である．ゲーム

理論を戦略的状況下の行動の検討に有用な道具とするためには, いくつかの非現実的な仮定が必要とされる. この章では, こうした仮定を検討することで, 制度に関してどのような洞察を得ることができるかを考察する. 議論はまず, 認知・情報・行動の調整, そして規範の各面で行動にミクロ的基礎づけを与える制度化されたルールの役割について, 古典的ゲーム理論やゲームにおける学習理論がわれわれに何を教えてくれるかを明らかにする. 次に, こうして得られたルールのよりよい理解が, 何をもたらしてくれるかを述べ, このことと, 制度分析におけるゲーム理論の適切な利用法との関係性について考察することに進む.

　制度を記述し, 分析するにあたって, 第 2 章で提示された用語に固執するのは煩わしいこともある. 例えば, 「共同体は情報伝達のネットワークを提供する」というほうが, 「共同体内部での情報共有を目的とした取引の結びつきが情報を流布させる」, というよりも簡単である. 「共同体の構成員が, 不正者は集団的に罰せられるという期待を共有している」というほうが, 「共同体の中に, 集団的懲罰に関する制度化された予想が広まった」というよりは簡単である. 同じように, 「特定の (制度化された) 行動のルールが広がった」と述べるほうが, 「予想や規範がこれらのルールに対応する行動をとる動機をもたらした」というよりも簡単であろう. したがって, 表現の簡単化のために, 正確さをある程度犠牲にして, 単純な用語をしばしば採用することにする.

註

1) 実際のところ，W. Powell and DiMaggio (1991, p. 2) が言及したように，「制度＝ルール」とみなす考えや主体説的な見方を乗り越えようと試みる，経済学のヴェブレンとコモンズから社会学のパーソンズとセルズニックにいたる有望な制度研究が存在したが，それらは冷遇されてきた．その理由は，彼らによると，「誤った問いをたてたからではなく，その答えがあまりにも記述的で歴史的にみて特殊なものであるか，あるいは説明としての面白みを欠くほどに抽象的に過ぎたからだった」．

2) 関連する研究としては，Greif (1989, 1992, 1994b, 1997a, 2000, 2004b)；Milgrom et al (1990)；Stiglitz (1994)；Greif and Kandel (1995)；Aoki (2001)；McMillan (2002)；Fafchamps (2004) を参照.

第3章
自律的秩序による契約履行制度：
マグリブ貿易商の結託

Private-Order Contract Enforcement Institutions:
The Maghribi Traders' Coalition

　前近代の交易では，商品は目的地へ届けられた後にし
か，外国で販売することができなかった．そのため，商人
たちは彼らの商品を外国で取り扱うために必要なサービス
の供給を確保しなければならなかった（de Roover 1965;
Gras 1939）．商人にとっての選択肢は，商品とともに旅を
するか，もしくは外国での業務を取り扱う海外の代理人を
雇うかのどちらかであった．代理人を雇うことによって，
商人たちは，旅に伴う時間とリスクを削減し，さまざまな
交易中心地の間で販売を多角化できるようになる．そうし
た意味で，代理人の雇用は効率的なものであった．しかし
ながら，代理人たちは機会主義的に行動し，商人たちの商
品を横領することができた．したがって，代理人の使用は

効率的であったにもかかわらず，それを支える制度が整っていない限り，代理人関係が実際に結ばれる可能性は低かった．

　この章は，11世紀の地中海におけるマグリブ貿易商たち，すなわち，ユダヤ人貿易商たちのグループに注目する．そして，彼らが商人－代理人間の取引に内在する契約上の問題に対処するために作り出した，評判に基づく経済制度——結託と呼ぶにふさわしいもの——について考察する．評判に基づく制度では，中心的な取引における行動に対応して，将来における報奨もしくは罰則が，経済的あるいは社会的な（補助的）取引において与えられる．こうした取引の結びつきは，それがうまく機能すれば，事後的に機会主義的に行動しないことを，事前にコミット（確約・保証）することを可能にする．例えば代理人関係においては，代理人は誠実に行動することにコミットでき，したがって信用されるようになる．このような制度の働きを検討するためには，取引の結びつきを形成し，過去の行動に応じて将来の効用が変化することを可能にする，制度的要素を研究することが必要である．特に明らかにする必要があるのは，どんな取引が結びついたときに十分に大きな制裁あるいは報酬が作り出されるのか，過去の行動に関する情報がどのように生み出されるのか，なぜ制裁を科したり報酬を与えたりすることに信憑性があるのか，といった事柄である（付録Cはそのような制度の分析を提示する）[1]．

　マグリブ貿易商にとって重要な取引の結びつきには，2

つのものがあった．第1に，代理人-商人間の取引が，商人間の情報共有のための取引に結びつけられていた．その結果として生じたネットワークは，遠く離れた代理人たちの行動を評価するために必要な情報を商人たちに提供した．それは，機会主義的な行動をとれば見つかってしまうだろうという，制度化された予想を裏づけるものであった．第2に，商人と代理人との間における個別の代理人取引は，その代理人とグループに属する他のすべての商人との将来の取引に結びついていた．グループのすべての商人は，構成員の中から代理人を雇い，他の構成員に不正を働いた代理人を決して雇わないことが求められていたのである．

　集団的な多者間の制裁が発動されるという脅しは，信憑性を持っていた．このことが，「今日不正を働くことで得られる短期的な利益は，誠実にふるまうことで長期的に得られる利益よりも少ない」という予想に裏づけを与えていた．こうした状況は周知の事実として知れわたっていたため，商人たちは，代理人が不正を働いても得をしないことを見抜いていた．構成員の中から雇われた代理人は，誠実であるという評判を手に入れ，商人たちはそれらの代理人を信用することができた．ここにおいて，どのような行為が適正な行動とみなされるかを明確にしていたのは，商人法として知られる一群の規則であった．マグリブの行動規範は社会的な規範であり，裁判所や立法者のような公的な発信者によって公布されたわけでもなければ，法的な制裁

の脅しによって履行されていたわけでもなかったが、それにもかかわらず規則正しく守られたのである（Posner 1997）.

この制度を組織として具体化したものが、インフォーマルな組織、すなわち、同じ民族と宗教的共同体に属する構成員からなるビジネス上のネットワークであった。この組織をもたらしたのは、特定の取引の結びつき、すなわち、商人–代理人間の取引において、自己実現的な予想のあり方を変化させるような取引の結びつきの形成である。同時にこの組織は、そうした結びつきを形成する手段でもあった。それは、特定の社会的身分を持つ人々、すなわち、その共同体に属する者たちが、情報を共有し不正者を集団的に罰するという、制度化された予想を具体化したものであった。実際のところ、この共同体の存在、その内部での個人的な親密さ、および情報の流れが、こうした結託を生み出すことを可能にしたのである。同時に、共同体内の他の構成員と取引するほうが、グループの外で評判メカニズムに基づいた代理人関係を構築するよりも大きな利益をもたらした。したがって、各構成員はこの自治機能を持った共同体（コミューン）へ所属し続ける動機を持ち、それによってこの社会的な組織は維持されたのである。

マグリブ貿易商の分析は、フスタート（カイロ旧市街）で見つかった、ゲニーザ（ヘブライ語で「倉庫」）として知られる歴史的資料に基づいている。これは数千もの契約書、価格表、商人の手紙、帳簿、そして11世紀の地中海イ

スラーム世界における交易を映し出すその他の文書を含んでいる[2]．これらの文書は，初めは主に地中海の西側の海域に住んだマグリブ貿易商によって書かれた（**マグリブ**は**イスラーム世界の西を意味するアラビア語である）．商人たちは宗教上の理由から，ヘブライ語で書かれたすべての手紙をフスタートにあるユダヤ教礼拝堂のゲニーザに預けた．彼らは商業上の通信を，ヘブライ文字で書かれたアラビア語の方言であるユダヤ・アラビア語で行ったため，ゲニーザで見つかった文書が彼らの商業通信の代表的なサンプルを含んでいると推測することは妥当であろう（Goitein 1967, p. 149）[3]．

　この章の第3.1節では，歴史的背景とマグリブ貿易商に関する情報を提示し，代理人関係における彼らの行動パターンとその目的を説明する．次に，第3.2節では商人−代理人関係に伴うコミットメント問題について論じ，多者間の評判メカニズムがその問題を解決する働きをしたという，歴史的に導出された推測の妥当性を検討する．第3.3節は，ここで主張する制度が均衡を形成することができたのか，またそうであるならそれはなぜかを判断するために，コミットメント問題を定式化する．第3.4節はモデルを使い，代理人関係が結託によって統制されていたという主張をさらに裏づける予測をたてる．この節は，マグリブ貿易商の間の集団的な反応を調整するための商人法の役割について議論する．第3.5節では分析の含意を検討する．

3.1 商業，海外の代理，および効率性

　マグリブ貿易商は，10世紀に政治的不安が次第に高まったバグダード周辺を離れ，ファーティマ朝のカリフによって支配されていた北アフリカのチュニジア，すなわち西イスラーム圏（マグリブ）の一部に移住したユダヤ人貿易商の末裔である．ファーティマ朝の首都は，10世紀末にカイロへ移転した．マグリブからエジプトへと追随したユダヤ人貿易商たちは，マグリブを出自とするマグリブ貿易商として知られるようになる．

　マグリブ貿易商は，彼らより大きなユダヤ人集団の中で，明確な社会的アイデンティティを持つ少数民族だった．どれぐらいの数のマグリブ貿易商が11世紀に活躍したのかは不詳であるが，とるに足らない数でなかったことはわかっている．175通の文書の中には330の異なる名前が記載されていたのである[4]．マグリブ貿易商の多くは，数百から数千ディナールの価値がある商品に投資をした．それは，フスタートの中流家計の1カ月の支出が2-3ディナールだった当時にすれば，相当に大きな金額である[5]．

　ゲニーザ文書は，11世紀の地中海交易が自由で民営化されたものであり，かつ競争的だったことを示している．また，それは地中海を超えて人々や原材料，製品，あるいは金銭が移動することを束縛する公的な規制はほとんどなかったことを示している[6]．それぞれの交易中心地の中で，

商業取引は競争的に行われた．しかし，当時の交易は大き
な不確実性を伴うものであり，価格や船旅の所要時間（そし
て船が目的地に到着するかどうか），商品が到着する状
態，保管のための費用には大きなばらつきがあった[7]．

　交易の不確実性と複雑性に対処するため，マグリブ貿易
商は海外の代理人を通して活動した．海外の代理人とは，
商業活動に必要なサービスを提供し，資本や利益，あるい
はその両方を別の交易中心地にいる商人と分け合う者を指
す（この章の残りと第9章では，**商人**（merchant）という
用語を，代理人が報酬を受け取った後の残余所得を受け取
る者を示すために使う．**貿易商**（trader）という用語は，
代理人と商人両方を指す）．

　代理人は商人に対して，交易にかかわる多くのサービス
を提供した．その業務は，船荷の積み降ろし，関税や賄賂，
運送費の支払い，商品の保管，商品の市場への移送，そし
ていつどのように，誰に，どのような価格で，どのような
支払い条件で商品を売るかという決定にまでいたるものだ
った（Goitein 1967, p. 166）．代理人関係は，次のような要因
によって交易の費用を削減することを可能にした．すなわ
ち，マグリブ貿易商が，多角化によってリスクを分散す
ること，代理人の専門能力に基づく利益を享受すること，交
易活動を行う交易中心地・商品・時間の範囲を広げること，
などである．代理人関係は，商人が定住の貿易商として営
業し，したがって船旅の費用とリスクを軽減することを可
能にした．さらに代理人たちは，移動中の商人たちが，不

在中の業務を代理人に任せることも可能にした（Goitein 1967; Greif 1985, 1989）.

代理人を通して活動することでどの程度効率性が上がったかを，数量的に評価することは不可能である．しかし，研究者たちは海外の代理人と協力する近代以前の交易システムが，それをしないシステムよりも優れていたことを認めている[8]．マグリブ貿易商たち自身も，代理人を通して活動することが事業の成功にきわめて重要であることを認識していた．それは彼らが構築した代理人関係の広がりと，彼ら自身の言葉から見てとることができる．ある貿易商は，「私に生じるすべての利益は，あなたのふところから来ます」と，彼の海外の代理人に書いた．別の者は「人は人なしでは活動できない」と書いた[9]．

3.2 コミットメント問題と評判に基づく共同体履行メカニズム

代理人サービスによる取引は，コミットメント（確約・保証）問題をはらんでいる点に特徴がある．海外の代理人に，彼のものではない資本を使って事業を運営させることは効率性を高める．しかし，ひとたび資本が代理人の手に渡れば，彼はそれを横領することができる．この機会主義的な行動を予想する商人たちは，適切な制度がない限り，代理人を通して活動することを諦め，商人・代理人の双方に利益をもたらす代理人サービスの取引は実現しないであ

ろう．この問題を克服するためには，商人の資本を受け取る事前の段階において，代理人が事後的に誠実に行動するとコミット（確約・保証）することを可能にする制度が必要となる[10]．

　歴史的な記録は，そうした制度がマグリブ貿易商たちの間に存在したことを示唆している．代理人関係は例外的なものではなく，むしろ普通にみられるものであった．ゲニーザ文書は，信頼関係があることが代理人関係の特徴であったことを示している．代理人には不正を働くことができる機会がたくさんあったにもかかわらず，不正行為の申し立てを記した文書はわずかしかない（Goitein 1973, p. 7）[11]．では，商人－代理人間のコミットメント問題は，どのようにして解決されていたのであろうか？

　コミットメント問題は，親族のみを代理人として使うことによって解決されたわけではなかった．この研究で使われたサンプルのうち，親族が関係する代理人関係は 12 パーセントに満たない[12]．場合によっては，中心的な取引を強制的な（法的）取引に結びつけることで，法的なシステムが中心的な取引に内在するコミットメント問題を克服する可能性がある．法的な制裁に関する予想が不正行為を思い止まらせるからである．しかし，歴史的な証拠は，マグリブ貿易商たちの間ではこうしたことが起こらなかったことを示唆している．ゲニーザ文書に表われている代理人関係の多くは——ほとんどがそうであるとはいえないにせよ——，法的な契約に基づいていなかったのである．商人と

代理人との間の商業上の争議が法廷に持ち込まれたことは少数の文書にしか示されていないし，そのような事例における法廷の使用は費用が高くつき，時間がかかったようである[13].

　さらに裁判所は，移住してしまった代理人たちを追跡することはできなかったし，裁判の何カ月も前に遠く離れた場所で起きた事件を裁くために必要な情報を収集する体制も持ち合わせていなかった（Greif, 1989, 1993）．事件から数カ月経った後では，裁判所は例えば商品が到着したときの状態や商品の価格，港で支払われた賄賂の額，配送費，あるいは代理人の倉庫から商品が盗まれたのかどうかについて立証することはできなかった．そのうえユダヤ法は，代理人たちを提訴する権利を狭く限定していた．ある商品の購入を委託された代理人が「（商人に）1（ディナール）の価格しかない商品を持って行き（商人に）100（ディナールの支払い）を請求」[14] したとしても，訴えられることはなかったのである．実際に，1095年に70ディナールを受け取ったある代理人は，20ディナールを除いたすべてを失ったと報告した．だまされたと確信し，憤慨した商人はしかし，彼の要求が法的な根拠をまったく持たなかったために，代理人を訴えることができなかったのである[15].

　憤慨した商人は，おそらく，代理人の行動を不完全な形ではあれ，監視する情報を手に入れており，それに基づいてだまされたと確信したのであろう．貿易商たちは事業の多角化のために，異なる交易中心地に駐在する多くの貿易

商たちと提携していた．商人たちが交易に関連する情報を事業の提携者に提供することは常であり，それは事業の成功にとって重要であった[16]．フスタートのナハライ・ベン・ニシームのような重要な定住商人は，スペインからシリアまで，数十の商人と取引関係を持っていた（Michael 1965; Gil 1983b; 3: 96–330 に収録されているナハライ宛の手紙を見よ）．おそらく持ちつ持たれつの関係がこの情報の流れに対する「ただ乗り」を防いだのであろう[17]．マグリブ貿易商のグループでは，商人の経験に加えて，このような情報の流れが，商人と代理人が持つ情報の非対称性を緩和し，商人が代理人を監視することを可能にしたのである[18]．

このような情報の流れは同時に，代理人たちが誠実に行動する意図を持っていることを外部に伝えることを可能にした．現代の企業が自らの財務諸表の正当性を立証するために監査人を雇うのと同じように，11 世紀のマグリブ代理人たちは一般的に，結託の他の構成員の立会いのもとで重要な取引を行った．彼らは商人が知っている立会人の名前を報告書に記載し，商人が代理人の報告書の内容を立証できるようにした[19]．

ところが，監視能力は不完全であり，商人は代理人が不正を働いたと誤って結論づけることもあった．例えば，世紀の半ば頃，パレルモのマイムーン・ベン・ハルファが，フスタートのナハライ・ベン・ニシームに手紙を送った．マイムーンは，ナハライとその代理人の 1 人との間で発生

したもめ事について議論する中で，代理人は誠実に行動しており，不正行為を働いたとして告発されるべきではないと強く主張したのである[20]．

コミットメント問題を克服する1つの方法は，特定の商人と代理人との間における，商人－代理人取引を，時間を通じて結びつけることである．代理人を監視する能力は，そのための必要条件となる．代理人が誠実である限り毎期彼を雇い続け，不正を行った場合には永遠に再雇用しないという戦略を商人がとるためには，不正に関する情報が必要である．この戦略を信ずるならば，代理人は自らの地位を保全するために誠実に行動しようとする．しかしながら，不正を防ぐのに十分なほど，将来の雇用期待を魅力的なものとするためには，商人は，代理人が商人の下で働くときの生涯の期待効用と，代理人が外部で得られる最善の選択肢との間に格差を作らなければならない．そのために例えば商人は，代理人が外部で得られる以上の賃金を支払うなどして，代理人に各期，賃金への上乗せ（プレミアム）を提供する必要がある．こうした予想と上乗せが与えられるとき，不正を働く代理人は，短期的な利益を捕まるまでの期間に限って得ることになる．その一方で，誠実にふるまう代理人は，毎期賃金の上乗せ分をずっともらい続けることになり，長期的な利益を手に入れるのである．

このような，二者間の評判メカニズムは，同じ当事者たちの間で，商人－代理人取引を異時点間で結びつけることによって成り立っている[21]．ここで，代理人が誠実であっ

たにもかかわらず，商人と代理人との関係が外生的な理由によって打ち切られる可能性がある場合を考えてみよう．そのようなときには，異なった商人たちと代理人たちとの間の取引を結びつけることで，より多くの代理人関係がより多くの状況下で形成できるようになる．このような評判制度の中核をなすのは，代理人の行動に関する情報を共有する組織，すなわち，特定の社会的アイデンティティ（ある結託の構成員であること）を持った商人のグループである．このネットワークの構成員は，結託の構成員が構成員の中から代理人を雇い，さらに彼らが代理人を誠実に行動させるに十分なほどの報酬を与えるという予想を共有している[22]．しかしながら，すべての結託の構成員は，別の結託の構成員の代理人として活動する間に不正を働いた者を，絶対に雇わないことが求められた[23]．

　この場合に，より多くの状況の下で，より多くの代理人関係が結ばれるようになる理由は次の通りである．すなわち，他の条件を一定とすると，上で述べたような予想が，代理人を誠実に行動させるために商人が払わなければならない賃金への上乗せを引き下げるからである．この予想が必要な賃金の上乗せを縮小させるのは，不正を働いた代理人が他のところから賃金の上乗せを得る確率を下げるためである．それに加えてこの予想は，互いの関係が短期間で終了すると両者が前もってわかっているような仕事に対しても，商人が代理人を雇うことを可能にする．特定の商人に不正を行おうと考える代理人は，結託のすべての構成員

との関係を危険に晒すことになるので，代理人の生涯期待効用は特定の商人との関係の長さに左右されない．したがって，代理人を誠実に行動させるために必要な賃金の上乗せ額は，特定の商人との間に期待される取引期間には影響されないのである．

　理論的な考察は多くの仮説を生み出すことができるが，その際には，どんな前提条件も，証拠を用いて立証する必要がある．ゲニーザには，結託の活動を示す直接的な証拠が含まれている．それは，多者間の評判メカニズムが代理人関係を統制していたことを示唆している．商人たちは将来の雇用を過去の行動によって条件づけ，共同体一丸となっての懲罰を与え，被害者に補償するまで不正を働いたと考えられる者を排斥した．ゲニーザはさらに，代理人は商人グループ内で自らの立場を保つために，目先の利益を見送ることをいとわなかったことも示唆している．

　結託内の集団的懲罰の証拠は，1055年の日付のある2つの手紙に見出すことができる．エルサレムに住む代理人のアブーン・ベン・ツェダカは，マグリブ貿易商のお金を横領したとして告発された（ただし法的に告訴されたわけではない）．告発の情報が他のマグリブ貿易商に届いたとき，遠くシチリアの商人までもが，彼との代理人関係を打ち切ったのである[24]．

　11世紀の最初の10年の間にサムフン・ベン・ダウードというチュニジアの著名な貿易商が，仕事仲間であるフスタートのヨセフ・ベン・アウカルニーに長い手紙を送って

いる．この手紙から見て取れることは，将来の関係の見通しが，代理人に動機づけを与えるうえで重要であると，貿易商たちが認識していたことである．ヨセフは，サムフンとの将来の取引を彼の実績に依存させることで，はっきりとこのことを伝えている——「私の事業を的確に遂行したとき，私はあなたに商品を送ることとしよう」[25]．この手紙は，将来の関係が過去の行動に依存するという評判メカニズムの本質を明らかにしている．

　同じ手紙はまた，社会的というよりはむしろ経済的な制裁を利用したこと，集団的懲罰が行われるという期待が結託の構成員間にあったことも明らかにしている．サムフンが期日までに利益を送金しなかったと信じたヨセフは，彼に代理人としての働き口を提供しないことで経済的な制裁を科した．ヨセフは，フスタートにいる債権者2人に支払いをして欲しいというサムフンの依頼を無視し，彼らにそのようなサムフンからの依頼を伝えることすら怠った．サムフンが事態を察知したころには，「激しい非難に満ちた債権者たちの手紙があらゆる人々に届いていた」．これらの手紙は，サムフンに「私の評判（あるいは名誉）は地に堕ちてゆく」と嘆かせることとなった[26]．

　この手紙はさらに，なぜ代理人関係が成り立っていたのかを明らかにし，その本質に光を当てている．それは相互の助け合いや利他性に関する内面化された規範ではなく，経済的な相互依存関係が当事者たちを動機づけたことを示している．サムフンは，ヨセフの代理人として活動する理

由を2つ挙げている．1つは，利益に対して代理人として
の分け前を受け取りたいという願望である．「たった10ディ
ナールの利益をあなたから受け取ることさえ，あなたは
認めなかった．私から10倍の儲けを得たにもかかわら
ず」．別のところで，彼はヨセフの真珠を100パーセント
の利益で売ったことに言及し，「私が利益の4分の1をと
るべきだったのではありませんか？」と書き添えてい
る[27]．

　サムフンがヨセフとの関係を維持しようと模索した2つ
目の理由は，自らの資本の期待価値を増やすことだった．
「私に必要なのは，あなたの高い地位の恩恵に浴すること
と，便宜を図っていただくことです」と彼は書いている．
「私がお送りするものの見返りとして，あなたの高い地位
を利用させていただくことが私の願いです」[28]．商人は，
代理人の資本から得られる期待所得の流れをコントロール
することで，誠実な代理人と不誠実な代理人との間に，将
来にわたる効用の流列の格差を作り出せることに注意して
ほしい．この往復書簡はしたがって，代理人は賃金の上乗
せ額と資本に対する上乗せの両方を受け取ったことを示唆
している．

　評判を失うという恐れが生み出す抑止的な効果は，1059
年にシチリアのマザーラから送られた手紙に記されている
事件から見てとれる．手紙の書き手は，チュニジアのスフ
ァックスで亜麻を，1荷当たり平均13ディナールの価格で
違法に（船が到着する前に，そして交易期間が公式に始ま

る前に）売り掛けた．船が到着するころには価格は1荷当たり8ディナールまで下落しており，買い手たちは同意済みの価格で買い取ることを拒んだ．最終的には，買い手たちは自らの評判を傷つけるのを恐れたという理由だけで，それを支払ったのである．売り手の手紙は，「われわれは幸運であった……名誉（を失うことを彼らが恐れること）なくしては……われわれは何も受け取ることができなかっただろう」と記している[29]．

1050年にパレルモのマイムーン・ベン・ハルファからフスタートのナハライ・ベン・ニシームに送られた手紙は，ある代理人と商人との関係が，他の結託の構成員にとっても心配の種であったことを示唆している．ナハライがパレルモにいる彼の代理人の1人と起こしていたもめ事について話し合う中で，マイムーンは，「あなたは，彼がわれわれ（マグリブ貿易商）の代表であり，（したがってそのもめ事が）われわれ全員を困惑させることを知っているはずです」と書いている[30]．1060年ごろに送られた別の手紙は，将来的な関係を損なう恐れが，機会主義的行動を抑制する働きをしたことを裏づけている．この手紙の中で，ある代理人は，商人に対していくらかの損失を与えてしまった自らの行動を正当化しようとした．その理由として，代理人は，「自分が商人の指示に反する行いをしたと，他の人たちに思われたくないからだ」と述べている[31]．

11世紀の中頃にパレルモの商人からアレキサンドリアのヨシュア・ベン・イスマーイールへ送られた手紙は，結

託の内部における評判の重要性をさらに明らかにしている[32]. 商人は，胡椒が詰まった2つの荷物——1つは彼自身のものであり，もう1つは彼の事業提携者のものであった——をどう取り扱ったかを説明している. 胡椒の価格は非常に低かった.「（価格が）上がることを期待して，出帆の日が近づくまで（胡椒を）そのままにしていました. しかし，景気はさらに悪化しました. そこで，私は不信を買うことを恐れ，あなたの胡椒をスペインの商人に133（クォーターディナール）で売りました. ……船の出帆の前夜のことでしたが……（買い手が乗った）船が到着し（そのため）……胡椒の需要が上がりました……おかげで，（胡椒は）140-142で売ることができました. 自分の胡椒を140-142で売るための担保がとれたのです. しかし兄弟よ，私はもうけを独り占めしたくありませんでした. ですから，私は両方の売り上げすべてをあなたとの提携事業に入金しておきました」. 商人は，彼の提携者とその後取引をするつもりがなかったにもかかわらず，自らの評判を保つために利益を分け合うことを決断したのであった.「あなたは非常に忙しい人だから」と彼は書いている——「われわれの提携事業を清算し，私の残高を私の義理の兄弟に渡してください」. 商人は，他の結託の構成員の中における自分の評判を保つだけのために，立派な行いをしたのだった.

結託を動かしていたものは，異なる交易中心地にいる商人たちがそれぞれ別個に取る対応であった. したがって，

そこで決定的に重要なのは、さまざまな行動——特に不正行為を構成する行動——の意味づけをする共通の認知システムを持つことである。いいかえれば、集団的懲罰の脅しが信憑性を持つためには、集団的な対応が確実になされるように、「不正行為」が定義されている必要があった。もし一部の商人が、ある行動が「不正行為」を構成すると考える一方で、他の者が異なる見解を持っているならば、集団的懲罰の効果は損なわれてしまう[33]。人々の足並みを揃えるという、必須の要件を達成する1つの方法は、明示的な契約、理想的には包括的な契約によって代理人の義務を明示することである。しかし、11世紀における通信技術の状況と交易の不確実性、複雑性のもとでは、詳細な契約の締結は高い交渉費用を要した。もし商品が船で代理人に輸送される前に、商人と代理人がいちいち契約に合意しなければならなかったとしたら、代理人を通した交易は実用性にとぼしいものになっていたはずである[34]。

　実際にゲニーザは、不完備な契約が幅広く利用されていたことを示している。不完備な契約は、指示が書かれた手紙の形をとることが多く、交渉を伴うものではなかった。「良心に従った判断に基づいて、どのように対処していただいても結構です」と11世紀の後半に、レバノンのティールのムーサ・ベン・ヤァクーブは、フスタートのパートナーに書いている[35]。

　不完備な契約はしかし、どのような行動が不正であるかを定義せず、代理人たちが契約の不完備性を利用して戦略

的に行動することを許してしまうために，結託の機能を妨げる恐れがある[36]．理論的には，事前に包括的契約を結ぶ代わりに，上意下達の関係（ヒエラルキー），つまり権限の割り当てを利用することができる．すべての（事後的な）決断を下す権限を，商人に割り当てればよいのである（O. Williamson 1985）．別のやり方は，文化を使うことである．文化は，体系的な行動ルールを事前に定めることで，包括的契約に代わる働きをする[37]．文化的ルールは，予期できない状態が起きたときに，組織の構成員がどのような行動をとるべきかを示すことができる．上意下達の関係は事前的なルールの学習を必要としないが，当事者間の事後的な情報伝達を必要とする．その一方で，文化は事前的なルールの学習を必要とするが，事後的なコミュニケーションは不要である．

11世紀のコミュニケーションと輸送技術の状況に照らしてみると，マグリブ貿易商たちが上意下達の関係を利用しなかったことは，驚くべきことではない[38]．代わりに彼らが用いたのは商人法であり，これは，商人の指示にはない状況において，代理人のどのような行動が誠実とみなされるかを定めた，行動に関する一連の文化的ルールである．商人法は代理人と商人が大前提とする（デフォルトの）契約として，マグリブ人の間で一般的に知られていた．商人法に従わなかったことが露呈した代理人は，不正を働いたとみなされたのである．

代理人の行動に関する期待や，それに対する態度を決定

するための商人法の重要性は，マイムーン・ベン・ハルファからナハライ・ベン・ニシームに宛てて書かれた手紙に示されている．ナハライとその代理人との間のもめ事について話し合う中で，マイムーンは，代理人の行動を擁護する理由として，「代理人は，通信（手段の限界）と取引の必要から，余儀なくされた行動をとったのであり，（あなたが彼に望んだことは）商人法（別の訳し方をするならば，「交易の慣習」）に反している」と指摘している．別の手紙では，「激怒した」ある商人が，彼の取引仲間が「商人にふさわしからぬ行動」をとったと告発している[39]．

　商人法の内容はあまりよく知られていない．その存在と発生の経緯についてのもっとも説得的な証拠はゲニーザの外で見つかっている．12世紀の半ば，フスタートに暮らしていた重要なユダヤの精神的指導者であるマイモニデスは，「もし（ある者が）別の者と事業提携を結ぶにあたって何の取り決めもしなかった場合には，彼らが取引する商品にかかわる土地の，現行の慣習から逸脱するべきではない」（Maimonides 1951, p. 223）[40]と法典で述べている．同様に，初期の中世イスラームの法的文献には，「商人の慣習」を優先して，体系的な法解釈が適用されなかった無数の事例が含まれている（Udovitch 1970, pp. 13, 250-9）．残念ながら，商人法がどのように策定され変化したかは，法的文献とゲニーザ文書からは知ることができない[41]．

　商人法は，マグリブ貿易商の結託の内部で人々の行動を調整することで，結託を機能させ，交渉費用を節約し，代

理人関係を柔軟に結ぶことを可能にした。商人法はこのようにして効率性を高めたのである。しかしながら、商人法はシステムに硬直性ももたらした。それはおそらく、自分の行動の帰結よりも、自分の行動が他人にどう受け取られるかを懸念する代理人たちによって、商人法の改善が妨げられたからであろう。このことは、11世紀の代理人であるヨセフ・ベン・ヨシュアが商人に宛てて書いた言葉に反映されている。彼は、文書での指示なしでは仕事ができないと主張し、その理由として、「頼まれていないことをやったと、人に噂される」ことを望まないからだと述べている[42]。

　歴史的な記録は、評判に基づく制度の重要性を示している。共同体に基づく非公式な契約履行のメカニズムは、代理人サービスを取引する市場がうまく機能することをもたらした。しかし一方で、歴史的な記録はまた多くの問題を提起している。なぜ集団的懲罰は自己実現的だったのだろうか？　代理人が非マグリブ人に働き口を求める可能性があることで、不正を働いた者の排斥が効力を失うことはなかったのか？　商人たちは非マグリブの代理人を雇うことができるにもかかわらず、誠実な代理人は将来も引き続いて雇用するということを、信憑性がある形で確約できたのはなぜだろうか？

3.3 モデル：代理人のコミットメント問題と多者間の懲罰戦略

第3.2節で提起された問題は，明示的なモデルを用いて扱うことができる．この分析は，そうした結託が可能であったという主張の可否を評価し，その働きに関するわれわれの理解をいっそう深めてくれる．特定の歴史的エピソードにおける契約履行制度の機能を考察するモデルを構築することは，いくつかの方法上の問題を提起する．モデルの仮定は，歴史的な記録を反映するものに限定されるべきなのだろうか？　また，歴史的証拠と矛盾しないならば，どんな仮定を置いてもよいのだろうか．（第4部でその理由を詳しく述べるが）ここでとられる立場は，モデルは可能な限り歴史的な証拠によって正当化できる仮定に基づくべきで，かつ，最少の追加的な仮定の下で考察する現象を説明できるものでなくてはならない，というものである．

ここで提示されるモデルはしたがって，集団的懲罰に関してもっとも直感的な説明を与える，次のような仮定を採用しない．すなわち，不正を働いた代理人は，将来も不正を続ける「悪いタイプ」であると，商人が受け取るという仮定である[43]．しかしながら，そのような仮定は正当化することはできない．過去に誠実にふるまったことがわかっている代理人は，将来も誠実にふるまうであろうと人々が考えていたという，直接的・間接的な証拠が見当たらない

からである．逆に，商人たちは代理人が誠実であると信ずるときでも，集団的懲罰に参加する傾向があったことを示唆する証拠は存在するのである．先に引用した手紙の中で，マイムーンは，ナハライの代理人が誠実であり，「（不正について）告発されるべきではない」と彼が信じていることを明確にしている．マイムーンは代理人が公然と告発されたならば，彼とその代理人との関係が影響を受けることを恐れていたが，これはおそらく自分自身も集団的懲罰に参加しなければならないという理由のためである[44]．

　代理人のタイプに基づくモデルは，いくつかの歴史的現象に対して満足のゆく説明を与えることができないように思われる．例えば，後で議論されるように，代理人を動機づける費用（エージェンシー・コスト）を無視すれば，マグリブ人はイタリアのユダヤ人貿易商と代理人関係を結ぶことが非常に有益であることを認めていたにもかかわらず，そうした関係を結ぶことはなかった．代理人のタイプに基づくモデルによってこのような行動を説明することは可能ではある．しかし，そのためには，戦略を社会的な所属に条件づけるか†，あるいはあるグループの構成員は，別のグループのある特定の構成員がこれまで不正を働いたかどうかを立証できない（これは，非マグリブ人がマグリブ人の行動を観察することで，彼らが持つ情報にただ乗りすることができないことを含意する）††と仮定することが必要である．どちらの可能性も説得力に欠ける．ユダヤ人貿易商たちが互いを「差別した」と信じる理由はないし，商

人は船の積み荷や所有者，行き先を調べることができたため，特定の個人が代理人として働いていたかどうかは簡単に確認できた（Goitein 1967, pp. 336-7 を参照）.

　ここで用いられる歴史的証拠に基づいたモデルは，集団的懲罰を可能にし，他の歴史的現象も説明することができる，上で述べたものとは別のメカニズムを明らかにする．このモデルで集団的懲罰が可能になるのは，情報の利用可能性によるところが大きい．集団的懲罰が自発的に守られるのは，将来の雇用に対する期待と代理人を誠実に行動させるために必要なレント（超過利得）の流列が，互いに関係しているからである．理論の提示を簡単化するために，モデルは不完全観測の潜在的な重要性を無視する[45]．このモデルが目標とするのは，マグリブ人の行動を生み出すような取引の結びつきの本質と，それに関連する制度的要素をうまく捉えることである．

　M 人の商人と A 人の代理人がおり，各人は無限期間生きるような，情報が完全かつ完備な経済を考えよう．もちろん，マグリブ貿易商に寿命が無かったわけではないが，親戚たちは互いの商売取引について道徳的に責任があるとみなされたし，商人の息子は商人となって両親の老後を保証する役割を果たした[46]．したがって，個人の評判の価値は彼が老いても落ちることはない．このため，評判が誠実さを引き出すための条件を検討するにあたっては，無限期間を仮定するのが適当であると思われる．

　（歴史的証拠に合致するように）代理人よりも商人の数

が少ない，すなわち$M<A$と仮定しよう[47]．代理人の時間割引因子はδであり，失業中の代理人は1期当たり$\bar{w} \geq 0$の効用（留保効用）を得る．各期において，代理人はただ1人の商人に雇用され，商人もただ1人の代理人しか雇用することができない．商人と代理人はランダムに出会うが，商人は，自らが利用できる情報に照らして，それまで特定の行動をとってきた失業中の代理人のみを雇用の対象とすることができる[48]．

代理人を雇用しない商人は$k>0$の利得を得る．協力による純利益はγである．代理人を雇用する商人は，いくらの賃金（$W \geq 0$）を提示するかを決定する．雇用された代理人は商人の資本を手元に持っていたから，代理人が賃金を確実に受け取ることができたと仮定することは適切である．雇用された代理人は，誠実に行動するか，不正を働くかを決めることができ，彼の行動は公的情報である．代理人が誠実ならば，商人の利得は$\gamma - W$となり，代理人の利得はWである．もし代理人が不正を働けば，彼の利得は$\alpha > 0$，商人の利得は0となる．さらに，$\gamma > k + \bar{w}$（協力することは効率的），$\gamma > \alpha > \bar{w}$（不正は全体として損失をもたらし，代理人は留保効用を得るよりも不正を働くことを好む），$k > \gamma - \alpha$（商人は代理人に不正をされたり，代理人が不正を働くことで得られる金額に等しいほど高額な賃金を支払ったりするよりは，代理人を雇用しないで留保効用kを得ることを好む）を仮定しよう．

利得を配分した後，商人は代理人との関係を打ち切るか

どうかを決めることができる．また一方で，τの確率で代理人関係は強制的に打ち切られるとする．商業活動の場所や取り扱う商品を変える必要性，および 11 世紀における商業と生命の不確実性の高さは，将来の賃金を払ったり雇用を続けたりすることを商人が確約する能力を制限した．したがってモデルでは，賃金は時間を通じて変化せず（実際にマグリブ人の間ではそうであった），また，将来の雇用を確約する能力が限定されていることを仮定している[49]．最後に，賃金が政治的に決定されたり，法的に定められたりすることはなかった．また，その決定に談合があったことを示す証拠はない．したがってこの分析は，賃金の決定を左右するような団体が組織されていないことを仮定している．

　一方向の囚人ジレンマゲーム[†]の一種であるこのモデルを分析することで，集団的懲罰がマグリブ人の間でなぜ自己実現的だったのかを示すことができる．次のような多者間の（集団的）懲罰戦略の組み合わせを考えよう．すなわち，商人は代理人に賃金 W^* を提示し，彼が誠実であれば（関係を強制的に打ち切られない限り）雇用し続けるが，代理人が不正を働いた場合は解雇する．一度でも商人のうちの誰かに対して不正を働いた代理人は雇用しない．そして関係が強制的に打ち切られた場合は，それまで不正を働いたことがない失業中の代理人の中から（無作為に）代理人を選ぶ，という戦略である．代理人の戦略は，もし W^* を支払われれば誠実に行動し，W^* より少ない額しか支払わ

れない場合は不正を働くことである．この多者間の懲罰戦略は部分ゲーム完全均衡だろうか？　自分に不正を働かなかった代理人を，商人は罰するだろうか？

　これらの問題に取り組むためには，商人たちが提示する賃金 W^* の決定要因を考える必要がある．失業中の誠実な代理人（すなわち，最後に雇用されたときは誠実に行動していた代理人）が再雇用される確率を h_h で表そう．失業中の不誠実な代理人（すなわち，最後に雇用されたときに不正を働いた代理人）が再雇用される確率は h_c である．命題 3.1 は，モデルのパラメータとこれらの確率，そして代理人が誠実に行動することが最適反応となるような最低賃金との関係を示す[50]．

命題 3.1　$\delta \in (0, 1)$, $h_c < 1$ を仮定する．**最適賃金**を，「すべての商人がそれを提示している場合に，代理人の最適反応が誠実に行動することとなるような，最低の（かつ対称的な）賃金」であると定義する．このとき，最適賃金を $W^* = w(\delta, h_h, h_c, \tau, \overline{w}, \alpha) > \overline{w}$ で表すと，w は δ と h_h について単調減少，$h_c, \tau, \overline{w}, \alpha$ について単調増加である（証明は補論 3.1 に与えられている）[51]．

　多者間の懲罰戦略の下で，代理人を誠実に行動させる動機を与えるものは，彼の留保効用を上回る賃金の上乗せ額を得るアメと，解雇されるムチである．もし，不正を働いた失業中の代理人と在職中の代理人との間にある，生涯期

待効用の現在価値の格差が, 不正を働くことで得る1期限りの利得よりも高ければ, 代理人の最適反応は誠実に行動することである. したがって最適賃金は, 誠実な代理人が将来の上乗せ賃金を得やすいとき (h_h が高い), 不正によって得る利得が大きくないとき (α が小さい), 誠実ならば雇用を継続されやすいとき (τ が低い), 外部によい雇用機会がないとき ($\overline{w}$ が小さい), そして不誠実に行動すれば再雇用される確率が低いとき (h_c が低い) に下がる. さらに, 誠実であることへの報奨や不正への処罰は将来に行われるため, 代理人が将来の所得をより高く評価する (δ が大きい) ほど, 最適賃金は下がる.

多者間の懲罰戦略が対称的な部分ゲーム完全均衡を構成するためには, 商人が代理人を雇うことが最適であることが求められる. 均衡経路上においては, この条件は賃金が十分低く設定されている, つまり $W^* = w(\cdot, h_c, h_h) \leq \gamma - k$ であることを意味する. ここで, $h_c = 0, h_h = \tau M / (A - (1 - \tau)M)$ である[52]. この条件が満たされると仮定しよう. 商人は, 彼自身には不正を働かなかった代理人を [別の商人に不正を働いたという理由で] 罰することを最適と考えるだろうか? ここで仮定されているように, 費用をかけずに代わりの代理人がすぐに見つかるとすれば, 商人たちは不正を働いた者を [雇用を拒否することによって] 罰しても別にかまわないと考えるであろう. したがって, 多者間の懲罰戦略は部分ゲーム完全均衡となる. しかしながら, 多者間の懲罰の信憑性を, このような弱い理由によって成

立させることは望ましくない．疑いもなく，マイムーン・ベン・ハルファは，シチリアにいる代理人を罰することが高くつくと考えた．したがって，より適切な問いは，多者間の懲罰戦略が不誠実な代理人よりも誠実な代理人を雇うことを**強く**好むよう商人を動機づけるかどうか，ということである．

　命題3.2が明示するように，多者間の懲罰戦略の下で商人が誠実な代理人を雇うことを強く好むのは，不誠実な代理人は他の商人たちに雇われることがないという，単純な理由によるものである．誠実な代理人は将来雇用されるが，一度でも不正を働いたことがある代理人はそうではない．最適賃金は将来の雇用の確率が高いほど低くなる．不誠実な代理人を誠実に行動させるための賃金は，誠実な代理人の賃金よりも高くなる．したがって，商人は誠実な代理人を雇うことを強く好む．商人たちは互いの行動を調整しているわけではないが，彼らのこうした将来の行動と代理人の最適賃金との間に関係があることを各商人が認識するとき，全体として統一性を持った動機づけがもたらされるのである．関係が強制的に打ち切られるという可能性によって，商人が代理人に支払うべき最適賃金と，その代理人に将来期待される他の商人たちとの関係が結びつくことになる．懲罰のありかた（不正を働いたら解雇する）は代理人の過去の行動に依存しないが，他の商人から得られる将来の報酬が過去の行動に依存するのである．こうした他の商人との結びつきを通じて，誠実な代理人の最適賃金よ

りも，不誠実な代理人の最適賃金は高くなる．商人たちが多者間の懲罰戦略に従うことを最適と考えるのは，まさにこの理由による．商人が多者間の懲罰戦略に従うのは，それに違反した商人に対して，代理人が不正を働くような戦略をとっているからでもないし，また，過去に不正を働いたことによって，代理人が「レモン」[†]であることが明らかになるためでもない．したがって，代理人の行動をナハライがどう受け取ったかということに，マイムーンが懸念をよせていたのはもっともなことである．なぜなら，告発を公にした場合，それに対する人々の反応があちこちで広がってしまい，その代理人とマイムーンとの取引が影響を受けてしまうからである[53]．

命題 3.2　$\delta \in (0, 1)$ と $h_c < 1$ を仮定する．多者間の懲罰戦略の下で，商人は誠実な代理人を雇用することを強く好む（証明は補論 3.1 で与えられる）．

3.4　マグリブ貿易商の結託：理論と間接的な証拠

　第 3.2 節に提示した歴史的なエピソードは，マグリブ人の間の契約履行が多者間の懲罰戦略によって実現されていたことを示唆している．モデルとその均衡分析は，この評判メカニズムに論理的な矛盾がないことを示すことによって，評判メカニズムが重要であったという推測を裏づける．しかし，われわれはさらに先に進むことができる．モ

デルの含意を検討することで，仮説をさらに検証すること
が可能である．結託が代理人関係を統制していたという主
張に基づけば，歴史的な観察に対して首尾一貫した説明を
与えることができる．この主張に基づくさまざまな予測を
引き出し，歴史的な記録に照らして確認することができる
のである．

　歴史的記録は，説明されるべき事実を豊富に含んでい
る．マグリブ人は 10 世紀前半までバグダードを中心とす
るアッバース朝のイスラーム帝国に住んでいた商人たちの
末裔である．軍事的な紛争や政治的不安定性のために，こ
れらの商人たちは，主にファーティマ朝によって支配さ
れ，当時繁栄していたチュニジアに移住した．やがてこの
貿易商たちは，交易をスペインからコンスタンティノープ
ルへと拡大させた．この拡張に必要な代理人関係は，非マ
グリブ貿易商（ユダヤ人やイスラーム教徒）との間に構築
することもできたが，そのような非マグリブ人との代理人
関係を示す証拠はほとんどない．代わりに，マグリブ貿易
商のグループの構成員たちが，スペインやシチリア，エジ
プト，そしてパレスチナへと移住したのである．数世代に
わたり，構成員たちはこれらの移住地で他のマグリブ貿易
商の末裔たちと代理人関係を維持した[54]．

　マグリブ人は数世紀にわたってアラブ世界に住んでいた
ために，アラブの習慣や言語を身につけていた．したがっ
て彼らがアラブの影響の圏外へ移住することは，文化的に
も物理的にも困難であった．実際に，マグリブ人はキリス

ト教世界との交易が非常に高い利益を生むと認識していた
にもかかわらず，イタリアの新興の交易中心地に移住する
ことはなかった[55]．この認識は例えば，ルーム人（この場
合，ラテン世界からのキリスト教徒）ですら品質の悪い皮
付きショウガを買おうとしなかった，と 1035 年頃に文句
を綴った，パレルモから来た商人の言葉に反映されてい
る[56]．おそらく間違いなく，彼らには他の者ならば誰も払
わないような価格で，品質の悪い商品をしばしば簡単に売
ることができたのである．この交易が儲かることを認識し
ていたにもかかわらず，マグリブ貿易商たちは，この期間
に活動していたイタリアのユダヤ人商人と代理人関係を結
ぶことはなかった．マグリブ貿易商たちの共同体は，イタ
リアのユダヤ系の共同体と共同体的な繋がりを維持してお
り，マグリブ人とイタリア系ユダヤ人との協力を妨げる政
治的な制約はなかった．けれども，マグリブ人とキリスト
教世界のユダヤ人商人との間の代理人関係を示す証拠はな
い．

　マグリブ貿易商たちが移住した交易中心地には，安定し
たユダヤ人のコミュニティがすでに存在しており，彼らは
これに溶け込んでいった．しかし，マグリブ貿易商たちが
長距離交易で活動する限りにおいては，彼らは異なる社会
的アイデンティティを保持した．このアイデンティティ
は，彼ら自身を「われわれ，マグリブ人，旅人たち（商人
たち）」と言及する文書から見てとれる[57]．

　マグリブ人は 11 世紀を通して，イタリア人，より一般的

にはヨーロッパの軍隊と商業勢力が，イスラーム世界から
の商人たちを追い出すまで，地中海で活動した．マグリブ
人はその後インド洋交易に転向し，12世紀の終わりにエジ
プトのイスラーム支配者に交易を止めるよう強制されるま
で交易を続けた[58]．この段階で，彼らはより大きなユダヤ
系の共同体に溶け込み，歴史の表舞台から姿を消した．

　これらの歴史的観察は興味深い疑問を投げかけている．
なぜマグリブ人は，一見したところ収益が高そうに見える
代理人関係を，非マグリブ人と結ばなかったのだろうか？
結託によって代理人関係が統制されていたことと，構成員
でない者と代理人関係を結ぶ可能性は，どのような論理で
つながっていたのであろうか？　構成員でない代理人を雇
う可能性は，構成員である商人が構成員である誠実な代理
人を将来雇用するという確約を妨げるように見える．また
それは，集団的懲罰の効力を損なうように見える．代理人
が構成員でない商人と代理人関係を築くことができてしま
うためである．結託の閉鎖性を保証したものは何だろう
か？　なぜそれに人々は自発的に従い，維持可能なものと
なったのだろうか？

　代理人関係を結託が統制していたという仮説を支持する
ためには，その主張と矛盾のないようなかたちでこれらの
問題を説明しなければならない．さらに，この主張と矛盾
のない理論的な洞察を用いて，チュニジアへのマグリブ人
の移住と結託の誕生とを結びつけることができなくてはな
らない．また，同時にマグリブ人は長距離交易に携わる限

りにおいて，彼らの社会的アイデンティティを保ち続けたという事実を説明できる必要がある．

これらの問題に取り組むためには，結託と効率性の関係を検討する必要がある．結託は，代理人関係が二者間の懲罰戦略によって統制される状況よりも，効率性を高めることができる．この二者間の懲罰戦略は，1つの点を除いて多者間の懲罰戦略とまったく同じである．違いは，商人が代理人の過去の行動とは無関係に雇用を行うということである（彼らは過去の行動に関する情報を持っていないため，他の商人たちが代理人の雇用をそうした情報に基づいて行うことを期待できないし，代理人に支払われた賃金を観察して，不正が賃金の過少支払いの反映であると信じることもない）．

多者間の懲罰戦略を使えば代理人を雇うことができたような状況でも，二者間の懲罰戦略の下では商人は代理人を雇わないことがある．例えば，商人が代理人を1期間雇うことだけにコミットできる場合を考えよう（$\tau = 1$）．二者間の懲罰戦略をとれば，この条件の下では，商人が支払ってもよいと考える最高の賃金 $\gamma - k$ を支払っても，代理人が不正を働くことを防ぐことはできない（代理人は不正を働くことによって利得 $\alpha > \gamma - k$ を得るため）．したがって代理人は決して雇用されることはない．対照的に，多者間の懲罰戦略の下では，代理人はある商人に不正を働くことが別の代理人との将来の雇用関係に対して持つ意味を考慮に入れる．この場合，最適賃金は協力を維持できるほどに

十分低くなることが可能である.

実際に, マグリブ人の間の代理人関係は非常に柔軟であり, 商人たちは同時に複数の代理人たちを雇うことを通じて活動した. さらには同じ交易中心地で複数の代理人を使用することさえあった. 代理人関係は商人の必要に応じて, 容易に開始されたり中止されたりしたのである (Stillman 1970; Greif 1985).

誠実な代理人を雇用し続けることを商人が確約する能力に限界があると, 二者間の懲罰戦略の下では協調の達成は不可能となる. 命題3.3が示すのは, そのような場合でも一般的に, 多者間の懲罰戦略を使えば, 不誠実な代理人が再雇用される確率を下げることによって協調が達成できるということである.

命題3.3 説明を簡単にするために, 代理人の時間割引因子が1に限りなく近い ($\delta \to 1$) とする. 代理人の商人に対する比率を $a = A/M$ と定義する. $\overline{w} < \alpha$, かつ $a > 1$ であることに注意せよ. a を所与としたとき, 協調が任意の $\tau \in [0, 1]$ について実現可能なのは, 二者間の懲罰戦略の下では $\gamma - k \geq \alpha + \varepsilon$, $\forall \varepsilon > 0$ のとき, かつそのときに限るが, 多者間の懲罰戦略の下では, $\gamma - k \geq \overline{w} + \varepsilon$, $\forall \varepsilon > 0$ のとき, かつそのときに限る. τ を所与としたとき, 協調が任意の $a \geq 1$ について達成可能なための条件も上と同一である (証明は補論3.1に与えられる).

多者間の懲罰戦略は，個々の商人が将来代理人を雇用することにコミットする能力が限られているときに協力を可能にするため，効率性を高める．商人が将来代理人を雇用することにコミットする能力が完全でない限り，結託は賃金 W^* を，二者間の懲罰戦略の下で実現する賃金よりも引き下げる．この引き下げは，不誠実な代理人が雇用される確率（h_c）の低下と，誠実な代理人が雇用される確率（h_h）の上昇によってもたらされる．この賃金の引き下げは，協力による利益の総和が相対的に小さい（γ が小さい）状況において，代理人関係が利益を生むようにすることによって，効率性を向上させるのである．そのような状況でも，協力することは効率的である．しかしながら，商人が実際に協調関係を開始するのはそれが利益を生むとき（すなわち，$W^* \leq \gamma - k$ のとき），かつそのときに限る．多者間の懲罰戦略の下での賃金は，二者間の懲罰戦略の下での賃金よりも低いため，より多くの協力関係が開始されることになるのである．賃金の引き下げと効率性の向上は，結託の中で代理人関係を築くことが，結託に属する構成員商人の利益を増やし，結託の構成員である誠実な代理人の生涯期待効用を，二者間の懲罰戦略の下でのそれよりも高める可能性があることを意味している．

　結託によって生み出される効率性の改善は，結託の誕生を促す．結託は構成員である商人と代理人に対して，結託構成員間で代理人関係を結ぶことを促すよう動機づけるのである．したがって，構成員が内部的にしか雇用しまた雇

用されないという予想は，効率性と収益性に影響を与えることを通じて，自己実現的なものとなりうる．構成員である商人は構成員である代理人と代理人関係を結ぶよう動機づけられ，構成員である代理人は構成員である商人に雇用されることで，より高い利得を得るのである．

この結果はさらに追加的な要因によって補強される．将来の雇用に関する期待，情報伝達のネットワークがもたらす便益，そして戦略的な状況の理解が，構成員たちが構成員でない者と代理人関係を新たに開始することを妨げる．またそれらの要因は，構成員でない者が構成員と代理人関係を開始する意欲をも失わせる．

これらの要因の影響をみるために，2つの同質な結託からなる経済を考えよう．定義により，結託の構成員は，結託をまたがった代理人関係を結ばないことが期待されている．このような期待は自己実現的だろうか？　商人が結託をまたがった代理人関係を結ぼうとするのは，もう一方の結託の構成員たちが，構成員でない商人に不正を働いた構成員代理人に対して，多者間の懲罰戦略をとると期待される（つまり，そのような制度化された予想が成立している）ときに限る．そうでなければ，結託をまたがった代理人関係の最適賃金 $w(\cdot, h_c = h_h > 0)$ は，命題 3.1 により結託内の代理人関係の最適賃金 $w(\cdot, h_c = 0, h_h > 0)$ よりも厳密に高くなるため，商人は結託内で代理人関係を築くことを強く好む．この賃金差が存在するためには，多者間の懲罰戦略が結託をまたがった関係に適用されるかどうか，商人が

確信を持てないというだけで十分である[59].

　商人は，結託間の情報の障壁と戦略的な思わくのために，結託をまたがった関係に多者間の懲罰戦略が適用されるかどうか，おそらく確信が持てないであろう．結託の内部では業者は互いに知りあっており，このことが，代理人の手を離れた非公式な情報の流れを可能にし，監視を促進し，貿易商たちに不正の事実を知らせる．こうしたメカニズムは異なる結託をまたがった代理人関係では機能しないのである．さらに，結託の構成員たちは結託の構成員の代理人の行動に関する部外者の告発を無視するよう，戦略的に動機づけられている．もし結託の構成員が部外者の言葉を素直に受け入れるならば，代理人は非構成員による脅迫にさらされることになり，誠実な代理人の生涯期待効用は低下する．この低下は最適賃金を上昇させるため，構成員の商人にとって費用がかかる．したがって，結託の構成員は部外者の告発を無視することが最適であると考える．対照的に，身内の告発はより正確に判断することができるし，身内の商人は代理人を告発する際に自らの名声を懸けるため，内部告発はおそらく無視されることはない．ハッルーフ・ベン・ムーサが事業提携者に送った次のような手紙を見ると，内部者からの告発を無視したことを彼が後悔していたことがうかがえる．自分の商品の対価として受け取った収入を事業提供者が使い込んだという告発を耳にしたハッルーフは，事業提供者に対して，「もし私が周囲の人々のいうことを聞いていたならば，私はあなたと提携を

結ぶことはなかったでしょう」と述べたのである[60].

　異なる結託をまたがった代理人関係では，多者間の懲罰戦略が適用されないため，代理人を誠実に行動させるために必要な賃金は，結託内のそれよりも高くなる．商人たちはしたがって，結託をまたがった代理人関係を結ぶ意欲を削がれ，結託をまたがった代理人関係が結ばれないという期待は，自己実現的となる．ここで注意すべきことは，そのような結託をまたがった関係の方が効率的な状況の下でも，この結果が成立するということである．より正確にいえば，協力による利益の増分が，商人が支払う賃金の上昇を埋め合わせないかぎり，結託をまたがった代理人関係は結ばれることはない．

　将来の雇用に関する期待と情報伝達のネットワークの性質，そして戦略的な状況の理解は結託の自己実現性を保証する．これらの要因は構成員である商人が構成員である代理人を雇用することを奨励し，構成員以外の代理人を雇う意欲を阻害する．これらの要因は，構成員である商人が構成員でない者と効率的な代理人関係を結ぶことが可能であっても，構成員である代理人だけを雇うよう確約することを可能にする．同時に，これらの要因は構成員でない商人が構成員である代理人を雇うことを躊躇させ，したがって構成員である代理人が結託の外部と代理人関係を開始しないよう確約させることで，多者間の懲罰を効果的にする．結託をまたがった代理人関係に水を差すことで，これらの要因は結託が自己実現的であるための予想の形成に寄与す

る．したがって，ひとたび結託がある歴史的過程を通して形成されれば，代理人関係は互いの行動に関する期待があらかじめ明確な形であたえられている貿易商の間でのみ形成されることになる．

これらの理論的な所見が示唆することは，マグリブ人が多者間の懲罰戦略によって代理人関係を維持できたのは，彼らがチュニジアへの移住の過程で作り出した，情報伝達のためのインフォーマルな社会的ネットワークのおかげである，ということである[61]．この移住過程は，多者間の懲罰と将来の雇用に関する期待形成の対象となる人々の社会的なアイデンティティ（地位）を作り出した．結果的に生じた結託の内部では，代理人が直面した状況に関する情報は，商業活動の副産物として得られ，他の商業通信とともに伝播されたために，基本的に無料であった．情報を得るための限界費用が基本的にゼロであったという事実は，代理人を監視しているという商人の主張に信憑性を与える点で重要である．そのような監視なくしては，評判メカニズムは機能することはできなかった[62]．

ひとたびこれらの予想が制度化されたとき，すなわち，マグリブ貿易商たちの結託が形成されたとき，マグリブの末裔だけが構成員として認められ，したがって彼らだけが構成員になることができた．結託内の代理人関係を奨励し，非構成員との関係を妨げた要因は，構成員であることを価値ある資産にした．このような理由のために，マグリブ貿易商の末裔たちはマグリブ貿易商の結託の構成員とし

て，長距離交易の活動を続けたのである．このことはいいかえると，義務の履行を怠れば自分の子供が罰せられるために，それぞれの貿易商は評判メカニズムを機能させるために十分な長期的な視野を持っていたことを意味している．

　マグリブ人が交易の地理的範囲を広げるにつれて，結託内の代理人関係の利益は上がり，他の交易中心地への移住と居住区の設立が進んだ．マグリブ商人たちは結託内の別の構成員を雇うよう動機づけられていたため，マグリブの代理人を将来も雇用するようコミットすることができた．このことは，移住者たちに，移住の費用が将来埋め合わされることを約束した．イタリアへの移住は文化的により困難であり，したがって見送られた．宗教が同じで，イタリアとの交易に潜在的利益があったにもかかわらず，構成員ではないイタリアのユダヤ人が代理人として雇われることはなかった．それは，結託の外で代理人関係を結ぶことの追加的な利益が，相対的に高い代理人コストを埋め合わせることができなかったからである[63]．

　マグリブ貿易商たちの社会構造は，マグリブ貿易商の結託という経済制度の誕生に必要な，初期の情報伝達メカニズムを提供する組織であった．この代理人関係を管理する経済制度は，社会構造を維持するために必要となる人々の相互関係を生み出した．その一方で，マグリブ人の社会的アイデンティティは，結託を機能させるために必要な期待を調整する手段を提供した．マグリブ人がイスラームの指

導者によって長距離交易を止めるように強制されたとき，彼らの結託はその機能を停止し，社会的な相互作用の動機は衰え，彼らの社会構造は生命力を失い，マグリブ貿易商たちはより広いユダヤ人共同体の中へと同化していった．

集団的懲罰の信憑性と内生的な情報の流れに関する議論は，マグリブ貿易商たちの結託が存続する限り，その機能は適当な規模を維持することに決定的に依存したことを示唆している．集団的懲罰の信憑性は，ある代理人が不正を働いた場合には，別の代理人で置き換えることができるほどに結託が十分に大きいことに依存している．しかし，他の条件を一定にすれば，結託が大きいということは情報の伝達が遅く，したがって懲罰が遅れることを意味する（このことは時間割引因子を結託の大きさの増加関数とすることで，モデルに組み込むことができる）．

多者間の評判メカニズムが働いていたという推測は，マグリブ貿易商の経理と代理人の雇用のパターンの存在理由を明らかにすることで，さらなる裏づけを与えられる．マグリブ人の間の代理人関係は，通常は，雇用期間の長さに対して，明確な法的な確約がなされていないという点で，現代の企業と従業員との関係に似ている．たとえコミットメントが与えられたとしても，それは短期のものであった．代理人関係の継続期間は，1シーズンにわたるものから，息子たちが代理人として父親の後を継ぐ数世代にわたるものまで，さまざまであった[64]．マグリブ貿易商は，複数事業をひとまとめに扱う会計制度よりは，所得と支出が

それぞれの取引事業ごとに詳述される，取引ごとの事業の会計制度を用いた（Goitein 1967, pp. 178, 204-9）.

　これらの取引慣行は，結託内での評判メカニズムの運用と整合的であった．契約が短いほど契約違反を早く発見でき，代理人を誠実に行動させるために払わなければならない賃金が少なくなるため，商人は評判メカニズムを利用するときは，常に短期の契約を好むであろう．評判メカニズムが利用されるとき，取引ごとの会計システムは代理人の報告を他の関係する情報と比較することを容易にするため，複数取引統合型の会計制度よりも効率的であった.

　歴史的な証拠は，別の興味深い問題を投げかける．なぜマグリブ貿易商は，商人と代理人両方の立場として活動したのだろうか？　なぜマグリブ人は代理人を特定の契約形態で雇ったのだろうか？　なぜ同じような時期に活動していた別の類似の貿易商グループ（例えばイタリア人）との間では，異なる慣行が広がっていたのだろうか？　効率性と収益性は，結託の誕生を導くために十分なのだろうか？これらの問題は，第9章で提示されるグループ間の比較研究の文脈で，より適切に扱うことができる[65].

3.5　結語

　マグリブ貿易商の結託は，非対称情報と遅いコミュニケーション技術，包括的な契約を結ぶことの不可能性，そして法的な契約履行の困難などの問題をはらんだ，複雑な交

易において，契約履行と行動の調整の問題に対処するもの
であった．結託の内部において，情報の流れによって監視
が可能となり，不正は周知され，同時に商人法によって足
並みの揃った反応が促された．多者間の懲罰と，商業的成
功のための情報の流れの価値，包括的契約の代替としての
商人法の重要性は，賃金と資本に上乗せ価値（プレミアム）
を生み出した．これらの上乗せの受け取りは過去の行動に
条件づけられ，同時に世代間の上乗せの移転は評判メカニ
ズムの運営を維持するために十分なだけの視野の長期化を
保証した．上乗せの現在価値は代理人が不正によって手に
する利益よりも大きいため，代理人たちは誠実に行動する
ことをコミットすることができ，商人たちは彼らを信用す
ることができたのである．

　結託は取引の結びつきと，人々の行動に外生的な影響を
与える制度的要素によって形作られるものである．このこ
とは，経済学の古典的な契約理論（Hart and Holmstrom 1987
にサーベイされている）よりも，視野を広げることが重要で
あることを示している．古典的な契約理論は，契約上さま
ざまな問題に対処する，二者間の契約のありかたを探究す
るものである．マグリブ人の分析は，二者間の契約上の問
題に対処するにあたって，社会的文脈が重要であることを
明らかにしている．マグリブ貿易商のグループは，情報共
有のための取引を商人たちの間で結びつけ，集団的懲罰の
脅しに信憑性を与えるために必要な個人的な親密さを育て
るための手段であった．将来の雇用やこの組織の構成員間

の集団的懲罰に関する予想は，個別の商人 - 代理人取引を，その代理人とすべてのマグリブ貿易商との間の将来的な取引に結びつけた．誰がマグリブ貿易商のグループに属しているかということと，集団的懲罰があるという予想が周知徹底されていたということは，個別の貿易商にとっては外生的なものであった．同時に，それらに対する各構成員の最適反応は，グループへの帰属を維持し，集団的懲罰に参加することであった．このため，結託は自己実現的となり，集団的懲罰の脅しには信憑性があった．周知徹底されていた商人法は行動に関する統一された解釈を提供し，足並みの揃った反応を促すことで，集団的懲罰の脅しに信憑性を与えた．

　マグリブ貿易商の間の信頼を裏づけた制度は，いくつかの関連する社会的要因とルール・予想，そして組織によって成り立っていた．同時に，これらの制度的要素は，行動に関する特定の規則性（すなわち，グループ内での代理人の雇用と誠実な行動）を可能にし，それに指針を与え，動機づけるものであった．ルールは関連するさまざまな取引における行動を可能にし，それに指針を与える共通の認知のありかたと行動の調整，そして情報を提供した．ルールは行動のミクロ的基礎を与えることで，貿易商たちが十分な情報に基づいた決定を下すことを可能にした．ルールが指定することは，例えば，状況の構造や，誰がマグリブ貿易商の結託のメンバーシップを持っているのか，個人がどのようにして適切な情報を得たのか，どのような行動が不

正とみなされるのか，それに対してどのように異議申し立てをするのか，そしてもし不正が起きた場合には商人と代理人たちにどのような行動が期待されているのか，などである．

予想は，これらのルールに定められた行動上の指示に従うよう，貿易商を動機づけた．商人たちはマグリブの代理人しか雇わず，集団的懲罰に参加し，代理人たちは構成員でない者からは雇用されず，誠実に行動するということが，行動に関する内面化された予想として広く行きわたっているということは，周知の事実であった．このことを所与とすると，一般的には，多くの貿易商たちにとって，これらのルールに定められた行動上の指示に従うことが最適であった．マグリブ貿易商のグループはルールを明確にし，情報を生み出し，広める手段を作り上げた．とりわけ，グループ内の情報の流れと，代理人の行動に関する統一された解釈は，代理人が誠実であることを確約できる状況の範囲を広げた．

結託の起源と規模は，それが果たした機能がもたらしたものではない．むしろ，それは移住の過程とその結果として社会グループ，そして第9章に詳述されるような歴史的に継承された文化に根ざした予想との間の関係がもたらしたものである．移民グループ内の社会的アイデンティティと情報伝達のためのネットワークが，結託の初期の大きさを決定した．結果として生じた結託においては，元の社会的アイデンティティが行動と期待を調整するシグナルとし

て機能した．代理人関係を管理した経済制度は，代理人関係と特定の個人たちのグループ内での情報伝達を促進することで，当初の社会構造を保存し，それは翻ってその経済制度の境界を決定した．

結託はエージェンシー費用［代理人を誠実に働かせるための費用］とその他の取引費用を削減することで，結託の構成員間の効率性と収益性を高めた．結託は代理人サービスを取引する市場の活動基盤を提供し，結託がなかったとしたらある商人がある代理人関係を築く費用が高く，そのために代理人関係を築くことができないような場合でも，商人たちが代理人を通して活動することを可能にした．商人法は交渉費用を下げ，情報伝達とサービスの提供を管理し，代理人と商人との間の包括的契約に代わる働きをした．

これらの利点にもかかわらず，結託は，当時の法執行の制度とコミュニケーション，そして生産技術を所与としたときに，代理人関係から得られるすべての利益を実現するという意味においては，おそらく最適ではなかった．特に，結託は動学的には効率的ではなかった．結託の自己実現性を保証した要因と同じものが，厚生を高める機会に呼応して結託が拡大することを阻んだのである[66]．商人法は，潜在的に別の歪みをもたらした．というのは，それが，必ずしも最適な変化を保証しないような形で改定されていたと思われるからである．結託の内部では，構成員たちは彼らの行動の帰結よりは，彼らの行動に対する他の構成員

たちの解釈を気にかけていた。したがって，構成員たちの行動は彼らの期待効用を最大化することを目的としていながらも，全体の利益を必ずしも最大化しなかった。これらの歪みは，ある種のリーダーシップを導入することで——それは別種の歪みをもたらす可能性もあるが——解消できたであろう。

マグリブ貿易商の結託の分析は，市場での活動に対する契約履行制度の重要性を明らかにしている。この非市場的な制度は代理人サービスの市場の基盤を整え，それによって地域間で商品市場を統合することに寄与した。非市場的な制度の仕組みは，交易の費用と，おそらくはその実現可能性にも影響を及ぼし，したがって交易の能力と，市場統合の過程に影響を与えた。市場統合は経済成長の鍵であると一般的に信じられているとおり，非市場的な制度やそれと社会的・事業的なネットワークとの関係，そして市場統合との関係についての制度的な分析は，経済成長の過程に関するわれわれの理解を進めるうえで鍵となるものである。

多くの社会学者や文化人類学者，そして経済学者が指摘してきたように（Macaulay 1963; Furnivall 1956; Landa 1978; Granovetter 1985; Homans 1961; Nee and Ingram 1998），社会的なネットワークと民族グループは，東洋と西洋において，法がない下での契約履行を促進するために重要な役割を果たした。しかしながら，これらの分析は社会的ネットワークと懲罰の信憑性を所与のものとして扱いがちであ

る．マグリブ人の分析は，これらのネットワークやグルー
プに関連する経済制度の本質と含意を十分に理解するため
には，社会構造と関連する経済制度との間の動態的な相互
作用を理解する必要があることを明らかにしている．さま
ざまな歴史的な時期と経済において，この相互作用を理解
することにより，国家によって与えられた市場の制度的基
盤と，私的な制度的基盤との間の相互関係に関する研究に
対して，重要な洞察を付け加えることができるであろ
う[67]．

補論 3.1

命題 3.1 の証明

h_c と h_h を所与としたとき，誠実に行動することが代理
人にとって最適であることを示すには，彼が W^* を提示さ
れたときに 1 期不正を働いたとしても得にならないことを
示せば十分である．そこで，雇用されているときは誠実に
行動する，在職中の代理人の生涯期待効用の現在価値を
V_h，失業中の誠実な代理人の生涯期待効用を V_h^u，そして
失業中の不誠実な（しかし将来雇用されたときには誠実に
行動する代理人）の生涯期待効用を V_c^u で表そう．後者の
2 つは，次期（すなわち，失業後の最初の期）以降の所得し
か含んでいないことに留意されたい．これらの生涯期待効
用は

$$V_h = W + \delta(1-\tau)V_h + \tau V_h^u,$$

$$V_i^u = \delta h_i V_h + \delta(1-h_i)(\overline{w}+V_i^u) \qquad i=h,c.$$

である.

　代理人は1回の不正によって$\alpha+V_c^u$を得る. したがって, 代理人は$V_h \geq \alpha + V_c^u$ならば不正を働くことはない. 項を代入し整理すると, 代理人の最適反応は, $W \geq (T-\delta\tau H_h)[\alpha/(1-\delta H_c) + \delta\overline{w}P_c/(1-\delta H_c) - \tau P_h/(T-\tau\delta H_h)] = W^*$, ただし, $T=1-\delta(1-\tau); H_i=h_i/(1-\delta(1-h_i)), i=h, c; P_i=(1-h_i)/(1-\delta(1-h_i)), i=h, c$のとき, かつそのときに限り, 誠実に行動することが明らかになる. wの性質は, $h_c \leq h_h$という事実を使えば, この式から直接導出することができる. (証明終)

命題3.2の証明

　多者間の懲罰戦略の下では, 一度でも過去に不正を働いたことのある代理人が, 今期不正を働いたとき, もしくは誠実に行動したものの, 失業したときに再雇用される確率は, $h_c^c = h_h^c = 0$である. 一度も不正を働いたことがない代理人の同じ確率は, $h_c^h = 0$と$h_h^h = \tau M/(A-(1-\tau)M) > 0$である. 不誠実な代理人に対する最適賃金は, $W_c^* = w(\cdot, h_h^c = 0, h_c^c = 0)$, 誠実な代理人に対する最適賃金は, $W_h^* = w(\cdot, h_h^h > 0, h_c^h = 0)$である. したがって, 不誠実な代理人と誠実な代理人にとって$h_c \leq h_h$であるため, 命題3.1

より $W_c^* > W_h^*$ である。 （証明終）

命題 3.3 の証明

δ を 1 に近づけて W^* の極限をとり，相互的懲罰戦略の下で $h_c = h_h = \tau M / (A - (1-\tau)M)$，多者間の懲罰戦略の下で，$h_c = 0$ かつ $h_h = \tau M / (A - (1-\tau)M)$ であることを用いればよい。適当な極限をとるためには，命題 3.1 に示されている，W^* と関連するパラメータとの関係を利用せよ。

（証明終）

第 3 章註

1) ゲーム理論的な設定では，プレイヤーの評判は，過去の歴史に応じて彼の戦略集合上の確率分布を定める関数として定義される。

2) ゲニーザの入門的解説としては，Goitein（1967, 序文）を参照。これらの文書はさまざまな図書館によって購入された。ここで参照されている文書は，それが所蔵される図書館と登録番号によって示されている。読者がその文書の特定の行を見る必要があるときには，面（a または b）と行がさらに表示されている。ここで使われる略語のリストは本書の冒頭に示してある。多くの文書は Goitein, Gil, その他によって出版されている。出版，翻訳，あるいは引用された文書については，出版された出所を文書の出典の後に引用した。例えば，TS xx. xxx, a, ll 24-25, Goitein（1967, p. 727）は，Taylor-Schechter コレクション，文書 xx. xxx, a 面，24-25 行目，Goitein 1967, 727 頁に所収，が出典であることを示す。

3) Judeo-Arabic については，Blau（1961, 1965）を参照。この章は，Greif（1989, 1993）に基づいている。分析は Greif（1985）; Michael（1965）; Gil（1983b），そして Ben-Sasson（1991）に収められた約 250 の文書に基づいている。これらの文書は，11 世紀半ばのエジプトとシチリア，そしてイス

ラエルとの間の交易と，11世紀初頭にフスタートに暮らした Naharay ben Nissim というマグリブ貿易商が行った交易について唯一入手可能なものである．

4) これらの文書は，11世紀半ばにシチリアとイスラエルで行われた交易，およびナハライ・ベン・ニシームの交易について入手可能なもののすべてである．これらは前の脚注で示された文書の一部である．

5) Goitein (1967, pp. 214-7)；Gil (1983b, 1 : 200-8)；Greif (1985, pp. 73-6) を参照．支出については Goitein (1967, p. 46) と Gil (1983a, p. 91).

6) ただし関税はかけられていた．Gil (1983b, 1 : 257-8)；Goitein (1967, pp. 29-35, 157, 187, 192 ff., 266-72)；A. Lewis (1951, pp. 183-224) を参照．

7) 例えば，Dropsie 389, a, 4-5 行目，b, 27-28 行目；Gil (1983a, pp. 113-25) を参照．さらに，Goitein (1967, pp. 148-64, 200-1, 273-81, 301)；Stillman (1970, pp. 70-82)；Greif (1985, pp. 3, 69-78, 92；1989, 1993) も見よ．

8) de Roover (1965, pp. 43-6, 70-5)；Postan (1973, pp. 66-71)；Lopez and Raymond (1955, p. 174).

9) DK 22, b, 18 行目；Gil (1983a, pp. 97-106)；TS 13J 25, f. 18, Goitein (1967, p. 164).事業組合を通した代理人関係の広がりについては Stillman (1970) と Michael (1965) を参照．

10) 商人が事業を海外の代理人に売ってしまえば，自分は代理人になるほかはない．事業を地元の代理人に売ることは，国際貿易商としての優位性を失うことを意味した．

11) 不正行為は，本研究で検討された文書の5パーセント未満にしか記載されていない．

12) 証拠となる商用文書に，親族内の海外代理人関係を反映しないような偏りがあるとは思われない．個別の商人たちの情報は，彼らが親族以外の者を雇用したことを表している．フスタートの著名な商人であるナハライ・ベン・ニシームは，90人もの異なる代理人を使っていた．この研究で使われている契約のサンプルの中では，各商人は平均して3.3人の代理人を使っていた（もっとも多くの代理人——90人と27人——を使った2人の商人を除くと，商人当たりの代理人数は2.5人である）．ただし，多くの商人たちはおそらく記録に残らない代理人を使っていたので，この数字は下限を表している．親族である代理人を通して送られた資本の割合を計算することは不可能である．しかしながら，証拠となる商用文書はそのような評価が上記の結論を改めるものではないことを示唆している．

13) Greif (1989) の議論を参照. 訴訟の費用については，Bodl. MS Heb., a3, f. 26, Goitein (1973, p. 97)；TS 10 J 4, f. 4, Greif (1985, appendix, pp. 5-7)；Bodl. MS Heb., f. 42, Poznanski (1904, pp. 171-2)；TS 20. 152, Bodl. MS Heb., a3, f. 9, Gil (1983b, 2:724-32) を参照. 当時，イスラーム世界に住むユダヤ人は，ユダヤとイスラームの法体系を利用することができた. ここで使われた商人たちの文書は，どちらの体系も同程度に利用されたことを示している.

14) Maimonides (1951, p. 208)；Greif (1989) の議論を参照.

15) TS 13 J 2, f. 5; Goitein (1967, p. 176).

16) シチリアの商人であるヨシュア・ベン・イスマーイールには，3つの異なる交易中心地に少なくとも5人の事業提携者がいた (Greif 1985, p. 133 を見よ).

17) 価格，船の発着，一般的な経済的・政治的状況などを含む交易関連の情報は多くのゲニーザ文書にみられる. 例えば，TS 20. 76 and 13 J 15, f. 9; Goitein (1973, pp. 113-9, 320-2)；TS 10 J 11, f. 22, a, 11-12 行目；Cf. Goitein (1967, pp. 195, 201 ff.)；Greif (1985, p. 95, n. 60) の追加的な文献を見よ. 情報の流れが商業的な成功をもたらすうえで重要であることについては，Dropsie 389, a, 2-4 行目；Gil (1983a, pp. 113-25); Michael (1965); Gil (1983b, 3: 96 ff.) を参照のこと.

18) そのような情報の例としては DK 22, a, 11 行目 ff.; Gil (1983a, pp. 97-106); ULC Or. 1080 J 42; Gil (1983b, 3: 300); TS Box Misc. 28, f. 225; Gil (1983b, 3: 96-101) を見よ.

19) 立会人の利用については DK 13, sect. G; ULC Or. 1080 J 48; Bodl. MS Heb., a2, f. 17 (すべて Goitein (1973, pp. 32, 92-93, 103) に出版されている). さらに，Goitein (1967, pp. 168-96) と Greif (1985, p. 143) の議論も参照. ユダヤ法は，特定の状況では目撃者の立ち会いを求めた. Maimonides (1951, p. 214) を参照.

20) DK 22, b, 5 行目 ff.; Gil (1983a) を参照.

21) 評判メカニズムの議論と参考文献については付録Cを参照.

22) 結託はしかし，文字通りの意味での買い手独占ではなかった. 後に示されるように，マグリブ貿易商は通常，同時に商人および代理人として活動したからである.

23) 第9章は，代理人が商人として活動できるように分析を拡張する. もし，不正を働き捕まった代理人が商人として活動するとき，彼に対して不

正を働く代理人は，他の結託の構成員から不正を働いたとみなされること
はなかった．

24）　TS 13 J 25, f. 12 ; TS 12. 279. さらに，TS 8 J 19, f. 23. これらの手紙は Gil
　　（1983b, 3: 218-33）に出版されている．

25）　DK 13, a, 41 行目 ; Stillman（1970, pp. 267 ff.）.

26）　DK 13, a, 26 行目 ff ; Stillman（1970, pp. 267 ff）.

27）　DK 13, b, 12-1, 20-21 行目 ; Stillman（1970, pp. 267-75）.

28）　DK 13, a, 32 行目，および a, 43 行目 ; Stillman（1970, pp. 267-75）.

29）　Dropsie 389, b, 22 行目 ff ; Gil（1983a, pp. 113-25）. さらに Bodl. MS
　　Heb., a3, f. 26 ; ULC Or. 1080 J 42 ; Goitein（1973, pp. 97, 92-5）も見よ．

30）　DK 22, b, 5 行目 ff ; Gil（1983a, pp. 97-106）.

31）　Bodl. MS Heb., d66, f. 60, a, margin, 7-9 行目 ; Gil（1983b, 3: 216）.

32）　Bodl. MS Heb., a3, f. 13 ; Goitein（1973, p. 123）.

33）　関連した理論としては Banks and Calvert（1989）を参照．

34）　中世の長距離交易に包括的契約が向いていなかったことは，イスラー
　　ムの法におけるマーリク学派とハナフィー学派の違いに関係している．
　　Udovitch（1970, pp. 208-9）を参照．包括的契約を明記できないことに関す
　　る理論的な検討については，Hart and Moore（1999）; Grossman and Hart
　　（1986）; O. Williamson（1985）; I. Segal（1999）を参照．

35）　ULC Or. 1080 J 42 ; Goitein（1973, p. 94）. ヨーロッパで起きた同様の状
　　況については，Gras（1939, p. 80）を参照．

36）　そのような行動は Dropsie 389 ; Gil（1983a）に表われている．

37）　Camerer and Vespsalaninen（1987）; Landa（1988）; Kreps（1990b）の議
　　論を参照．

38）　指示されていないような偶発的事態が発生したときに，代理人が新た
　　な指示を待つことが非現実的だったことについての明示的な記述は，DK
　　22, a, 9-11 行目 ; Gil（1983a, pp. 97-106）を見よ．

39）　DK 22, b, lines 5 ff ; Gil（1983a, pp. 97-106）; TS 12. 4341. 7 ; Goitein（1967,
　　p. 202, n. 50）. さらに Goitein（1967, p. 171）も参照．

40）　彼がここで述べているのは，特定の事業提携ではなく，事業提携一般に
　　ついてである．このことからすると，商人法はマグリブ貿易商の結託に固
　　有ではなく，より広いグループによって共有されていた可能性がある．ゲ
　　ニーザの中では，DK 13, b, 7 行目 ff ; Stillman（1970, p. 272）; Dropsie 389, b,
　　22-23 行目，Gil（1983a, pp. 113-25）; TS 20. 26, sect. I, Goitein（1973, p. 117）

を見よ.

41) しかし，DK 22, on the a. margin, Gil（1983a, pp. 97-106）；Goitein（1973, pp. 111-2）；Greif（1985, p. 136）を参照.

42) Bodl. MS Heb., d66, f. 60, a. margin 7-9 行目, Gil（1983b, 3: 216）.

43) 付録 C の議論を参照. 情報の共有や集団的懲罰を行う制度は，そのような［代理人のタイプに関する］非対称情報によってもたらされる可能性がある（Kali 199 と Annen 2003 を参照）.

44) DK 22, b, 5 行目 ff.；Gil（1983a, pp. 97-106）. 同じような理由から，不正者の懲罰に失敗した者をさらに罰することで，集団的懲罰への費用のかかる参加を動機づけるモデル（Pearce 1995 と Kandori 1992 を参照）は採用しなかった.

† イタリアの代理人はマグリブ貿易商をかならず裏切るタイプであると仮定するということ.

†† イタリアの代理人がマグリブ貿易商を裏切ったこと，あるいはそのためにその代理人がマグリブ貿易商に雇われなくなったということを，イタリアのユダヤ人貿易商たちが観察できないということ. このとき，イタリアの代理人はマグリブ貿易商を裏切ると，マグリブ貿易商たちには必ず不正を働く悪いタイプであるとみなされて，取引から排除されるが，イタリアの貿易商からは排除されない. したがって，裏切りを働いても将来の利得はあまり減少せず，イタリアの代理人はマグリブ貿易商を裏切ろうとする. これを見越して，マグリブ貿易商はイタリアの代理人を雇用しない.

45) 商業的な不完全性に加えて，情報の非対称性と不完全性を組み込むためには，ここで提示されるモデルを次のように拡張できる. 収入は代理人にのみ観察可能であり，それは $[a, b]$ の範囲に値をとる確率変数 x である. 代理人は，収入の実現値 $y \in [a, b]$ を報告する. 賃金は $w : [a, b] \rightarrow [a, b], w(y) \leq y, \forall y$ という代理人の報告の関数である契約によって決まる. 商人は，確率 $f(y, x)$ で不正が起こったかもしれないという情報を得る. ただし，$1 > f(\cdot) > 0, \forall y \neq x$（情報の非対称性），および $y = x$ のとき $f(\cdot) > 0$（不正がなくても，不正が起こったかもしれないという情報を得ることがある——不完全観測）である. 不完全観測モデルにおいて実現する均衡経路上では，ときとして協力が崩壊することがある. いくつかの期において，代理人は不正をはたらいたとみなされ，雇用されないことによって罰せられる（付録 C. 2. 7 節を参照）.

46) Goitein（1973, p. 60），Goitein（1978, pp. 33 ff.）は，「政府と世論はとも

に，当人の約束の責任を父親や兄弟，あるいはさらに遠い親戚に負わせる傾向があった．とはいえ，イスラームおよびユダヤの厳格な法は，いずれもそのような主張を承認していない」と書いている．

47) より具体的にいえば，歴史的証拠は，商人たちが代わりの代理人を雇えなくなることを恐れて，代理人関係の打ち切りを延期することはなかったことを示している．

48) 以下では，実際上同じ代理人と再び巡り合う確率はゼロであると仮定する．

49) この結果が内生的に導かれる効率賃金モデルについては，MacLeod and Malcomson (1989) を見よ．彼らのアプローチはここでも利用することができるが，簡略化のために省略した．Levin (2003) は，モラルハザードを伴うくり返しゲームの設定の下では，自己実現的な契約が一般的に単純で時間を通じて一定であることを示した．

† 付録A.2節参照．

50) この定式化によって，多者間の懲罰戦略と，後で議論される二者間の懲罰戦略の両方における最適賃金を検討することができる．

51) より正確にいえば，パラメータの境界値の付近では，弱い単調性が成立する．

52) これらの確率は戦略から導出される．

† 欠陥品．正常なタイプとそうでないタイプが混在する不完備情報モデルにおいて，必ず不正を働く「悪いタイプ」を指す．

53) ある文書 (Bodl. MS Heb., a2, f. 17, sect. D, Goitein 1973, p. 104) は，集団的懲罰への期待があるとき，人々がそれに自発的に従うようにさせるには，関連する別のやり方があることを明らかにしている．商人たちは通常，商人と代理人の両方の役割を担ったため，他の商人たちとの間で勘定が定期的にしか清算されない「掛売買勘定」を使用した．ある代理人が何かトラブルに巻き込まれたと噂されたとき，商人たちはその代理人が債務を払えなくなることを危惧した．予防的な方策として，彼らはその代理人に商品を送ることを停止し，彼らが借りていた資金を手放さなかったのである．

54) Goitein (1967, pp. 156-9, 186-92)；Gil (1983b, 1 : 200 ff.)；Greif (1985, pp. 124-7)．

55) 例えば，TS 8Ja I, f. 5, Goitein (1973, pp. 44-5)；Goitein (1973, p. 211)；Greif (1989) を参照．

56) Dropsie 389, b, 6 行目, Goitein（1973, p. 45）．さらに Bodl. MS Heb., c28,
f. 11, 11-13 行目も参照．

57) Gil（1971, pp. 12-15; 1983b, 1: 215, 223）; Goitein（1967, pp. 30-4, 148-9,
157）; Greif（1985, p. 153, n. 32）；さらに，例えば DK 13, sect. G, F, Goitein
（1973, p. 32）; TS Box Misc. 25, f. 106, a, 9 行目, Gil（1983b, 2: 734）; TS 13J
26, f. 24, b, 3-5 行目; TS Box Misc 25, f. 106, 9 行目, Gil（1983b, 2: 601, 734）
を見よ．

58) インド洋のマグリブ人の交易については Fischel（1958）．

59) この議論の厳密な分析は，命題 9.4 と 9.5 で提示される．そこでは，均
衡経路外の行動に関する異なる予想が，異なる経済をまたがった代理人関
係を形成する動機に対してどのような含意を持つかという，より一般的な
問題が扱われる．

60) Bodl. MS Heb., a3, f. 13, sect. B, Goitein（1973, p. 121）．さらに DK 13,
sect. G; ULC Or. 1080J 48; Bodl. MS Heb., a2, f. 17, Goitein（1973, pp. 32, 92-
93, 103）; Goitein（1967, pp. 168, 196）; Greif（1985: 143）も参照．

61) これは必要条件だが，十分条件ではない．結託に導くための文化に根
ざした予想の重要性については第 9 章を参照．

62) ここで提示された理論によれば，代理人たちは不正を働くことはない．
したがって，もし代理人を監視することに費用がかかるならば，監視する
ことには信憑性がない．商人たちが監視をしないことを知れば，代理人た
ちは不正を働く．このことを見越して，商人は始めから代理人を雇わない
であろう．

63) Goitein（1967）は，結託の外部との代理人関係を示す証拠がないこと
は，手紙がエジプトを通過しなかったことに起因する，データ収集の偏り
の反映ではないかと推測している．けれども，ゲニーザには北アフリカと
シチリア，そしてスペインの代理人との代理人関係を表す文書が豊富に存
在する．多くの場合，われわれはスペインでの交易についてシチリアの代
理人との通信から知り，この島は同様にイタリアへの途上にもあった．マ
グリブ人は代理人関係と関係のない事柄については，他の共同体に溶け込
んでいったが，これはここで提示された議論と整合的なものである．その
ような非代理人関係的な関係はゲニーザではよく見出すことができる
（Goitein 1967）．しかし，代理人関係はまれにしか見出されない．例えば
11 世紀中期フスタートでもっとも重要なマグリブ貿易商であるナハライ・
ベン・ニシームの手紙の中で，97 人の異なる貿易商のうちイスラーム教徒

であると言及された者はたった2人である（Michael 1965）.

64) Goitein（1967, pp. 169-70, 178），および Greif（1985, p. 133）. イタリア
の交易都市では，匿名組合（commenda）関係も同じように短期であった
（例えば Lopez 1952, p. 323 を参照）. 息子たちは本来，父親の事業を継ぐ
ことはなかったが，若い世代の構成員は互いに代理人サービスを提供し始
めるようになった.

65) 歴史的証拠はもう1つの興味深い問題を提示する. なぜマグリブの代
理人は不正を働いた後に，商人として活動を始めなかったのだろうか？
ここで提示されたモデルは，代理人は横領したものは何でも消費してしま
うと仮定することで，この問題を無視している. この問題は第9章で取り
上げる.

66) 一般的には——構成員でない商人たちに対して負の外部性を課すとき
には特に——集団的懲罰を持つネットワークは非効率的なことがある. こ
の効果の大きさは，ネットワークが緩和している契約上の困難が，ネット
ワークがない場合にはどのように解消されるか，ということに依存する.
関連する理論的な分析については，例えば Kali（1999）と Dasgupta
（2000）を参照.

67) このような発見についての近年の重要な貢献とサーベイについては，
Rauch（2001）; Casella and Rauch（2002）; McMillan and Woodruff（1999）;
Kranton and Minehart（2001）; Chwe（2001）を参照. 私的および公的な契
約履行制度の関係については，Greif（1994b）と McMillan（2002）を参照.

第4章

国家の触手から所有権を守る：商人ギルド

Securing Property Rights from the Grabbing Hand of the State: The Merchant Guild

　市場の制度的な基盤に関する中心的な問題の1つとして，国家権力に関する問題があげられる．国家に関するもっとも単純な経済学の見方は，国家は契約と所有権を守らせ，公共財を提供する実体であるというものだが，この見方は次のような問題を提起する．すなわち，こうしたことを実行するために十分な強制力を持つ国家は，同時に，保護を与えなかったり私財を没収したりすることで，市場経済の基盤を損なう力も併せ持っているという問題である．

　中世において，交易中心地が形成されるのに先立って，支配者が外国の商人たちの安全を確保し，彼らの権利を尊重することを誓約したと考えてみよう．しかし，ひとたび交易が根づいた後は，支配者は誓約を破り，約束した保護を与えることを怠るか，あるいは商人の所有権を侵害する

ために強制力を使うという誘惑にかられる[1]. 国民国家の発生以前では, 外国の商人たちは, 同郷の者からの軍事的あるいは政治的支援をあまり期待できなかった. 支配者の誓約を保証する実体のある何かがない限り, 外国の商人たちは交易中心地を頻繁に訪れることはないだろう. それは支配者と商人の双方にとって高くつく. どのような制度が——もしそれが存在したとすれば——この問題に対処したのだろうか?

商人と支配者との関係は, 潜在的に長期にわたってくり返される商用の訪問と, その訪問のたびに商人が行う支配者への納税から形作られている. 直感的には, 何らかの評判に基づく制度が, 支配者が誓約を確実に守ること(コミットメント)を可能にしたのではないかと推測することができる. この制度の中核をなすのは, 支配者が権利を尊重するという中心的な取引と, 納税という補助的な取引との異時点間の結びつきである. 支配者が商人の所有権を尊重するという予想は, 商人が将来の交易, したがって納税を, 支配者の過去の行動に条件づけることによって裏づけることができる.(付録Aで提示される)くり返しゲームのフォーク定理は, この推測に支持を与えるものである. フォーク定理によると, 支配者が将来の交易からの利得を, 権利を侵害することで手にする利得よりも高く評価するとき, そのような評判メカニズムがコミットメント問題を緩和することになる.

けれども, 歴史的な記録が示すところによると, 支配

者-商人関係を統制していたものは，概して，（権利を侵害された商人が交易を中止する）二者間の評判メカニズムでもなければ，（だまされた商人と彼の近しい仲間たちが交易を中止する）インフォーマルな形での多者間の評判メカニズムでもなかった．歴史的な記録は，フォーマルな組織，すなわち支配者の領地の外に基盤を持つ管理機関の重要性を表している．これらの組織は，自らの領土内においては構成員の商人に対して一定の規制力を持ち，外国での商人の活動を監督し，支配者の行動に対する彼らの反応を調整する働きをした．これらの組織とそれに付随する取引との結びつきは，支配者のコミットメント問題を克服するために，理論的にはどのような役割を果たすことができるのだろうか？　そして実際にはどのような役割を果たしたのだろうか？

　以下で展開される主張によれば，これらの組織，すなわち商人ギルドは，支配者-商人取引における自己実現的な予想を変化させるための，新たな取引の結びつきの具現化であり，またその手段であった．そのような新たな取引の結びつきが必要であったのは，各商人と支配者との間で，権利の尊重に関する中心的取引と納税に関する補助的取引とを異時点間で結びつけるだけでは，交易量が少ないときにしか支配者に権利を尊重するよう確約（コミット）させることができなかったからである．商人ギルドとそれを形作る取引との結びつきは，各商人と彼の近しい仲間たちが保護の見返りに納税するという，単純な評判メカニズムの

失敗に対処するものであった.

　この失敗は,相互に関係する2つの要因を反映している.第1に,支配者は商人間で差別をすることができた.権利の保護は公共財というよりは私的財に近いため,支配者は一部の商人の権利を尊重し,他の商人については侵害することができた.第2に,交易の拡大は個別の商人から得られる将来の納税額の価値を下げる.したがって,商人たちが集団的に報復することを確実にコミットできない限り,ひとたび交易活動が根づいた後は,支配者にとっては一部の商人の権利を侵害することが最適であった.したがって,評判メカニズムによって商人の権利を保障するためには,任意の商人に対する誓約違反が集団的な報復を招くという脅しが,信憑性を持つ必要があった.

　この脅しはしかし,交易の効率的な水準においては,2つの理由から,適切な組織との取引の結びつきなしには,信憑性がなかった.第1に,集団的懲罰は多くの人の行動の調整を必要とした.第2に,集団的懲罰が信頼に足るものであることを示すためには,すべての(あるいは十分に多数の)商人が懲罰に参加するべく動機づけられている必要があった.しかしながら,そのような動機を提供することには問題があった.逆説的なことに,一部の商人の権利を侵害すると,支配者にとって残りの商人が将来納める税金の価値が上がり,したがって支配者が残りの商人の権利を尊重することにコミットする能力が高まるのである.こうした支配者の増幅されたコミットメント能力は,集団的

懲罰の脅しの信憑性を損なう．商人たちがこの信憑性を高めるためには，集団的懲罰に参加するよう，互いを動機づけることができる必要があった．そのためには彼らの間で，情報の共有と強制的取引とを結びつける必要があった．商人ギルド組織を形作る取引の結びつきは，集団的報復の脅しに信憑性を与えたのである．

商人ギルド組織は，いかなる商人に対する違反に対しても集団的に報復するという脅しに信憑性を与えるために，情報の共有と商人間の強制的取引とを結びつけた．これらの組織は，権利の侵害に対する集団的報復を確実に行うことにコミットするために必要な監視と行動の調整，内部での執行メカニズムを提供した．商人ギルド組織には，都市管理当局の一部門から複数の都市にまたがる組織まで，幅広い運営形態があった[2]．これらのすべての形態は，同じ機能を果たしていた．商人ギルド組織は，支配者と商人との間の個別取引（中心的取引）を，すべての商人たちの間での情報の共有と強制的取引（補助的取引）に結びつけた．商人の行動を調整し，集団的報復に参加させるよう動機づけることで，商人ギルド組織は，個別商人と支配者との間の取引における自己実現的な行動的予想のあり方を変化させた．商人ギルド組織は，交易が拡大するにつれて，支配者が商人の権利を尊重するという予想を自己実現的なものにしたのである．

商人ギルドの組織はしたがって，商人ギルドという制度の一要素である．この制度は，多者間の評判メカニズムに

基づくものであり，支配者のコミットメント問題を軽減し，交易の拡大を促進させた．これらの商人ギルド組織と，行動を調整し，権利の侵害となる行動を特定するルール，そして付随する自己実現的な行動に関する予想が共に，全体として制度的要素の体系である商人ギルド制度を構成した（記述をわかりやすくするため，商人ギルド組織を指すために**商人ギルド**を，制度を指すために**商人ギルド制度**という用語を用いることにする）．

　商人ギルドが交易を支えたとする見解は，それが交渉費用を削減し，交易と課税を管理し，外国の都市から特権を引き出し，本拠地において余剰を再分配するために誕生したという，経済史家の間でより一般的な見解（Gross 1890; Thrupp 1965; North and Thomas 1973）を補完するものである．たしかに商人ギルドの存在は，協定や契約の保証を強化することに加えて，余剰の配分に影響を与えたであろうが，カルテルとして商人ギルドをとらえる素朴な理論は，1つの難問に直面する．もしギルドの目的が商人たちに独占力を与え，支配者に対して交渉力を高めることにあるならば，そもそもなぜ中世後期の強力な支配者は，外国の商人たちと協力してギルドを作ったりしたのだろうか？　支配者は，それを埋め合わせるどのような利益を得ていたのだろうか？　この問題は，商人ギルド制度の力が，商人たちと同様に，支配者にも便益をもたらすように交易を拡大させることができたとすれば，解決される[3]．

　以上のことを議論するため，第4.1節では，商人と彼ら

の商品の安全を保障するために，交易中心地と商人たちが直面した問題を記述し，ギルド組織がこの問題の解決のために理論的に要求される機能を持っていたことを論証する．そして，ドイツ人商人たちのギルドの進化の過程と，関連した交易の拡大について詳述する．第4.2節は，ゲーム理論的なモデルを提示し，分析を定式化する．このモデルによって，商人と都市の経済的誘因（インセンティブ）を検討することが可能になる．また，単純な評判メカニズムが効率的な交易活動の水準を維持できないときでも，ときとしてギルド組織がそれを可能にするのはなぜかを説明することもできる．第4.3節は，国家の台頭に伴う商人ギルドの変質と衰退について考察し，この理論的枠組みの他の問題への応用の可能性を論ずる．

4.1 コミットメント問題と商人ギルドの役割

この節は，商人ギルド制度の歴史的証拠を提示するとともに，本章の主要な理論的主張を直感的に紹介する．歴史的証拠は，中世の商人たちが，外国における彼らの所有権の保護について懸念していたことを物語っている．理論は，商人ギルド制度が交易を促進する役割を担った可能性を示唆する．歴史分析はこの制度が広く普及していたという推測を裏づける．

4.1.1 制度とコミットメント

中世後期のヨーロッパにおける遠隔地間交易は，地理的，あるいは政治的に有利な場所に立地する中心的な都市や大市に，世界各地から集められた商品の交換によって成り立っていた．しかし，交易の利益と交換に適した立地があるだけで，外国から来た商人の所有権を保障する制度がなければ，交易は必ずしも実現しない．支配者がそのような保障を与えることに関心を持っていたことは，イングランドにおいて外国商人の所有権が十分に保護されていなかったために，「多くの商人たちは彼らの商品とともにこの地に来ることを避けており，それは商人たちと王国にとって損失である」と気づいたエドワード 1 世の 1283 年の言葉から見て取ることができる[4]．

彼の言葉を理解するには，1241 年，もしくはその直前にイングランドのボストンで起こった出来事に代表されるような，背景となる事実を知る必要がある．あるフラマン人商人が，商業信用の返済を怠ったとしてイングランドの商人を告発した．その帰結は，

　　四方八方でわめき声が上がり，教会の庭の宿に身を隠したフラマン人を襲撃するために集まった．……イングランド人たちは，柵を投げ捨て，ドアと窓を壊し，（貸し手と）他の 5 人を引きずり出し，さんざん殴打して怪我をさせ，晒し台に晒した．他のすべてのフラマン人は彼

らに虐待され，略奪され，被服は剣とナイフによって突き刺された．……テーブルに置かれた彼らの銀杯は奪い去られ，財布は引き裂かれて中の金は盗まれ，金庫は破壊されて開き，金と商品は計り知れないほど持ち去られた[5].

このような事件はイングランドに特有のものではなく，中世遠隔地間交易の歴史を特徴づけるものである[6]. 12世紀を通して，ビザンツ帝国とイタリアの都市国家との間の商業関係は，保障の欠如によってしばしば妨げられた．1162年には，ピサ人がコンスタンティノープルのジェノヴァ人居住区を襲撃し，少なくとも1人の商人を殺害，残りの者は貴重品を残したまま彼らの船に退散した．1171年には，ヴェネツィア人が同じジェノヴァ人居住区を襲撃，破壊した．そのおよそ10年後の1182年に起きた「ラテン人大虐殺」の際には，暴徒がコンスタンティノープルのすべてのイタリア人地区を破壊した（Day 1988）[7]. 外国の商人たちは，暴力からの保護を必要としていた．

くり返しゲームの理論の観点からすれば，支配者のコミットメント問題は，現地の支配者が自らの身と所有物を保護しないならば，商人は将来商品を持って交易に戻ることを拒否するという，二者間の評判メカニズムによって解決できると推測するかもしれない．支配者は商人の権利を無視することで短期的な利益を得るかもしれないが，権利を侵害された商人との交易から得られる将来の余剰の流列を

失うことになる．中心的取引（商人の権利の保護）と補助的取引（商人による将来的な納税）における行動とが結びついているという予想は，権利が保障されるだろうという予想を裏づけるものとなる．

第4.2節で定式化して論証するように，この直感はある重要な問題を省略している．特に，交易の純価値の総額を最大化するような交易の水準，つまり効率的な交易の水準では，二者間の評判メカニズムはコミットメント問題を解決できないのである．効率的な交易水準を達成するまで商人を受け入れていく場合，最後の1人の商人（限界的な商人）から支配者が得る将来的な余剰の流列の価値は，ほぼゼロとなる．そして，それは没収することができる商品の価値や，節約できるサービスの費用よりも少ないのである．同じ結論は，個別商人の訪問の頻度が低いならば，より少ない交易量であっても成り立つ．支配者－商人関係が二者間の評判メカニズムのみによって管理されている限り，交易量は効率的な水準まで拡大しないというのが，理論の示すところである．

この議論と第4.2節で提示される定式化されたモデルにおいては，権利を侵害された商人がとることができる制裁の手段は，交易から撤退し納税を拒否するという，たった1つのことしか許されていない．権利の侵害に対する報復として，政治組織や町へ軍事的行動をかけることは，ときには行われたとしても，一般的には実行可能な選択肢ではなかった．中世後期においては，防衛技術は攻撃技術より

優位であり，遠く離れた港を攻撃する軍事行動は費用とリスクを伴ったため，交易上の違反に対する報復として軍事行動を発動するという脅しの信憑性は低かった[8]．

商人のうち誰の権利が侵害されたときにも発動される，すべての商人たちによる多者間の報復は，懲罰を重くし，略奪を防ぐための有力な手段であった．支配者－商人取引における多くの行動を，その中の任意の取引における支配者の行動に条件づけることは，略奪に続く罰則を重くする．したがって，そのような結びつきがあるという予想は，支配者が権利を侵害しないという予想をより広い状況において自己実現的なものとする．

実際に，交易中心地と外国商人との関係の歴史は，契約義務に違反した支配者に対する多者間の報復について，いくつかの例を示している．1050 年ごろ，シチリアのイスラーム系支配者は，マグリブ商人がシチリアに輸入した商品に対して（イスラーム法で規定された 5 パーセントの代わりに）10 パーセントの関税をかけた．商人たちは禁輸することでこれに対抗し，商品をライバルの交易中心地であるチュニジアへ送った．禁輸は効果的であった．1 年後，シチリアの支配者は追加的な関税を撤回したのである[9]．

この例のような事件は，どの商人の権利の侵害に対しても，他の多くの商人たちが略奪の後に交易を停止するという脅しが支配者の略奪を妨げるという，**多者間の評判メカニズム**の現実妥当性を示唆している．支配者と多数の商人たちとの将来的な取引を，特定の商人に対する支配者の行

為に条件づけることによって，コミットメント問題を克服することは，フォーマルな組織の助けを借りなくても可能ではあるかもしれない．シチリアでは，先に引用した別の事例で見られるように，商人たちは，直接には被害を受けていない商人も参加した集団的懲罰を都市に加えた．これらの事例にみられる支配者の攻撃は，しばしば商人たちのグループ全体に向けられたものであった．しかし，支配者は商人たちの間で差別を行い，一部の商人についてだけ所有物を没収したり，法的な保護を保留することによって，他の商人たちを直接には害することなく，部分的に略奪したり権利の保護を放棄したりすることができたのである．実際に，シチリアの支配者はユダヤ人商人にだけ高い関税を課し，コンスタンティノープルでは，ジェノヴァ人地区に対する二度の襲撃の最中でも，他のイタリア人商人たちは無傷だった．

　交易の効率的な水準におけるコミットメント問題を克服するにあたって，多者間の評判メカニズムは，それを支援する組織なくしてはうまく働かなかったと思われる．上記の事例は，その理由として，2つの相互に関連する要因があることを示唆している．第1の要因は，契約上の曖昧さと情報の非対称性に関するものである．第2の要因は，多者間の対応が，異なる商人たちに異なる動機づけ（インセンティブ）を与えることによるものである．

　前近代の遠隔地間交易は，きわめて複雑で不確実な環境で行われた．そのような状況では，予期せぬ出来事や，既

存の合意についての複数の解釈が常につきまとい，したがって「契約違反」の定義はしばしば曖昧であった．商人たちが事実に関して異なる解釈をし，情報に非対称性があり，そしてコミュニケーションに時間がかかるような状況では，個々の商人の反応を調整する組織なしには，一部の商人たちの権利が侵害されたときに，商人たちが一丸となって効果的に報復することは困難である．第4.2節は，一部の商人たちの権利が侵害されたときに，それを察知し対抗措置を取る商人たちの割合が，権利を侵害された商人の数に比例する程度にとどまるような場合には，交易の効率的な水準においては，多者間の評判メカニズムもうまく働かないことを数学的に論証する．その理由は，二者間の評判メカニズムが働かない理由と同じである．つまり，限界的な商人たちのグループが交易から撤退するという脅しは，ひとたび交易が効率的な水準まで拡大したあかつきには，ほとんど何の効果も持たないのである．

　中世の環境で交易を効率的な水準まで拡大するためには，多数の商人たちの反応を**調整**することで，多者間の評判メカニズムの働きを補完する組織が必要であった．そのような調整のための組織が存在し，それが支配者−商人取引を商人たちの情報共有のための取引に結びつけるときに限り，多者間の評判メカニズムは，コミットメント問題を潜在的に解決することができたのである．数学的には，調整のための組織が存在するとき，つぎのような完全均衡が存在する．すなわち，禁輸が発令されていない限り商人た

ちは（交易の効率的な水準で）都市を訪れ，発令されれば
訪れないような均衡である[10]．支配者は，禁輸が発令され
たことがない限り商人の権利を尊重し，そうでなければそ
れを侵害する．したがって，調整のための制度が存在する
とき，交易はその最適な水準まで拡大する可能性があるの
である．

　これらの戦略は完全均衡に一致するとはいえ，こうした
理論は依然として説得力を欠く．均衡戦略によれば，調整
のための制度が禁輸を呼びかけるとき，商人がそれを無視
しないのは，支配者が禁輸を破った者の交易特権を侵害す
ると予想するためである．しかしそのような予想は道理に
かなっているだろうか？　都市は禁輸を破った者を罰する
のではなく，禁輸を破ることを**奨励**するのではないだろう
か？　第4.2節は，禁輸違反者の権利が保護されるという
予想が自己実現的なものとなりうるという意味において，
支配者による禁輸違反者の奨励が潜在的に信憑性を持つこ
とを立証する．禁輸が実施されている間，交易量は縮小
し，限界的な商人の価値は増大する．そのとき，二者間の
評判メカニズムがうまく働く可能性がある．すなわち，都
市と商人の双方に利益をもたらし，都市が確実に尊重する
ような取引が存在するかもしれないのである．この可能性
は禁輸の潜在的な効果を制限し，それに対応して，調整の
ための組織が効率的な交易を達成する能力も，潜在的に阻
害してしまう．

　交易の効率的な水準を維持するためには，禁輸の決断を

調整し，自身の構成員に対して制裁を科すことでそれを履行せしめる，という両方の能力を持った組織によって，多者間の評判メカニズムが補完される必要があるだろう．いいかえれば，そのような組織は情報の共有と商人たち自身の強制的取引とを結びつけるものである．この組織とそれに期待される行動は，支配者の支配の圏外にある．彼らに対する支配者の最適反応は，商人たちの権利を尊重することである．商人たちはしたがって，彼らの権利が守られることを正しく予想し，交易を行う．しかしながら，この予想は，ギルド組織の行動が個別の商人の支配外にあるということに決定的に依存している．これがまさに，商人たちが権利の侵害に対して集団的に反応することを確約（コミット）できる理由である．

4.1.2 フォーマルな組織の役割に関する証拠

ここまでの議論は，中世ヨーロッパにおいては，外国の商人たちと彼らの商品の安全を保障することは難しく，歴史的な証拠と理論的な推論のいずれもが，単純な評判メカニズムでは，それを完全には解決できないことを示すことに焦点を当ててきた．この小節では，商人ギルド制度が商人の権利を保障したという主張を裏づける，直接的な証拠を提示する．すなわちこの小節は，商人たちと支配者が，商人と商品に対して，信頼に足る安全の保障を提供する必要性を認識していたという証拠を示す．また，彼らがフォーマルな組織が一定の役割を果たすような交易協定を締結

することを協議していたという証拠も示す．さらに，これ
らの組織が行動の調整と履行に対して果たした役割，それ
らが採用した戦略，そしてこうした協定を商人ギルドと協
議した都市において，交易が拡大したことについての証拠
を提示する．

　歴史的な記録は，交易が拡大する以前から，中世の支配
者と商人たちが，外国の商人たちの所有権を保障する必要
性について認識していたことを伝えている．例えば，キリ
スト教徒の商人は，安全の保障を受けない限り，あえてイ
スラーム世界と交易することはなかった．ヨーロッパの中
でも，商人たちは安全協定が整っていない場所で交易する
ことはなかった．適切な安全協定が協議された後に初め
て，イタリア人たちは他のヨーロッパの都市やシャンパー
ニュ大市へ旅し始め，ドイツ人たちはフランドル，イング
ランド，および東スラブへと旅するようになったのであ
る[11]．

　安全協定とそれに付随するフォーマルな組織は，交易の
拡大に不可欠であったようである．カタロニア商人の交易
は，1286年にシチリアで特権と執行官を置く権利を得た
後，「数カ月以内に」拡大した（Abulafia 1985, pp. 226-7）．ブ
リュージュにおけるドイツ人商人の交易は，特権と**コント
ール**（Kontor：駐在支店）を設立する権利を得た後に拡大
した（Dollinger 1970, p. 41）．フランドルとのイタリア人の
交易は，**生活共同体**（nations）と呼ばれる現地の組織を設
立することが許されて，初めて発展した（de Roover 1948, p.

13).

　ジェノヴァ人の北アフリカとの交易は，交易の拡大に対する安全協定の相対的な重要性を示すうえで，有用な実例となっている．1161 年，ジェノヴァ人使節のオトボヌス・ダルベリキスと北アフリカの現地支配者であるアブドゥル・ムウミーンは，ジェノヴァ人の所有権を保障する 15 年間の協定に調印した．協定は，10 パーセントの関税手数料のうちの 2 パーセントの削減を明記していた．北アフリカに届く商品の平均期待利益が 26 パーセント以上であることを考えると，いくぶんささいな削減である．しかしながら，協定締結の後，交易は劇的に拡大した．1160 年以前，北アフリカとのジェノヴァ人の交易は年間 500 リラを超えることはなかったが，締結の後には年 1057 リラと倍以上に増え，後年に渡ってこの高い水準を保ったのである．協定の重要な特徴は，安全の保障であったように思われる[12]．

　間接的な証拠も同様に，当事者たちが，安全保障に関する単なる約束よりも，それを**制度の上で保障すること（制度によるコミットメント）**が重要であると認識していたことを示唆している．イスラームの支配者はヨーロッパの商人に対して，商人たちの権利を保障する宗教的な義務である**アマン**（aman）を与えた．イングランドのいくつかの都市では，外国の商人が市長に選ばれることさえあった．

　けれども，もっとも大きな成功を一般的におさめたのは，ある特定の制度──商人ギルド──であったようであ

る．この制度の核心は事務管理を司る商人ギルド組織であり，それは海外の居留地に居住する商人の活動を監督し，そこで一定の規制を行う力を持っていた[13]．例えばイングランドでは，町の商人たちは，町の内部および外部との交易において特定の貿易特権を持つ商人協会を設立する権利を与えられ，通常はその構成員が交易を行った交易中心地において，代表機関を持っていた．ヨーロッパ大陸では，多くの町が，商人エリートによって支配され，彼らは自らの利益を追求するために商人ギルドを組織していた．イタリアとドイツのいくつかの町では，商人ギルド組織は町の政府と事実上同じであったが，一方で，一部のイタリアの都市では，商人たちの活動は都市によって監督されていた（Gross 1890; Rorig 1967; Rashdal 1936, pp. 150-3）．

ギルドは商人に対して，リーダーシップと行動の調整に必要な情報伝達メカニズムを提供した．ギルドはいつ禁輸を課し，いつそれを取り消すかを決定した．通常，交易中心地はギルドに対して，その構成員と中心地の行政当局，およびその構成員と他の商人との争議に関する情報を収集する権利を与えた．ギルドの規則は，情報の収集と構成員間の情報伝達を促した[14]．

イタリアの都市はしばしば，そこに居住する商人たちに代わって，商人ギルドの機能を担った．禁輸に関する諸々の決定を調整する都市の役割は，ジェノヴァとタブリーズとの関係によく表れている．タブリーズは，ペルシャ湾と極東を結ぶ交易ルートの重要な都市である．1340 年，タブ

リーズの支配者は多くのジェノヴァ人商人たちの商品を没収した．ジェノヴァはタブリーズに対して商業上の**禁輸**（devetum）を宣言して対抗した．1344年，タブリーズの支配者はジェノヴァに大使を送り，没収したすべてを商人たちに補償し，将来好意的な処遇をすることを約束した．その結果，禁輸は解かれ，ジェノヴァ人商人たちはイランに舞い戻ったのである．ところがタブリーズの支配者は，彼らの権利を保護するという約束を守らず，ジェノヴァ人商人は略奪され，多くは殺された．物的損害は20万リラという膨大な額に達した．タブリーズの次の支配者がヴェネツィア人とジェノヴァ人を交易に招いたとき，支配者は「商人たちの要求に確たる保証を与えることができなかった．（したがって）ペルシャでの豊かな交易を回復させ，インドと中国へのルートを再開することを切望していたイタリア商人たちは，単なる約束を信じることは危険だと感じたのであった」（Lopez 1943, pp. 183-4）．

　タブリーズに対するジェノヴァの禁輸の最中に起きたある事件は，禁輸が商人グループの内部で執行されていたことの歴史的重要性を示すとともに，商人ギルドがこうした執行を引き受けていたことを明らかにしている．1343年，タブリーズに対する禁輸の期間中，トンマーゾ・ジェンティーレというジェノヴァ人商人はホルムズ島から中国へ旅する途上にあった．パミール高原のどこかで彼は病気になり，商品を仲間に託してジェノヴァへの最短ルートをたどりタブリーズを通過して帰途についた．彼がタブリーズを

通過したという情報がジェノヴァに届いたとき，トンマーゾの父親はこの違犯を「航海と大海（黒海）の8人の賢者」——ジェノヴァの海外交易の理事会——に対して申し開きをしなければならなかった．理事たちは，ジェンティーレが神の行為によってタブリーズを通って旅しなければならなかったという父親の主張を受け入れ，彼が商品を持たずにタブリーズを通過したことから，無罪を決定した（Lopez 1943, pp. 181-3）．

　商人ギルドが将来の交易を過去の適正な保護に条件づける戦略をとったこと，排斥行為は（特権や低価格ではなく）安全保障を獲得するために行ったこと，そして情報収集と行動の調整，およびボイコットの能力が相互に関係しているということは，次のようなエピソードによく表れている．イングランドの羊毛を購入していたヘントとイーペル，ドゥエ，カンブレー，そしてディスミュドから来たフラマン商人との間で，1261年に次のような協定が交わされた．「交易用の商品に対して，羊毛を扱うイングランドのいかなる聖職者や他の商人が……重さを偽ったり，羊毛に偽装を施したり，不当な商品をよこすなどして……この同盟のいかなる商人と不当な取引をするようなことが起きた場合に彼らが改めようとしないのであれば，この同盟の現在あるいは将来の構成員は，彼らとよもや交易することはありえない，とわれわれは決定した」．彼らは禁輸の脅しを有効にするために，「これらの各都市に1人の担当者を置き，苦情を検討して裁き，悪事を働いた者を改めさせる

よう説得にあたることを決定した」(Moore 1985, p. 301).

　調整のための組織による禁輸の脅しが持つ信憑性と効力を決定的に左右するのは，違反者に特別な条件を提示して禁輸を切り崩そうとする支配者の能力を抑制することである．理論的には，禁輸の期間中は追加的な交易からの限界的な利益が上昇するため，評判メカニズムによって支配者がこのような条件にコミットすることが可能になる．ギルド組織が禁輸中の都市への輸送を防止するために特別な手段を要したことは，歴史的な証拠によって確認されている．1284 年，ノルウェー人たちがドイツの貿易船を襲い略奪した．これに対抗してドイツの町はノルウェーに禁輸の措置をとり，穀物と小麦粉，野菜，そしてビールの輸出を禁止した．ドイツ人商人がノルウェーへ食料を密輸することを防ぐために，ドイツの町はデンマーク海峡に船を配置した．年代記編者のデットマーによれば，「ひどい飢饉が起きたため，（ノルウェー人は）償いをすることを強いられた」．ノルウェーの地理的な特殊性が，禁輸を特に有効にさせたようである (Dollinger 1970, p. 49)[15].

　禁輸が功を奏するには，関係するほとんどすべての商人の協力を得ることが決定的に重要であるという事実を，禁輸を課された都市はよく理解していた．1358 年，ドイツの町がブリュージュに禁輸を課したとき，ブリュージュはケルンの商人に格段の貿易特権を与えることで禁輸を打ち破ろうとした (Dollinger 1970, pp. 65-6).

　船が海峡にさしかかるのを物理的に妨げたり，罰金を科

したりすることが，禁輸を破ろうとする商人の誘惑に対抗する2つの手段であった．しかし，禁輸を維持するための脅しの信憑性は，しばしば異なる手段によってもたらされたことを示唆する証拠がある．構成員である商人に対して商業的な制裁を科す能力をギルドに与えることが，そうした信憑性をもたらしたのである．イングランドやそのほかのヨーロッパの地域では，現地のギルドはその町における独占的な貿易特権を持っていた．これらの特権は典型的には，町の中での小売りの独占権と通行料の排他的な免除，そしてしかるべき状況の下でギルドから構成員を閉め出すことを盛り込んでいた（Gross 1890, pp. 19-20, 38 ff., 65; de Roover 1948, pp. 18-19）[16]．したがって，これらのギルド組織は，構成員に対して，彼らの出身地においてレント（超過利得）の流列を与えることができた．しかし，このようなレントの受け取りは，ギルド組織の忠告とルール，および命令に従うことを条件づけられていた．これらのレントはしたがって，移住の費用を上げ，ギルドの構成員たちの連帯を固めることで，構成員をギルドに縛りつけることができた[17]．

　ここで展開された議論は，出身地元におけるギルドの独占力が，他の場所における交易を進展させる手段であったであろうことを示唆している．この独占力は他の構成員たちの支援によってもたらされるレントの流列を生み出し，これが裏切りの際に没収される保証金としての役割を果たした．これにより，支配者が協定に違犯した際に，構成員

が報復のための集団的行動に参加することを保証することが可能になった[18].

1240年のフラマン人の条例は,適切なインセンティブを与えるためのレントの役割を明らかにしている.ギルドによって課せられた,別の町での禁輸を無視したある商人は追い出され,レントを失った.「(ギルドによる)これらの……罰金やその他を巡る,共通の利益のための決定事項にイーペルあるいはドーアイの者が背いた場合には,その者は販売と宿泊,食事,羊毛や生地の船積みを,他の商人とともに行うことから排除されるものとする……そしてもし誰かがこの排斥を破ったならば,その者は5シリングの罰金を科される」(Moore 1985, p. 298).

4.1.3 ギルド組織の進化

ドイツ人商人たちと彼らの町,そして彼らが交易した外国の町との関係を統制した制度の進化と活動は,ギルドが交易の進展に貢献することに関して,最良の事例を与えるものであろう.ドイツの町は相対的に小さかったため,評判メカニズムを効果的に機能させるために必要な調整を行い,期待される行動の履行を保証するためには,さまざまな町から来た商人たちの行動を束ねる手段が必要であった.このことはドイツ・ハンザ(German Hansa)として知られる,興味深い形態のギルド組織の誕生を導いた[19].

いくつかの大規模な研究が,ハンザの豊富な歴史的記録を発掘しており(例えば Weiner 1932; Dollinger 1970; Lloyd

1991)，そのおかげで，ハンザの進化を理論分析に照らして
検証することが可能となっている．これらの研究は，紛争
が起き，交易が影響を受けた事例を重視している．純理論
的にいえば，紛争は，当事者たちの行動に関する情報が不
完全であるときの（当時は疑いなくそうであった）均衡現
象として説明することができる．しかしながら，ここで検
証される歴史的な事例においては，紛争の後に組織的，し
たがって制度的な変化がもたらされたのである．これらを
均衡の結果として定式化することは，もっともらしくない
ように思われる．むしろ，こうした事例は均衡から外れた
結果であり，その結果起きた変化は，変化する状況に適応
し，蓄積された経験に基づいた改善をもたらすものであっ
たと考えるほうがよいであろう[20]．

　海外でのドイツ人商人の活動を調整した基礎的な組織単
位——コントール——の会員資格は，歴史的な理由のため
に，特定の町での居住を条件とするものではなかった．ド
イツ外の都市に到着したドイツ人商人ならば誰でも，現地
のコントールに加入することができた．コントールは，町
との争議の際にドイツ人商人たちの反応を調整するギルド
組織と同じ機能を持っていた．しかしながら，コントール
は駐在する商人たちを罰する能力を欠いていたため，構成
員に対する制裁を履行する能力が弱かった．もしこの理論
が正しければ，ドイツのコントールと他のギルド組織との
間の相違点は，コントールをあまり効果のないものにさ
せ，そのような形態の商人組織を解体させるか，変化させ

たはずである.

　ブリュージュの都市と現地のコントロール,そしてドイツのさまざまな町との間の契約関係の歴史は,そうした進化の道筋を明確な形で示している.1252 年,ドイツ人商人のコントロールはブリュージュから幅広い貿易特権を獲得し,永続的な入植が始まった(Weiner 1932, p. 218).コントロールは町に居合わせたドイツ人商人によって選ばれた 6 人の参事によって率いられていた.そのうち 2 人の参事はライン川沿いの町から,2 人はヴェストファーレンのヴェンド系の町から,残りの 2 人はプロイセンのバルト海沿いの町から来ており,コントロールに加入したドイツ人商人の出自の範囲を反映している(de Roover 1965, p. 114; Dollinger 1970, p. 86).

　ブリュージュの外国商人に与えられた貿易特権はつねに侵害され,最終的には暴動を引き起こした.1280 年の日付のある文書は「フランドルに旅する商人たちが,ブリュージュの町においてあらゆる種類の虐待の対象となり,それから身を守ることができていないことは,不幸なことにあまりによく知れわたっている」[21].ブリュージュで活躍した他の外国商人の多くとともに,ゲルマン商人たちは1280 年に交易をアーデンブルクへ乗り換えることによって報復した.2 年にわたる交渉の後,新たな合意が結ばれ,コントロールはブリュージュに復帰した.

　禁輸は一見成功したかに見えたが,ブリュージュが彼らとの合意をあっさりと無視したために,ドイツ人商人の所

有権の保障をもたらさなかった（Dollinger 1970, pp. 48-51）.
しかし，ブリュージュは頻繁に町に出入りした他の外国商
人の権利は尊重した．ここでの分析は，そのような差別が
行われた理由に注目する．禁輸はゲルマン商人だけが課し
たのではなく，重要でよく組織されたイタリアとスペイン
の生活共同体を含む，ブリュージュのすべての外国商人に
よって行われた．この事件において，ブリュージュは，そ
のようによく組織されたグループの権利は尊重しなければ
ならないということを学んだが，ドイツ人商人の組織はそ
うではなかったことが明らかとなった．コントールは，構
成員に決定を守らせられないことを露呈してしまったので
ある．コントールは，禁輸の期間中に交易したいと考える
すべての潜在的なドイツ人商人ではなく，ブリュージュに
実際に居合わせたドイツ人商人だけを囲い込んでいたため
に，制裁の脅しは信憑性を持たなかった．結果として当分
の間，ゲルマン商人たちは粗雑な扱いを受け入れざるをえ
なかったのである．

　ドイツ人たちとの契約上の合意をブリュージュに守らせ
るためには，1307 年から 1309 年までの別の禁輸が必要で
あった．この禁輸に参加したのはドイツ人のみである．
1280 年から 1307 年の間に変化したものは，別の町から来
るドイツ人商人の反応を調整し，禁輸を履行する能力であ
る．重要な転機は 1284 年にヴァンド系ドイツ人の町がノ
ルウェーに禁輸を行ったときであった．ブレーメンから来
た商人が禁輸への協力を拒んだ後，他のドイツの町はブレ

ーメンの商人をすべてのドイツのコントロールから排除した．ドイツの町は，構成員を追放するために必要な調整を成し遂げることができたのである．ある町を追放する行為はフェアハンズンク（Verhansung）という特別な言葉で呼ばれるようになり，それはこの到達点の重要性を示している[22]．

1307年以降，行動を調整することを保証し，個別の商人や町に決定を履行させるドイツ人商人たちの能力がかなり向上したため，ブリュージュは契約義務を厳守するようになった．ブリュージュが所有権を尊重するという予想が自己実現的なものとなったのである．実際に，ブリュージュは1307年と1309年に合意された特権を遵守した．その結果としてフランドルの交易は開花し，来る50年間にわたって拡大を続けた（Dollinger 1970, p. 51）．理論分析が示すように，ひとたびドイツ・コントロールの能力が十分に発展し，行動の調整と決定事項の遵守が可能になると，契約の履行問題は解消され，交易は拡大したのである．

ブリュージュの周辺で安全を保障する費用が上がり，効率的な交易を維持するために必要な安全をブリュージュに保障させるために，ドイツの町との間で新たなレベルの協力が必要となるには，世紀の半ばを待つ必要があった．ハンザとブリュージュとの関係は1350年頃悪化した．それは主に，ゲルマン人たちがイングランドとフランスとの戦争によってフランドルで受けた損害を，ブリュージュが補償する用意がなかったことに起因している．ハンザはその

内部組織を強化することで対抗した．1356年，ドイツ・ハンザは最初の議会を開き，ブリュージュのコントールは議会の決定にしたがって活動すべきことを定めた．町と町の間の調整が必要であることを認識していたに違いないコントールは，その決定を受け入れた．傑出したハンザ史家であるDollingerは，この変化の重要性を強調している．「実態だけでなく法的にも」と彼は書いている．「一般議会を通じて活動している町は，外国の港における彼らの商人たちを従わせる権威を確立しつつあった」(Dollinger 1970, p. 63)．

　ブリュージュに対するハンザ同盟の禁輸は1358年に始まった．町あるいは個人によるいかなる違犯も，ハンザからの永久的な追放によって罰せられた．ブリュージュはカンペンのような非ハンザ同盟の都市，あるいはケルンのようなハンザ同盟内の個別の都市に対して貿易特権を与えることで，禁輸を崩そうとした．理論は，このような特権を与えることで，ブリュージュが新しいリーダーシップの効果を損なうことを期待していたことを示唆する．非ハンザ同盟の都市がブリュージュとの取引を受け入れた一方で，ケルンは協力を拒んだ．禁輸は成功し，1360年にブリュージュはハンザと折り合うことになった．今回は，都市がサービスを提供すべき状況の範囲について，双方がより完全に理解したことを反映して，特権は「一方的な解釈を防ぐために詳細にわたって」記述された[23]．

　こうしてドイツ・ハンザの制度は結実した．それは，商人と彼らの町，そして外国の都市との間のさまざまな取引

を結びつける制度的要素，つまり，ルールと予想，そして組織のシステムであった．ハンザの組織構造は，各商人と外国の都市との関係における自己実現的な予想のありかたを変化させるために必要な，ドイツ人商人と彼らの町との間での調整と履行能力を提供した．

北ヨーロッパにおける交易は，ハンザ同盟の優勢の下で，数世代にわたって繁栄した．1360年の禁輸は最後のものではなかったが，その後の交易上の争議は貿易特権の供与など，分配上の問題に集中したようである．安全保障へのコミットメントは，もはや問題ではなくなった．

ドイツの町の間で結ばれたハンザ同盟の発展と，イタリア人商人たちのいくぶん異なる組織を比較すれば，いっそう明確な理解を得ることが可能になる．イタリアの都市は確固とした内部の政治・商業的組織と交易における突出した役割を持っており，このことは，行動の調整と内部の履行問題を克服することを可能にした．イタリアの都市から来た商人が一丸となって行動することは保証されていた．それらの都市は十分に巨大であったために——交易を行った港において，どの都市も限界的なプレイヤーではなかった——都市間の協調は必要なかった[24]．対照的に，ドイツのコントロールは，さまざまなドイツの町からくる構成員に対して決定を強要する能力を欠いた局地的な組織であった．ドイツの町は小さく，ドイツ・ハンザの設立以前では，ほとんどはブリュージュのような巨大な交易中心地において，相対的に重要ではなかったのである．

興味深いことに，マグリブ人たちにとっても規模が問題
であったように，ここでもやはり規模が問題となった．マ
グリブ人たちの間では，小さすぎる結託は罰則を科す費用
を高めることでその信憑性を下げたのに対して，大きすぎ
る結託も罰則を確実にするために必要な情報の流れを妨げ
てしまった．同じように，ハンザ同盟が効果的であるため
には，ドイツ人商人たちが限界的な［微小な影響力しかも
たない］存在とならないよう十分に大きい必要があった．

　ギルド誕生のタイミングはしたがって，人口成長，およ
び都市とその内部組織の生成をもたらす過程と関連してい
た．南ヨーロッパでは，主要なイタリアの都市国家は，地
中海周辺の社会的・政治的な事件によって大きく成長し
た．各都市が十分に大きな商人ギルドとして機能し，商人
たちが限界的な存在とはならなかったために，イタリアの
交易は拡大した．したがって，彼らの所有権は保障された
のである．

　バルト海の交易も同様に，潜在的には大きな利益を生み
出すものであった．とはいえ，東方へのゲルマンの軍事的
展開によって影響されていた現地での定住パターンは，小
さな町を作りだし，したがって，外国での彼らの商人たち
の安全は保障されなかった．これらの町は，都市の拡張と
制度的進化の長い過程の後に初めて，バルト海交易の繁栄
を可能にした都市間の商人ギルド，すなわちドイツ・ハン
ザに組み込まれた．

　ギルドは交易の拡大の前提条件であったとはいえ，ヨー

ロッパにおけるギルドの誕生は，交易から得られる新たな利益によって引き起こされたものではなかった．それどころか，さまざまな地点におけるギルドの誕生は，制度的な時間を通じた変化が歴史的過程であることの本質を反映している．さまざまなギルドの組織のされ方と，その誕生のタイミング，したがって交易の拡大を決定したのは，社会的，経済的，そして政治的な過程であった．この過程を通じて，ギルドが機能するために必要な制度的要素と，その他の条件とが結実したのである．

ここでの歴史的分析は，商人ギルド組織が支配者のコミットメント問題を克服し，交易の拡大を促進した制度の中心にあったという仮説を支持している．これらの組織は（イタリアの都市国家のような）都市管理当局の一部局から，ハンザ同盟のような都市間組織まで幅広い管理形態をとったとはいえ，それらの機能は同じであった．それは，人々の行動を調整し，契約履行の保証を内部で提供することにより，コミットメント問題を乗り越えるために必要な予想を生み出すことであった．支配者と商人によってとられた行動と，彼らの規則に反映された戦略，そしてギルド組織の設立後に続いた交易の拡大はすべて，このギルド組織の重要性を確認するものである．

4.2 数学的モデル

支配者のコミットメント問題を克服するための，さまざ

まな現実的なメカニズムの潜在能力を分析することに焦点を当てるために，なるべく単純な理論モデルを提示する．ここで検討されるそれぞれのメカニズムは，特定の取引の結びつきを明示的にとらえており，それらは一定の交易水準において，コミットする能力を支配者に与えることができる．分析の焦点となるのは，交易の水準が上がり，効率的な水準に近づくにつれて，より洗練されたメカニズムが必要になるということである．

　交易が行われる環境には，都市と個別の商人という2種類のプレイヤーがいる．同質な商人が多数存在し，区間 $[0, \bar{x}]$ 上の各点が1人の商人を表すものとする．潜在的な交易中心地である都市は，もし1期当たりに都市を通過する商人の数が x ならば，その期間の交易の総価値が $f(x)$ となるような交易の技術を持っている．さらに，都市にはサービスを提供するための費用が取引される価値1単位当たり $c>0$ だけかかり，一方の商人には価値1単位当たり $k>0$ の費用がかかる．したがって，交易の純価値は $f(x)(1-c-k)$ であるとする．交易は有益である，すなわち $c+k<1$ と仮定しよう．さらに $f(\cdot)$ は非負かつ微分可能で $f(0)=0$，さらに $f(\cdot)$ はある唯一の値 $x^*>0$ において最大値をとると仮定する．この値を，**効率的な交易量**とよぶ．このモデルでは，都市は港を通る価値1単位当たりについて，$\tau \geq c$ の通行料または税を課すことによってサービスの費用を賄い，追加的な収入を得る．したがって，総税収は $\tau f(x)$ である．もし都市が契約されたサービスを

提供するならば，1期当たりの純利益は $f(x)(\tau-c)$ である．もし都市が契約を破り，ε パーセントの商人たちにはサービスを提供しなかったならば，都市は $\varepsilon c f(x)$ を節約できるため，1期当たりの利得は $f(x)(\tau-c(1-\varepsilon))$ となる[25]．保護を与えられた商人はそれぞれ，費用と通行料，そして税を差し引いた純利益 $(1-\tau-k)f(x)/x$ を得る．一方，保護を与えられなかった商人は，税を納めた上に費用 k を負担するものの，収入を得ないため，それぞれ $-(\tau+k)f(x)/x$ を得る．

　このゲームは毎期，くり返される．くり返しゲームからのプレイヤーの利得は，各期の利得を割引因子 δ で割り引いた総和である．したがって，交易量が x_t であるときの都市の利得は，

$$\sum_{t=0}^{\infty}\delta^t f(x_t)(\tau-c(1-\varepsilon_t)) \qquad (1)$$

によって与えられる．個別の商人たちの利得は，同様に各期の利得の割引された総和として決定される．

　モデルの定式化は，支配者にとって商人たちは代替的であり，それぞれの商人は相対的に「小さい」という想定を盛り込んでいる[26]．支配者が商人たちの間で差別をすることができたという歴史的観察は，支配者の戦略の定式化を通してとらえられる．シチリアに対するマグリブ人の禁輸の議論を通して，われわれは代替的な交易中心地間の競争が，ときには権利の侵害を抑制することができることをみた．けれども，一般的に，代替的な交易中心地間の競争の

問題を省略することは，適切であるように思われる．中世交易の本質は，特定の交易地にさまざまな地域から商人が商品を持ち込み，交換を行うということである．したがって，他の地域から来た商人たちの協力なくしては，ある特定の地域から来た商人たちのグループだけが，代わりとなる潜在的な交易中心地に永遠に移るという脅しには，概して信憑性がなかった．

　商人たちの利得の定式化は，商人たちが自分たちの権利が保障されると認識したときに外国で交易する可能性がもっとも高いという，歴史的観察に基づいている．支配者の利得の定式化は，支配者が権利を濫用したり，彼の臣下にそうさせたりすることで利益を得たという事実を反映している．モデルの上では，権利の濫用から得る利益は，保護のためにかかる費用の節約分に等しいとされているが，権利の侵害から得る利益が，商人たちの商品を没収することで得る利益によるものだと解釈してもよい．支配者と商人の利得は，分配の問題と効率性の問題を概念的・分析的に切り離して取り扱えるように定式化されている．この定式化は税率を所与のものとして扱い，交易によって得られる利益を配分する過程の分析には立ち入らない．合意された税率以上のいかなる商人の損失も，支配者による権利の濫用とみなされる．

　分析的には，この定式化が意味するのは，ファーストベストの状態[†]では常に，すべての期において交易の水準 x^* が達成され，また都市による裏切りがないということであ

る．ファーストベストの効用の配分にはさまざまなものがあるが，それらは，異なる税率 τ を設定することで達成される．ファーストベストが上記のようになるということは，数学的にいうと，支配者が保護を与えることを怠ったときには，いくらかの価値が失われるという仮定によるものである．これは，保護を怠ることが商品の破壊と価値の損失をもたらすという，先に説明したような出来事と整合的である．商人たちが支配者に支払おうと思っているもの，すなわち，所得移転に関するすべての問題はどのようなものであれ，ここでは税の一部として定式化されている．

ゲーム1　情報的に孤立した商人：二者間の評判メカニズム

　最初のモデルは，商人が1人，または，社会的，もしくは経済的な組織を持たない小さなグループで旅する状況を描写する．商人たちは，都市が他の商人たちをどのように処遇したかを知らない．それぞれの支配者–商人取引の間の異時点間の結びつきだけが考慮される．このモデルは，現実を完全に描写するものとしてはたしかに極端ではあるが，商人が都市と個別に交渉せざるをえない一方で，将来の取引を過去の行動に条件づけることが可能な場合，どのような困難に直面するかを明らかにするものである．

　このゲームにおいて，商人は，彼自身の決定と，彼に対するこれまでの都市の処遇の履歴しか知らない状況で，商品を都市に運ぶかどうかを各期，決定しなければならな

い．商人にとっての戦略は，この履歴に従って，その期に商品を交易のために差し出すか否かという決定を定める一連の関数からなる．同様に，都市はさまざまな条件の下で，どの商人の所有権を侵害するかを決定する．都市にとっての戦略は，今期どの（可測な）部分集合に属する商人の権利を侵害するかを，今期に交易にやって来た人の顔ぶれと，ゲームの完全な履歴に応じて指定する，一連の関数からなる．

評判の経済学かくり返しゲームの理論に精通している読者は，都市と個別商人との間でくり返される相互作用が，都市が誠実にふるまうことを履行するような評判を生み出す可能性を作り出すことに気づくであろう．そのアイデアは，一度権利を侵害された商人は都市を再訪することを拒否し，都市の利益を減らすかもしれないということである．この脅しの有効性は交易の頻度と，都市における個別商人がもたらす交易の1期当たりの価値の両方に依存する．もし交易の頻度が十分に高く，交易の量が十分に少ないために，都市にとって，任意の個別商人と行うくり返しの取引から得られる価値も高いのであれば，単純な評判メカニズムが，都市に個別の権利を保護するインセンティブをうまく与える可能性がある．しかしながら，分析の中では，交易量が効率的な水準まで増えるとき，くり返しの取引から得られる価値はゼロに落ち込むため，くり返しゲームにおけるフォーク定理の通常の結論は，効率的な交易量の水準では当てはまらない．

命題 4.1 c, τ, k, δ の水準にかかわらず，ゲーム1のいかなるナッシュ均衡も効率的な水準 $(x_t \equiv x^*)$ で誠実な交易 $(\varepsilon_t \equiv 0)$ を維持することはできない．

証明 そのような均衡があると仮定して，都市が均衡戦略から逸脱し，最初の期にいる商人たちの一部 ε を裏切るときの利得を考える．最初の期の都市の利得は $f(x^*)(\tau - c[1-\varepsilon])$ である．それに続く期では，情報に関するモデルの仮定により，たかだか ε の商人の行動しか影響を受けない．結果的に，少なくとも $1-\varepsilon$ の商人が将来の各期に都市を訪れ，都市が彼らを誠実に処遇するときの現在価値は少なくとも $\gamma(\tau-c)f(x(1-\varepsilon))$ である（便宜上 $\gamma = \delta/(1-\delta)$ と定義する）．したがって，最初の期に ε の割合の商人を裏切り，それ以後は与えられた均衡に従うときの都市の総利得は少なくとも

$$f(x)(\tau - c(1-\varepsilon)) + \gamma(\tau - c)f(x(1-\varepsilon)) \quad (2)$$

である．この式は $\varepsilon = 0$ のときに，与えられた均衡を遵守するときの実際の利得と完全に一致する．(2) 式を $\varepsilon = 0$ と $x = x^*$ において ε で微分すると，$f'(x^*) = 0$ であるために

$$cf(x^*) - \gamma(\tau - c)x^* f'(x^*) = cf(x^*) > 0 \quad (3)$$

を得る．これは都市が逸脱によって利益を得ることを意味し，つまり，はじめに仮定された行動はナッシュ均衡では

ないことが証明された. (証明終)

権利を侵害された者たちによる制裁のみに基づいた，い
かなるメカニズムも，効率的な水準 x^* において誠実な交
易を維持することはできない．なぜならば，その水準で交
易が行われるとき，限界的な商人がもたらす純利得は，都
市にとってゼロだからである．少数の限界的な商人を裏切
ることで，都市は将来の利得を失うことなく，現在の期に
費用を節約することができる．商人による報復に関する支
配者の予想が，交易の効率的な水準において，権利を尊重
することを保証することを可能にする制度は存在しない．
交易の効率的な水準において，支配者が権利を尊重すると
いう予想は，自己実現的ではない．その水準を維持するた
めには，商人たちの間に何らかの集団行動が必要であ
る[27]．そして，集合行動を実行するためには，追加的な取
引の結びつきが必要となる．

命題がナッシュ均衡を用いているのは，それが否定的な
結果を表すからである．ナッシュ均衡という，もっとも条
件の緩い非協力ゲームの均衡概念を用いたとしても，交易
の効率的な水準を維持することはできないのである．肯定
的な結果に対しては，より強く，より説得的な均衡概念が
使われる．

ゲーム2　情報的に孤立した商人たちの小グループ：未調整の多者間の評判メカニズム

　中世において，情報は現代の基準からすればゆっくりではあるにせよ，たしかに伝わっていた．もしある商人の権利が侵害されたならば，情報を流布する組織がまったく存在しなかったとしても，彼の仲間はおそらくそれを知ることができたであろう．こうした商人たちの情報伝達のインフォーマルな結びつきを反映した，狭い範囲の，未調整な情報の流布は，交易の効率的な水準において，商人の権利を侵さないよう支配者が保証することを可能にできるのだろうか？

　都市がある商人のグループを裏切ったという事件が，常により大きな商人たちのグループに知られることになるとしよう．形式的にいえば，商人たちの集合 T が裏切られたとき，事件について知ることができる商人の集合 $\hat{T} \supset T$ が存在する．裏切られた商人の数が $\mu(T)$ のとき，それについて知ることができる商人の数 $\mu(\hat{T})$ が $K\mu(T)$ を超えないという定数 $K(1 \leq K < \infty)$ が存在すると仮定する．つまり，わずかな商人しか裏切られなかったときには，比例的に少ない商人しか事件が起きたことを知ることができない．各商人は，彼自身の行動の履歴と都市との関係，および他の構成員に対する都市の行動について，彼が知っている情報に基づいて，交易を行うかどうか決断する．すると，都市の裏切りは，裏切られたグループよりも何倍も大きなグループによる交易の引き揚げを招く恐れがある．も

しこのようなことが実現したとしても，それは交易の効率的な水準を維持するためには十分ではない.

命題 4.2 c, τ, k, δ のレベルにかかわらず，ゲーム 2 のいかなるナッシュ均衡も効率的なレベル ($x_t \equiv x^*$) で誠実な交易 ($\varepsilon_t \equiv 0$) を維持することはできない.

証明は，将来交易を引き揚げる商人の数の上限が K 倍になる以外は，基本的には最初の命題のそれと同じである．(3) 式は

$$cf(x^*) - \gamma K(\tau - c)x^* f'(x^*) = cf(x^*) > 0$$

で置き換えられる.

比例的に少数の商人にしか気づかれないような，わずかな商人に対する違犯は，事件を直接知ることができる商人たちの報復の脅しによって阻止されないのである.

商人たちが直面した実際の状況は，ゲーム 1 やゲーム 2 でモデル化された状況よりは，はるかに複雑であった．モデルに欠けている重要な要素の 1 つは，インフォーマルな口コミである．ゲーム 2 は，都市が商人を裏切った場合には，いくらかの商人たちはそれを知ることを認めているとはいえ，そのモデルでは，商人は現在他に誰が交易を行っているかをいっさい知らないと仮定している．この仮定は，ある商人が裏切られたことを，彼が交易に来なかったことから類推することによって，商人たちがゲームの中で

内生的にコミュニケーションをとることを排除する工夫である。理論的には，この種のコミュニケーションは重要である（Kandori 1992）。口コミやこの類の類推は共に実際には行われるが，モデルはこれらが契約遵守の履行にあたってそれほど重要ではないと仮定することで，これらを考慮の外に置いている。インフォーマルなコミュニケーションと間接的な類推が効果的な情報を提供する限りにおいては，組織されたコミュニケーションと行動の調整の必要性は薄れることになる。

ゲーム3　調整能力を持ったギルド組織

われわれは，小さなグループによって適用される制裁だけでは，都市と商人たちは交易の効率的な水準を維持できないことをみてきた。商人たちと都市との関係を管理した組織の存在に関する歴史的な証拠から考えると，これらが交易の拡大に貢献したかどうかを検証することは自然である。もしこれらの組織が，ここで推測するようにすべての商人たちの間に情報の共有を結びつけたとすれば，それは交易の効率的な水準を維持することができたのだろうか？そうした組織は，交易の効率的な水準において，いかなる権利も侵害されないという自己実現的な予想を形成することができたのだろうか？

ギルドのようなフォーマルな組織を，インフォーマルな行動規範と区別するうえで重要な特徴は，ギルドの構成員を代表して決断を下す，ギルドの参事のような特化した役

割（役職）が設けられたことである．ギルド組織がどのように参事を選ぶかを予測し，そのような商人たちが持つ可能性のある私的な利益を特定し，そしてギルド組織がどのようにして参事に関する使用者 – 代理人間の問題（principal-agent problem）を管理するかをモデル化することは，詳細な分析に値する複雑な問題である．このような方法でモデル化することは，ギルド組織が1つの制度的要素であると同時に，それ自体が1つの制度であるとして，明示的な検討を行うことを意味する．しかしながら，そのような問題をここでモデルに含めることは，主要な論点をわかりにくくするだけである．このため，これらの問題は将来の研究のために脇に置き，ギルド組織を単なる自動機械のようなものとしてモデル化する．異なる取引の結びつきを検討し，したがって情報と能力をギルドに割り当てることで，交易の拡大に対するギルドの貢献を評価することが可能になるのである．

この小節は，コミュニケーションと調整を行う**組織**としてのギルドの役割を検証する．もし都市が商人たちの集合 T を裏切ったときに，ギルドがそれを確率 $\alpha(T) \geq \mu(T)$ でかぎつけて禁輸を宣言すると仮定しよう．この定式化は，より多くの商人が裏切られたならば，ギルド組織はより高い確率でそれに気づくことを意味している．しかしそれはギルド組織が，ゲーム2で検証した未調整の評判メカニズムの下で商人たちに利用可能であった情報よりも多くを知っていることを意味するものではない．この仮定はた

だ，もしギルドが裏切りをかぎつけたならば，それをすべ
ての商人に伝えるといっているに過ぎない．

　このゲームでは，ギルド組織は機械的に，かつそれを強
制する手段を持たずに禁輸を宣言する．商人たちは各期に
ギルドの宣言を知るが，彼らはそれに従うことを強要され
てはいない．禁輸の宣言は単に，商人たちと都市に利用可
能な情報の一部となるに過ぎない．その他の点について
は，このゲームはゲーム1と同じである．ギルド組織が履
行能力を欠くにもかかわらず，情報のあり方が少し変わっ
ただけで，均衡の集合は変化する．

命題4.3　$\tau + k \leq 1$ が成り立ち，さらに

$$c \leq \gamma(\tau - c) \tag{4}$$

と仮定する．すると次の均衡がゲーム3のマルコフ完全均
衡を形成する．都市はギルド組織のリーダーによって禁輸
を宣言されない限り裏切らず，禁輸を宣言された後は交易
を行おうとするすべての商人を裏切る．商人たちは禁輸を
宣言されていないとき，またそのときに限り，交易を行
う[28]．

　正式な証明を行うには，この戦略が均衡であることを直
接確認すればよい．条件 (4) は，都市が商人を裏切ること
で得る利益が $cf(x^*)$ に比例し，各商人から得る将来利得
の平均 $\gamma(\tau - c)f(x^*)$ よりも少ないことを意味している．

グループによる履行の下では，限界的な利得ではなく平均的な交易の利得が都市の動機づけ（インセンティブ）を決定するのである．これが，交易の効率的な水準にあっても，グループ制裁が効果を持ち続ける理由である．

この均衡分析で取り上げられた制度において都市の行動を動機づけているのは，権利の侵害が禁輸を引き起こし，一方で禁輸を宣言された後に権利を尊重しても，交易の回復をもたらすことはないという予想である．自分たちの権利が尊重されるという期待は，商人たちに交易を行うことを動機づけ，権利が侵害されるという期待は禁輸の宣言の後に交易を行わないことを動機づける．これらの予想は一般的に知られているため，双方が相手の期待される行動を所与として受け取り，各商人と都市は期待されたように行動することが最適であると考える．

均衡戦略は，禁輸の期間中に交易しようとするすべての商人を都市は裏切るという，直感に合わない要素を含む．都市がこのように行動するという商人たちの一致した予想が，彼らに禁輸を遵守させる．しかし，なぜ都市は禁輸の期間中にやってきた商人を裏切るかわりに，歓迎しないのだろうか？　マルコフ完全均衡では，都市は一度禁輸を宣言されたならば，それが自身の利益にかなうときだけ，禁輸違反者の商人を裏切ると期待される．ここでの戦略を所与とすると，もし y 人の商人が禁輸を破り商品を持ってきたとき，都市が誠実に行動するならば，今期の利得 $(\tau-c)$ $f(y)$ で，それ以降の利得はゼロとなる．もし都市が裏切

るならば，今期の利得は $\tau f(y)$，それ以降の利得はゼロとなる．したがって，裏切りが最適な戦略となるのである．

命題4.3で記述された戦略は，均衡を構成するとはいえ，それが伴う期待と行動はもっともらしくないようにみえる．例えば，均衡は，都市がどれほど交易関係を回復したくてたまらなかったとしても，ひとたび禁輸が宣言されたならば，交易する商人を裏切ることを要求する．さらに商人たちもそのような行動を期待する．均衡の論理でいえば，都市は自身が何をしようと次の期には禁輸が完全に実施されると予想し，どのような協力を提案しても無駄に終わると見込むために，このような行動をとるのである．

この均衡行動は歴史的事実とあまり適合しておらず，さらにそれは理論的に見ても疑わしい．都市と潜在的な禁輸違反者の商人たちが，彼らにとって可能な限り低い利得をもたらすような均衡をプレイすると仮定されているからである．研究者たち——とりわけ Farrell and Maskin（1989），Bernheim and Ray（1989），および Pearce（1987）——は他のくり返しゲームのモデルに対して同じような批判を投げかけた．

これらの研究者たちが提案した代替的な均衡概念は，どれもここで提示したモデルに直接適用できないが，彼らはみな，禁輸を宣言されたとしても，商人たちと都市との間で何らかの協調が達成されると想定することの方が理にかなっていることを示唆している．例として，禁輸期間中でさえも，互いに利益を上げられる**二者間**の合意が都市と個

別商人との間で得られる可能性を考えよう．これとは別の
やり方で協調することも，定性的には同様の結論を導くこ
とは，議論の道筋から見て明らかであろう．

　一部の商人たちが禁輸中にもかかわらず都市と交易する
ことに合意した場合，彼らの要求を都市に守らせるため
に，グループによる禁輸の脅しを使うことはできないと仮
定しよう．そうすると，いったい何が禁輸中の都市に，誠
実な行動を履行させることができるのだろうか？　裏切ら
れた商人は，例えば将来の交易を引き揚げることで都市を
脅すことができる．命題4.1は，交易の効率的な水準 x^*
はそのような均衡では維持できないことを証明したが，非
効率的な低い交易水準であれば維持できる可能性は残って
いる．したがって，このような方法で維持できる最大の交
易レベル x' はどのようなものかを問うことは，自然であ
る．

命題4.4　$f(\cdot)$ は凹関数であると仮定する．都市は各期，
都市が一度も裏切ったことがない商人とだけ協力し，また
商人も各期，都市に一度も裏切られたことがないとき，そ
してそのときに限り交易を行うという戦略を考える．これ
らの戦略は，交易量が x で，税が τ，かつすべての $y \leq x$ に
ついて

$$0 \geq cf(y) - \gamma(\tau - c)yf'(y) \tag{5}$$

であるとき，かつそのときに限り，ゲーム1の部分ゲーム

完全均衡を構成する．十分条件は，$0 \geq cf(x) - \gamma(\tau-c)$ $xf'(x)$ かつ弾力性 $e(x) = d\ln f(x)/d\ln(x)$ が x の減少関数であることである．

証明 商人たちの戦略は明らかに，ゲームの歴史のどの時点をとっても，都市の戦略に対する最適反応であり，したがって，都市の戦略の最適性のみが立証を要する．x 人の商人から始まり，$x-y$ 人の商人が抜け，$y \leq x$ 人が残る部分ゲームを考える．都市は現在残っている y 人の商人のうち ε の割合を裏切ることで，$g(\varepsilon;y) = (\tau - [1-\varepsilon]c)f(y) + \gamma f(y[1-\varepsilon])(\tau-c)$ の利得を得る．$\varepsilon=0$ が最適となる必要条件は，$\varepsilon=0$ において $\partial g(\varepsilon;y)/\partial \varepsilon \leq 0$ であることである．簡単な計算により，これは条件 (5) と同じであることを示すことができる．したがって，後者の条件はすべての y について必要である．

動的計画法の最適性原理より，他のプレイヤーの戦略を所与としたとき，どんな部分ゲームにおいても，都市が最初の時点で $\varepsilon > 0$ を選び，それ以降は均衡戦略に従うことで厳密に利益を挙げることができないことを示せば十分である．もし $f(\cdot)$ が凸関数ならば，すべての y について，$g(\varepsilon;y)$ は ε について凸であり，したがって十分条件はすべての y について，$\varepsilon=0$ において $\partial g(\varepsilon;y)/\partial \varepsilon \leq 0$ であることであり，これは条件 (5) と同じであることから，十分性が証明された．

弾力性は，$e(x) = xf'(x)/f(x)$ と書きかえることがで

きる．条件 (5) は，すべての $y \leq x$ について $e(y) \geq c/[\gamma(\tau$
$-c)]$ であることであり，それは $e(x) \geq c/[\gamma(\tau-c)]$ と
$e(\cdot)$ が減少関数であるという仮定から導かれる．

（証明終）

条件 (5) の最大解を x' と置こう．命題4.4で表された
均衡は，禁輸の期間中に観察される交易量 x' について興
味深い解釈を示唆し，それは，なぜ一部の商人たちが交易
を続け，他の者は続けなかったのかを説明する．理論によ
れば，x' を超える人数の商人がやってくると，彼らは都市
によって裏切られ，その損失に対して報復を加えることが
できないのである．あるいは，もし禁輸期間中の $x < x^*$
の交易量がモデル外の要因（例えば，既存の同盟や他の利
益）によって決まっているとすれば，条件 (5) は x が小さ
いほど裏切りを防ぐ最低の税率も低くなることを示唆して
いる．このことは，x が小さいほど商人1人当たりの交易
価値 $(f(x)/x)$ が高く，x が小さいほど裏切りを防ぐため
に必要な最低税率が低いという両方の理由によって，禁輸
違反者の商人たちが，通常では考えられない魅力的な取引
を交渉できるという直感を確認する．

命題4.4は，構成員に禁輸を強要できるような強いギル
ド組織なしには，都市の収入を $f(x')$ より下げることを確
実に脅すことができないことを含意している．この脅しは
γ, τ そして c といった定数の値しだいで，誠実な交易を維
持するために十分であることもあれば，そうでないことも

ある. つまり, 不完全な禁輸は, 都市が合意に違犯することを防ぐために十分であることもあれば, そうでないこともあるのである. もしこのような種類の禁輸が十分でないならば, ギルド組織を強化し, より強力な脅しを可能にすることで, 相互に利益を上げることができるかもしれない. どのような潜在的な禁輸の力も, $f(x')$ と $f(x^*)$ だけでなく, 都市が得る純利益率 $\tau - c$ にも依存する. 税や通行料が高いほど, 都市は禁輸によって多くを失うため, 誠実に行動するインセンティブは強い. 拡張したモデルを用いると, 強いギルド組織は, 低い税や通行料を求めつつ, 依然として都市の誠実な行動を促し, 交易量の増加による追加的な利益をもたらすということを示すことができる.

　人々の行動を調整し, 期待される行動の履行を保証する能力を持つギルドは, 交易の拡大を生み出すために中心的な役割を果たすものと考えられる. それはすべての支配者-商人取引と, それぞれの取引における支配者の行動との間に取引間の結びつきを形成する. また, ギルドを生み出したのは, そのような取引の結びつきであった. ギルドは, 商人たちの情報共有と強制力を伴う (ときには同時に経済的な) 取引を, 支配者-商人取引に結びつける. 経済的・強制的取引をさらに取引の結びつきに加えることで, 結果として生じる制度はゲーム3で描写された制度の欠点を緩和する. ギルドの力は, 裏切りの後にすべての商人たちによる禁輸が続くという予想の信憑性を高めることを可能にするのである.

ゲーム4　調整と履行の能力をもつギルド

　最後に紹介するモデルは，ギルドがそれぞれの商人に命令に従わせる能力を持っているというゲームである．数学的なモデルにおいて，構成員である商人に対してギルドが持つ強制力は，禁輸中の交易を防止することだけに使われるので，このケースの数学的な分析は提示しない．結果的に，結論は命題4.3と同じとなるが，商人たちが禁輸を守るのは個人的な利益にかなうと期待するからではなく，そのようにすることを強制されているためである．

4.3　結語

　経済学のすべてのモデルと同じように，ここで提示されたモデルは定型化されており，特定の問題を際立たせるために，あまり重要ではない詳細を省略している．このモデルによって，特定の取引の結びつきが重要であり，それらが一定のやり方で外国の商人たちの所有権を保障する働きをしたという，歴史的に導出された推測をうまく表現することができる．支配者が税収の見返りとして保護を与えるという，支配者と商人との間の中心的な取引は，別の取引，すなわち商人たち自身の情報共有と強制力を伴う取引，および支配者とすべての商人との間の取引に結びつけられていた．商人ギルド組織の中に現れ，商人ギルド組織によって作られたこれらの結びつきは，中心的な取引における自己実現的な予想のあり方を変化させた．それは，権利を尊

重するという支配者の確約（コミットメント）の信憑性を，交易が拡大したときに高める働きをしたのである．

　いくつかの相互に関連する社会的な要因，すなわち，ルール・予想，そして組織が商人ギルド制度を構成した．これらの制度的要素が一体となって，行動の特定の規則性，すなわち納税と所有権の尊重を可能にし，それに指針をあたえ，またそれを動機づけた．ルールは必要となる認知・調整・情報を提供することにより，関連する取引における行動を可能にし，指針を与えた．それらは商人たちと支配者に行動のミクロ的基礎づけを与えることで，十分な情報に基づいた決定を下すことを可能にした．ルールは例えば，状況の構造を決定し，誰がギルドの構成員であり，誰が正当な徴税者であり，どのような行動が権利の侵害とみなされ，権利の侵害に対してどのように告訴するかを明確にした．それはさらに，誰が禁輸を宣言する権限を持ち，その期間に商人たちに何が期待され，それを遵守することを怠ったときの結果がどのようなものであるかを定義した．

　商人たちは，予想によってこれらのルールによる行動的な指示に従うよう動機づけられていた．商人たちは税を納め，支配者は所有権を尊重するということが，内面化された，行動に関する予想として広く行きわたっているということは，周知の事実であった．商人ギルド組織はルールを作り，広め，それに付属する予想を永続化させ，さらに交易を維持する予想が自己実現的であるような状況の範囲を

広げた．これらの組織は行動を立証し，情報を広め，調整を行い，信憑性のあるやり方で禁輸を破る者を制裁すると脅すことで，自己実現的な予想の範囲を広げたのである．

商人ギルド組織を，地方の支配者による独占のための道具とみなす理論とは異なり，ここで提示された理論は，支配者が，明確な権利と効果的な組織を持つ外国商人による商人ギルド組織の設立を奨励することを予想する．もしギルド組織の唯一の目的が，一定の大きさに固定された交易の利益の一部を支配者から商人たちへ移転することであれば，そうした奨励が生ずることはない．唯一の例外は，商人が支配者に対して十分な強制力を持っており，余剰を商人に有利な形で分け与えるよう支配者に仕向けた結果，そのような奨励が起こるときだけである．歴史的な証拠によると，商人たちが禁輸の脅しによって支配者を収奪することができず，しかも商人たちに与えられた特権が余剰の移転とは無関係であったときでさえ，支配者は，商人たちに組織を作り，法廷と集会を持ち，自分たちの評議会を選び，商人たちが裁判にかけられたときには陪審を行うことを含めて，さまざまな権利を与えていた[29]．

ギルドをカルテルとみる理論によると，ギルドは相対価格をつり上げるために，商品の交易量を減らすことを目的に形成される．これに対してわれわれの分析は，こうしたギルド組織の権利の確立が交易を拡大させることを予測する．少なくとも中世後期の期間においては，歴史的な証拠はこの予測と整合的である．価格を支配する権利を交渉す

ることを含めて，商人ギルド組織が多くの方法で商人たち
の利益を追求したと考えられるとはいえ，これらの利益追
求（レントシーキング）活動はここで確認されたパターン
を説明することはできない．

　数百年が過ぎ，交易が政治的統合に弾みをつけるにつれ
て，より大きな政治的単位が誕生し，それらが商人ギルド
が担った機能を引き受けるようになった．支配者間の政治
的，商業的，そして軍事的関係は，すべての支配者がかれ
らの領土に出入りする外国の商人たちの安全を保障するこ
とにコミットすることを可能にした．イングランドのマー
チャント・ステイプラーズ（Merchants of the Staple）とマ
ーチャント・アドベンチャラーズ（Merchants Adventur-
ers）にハンザ同盟との取引における安全を確保するため
に禁輸の合意をとりつけ，それを執行したのがイングラン
ド王であったことが，この例証となる．国家が発展するに
つれて，商人たちの権利を保障する商人ギルド制度の必要
性は小さくなっていった[30]．

　しかしながら，商人ギルド組織は消滅したわけではなか
った．そのいくつかは，徴税のための手段となり，交易の
進展を阻害した．他のものはその政治力を強固にし，自身
の構成員の権利を保障した後，競合者の権利を制限するよ
うになった．例えば，ドイツ・ハンザの設立が北ヨーロッ
パ交易の繁栄をもたらしたとはいえ，ひとたびそれが組織
された後のハンザの関心事は，効率性ではなく収益性であ
った．ハンザは貿易特権と優位性を維持するため，たゆま

ぬ努力をした結果，他の商人グループの相対的な効率性を考慮することなく，それらを潰すことになった（Greif 1992）．このようにして，中世後期に交易を促進した商人ギルドは，前近代には交易の拡大を阻害する，独占的な組織へと変貌を遂げたのである．

この章では，特定の時と場所における商人ギルド制度の役割のみに焦点を当てるものであるが，そこに当てはまる原理は，他の時と場所における組織の誕生を説明するために役立つかもしれない．ここでの分析は，なぜ力の強い側が，力の弱い側に対抗力を持たせるような団体をあえて作らせるのかを説明する．それは，相互に有益な取り決めに自分自身が従うことの保証を可能にするためである．この説明は他の問題にもたしかにあてはまると思われる．例えば，フランスの王たちは，彼らの借り入れの安全性を高め，それによって彼らの借り入れ能力を強化するための複雑なシステムを発展させた[31]．このシステムの特徴は，貸付金を集約し，借り主が協調することを助ける役人の組織を設け，王室の命令の適法性に議会がお墨つきを与えることにあった．このことが示唆するのは，王たちの目的が，自らの財政上の約束を遵守させるような，集団的行動をとる能力を持つ組織を作ることにあったということである．

ここでの分析はさらに，所有権の保護を私的財として検討する必要性を浮かび上がらせる．少なくともホッブズ以来，研究者たちは所有権の保護は公共財であり，全員に提供されるか，あるいはまったく提供されないかのどちらか

であると考えてきた。しかし、商人ギルドの事例に見られるように、それはしばしば私的財としての性質を持ちうるし、また実際そうであった（Greif et al. 1994）。現代の経済でも、法の支配がない場合には、政治的権力を持つ者はしばしばある特定の者に保護を与え他の者は保護しない。保護を得るのは、経済活動や政治的な支持を通して保護の見返りを提供することができる者である（Haber, Razo, and Maurer 2003）。

　より一般的にいえば、この章が明らかにするのは次のことである。すなわち、誰の所有権を保護することが、経済の繁栄にとって重要なのかを理解するためには、その経済の特殊性についての知識が必要であるということである。そのような保護が与えられるかどうか、保護はどのように、なぜ与えられるのかを理解するためには、政治経済学で定説となっている考え方——保護を与えるのは権力分立や憲法であるとする考え——を超えることが必要である。本章は、強権を発動できる組織のもとで、所有権がどの程度保障されるか、またどのように保障されるかということを解明するためには、経済的、政治的、社会的、そして軍事的に対抗する諸勢力に注意を払う必要があることを明らかにしている（Greif 2004b）。

第4章註

1) 第3章, 第9章と異なり, この章では商人と貿易商という用語を互換的に用いる.

2) この商人ギルド組織の定義は, それらの機能に基づいており, 商人ギルドと通常呼ばれるものよりも広い商人組織に適用される. ここでの議論は, 経済学者が特定の都市における手工業の独占化と関連づけてきた手工業ギルドは対象としていない. 手工業ギルドについての最近の経済学的な分析については, Gustafsson (1987); Hickson and Thompson (1991); S. A. Epstein (1991); S. R. Epstein (1998); Richardson (2002) を参照.

3) de Roover (1965, p. 111) は, ギルドの役割は「もちろん, 外国で集団的な保護を提供し, もし可能ならば貿易特権を獲得し, さらにすでに実効下にある貿易特権が厳守されるよう監視することであった」と主張している. 彼はギルドがどのようにして保護を提供し, 支配者が圧倒的な軍事力を持つ現地において, 支配者に権利を遵守させることができたのかを説明していない.

4) 英国歴史資料, 3 : 420. 保護されない外国の商人たちがイングランドに来ないであろうことについての認識は, 1303年の商人法 (カルタ・メルカトリア) (同上, 3 : 515を参照) にも表れている.

5) Curia Regis, 121, m. 6, Salzman (1928) に公刊.

6) ここで描写されるすべての事例において, 支配者は比較的に高い権利の保護能力を持っていたにもかかわらず, 権利侵害が起きている.

7) その他の例については Kedar (1976, pp. 26 ff.); Lane (1973, p. 34); de Roover (1963, p. 61) を参照.

8) Parker (1990, p. 9) が言及しているように, 「11世紀に始まった西ヨーロッパにおける石造りの城郭が広まった後……防衛と攻撃との間の軍事的なバランスは, 明らかに前者が優勢となった」. この状況が変わるには, 15世紀の「軍事革命」を待たねばならなかった. しかし, 軍事的制裁は地中海で, 特に商業団体の間で, ときとして行われた.

9) DK 22, a, 29-31行目, b, 3-5行目; Gil (1983a, pp. 97-106); TS 10J 12, f. 26, a, 18-20行目; Michael (1965, 2 : 85).

10) より正確には, 均衡はマルコフ完全均衡である. ここで行われているような複雑な環境を分析するには, 「マルコフ」戦略 (あるいは「状態空間」戦略) による, より小さい均衡のクラスに関心を集中させることが有効である. そうした戦略においては, 過去が現在の環境に直接与えた影響を集

約した状態変数を通してしか，過去は現在の行動に対して影響を与えない．したがって，先に述べた均衡において，プレイヤーたちは「禁輸」という状態に行動を条件づける．すべてのマルコフ完全均衡はまた，部分ゲーム完全均衡でもある（マルコフ完全均衡については Fudenberg and Tirole 1991, pp. 501-2 を，部分ゲーム完全均衡については付録 A を参照）．

11) 例えば de Roover（1965, 1948, p. 13）；Dollinger（1970）を参照．

12) Krueger（1933, pp. 379-480）；Krueger（1932, pp. 81-2）．協定は，ジェノヴァと北アフリカの支配者とが政治的な同盟関係にあったために自己実現的だった．

13) これは，ギルドが海外で常に所有権の保障を確保できたと主張するものではない．逆に，ギルドは，しばしば他の目的——例えば課税や都市の統治，商業の組織など——のために設立された．第 7 章で強調されるように，1 つの制度の文脈の中で設立・誕生した組織が，新しい制度にいたる過程の初期条件を提供し，しばしば新しい制度に統合されることがある．

14) ギルドの構成員はギルドの居住区に滞在する間，共に旅し，生活し，商品を保管し，互いの商品の品質を検査し，売り上げに立ち会うことが求められた（例えば Moore 1985, pp. 63 ff. を参照）．de Roover（1948）が記すように，「（ブリュージュにおけるイタリア人の）執行官組織の主な目的は……情報の交換を促進することであった」（p. 20）．

15) さらに，ノブゴロドに関する Dollinger（1970, p. 48）の記述も参照．禁輸違反者への制裁は死と密輸された商品の没収であった．

16) ギルド組織の排他的な商業権は，独占権と混同されるべきではない．考察の対象となっている期間を通して，組織への参入は認められていた．ドイツのコントールは，交易のために外国へ旅した商人によって設立されていた．イングランドでは，その町に住んでいない個人でさえもがギルドの構成員になることができ，その構成員は参入費を払う必要があった（例えば Dollinger 1970, Gross 1890 を参照）．このようなシステムは，参入費用を課し，その後にレントを与えることで，商人に対してギルドが後援する禁輸への支持も含めて，ギルドのルールに忠実であるよう動機づける．後で示されるように，これは参入制約がないときに比べてより大きい交易量を可能にする．

17) これは，このことがレントの主要な役割であったと主張するものではない．ここでの分析は，1 つの行政区域の中でなく，複数の行政区域の間での交易の拡大に対する商人ギルドの役割を検討するものである．

18) これはしかし，この機能が必ずしもその地域における独占力の主要な理由であったと論じるものではない．こうした権利はしばしば課税上の理由のために与えられた．

19) ハンザは通常はギルドとは称されていない．ここで私がそれをギルドと呼ぶのは，組織の公式な名称よりはその機能に焦点を絞った議論をしているからである．私はハンザが，効率性に関する特性のみによって誕生したと主張しているわけではない．

20) 第7章ではこのような変化を「制度の改良（refinement）」と呼ぶ．

21) Urkundenbuch der Stadt Lübeck, I, no. 156, p. 371, Dollinger (1970, p. 383) によって翻訳．

22) Dollinger (1970, p. 49)；Weiner (1932, p. 219)．

23) Dollinger (1970, pp. 63-6) および Weiner (1932, p. 220) を参照．

24) Bairoch, Batou, and Chèvre (1988) は，イタリアとドイツの都市の相対的な大きさについての情報を記載している．イタリアでは，小さい都市が大きい都市に「加入する」ような，いくつかの都市間の協力が行われた．

25) この定式化は，支配者が権利を直接侵害するか，または費用をかけて商人を保護することを怠るという，いずれかの方法によって得られる支配者の利益をとらえている．

26) 各商人は，モデルの中で限界的な存在であるとみなすことができるという意味で小さい．

† プレイヤーに適切な動機を与えるためのコストを除外して計算した，物理的に可能な最善の状態．

27) この結果は，費用の定式化が特別な形をしていることによるものではない．もし都市が負担する費用が，商人1人当たりに対して（比例的な費用に加えて）いくらかの固定費用を含んでいたとすれば，[都市は，限界的な商人を裏切ることによって] 商人の数を減らすより強い誘惑に駆られることになる．なぜならば，都市は結果的な総利得の減少のうちという一部しか負担しないのに対して，サービス費用のすべてを削減できるからである．価値に比例した費用を採用したことで，都市のインセンティブに関する歪みは最小化されているのである．それでもなお，二者間の評判メカニズムしか機能していないときには，個別の商人たちを犠牲にしてサービスを打ち切ることで，短期利得を追求する誘惑が都市に残るのである．

28) これは，次のような特別な性質を持った，このゲームのナッシュ均衡である．すべての期のプレイヤーたちの戦略は，禁輸が宣言されたかどうか

だけに依存し，かつ他のプレイヤーたちの均衡戦略を所与としたときに，各期の各プレイヤーの戦略はそれ以降の彼の利得を最大化するものである．

29) さらに Carus-Wilson (1967, p. xviii) および英国歴史資料，3：515-16 を参照．ブリュージュでは，ギルドの役割が特権を得ることではなく，権利を保障することであったことが，すべての国に対して同じ権利を与えるという都市の方針によって示唆されている（de Roover 1948, p. 15 を参照）．

30) その後のハンザとイングランドとの関係については Colvin (1971) および Postan (1973) を参照．

31) 詳細は Root (1989) と P. Hoffman (1990) を参照．

第5章
内生的な制度とゲーム理論分析

Endogenous Institutions and Game-Theoretic Analysis

　第3章と第4章が明らかにしたことは，ゲーム理論は主として，制度化された予想となりうるものの範囲を確定すること，内生的な制度の分析を可能にすることである．デュルケームは，制度化された予想の重要性を認識し，制度は「集団によって制定されたすべての予想と行動様式」であると論じた（Durkheim 1950 [1895], p. 45）．しかし，デュルケームとその後継者は，集団が制定することのできる予想の範囲を，分析的に確定することはしなかった．しかしながら，予想は直接には観察できないため，その範囲をゲーム理論のような演繹的な手段を使って確定することがぜひとも必要となる．集団が制定することのできる予想，つまり，周知の事実（common knowledge）となりうる予想は，均衡状態にある（自己実現的な）行動に関するものに限られる．さらに，それらの予想によって動機づけられた

行動は，その予想を否定したり損なったりするのではなく，それを再生産するようなものでなければならない．

　ゲーム理論はこのようにして，「社会的秩序の一部である個人が負う，社会的秩序のための責任」(Crawford and Ostrom 1995, p. 583) に重点を置くことを可能にする．ゲーム理論は，個人がルールに従うと仮定するよりは，行動はどのように内生的に生み出されるのか，つまり，人は相互作用を通してどのように情報や能力，そして行動に関する特定のルールに従う動機を得るのか，を研究することを可能にする分析的な枠組みを提供する．ゲーム理論によって，例えば，次のような事柄を検討することが可能となる──行動を動機づける制裁や報酬を，誰が，誰に与えるべきだろうか？　それらを与える立場にいる者は，どのような制裁や報酬を与えるべきかを，いかにして学び，いかにして決めているのであろうか？　彼らがこうした義務を怠らないのはなぜだろうか？　なぜ違反者は制裁から逃げないのだろうか？

　しかしながら，古典的ゲーム理論の分析的な枠組みが実証分析をするうえで役に立つということは，考えてみれば不思議なことである．というのは，ゲーム理論の枠組みは，認知や情報，そして合理性について，一見すると非現実的な仮定に基づいているからである．例えばゲーム理論の分析は，互いの合理性が周知の事実として知れわたっていることを必要とし，さらにゲームのプレイヤーたちが，彼らが置かれた状況をくまなく記述する閉じたモデルを持

っていることを要求する．これはたしかに不可思議ではあるが，ゲーム理論が実証の役に立つのなら，とやかく言わずにそれを認めてしまおうという立場をとることも可能である．たしかにそうかもしれないが，しかしもう一歩踏み込んで考えるほうが有益である．そこで本章では，戦略的な状況における行動を研究するときに，さまざまな非現実的な仮定を置かなければならないということが，内生的な制度について考えるうえで何を意味しているかを問うことにする．

　同様にして，本章では，幅広い範囲において行動の調整（コーディネーション）の問題が発生するというゲーム理論の洞察から，われわれは制度について何を学ぶことができるのかを考える．戦略的な状況では，人は，他人がとっている均衡戦略に対する最適反応の戦略をとれば得をする．けれどもゲーム理論は，制度分析で中心的な役割を果たす，人々がくり返し関係を持つような状況において，通常は複数の均衡が存在することを示している．この均衡の複数性は，プレイヤーが自らの最適反応を見つけるには演繹，すなわち，状況の構造に関する知識だけでは不十分であることを意味し，なんらかのやり方で人々の行動を調整する必要が出てくる[1]．

　この章の狙いは，上記の問題に取り組むことを通じて，制度そのもの，およびゲーム理論が制度の理解にどの程度役立つかについて，理解を深めることである．そのためには，人々の行動を認知・調整・規範，そして情報の面でミ

クロ的に基礎づける諸要因を考察し，制度がそれらをどのように提供し，それらがもたらす行動が，どのように制度を再生産するかについて，検討することが必要となる．このような検討を行うにあたって，この章は特に学習と実験ゲーム理論，認知科学，および社会学を用いることにする．

第 5.1 節は，個人の行動に，認知・調整，そして情報の面でミクロ的基礎を与えるにあたって，明確に定められ，広く社会に流布されたルールが重要であることを強調する．これらの社会的ルールは，行動を選択するために必要な情報と認知モデル（心的モデルや内面化された予想システムとも呼ばれる）を個人に提供する（以下では，認知モデル，心的モデル，内面化された予想システムを同じ意味で用いる）．同様にして，社会的ルールは，さまざまな状況において人々に期待されている行動を公的に示唆することによって，行動を調整する．要するに，社会的ルールは，人々が周囲の世界と他人に何を期待するかという予想を形成することを助ける．そのことによって，社会的ルールは行動を可能にし，そのための指針を与える便法（heuristics）を形作るのである．

広く知れわたった社会的ルールは，行動を可能にし，そのための指針を与える．そのため，合理性と認知能力に限界があり，常に過去を振り返って行動する個人は，こうしたルールに反応する．一方で，各個人は制度化されたルールが持つ，認知・調整，および情報に関する内容を，外から与えられたものとして受け取る．彼らは，それらを所与

として，ルールに従う（あるいは無視する）．その一方で，各個人が，自らの私的情報と知識に基づいてルールに反応するために，こうしたルールは情報と知識を集約し，それらを圧縮したかたちで社会に広めるのである．

制度化可能な社会的ルールとは，人々の間で周知の事実となることができ，遵守されることが期待され，実際の行動と一致するようなものを指す．各個人が持つ私的情報と知識，そして選好を所与としたときに，それに従うことが最適であると考えるルールだけが，こうした制度化可能な社会的ルールとなりうるのである．制度が行動を生み出すような状況では，制度化されたルールとそれに結びついた予想は，自己実現的な行動と一致する．最後に，行動が制度化されたルールとそれに結びついた予想に一致するため，これらのルールと予想は再生産され，行動によって否定されることはない．

制度が行動を生み出すような状況では，行動に関する内面化された予想，およびそれらの予想が動機づける行動は，均衡を構成する．制度化されたルールと予想によって築かれた構造は，それを再生産する自己実現的な行動を可能にし，それに指針を与え，動機づける．ほとんどの個人はほとんどのときに，彼らに期待された行動に従うのである．

第5.2節は，こうした理解の仕方を使って，なぜ認知や情報，そして合理性について，一見非現実的な仮定に基づくゲーム理論的な分析の枠組みが，実証的な制度分析のた

めに有用な道具となるのかに光を当てる．なぜそうなのか
を理解することは，ゲーム理論がどのようなとき，どのよ
うな範囲で有効に活用できるかを知るために不可欠であ
る．

　ゲーム理論は，モデルの完全性と周知の事実を仮定し，
高度に合理的な個人によってプレイされる均衡戦略に注目
する．この節が主張するのは，そのようなゲーム理論的分
析が，私的な知識と情報を集約する制度化されたルールが
あるおかげで共通の認知・情報・調整がゆきわたっている
ような状況に，うまく当てはまるということである．ゲー
ム理論的分析が明らかにすることは，制度化されたルール
が持つ認知・調整・情報面での内容に反応する，合理性に
限界のある個人が，期待された行動に従うようなときにか
ぎって，ルール・予想・行動は，実現可能なものとなる，
ということである．

　制度が行動を生み出すような状況では，制度化されたルー
ルに圧縮された知識と情報は，個人が限られた認識や知
識，そして計算能力しか持たないにもかかわらず，個人が
行動を決定することを可能にし，それに指針を与える．さ
らに，そうした個人の決定は，ゲーム理論の均衡分析が明
らかにする，実現可能な予想と行動に対する制約を反映し
たものとなる．古典的ゲーム理論は，社会的なルールが制
度化されていたと十分考えることができるような状況につ
いて分析を行うときには，有効に活用できるのである[2]．

　議論の提示を簡単化するために，第5.1節と第5.2節で

は，人々が規範と社会的な要因を配慮することを無視する†．第5.3節は，どのように規範的・社会的な配慮を分析に統合するかを述べることで，それらの議論を補足する．実際のところ，ゲーム理論が優れているのは，こうしたことができることである．ゲーム理論は，社会的，規範的，そして物質的な配慮に対する個人の反応を取り込みながら，認知・調整・規範・情報の各面での行動の基礎を分析するような，統一的な分析的枠組みを提供する能力を持っているのである．

　本章の中心的な課題は，研究の対象（制度）と，それを検討する分析的な枠組み（ゲーム理論）とを区別することである．この区別は，第3部のトピックである内生的な制度の時間を通じた変化に関する検討の焦点でもある．このトピックへの導入として，第5.4節は，制度の起源について検討することなく制度を分析することが，なぜ適切なのかを説明する．さらに，第5.4節はまた，意図的に作られた制度が制度化されるためには，その正統性が決定的に重要であることを指摘する．異なる社会は，なにが正統であるかについて，異なる規範を持つことができるし，また実際に持っている．それは異なる制度的な発展を引き起こす．中世後期のヨーロッパとイスラーム世界において形成された異なる正統性の源泉は，今日でも依然として影響力を持っている．第5.5節は本章の議論を要約し，さらなる発展への方向を描きだす．

　この章で行われる議論は，合理性に関する特定の考え方

に基づいている．それは，制度が行動を生み出すとき，明確化され，広く社会に流布されたルールが，人々の理解が及ぶ範囲を確定し，人々はそうした範囲で与えられるもののみを使って合理的に行動できるという考え方である．同時に，本章は，個人が社会的・倫理的な配慮によって動機づけられていることも認識している．これら2つの前提は，互いに整合的なのだろうか？　人々が戦略的に行動すると考える一方で，社会的・規範的な配慮が彼らの行動に影響を与えると認めることは適切だろうか？　個人が社会的・規範的な傾向を持っていたとしても，今挙げられた意味において合理的であるという主張を裏づける証拠があることは，付録Bで述べる．

　先に進む前に，この章が何を扱っていないのかを強調しておくことは重要である．この章は制度を扱っているものの，その時間を通じた変化は扱っていない．本章は，集団全体における行動の規則性に焦点を当てており，特定の個人に異なる行動をとるように指示し，したがってときに制度変化を引き起こすような力や要因は，考慮の外に置いている．この重要な問題には第6章で立ち戻ることにする．

5.1　制度化されたルールと制度，および均衡

　個人が行動上の選択をするためには，認知モデルと十分な量の正しい情報が必要である（Hayek 1937; Savage 1954; North 2005 を参照）．認知モデルとは，行動と結果を繋ぐ因

果関係に関する個人の理解を与えるものである。それらは通常不完全なものであるが、合理的な行動のみならず、習慣的・模倣的な行動を根底で支えている（Denzau and North 1994; Eysenck and Keane 1995; Clark 1997a, 1997b; Mantzavinos 2001 を参照)[3]。しかしながら、行動上の決断を下すためには、これに加えて、状況の特殊性に関する適切な情報が必要である。例えば、もしある個人のモデルが、十分に信心深い人は信頼できると主張するならば、この前提にたった行動をとるためには、人々の信心深さについて知る必要がある。

古典的ゲーム理論は、行動のために必要な認知と情報の源泉について、何も語らない。その代わり、ゲーム理論の分析はプレイヤーの認知と情報について、非現実的な強い仮定を置くことを要求する。したがって、このような要求が現実世界において、はたして満たされるのかどうか、満たされるとすれば、どの範囲において、どのように満たされるのかに関する注意を払う必要が出てくる。ゲーム理論の分析は、プレイヤーが状況をくまなく記述した閉じたモデルを持ち、正しい事前確率分布を共有することを要求する[4]。このことは、各プレイヤーが、次のような事柄について完全な情報を持っているということが、周知の事実として知れわたっているということを仮定するものである。すなわち、因果関係や他のプレイヤーたちの選好、さまざまなパラメータの大きさを含む状況の詳細などである。そのような情報を持っていないときには、プレイヤーたちは

未知のパラメータが取りうるすべての値について，正しい事前確率を割り当てる．各プレイヤーは，相手が合理的で自分とまったく同じようにゲームをモデル化し，同じ正しい事前確率を割り当てると仮定する．このような仮定を置いてもなお，均衡を見つけるために必要な計算の複雑性は，それほど複雑でないゲームであっても，相当のものである．そうであるならば，われわれは，現実世界のプレイヤーたちが――複雑な状況ではよくあるように――完全なモデルを欠くときに，均衡に達することをはたして期待することができるのだろうか？　モデルの作成者でさえ解くのが難しいゲームにおいて，人々が行動を合理的に計算することができると，われわれははたして主張できるのだろうか？

　社会的状況の中での行動の選択は，自分の行動を他人の行動にあわせて調整するプレイヤーの能力にも依存している．左右のどちら側を通行するべきかという問題は，他人がどちらを通行しているかに依存する．囚人のジレンマゲームのような単純なくり返しの戦略的状況でさえも，通常は複数均衡が存在する（付録Aを参照）．複数均衡が存在し，かつ，最適な行動は，他人がどの均衡行動に従っているのかに依存するため，合理性のみでは，どのようにふるまえばよいのか十分にはわからない．つまり，プレイヤーは行動の調整（コーディネーション）問題に直面する．例えば，マグリブ貿易商の事例では，商人が代理人を雇わず，代理人は不正を働くという戦略もまた，均衡の１つとな

る．複数均衡が存在するということは，行動を決定するためには，事前に論理的な演繹をするだけでは行動を選ぶことができないことを意味している（例えばSchelling 1960; D. Lewis 1969; Sugden 1989 を参照）．とはいえ，プレイヤーは——それを知ることが有益であるがゆえに——他人がどの戦略に従っているのかを知ろうとする．ゲーム理論のモデルで表された単純化された世界でさえも，合理性だけでは行動を決定するためには不十分であるとき，個人はどのようにして行動を決定するのだろうか？

　ゲームを解くためには，人々が高度に合理的で，状況について同様の認知的な理解をなし，これらすべてが周知の事実であるという，強い仮定を置かなければならない．ゲーム理論分析は，戦略的なくり返しの状況では複数均衡が存在することを示し，行動の調整が重要であることを明らかにしている．そのような仮定を置く必要があるということは，現実世界について，われわれに何を教えてくれるのだろうか？　そのような非現実的な仮定に基づく分析的な枠組みが，事実解明のための分析に有用であると主張することが，はたしてできるのだろうか？　これらの仮定はどのようにして，またどの程度，現実世界でも満たされるのだろうか？

　経済学者はこうした課題に応えるために，限定された知識と情報しか持たない個人による学習が，行動の自己実現的な秩序を生み出す可能性を研究してきた[5)]．ゲームにおける学習の理論は，ナッシュ均衡に対応するような行動に

関するルールが，個人的な学習によってもたらされるかどうかを問うてきた．結局のところわかったのは，ナッシュ均衡へ到達するためには，古典的ゲーム理論の強い仮定を，別の非現実的な強い仮定で置きかえる必要があるということである[6]．学習のモデルは，しばしば，個人が目先の利益しか考慮しない（完全に近視眼的である）ことを要求するが，このことは個人の行動に不自然な制約をつける．例えば，どれほど高い見返りが得られるとしても，近視眼的な個人は費用のかかる実験を行わない．こうした仮定はきわめて強いものであるが，そうした仮定を置かなければ，個人がどのように学習するのかに関する説得力ある説明をするには，分析が複雑になりすぎてしまう．

　個々人が個別に行う学習に注目することは，一方で，制度化された行動がとられる際の，社会的文脈を無視することになる．明確化され，広く社会に流布され，人口に膾炙したルールが，認知・調整・情報の各面で人々の行動を基礎づけるのは，そうした文脈においてである．各個人は，行動を起こすために，認知的な枠組みと情報，そして自らの行動を調整する手段を必要とする．人々は，こうした行動選択のミクロ的基礎を，社会的なレベルで探し求め，そこではそれが社会的ルールのかたちで提供されるのである．社会学者たちは長らく，社会の一員が行動を起こすとき，それを支えるのは「社会のまっとうな構成員であれば誰もが知っている……社会が認めた世の中の仕組み」（Garfinkel 1967, p. 76）を与えるルールである，と指摘してき

た. 個人レベルでの決断は, 認知システム・情報・調整を提供する, 広く知れわたった社会的ルールの文脈の中で下されているのである.

　これらのルールは社会の構成員によって共有されている. すなわち, 全員がそれを知っており, 他人がそれを知っているということを全員が知っている. ルールは (例えば慣習のような形態で) 自然に発生することもあるし, (政治的な過程を経て) 意図的に生み出されることもある. ルールは素早く制定されることもあるし, 実験や社会的学習によって長い時間をかけて制定されることもある. 社会的ルールは法や規制, 習慣, タブー, 慣習的なルールや行動, そして憲法など, さまざまなかたちで伝えられる. それらを明確に表明して広めるのは, 両親, 教師, 貴族, 部族の長老, そして CEO などのような, 他の人々に社会性を与える主体である. さまざまなルールは, 人々の関係を通じて統一され, 維持され, 伝達されて, やがて一体となって一般的に知られるようになる. ルールは神話や寓話, 聖典, 教育システム, 公的な告知, マニュアル, そして儀式を通して伝達され, 両親や先生, 聖職者, 規制機関などのようなさまざまな運び手によって広められる[7].

　明確化され, 広く社会に流布されたこのようなルールは, 認知のシステムを内包している. それは, 社会の過去と現在の構成員との間に蓄積された経験と革新を織り込んだ知識と情報を, 具体化し, 伝達し, 宣伝する役目を果たす. 認知システムは, 社会的に認知され創造された品物や

概念，役割，出来事，そして行動を表現する言葉を提供し，同時にそれらに意味を与える．認知システムは，さまざまな関係者の目的と能力，および，さまざまな状況がもたらす結果を明確化する．例えば，公然と独裁者に異議を唱える者はひどい目にあうとか，有益な取引において誠実に行動した者は繁栄するといったことである．認知システムは，世界がどのように動いているのかに関する共通の文化的理解（説話や解釈の枠組み）を作り出し（Zucker 1983, 1991; Meyer and Rowen 1991; DiMaggio and Powell 1991a; Dobbin 1994; Scott 1995），言葉やサインのようなシンボルを使って類型化や分類，意味づけを与える．例えば，スポーツのゲームで，われわれがつぎのようなさまざまな事柄について対話し，理解することができるのは，認知システムのおかげである．品物（例えばバスケットボール），概念（勝利すること），出来事（ファールやフリースロー），役割（キャプテンとコーチ），そして特定のカテゴリーに分類されるイベントや行動の集合（例えば，勝利を引き起こすものの集合）などである（D'Andrade 1984; Searle 1995; Scott 1995 を参照）．

　認知システムによって提供された象徴化や分類・認識を利用することで，社会的ルールの構成要素である「行動ルール」は，さまざまな状況の下で特定の社会的身分を持つ人々に何が期待されているのかを特定する．バスケットボール・チームのメンバーたちは，フリースローのときには決まった場所に立たなければならないし，ドライバーは停

止信号として認知的に定義されているものの前では止まらなければならない．マグリブ商人は誠実なマグリブの代理人しか雇わず，情報の共有に貢献することが期待された．社会的ルールはさらに，チームの目的関数（勝利すること）も特定する．社会的ルールは社会的な立場や目的，因果関係，そして期待される行動を定義し，明確化し，それらを社会に広める．社会的ルールは広く共有された認知と情報を提供し，関係者の調整をもたらすことで，因果関係，期待される取引の結びつき，行動，そして帰結を，わかりやすい形で描きだす．

　学習が均衡行動に行き着くための必要条件に関する分析は，広く知れわたった社会的ルールが行動にどのような影響を与えるのかを明らかにする．こうした分析は，広く知れわたったルールに導かれた学習の性質は，各人が個別に行う学習に基づくものとは非常に異なることを，間接的に示している．自己実現的な行動が，規則性を持って表れるようになるためには，古典的ゲーム理論の制約的な条件も個々人が個別に行う学習のどちらも不要である．実際に，直感にかなった論理によって，均衡行動が規則性を持って表れるような状態への収束を説明することができるのである．

　Kalai and Lehrer（1993a, 1995）は，人々は認知システムを共有してはいるものの，それぞれ自分の利得表と割引因子しか知らない，くり返しゲームにおける学習を検討した．いいかえれば，プレイヤーたちは，彼らが置かれた状

況について共通の認知的な理解をしているが，モデルの重要なパラメータは知らず，彼らの目的は自分の利得を最大化することである．ゲームの結果を観察することで，各プレイヤーは，これらのパラメータと他のプレイヤーたちの戦略に関する主観的な評価を改訂してゆくことができる．彼らの分析はさらに，出発点においてプレイヤーは，対戦相手がとる戦略に関して主観的な予想を持っていることを仮定する．こうした意味において，プレイヤーは主観的に合理的であるとされており，各プレイヤーが，他のプレイヤーは合理的であると信じるという仮定は置かれていない．プレイヤーは自分の最適な戦略を計算するために，こうした主観的予想を利用してゆくことになる．

　こうした学習過程の分析が明らかにすることは，他のプレイヤーの戦略に関する各プレイヤーの主観的な予想がある種の制約を満たすことが，行動の規則性へと収束するための重要な条件の１つとなるということである．もし各プレイヤーの初期の主観的予想が，ゲームがプレイされる中で実際に発生する出来事に対して正の確率を割り当てるならば，彼らは最終的には学習によって他人の行動を予測できるようになるのである．さらに，こうしたプレイヤーたちは有限の期間のうちに，実際のゲームのナッシュ均衡をプレイするよう収束する[8]．主観的に形成された予想は，均衡上の予想に収束する．したがって，他人の行動に対する初期の予想が「一片の真理（grain of truth）」を持つこと[†]は，次の２つのことに対する十分条件となる．すなわち，

他人がどのようにふるまうかを各人が独立に学習することと，均衡へ収束することである．

　行動の規則性をもたらすうえで，社会的ルールが果たす役割について，これらのことが何を意味しているかは明らかであろう．社会的ルールによって与えられた他人の行動に関する初期の「一片の真理」は，他人がどのように行動するかを個人が独立に学習し，行動の（ナッシュ）規則性へと収束するための十分条件となる．**社会的ルールは，人々が，状況および他人がどのように行動するのかに関する——確率的な評価で表される——予想の形成を助ける**[9]．主観的に合理的な個人が，社会的ルールに関連づけられた行動をおそらく正しいものと認め，それに対して彼らの私的な知識と情報に基づいて反応する限り，学習は行動の規則性（特にナッシュ均衡）をもたらす[10]．さらに，他人が実際どのように行動するかを各個人に正確に伝える社会的ルールは，たとえプレイヤーが完全なモデルも，均衡集合を探すために必要な計算能力も持っていなかったとしても，ナッシュ均衡をもたらすための十分条件である．もしルールが適正なものであれば，私的情報と知識に基づいてルールに反応する各プレイヤーは，そのルールに従うことが最適であると考えるはずである．

　制度が行動を生み出すような状況で，社会的ルールが，他人がどのように行動するかを各プレイヤーに正しく伝えるのは，それが次のような二重の性質を持っているからである．すなわち，社会的ルールは行動に影響を与える各個

人にとって外生的なものである一方で，彼ら全員にとって
は内生的なものであるという性質である．社会的ルールは
広く知れわたっているという意味において，各個人にとっ
て外生的なものである．しかし，各プレイヤーは社会的ル
ールに対してプレイするため，そうしたルールは各人の反
応を通して私的情報と知識を集約する[11]．したがって，制
度が行動を生み出すような状況では，社会的ルールと，そ
れに関連づけられた予想は均衡を形成する．社会的ルール
が，個人の行動を可能にし，それに指針を与えているとき，
すなわち，他人の行動と自らの最適な行動の選択に関する
予想を形成するにあたって，個人が社会的ルールを使って
いる場合には，彼らはルールに従うことが最適であると考
えるのである．

　このような状況では，**制度化されたルールは私的情報と
知識を集約し，それを圧縮したかたちで広める**ため，人は
この社会的ルール以外は知らなくてもよい．もしハイエク
がいうように，制度が「われわれの無知に対処するための
道具」(Hayek 1976, p. 29) であるとするならば，この道具は
制度化されたルールの形をとって現れる．制度化されたル
ールが有用な道具となるのは，行動を選択するために必要
な認知や情報，そして関係者間の調整をもたらすためであ
る．ルールはこのように限定されたものを提供し，個人は
それらを使って合理的な決断を下す．同時に，制度化され
たルールは，相互に作用し合う人々に関する知識と情報を
集約する．そうすることで，ルールは個人が均衡の結果を

プレイするよう方向づけるのである.

　制度化されたルールがこのような役割を果たすということは,市場価格という具体的事例においてよく知られている.価格は市場参加者の私的情報を集め,均衡結果に結びつける.市場価格を与えられたものとして,各経済主体は自身の私的情報に基づいて反応する.したがって,価格がすでにこれらすべての私的情報を織り込んでいない限り,均衡にはならない.経済主体の反応は供給量と異なる需要量を生み出し,価格を変化させることになるであろう.均衡が達成されると,価格は,各個人が必要な情報に基づく最適な決断を下すための十分統計量を提供する.議論の中核にあるのは,公的シグナルとそれに対する個人の反応との関係である.

　公的シグナル――制度化されたルール――と,それに対する各個人の反応との間にも,これとよく似た関係があり,そのおかげで制度がより一般的な行動を生み出す状況が形作られる.制度化されたルールは行動の調整をもたらし,知識と情報を集約し,それらを広める.実際の行動と一致することができる社会的ルールは,各個人が自身の私的知識と情報に基づいて決断するときに,ルールに従うことが最適であると判断するようなものしかない.したがって,制度化されたルールが制度において果たす役割は,すべてのプレイヤーから私的知識と情報を集約し,必要な情報に基づいた決定を下すための十分統計量を提供することである[12].

競争市場での行動は，理論的には情報を正確に集約する．しかし，このことは制度化されたルール一般のケースでは，必ずしもそうではない．情報が，社会的な相互作用における行動を通して明らかになるとき，情報集約の過程は，そこで成立している自己実現的な行動に依存し，それはさらに入手可能な情報に依存する．例えば，もしプレイヤーたちが，彼らの時間割引因子が，くり返しの囚人のジレンマゲームでの協力を維持することができないぐらい大きいと信じるならば，彼らは協力することはなく，したがって，実際はもしかすると協力も可能であったことを見出すことはない．プレイヤーは，自身の割引因子を知っているものの，他人の割引因子が行動を通して，このプレイヤーに開示されることはないのである[13]．

　制度が行動を生み出すような状況のとき，人々は市場で価格について学習しようとするのと同じように，重要な公的なシグナル，すなわち社会的ルールを知る動機を持っている．市場では，各個人は価格が情報的な価値を持つがゆえに，そこでどのような価格が広まっているかを知ろうとする．より一般的には，制度が行動を生み出すような状況で，相互に作用し合う人々は，そこで広まっている行動のルールを知ろうとするインセンティブを持つ．なぜならば，それは均衡が生み出したものであり，したがって，それに従うことは最適反応だからである．どのように行動するかを決定し，他人の行動に関する予想を形成するとき，人々は，信頼に足る情報源から発信されたと思われる，社

会的に伝達されたルールに反応する．そうしないことには
高い代償がつきまとい，ときには取り返しのつかない結果
を招く．例えば，左と右のどちら側を走るべきかについ
て，あるいは交差点で他人はどのように行動するかについ
て，一度学ぶのを失敗すれば多分それでおしまいであ
る[14]．

　第3章と第4章でその行動について議論したマグリブ貿
易商とドイツ人商人は，われわれが彼らの制度について検
討するために現在使っている数学的なモデルを解く必要は
なかったし，そうするために必要な情報も持っていなかっ
た．けれども各貿易商や商人は，社会的に伝達された単純
な行動のルールについて学ぶよう動機づけられ，誘導され
ていた．そうしたルールに対して，彼らは自らの私的情報
と知識に基づいて反応した．ゲーム理論的な分析は，この
フィードバックを検討するために有用である．なぜなら
ば，それは他人がどのように行動するかについての――社
会的ルールによって形成された――共有された予想に対す
る各個人の反応をとらえ，それらの予想は，均衡条件を満
たすものに制限されることを明らかにするからである．

　われわれはしたがって，制度化されたルールと，そのル
ールが形成を促す予想が，どのようにして，多くの人々が
ほとんどの場合，彼らの社会的な役割と結びついた行動を
とることを可能にし，それをとるよう指針を与え，動機づ
けるのかを理解することができる[15]．人が適切な行動をと
るのは，社会の他の構成員たちが，行動をその人の社会的

な役割に条件づけるからである．期待される他人の行動を所与としたとき，個人の最適反応は，他人に期待されているように行動することである[16]．社会的に作り出された属性——つまり，社会的な役割——が行動に重要な影響を与えるのは，均衡行動および期待される行動が，そうした役割に条件づけられているからである[17]．王の力は，彼の軍隊に由来するのではなく，他の兵は王の命令に従い，自身の最適反応もやはりそれに従うことであるという，個別の兵士の予想によってもたらされる．制度が行動を生み出すような状況では，行動のルールは，なすべき行動の規範を示すものであり，同時に現実の行動を記述するものである．制度化が完成するのは，制度化されたルールに関連する行動が日課（ルーティーン）となり，習慣化されて，当たり前のものとして受け取られるようになったときである[18]．

ルールを私的に伝えるのと社会的に伝えるのとはどちらが効果的か——したがって実際にどちらが定着しそうか——は状況の構造に依存する．重要なルールを知らない個人が他人に外部性を与えるような状況のときには，ルールは専任の公的組織を通して社会的に伝えられたほうがよい．新入りのドライバーが，道路のルールを見つけ出すためにあれこれ実験してはまずいので，社会は公的な機関に交通ルールをつくり，それを広めるよう委託する．このような外部性がないときには，ルールはそれを学んだり伝達したりする個人のインセンティブに基づいて，私的な形で

伝えられやすい．マグリブ人の間では父親が息子にしかる
べきルールを教えた．制度化されたルールが特定の社会的
なユニット――両親，国家，教会，聖職者，企業のCEO
――の利益にかなうとき，彼らがこれらのルールを伝える
よう務めるのである．

　制度化されたルールが公的に伝えられるもう1つの理由
は，多くの制度が抑止的な役割を持ち，また実際の懲罰が
社会的に高くつくということである．さらに，この種の複
雑な制度は，しばしば，多数の者が足並みを揃えて違反に
対処することに依存する．個人の行動を決定的に左右する
のが，予想された社会の大多数の反応であるようなときに
は，個人が行動すべき状況に関する理解が周知の事実とし
て知れわたっていることが肝要である．対象となる状況や
行動について，多数の者が同じ意味づけを行うことが不可
欠である．

　このようなルールの役割は，第3章ですでに言及されて
いる．そこでは，なにが不正な行動にあたるかに関して，
共通の，共有された事前の理解をもたらした商人法なくし
ては，マグリブ人の間における集団的懲罰の脅しの信憑性
は損なわれたであろうと論じた（Greif 1993, p. 542）．ハンザ
同盟の研究も同様に，さまざまな行動の意味について理解
を共有することが重要であることを明らかにしている．こ
の事例においては，制度的な欠陥が，組織的な変化を招い
たのであった．第4章で示したように，1360年の禁輸措置
は，ブリュージュとハンザとの間で争いのない長い期間の

到来を告げた．これをもたらしたのは，部分的には，根底にある認知的な基礎の変化である．商人の特権は「一方的な解釈を防ぐため，より詳細に」（Dollinger 1970, p. 66）記述されるようになった．大勢の商人による反応を恐れたため，官吏や支配者は不正を行ったり，所有権を侵害したりすることを控えた．さまざまな行動の意味を共有することは，このようにして，集団的な反応を確実にするために決定的な役割を果たしたのである．

さまざまな行動の意味（例えば，違反が起きたのかどうか）を特定するルールがあるということは，集団的な報復の脅しが行動に影響を及ぼす状況の，一般的な特徴である．ルールは，周知の事実を作り出すことによってそのような脅しに信憑性を与えるが，社会的な契約，慣習法，憲法，そして伝統は，そのようなルールを具体化したものの例である[19]．

制度が行動を生み出すような状況において，ルールは共有された認知システム（社会的な役割や自然の状態が何であるかを特定することなど）を広める．共有された認知システムは，行動に関するルールを特定したり，伝達したりするために必要である．また，そうしたルールの情報的な内容と調整機能は，人々が，他人がどのように行動するかに関する予想を形成し，したがって自身の行動を決定するために役立つ．行動の指針を社会的なレベルで探し求めている各個人は，そうしたルールを学習するよう動機づけられている．各個人は，これらのルールに対して自らの私的

知識と情報に基づいて反応し，結果として知識と情報の集約がもたらされる．制度が行動を生み出すような状況では，各個人は，これらのルールに従うことが最適であると考え，また，各個人は期待されたとおりに行動するため，彼らの行動を変えさせるような情報が生み出されることはない．行動の規則性が広まり，プレイヤーは完全なモデルや他人の行動を演繹する能力を欠くにもかかわらず，他人の行動について正確な予想を持つのである．

5.2　ゲーム理論と内生的な制度のモデル化

　われわれはようやく，なぜ，そしてどのような範囲において，ゲーム理論が制度によって生み出された行動を分析するために有用なツールであるかを理解することができる．ゲームのルールが周知の事実であるという，ゲーム理論的な仮定は，社会的ルールの認知的・情報的な役割をとらえている．周知の事実である戦略（行動計画）に焦点を当てることは，社会的ルールが人々の足並みを揃える調整機能を果たすということをとらえている．制度が行動を生み出すような状況では，社会的ルールが，共通の認知的モデル，情報，そして調整機能をプレイヤーたちに提供し，それらが他人の行動に関する予想の形成を可能にする．ゲーム理論の分析は，このような考え方をとらえるものである．この分析は，実際に定着するルールは自己実現的なもの，つまり，他のすべての人々がルールに従うと予想して

いる個人が，やはりそれに従うことが最適であると考える
ものに限られることを明らかにする．

マグリブ人の結託や商人ギルドの分析に使われたゲーム
は，認知的な側面，すなわち，貿易商や商人，代理人，不
正，支配者，領土，貨幣，罰則，都市などの概念の上に成
り立っている．モデルはさらに，プレイヤーたちが，これ
らの認知的な側面に彼らの行動を条件づけるために必要な
知識——例えば，マグリブ貿易商はどのように互いを認識
し，どのような行動が不正であるかについての共有された
共通な理解——を持つことを仮定した．商人ギルドの分析
は，商人たちが支配者の領土，誰が**コントール**（Kon-
tor: 駐在支店）の代表であるか，特定の町から来た商人が
誰であるかなどのような，状況の諸側面について知ってい
ると仮定した．単純なルールが商人と代理人，そして支配
者の行動を可能にし，それに指針を与えた．

実現可能な社会的ルールとは，周知の事実となることが
でき，かつ，行動にぴったり一致するもののことである．
ゲーム理論的分析は，実現可能な社会的ルールは，私的な
知識や情報を集約するようなものでなければならないこと
を明らかにし，このことを使ってそうしたルールの範囲を
限定する．ゲーム理論的分析は，行動に関する予想の集合
を，周知の事実となることができ，行動と一致し，行動に
よって否定されることのないものに限定する．ゲーム理論
的分析は，どのような予想が均衡となりうるかを考察する
ことによって，これを達成する．相互に作用し合う個人が

持つ予想が周知の事実であり，各プレイヤーがそれに対して最適反応をとる（そしてこの限定された意味で合理的である）とき，予想の集合は，均衡行動と結びつくものに限定されるのである．別のいい方をすれば，行動に関する実現可能な予想，およびそれに対応する形で人々の足並みを揃えるルールは，自己実現的なものである，ということである (Greif 1994a, p. 915)[20]．ナッシュ均衡分析は，均衡経路上の行動に関する予想に条件を課すものである，均衡経路とは，期待される行動を所与としたときに，正の確率で発生するもののことである．部分ゲーム完全性のような均衡を精緻化する概念は，均衡経路外の行動に関する予想に条件を課すものである．均衡経路外とは，期待される行動を所与としたときに発生しない状況のことである．部分ゲーム完全均衡の概念を用いることは，均衡経路外で期待される約束や脅しを，信憑性のあるものに限定することを意味し，これはわれわれの直感にかなったものである．（均衡経路上の行動に関する）ナッシュ均衡の制約条件はさらに，行動に関する実現可能な予想の集合——したがって，制度化されたルール——を，それらが含意する行動によって再生産され，否定されることのないものへと限定する．ナッシュ均衡は，プレイヤーが他人の行動を正しく予想し，したがって，予想を裏切る行動に出くわすことがないことを要求している．

　ゲーム理論的な均衡分析は，行動に指針と動機を与える制度化されたルールと予想（取引の結びつきに関する予想

も含む）の集合を，制度化されたルールの認知的な内容に基づいて限定する．同時にこの分析は，内面化された予想，つまり，制度化されたルールの認知的な内容となりうるものは，結果的な行動によって再生産され，否定されることがないものに限ることを明らかにする．ナッシュ均衡の制約条件を使うということは，ゲームのルールに特別な認知的構造を直接付与することを意味しない．実際に，与えられた状況において可能な認知的構造の集合を，演繹的に制約する理論はない[21]．けれども，そのような分析は，ゲームのルールと可能な結果との間の関係を浮き彫りにするため，どんなものが実現可能なモデルとなりうるかを明らかにする．すなわち，結果として生ずる行動が，ゲームに付与された認知モデルを再生産する——否定されない——ようなもののみが，実現可能なモデルとなりうるのである[22]．

　認知モデルの再生産の論理，つまり観察された帰結によるその確認は，預言者エリヤがバアルの異教僧たちと対決したときに，脳裏にあったに違いない．エリヤは，異教僧たちに，偶像に祈って，カルメル山に設けたエリヤの祭壇に火をつけてみよと挑発した．異教僧たちは偶像の能力をこのような形で示すことに失敗し，結果として彼らは命を落とし，イスラエル人たちは回心して神を崇拝するようになった．商人ギルドがブリュージュのドイツ人商人の所有権を守ることにくり返し失敗したことは，彼らの権利が尊重されるという商人たちの予想を否定した．そして，それ

に続いて制度の変化が引き起こされた.

　ゲーム理論的分析はしたがって, われわれが把握した状況の客観的な構造のもとで, 特定のルールと予想が形作る特定の制度が成立するという主張が, 論理的整合性を持つかどうかを判定する. ゲーム理論的分析は, 実現可能な予想と行動の集合を, 自己実現的で再生産されるものへと限定することで, 制度化されたルールの範囲を制限する (簡単化のため, 以下ではそのような制度を自己実現的と呼び, 再生産と自己実現性の概念を区別することが重要であるときに限って, 再生産という言葉を別途用いることにする).

　数学モデルの上では, ある状況をゲームとして表現するためには, ゲームのルール, 関係する主体, 彼らの行動, 行動を選択する際に利用可能な情報, そしてさまざまな行動の選択に応じた結果を, 明らかにすることが必要である. しかし, ここでの議論が強調するのは, ある状況をゲームとして表現するとき, われわれは, 概念上, その状況の客観的な特徴に関するわれわれ自身の理解, 関連する取引の結びつきに関するわれわれの認識, そしてそこで成立している制度化されたルールの認知的・情報的な内容について述べているということである. モデルは, 状況についてのプレイヤーの理解に関する記述を構成するのである (Rubinstein 1991).

　したがって, 分析を解釈するとき, われわれはゲームを検討するとはいえ, 現実世界の人々は (周知の事実である)

ゲームのルールに対してプレイするのではなく，周知の事実である制度化されたルールに対してプレイするということに留意する必要がある[23]．マグリブ貿易商の結託は，あたかも個人がゲームのルールに対してプレイするものとして分析された．そこでの分析は，状況に関するわれわれの理解や，その状況にかかわるさまざまな観察不能な特徴（例えば，時間選好や外部の機会）に関するわれわれの予想と整合的な，状況の認知モデルが存在したかもしれないことを示している．そして，その認知モデルは，グループ内での雇用や誠実さ，そして懲罰に関するルールの予想を自己実現的にさせる可能性を持つものであった．明らかに，各マグリブ貿易商はこのゲーム理論的なモデルを解いたり，他人の決断にとって重要な要素を直接観察したり，必ずしも制度の本質を均衡の結果として理解したりしたわけではない．しかしそこでの分析は，各貿易商が社会的なルールに反応しつつ，関連する行動上のルールを遵守することが最適であると考えたかもしれないことを立証した．

　そのような分析は，自らを取り囲む自然的・超自然的な世界に関するプレイヤーの（内面化された）予想システムが行動に与える，直接的・間接的な影響を把握するために，適宜使うことができる．これらの内面化された予想は，特定の行動をとることが何をもたらしそうかを定め，それゆえに行動に直接影響を与える．こうした予想は，実現する経路上では立証できない可能性があることに注意する必要がある．もし十分に多くの社会の構成員が，神が不誠実な

者を地獄へ堕とすという予想を内面化しているならば，彼らは誠実に行動するであろう．アステカ人は，夕方に人間の血を流さなければ世界が終わるという予想を内面化していた．その予想はアステカ人に毎晩血を流すよう動機づけたために，観察可能な結果によって否定されることはなかった．予想を否定するような結果は実現する経路外にあり，代わりとなる制度が存在しうることは，わからないままに終わっていた．

　内面化された予想は，行動に関する自己実現的な予想のありかたを変化させることで，制度化された行動に間接的に影響を与える．もし，神が冒涜者を地獄へ堕とすという内面化された予想が制度化された要素であるならば，債務者は誠実に行動すると神に誓うことで，債務を支払うことを確実にコミットすることができる．その誓いを破ることは神への侮辱を表し，神による懲罰をもたらすからである．もちろん，誰がそのような予想を内面化しているのかに関する不確実性は残る可能性がある．そのような不確実性は，不完備情報モデルによって取り込むことができる．それは，その予想を本当に信じている者の数が少ない，あるいはゼロであったとしても，行動に対して大きな影響をもたらすことができる．なぜなら，それを信じない者も，信じるふりをすることで利益を得ることができるからである（Kreps et al. 1982; Appendix C; Kuran 1995 を参照）．

　制度は行動の規則性を生み出すとはいえ，個別の事情によって，世間が期待するような行動をとらない者がいくら

かは出るのが普通である．そのような逸脱が引き起こす反応は，実現する経路外の行動に関する制度化されたルールと予想を再生産するうえで重要である．ゲーム理論的分析は，このような「逸脱が予想の確認をもたらすメカニズム」の働きには一定の制約があることを，次に述べるような2つの方法で明らかにする．第1に，このメカニズムは，逸脱の後の脅しが信憑性を持つときに限り作用する．したがって，このメカニズムがうまく作用するには，行動，および期待される行動が，部分ゲーム完全均衡に一致している必要がある（部分ゲーム完全均衡は，均衡経路外でとられる脅しを信憑性のあるものに限定する概念である）．第2に，ゲーム理論的な学習モデルは，他人の行動に関する予想をプレイヤーがどのように更新するのかを，モデルの定式化の中に明示的に組み込むため，「逸脱が予想の確認をもたらすメカニズム」が働く限界を研究することを可能にする．

皮肉なことに，逸脱を防ぐことに対して制度が効果的であればあるほど，均衡経路外での行動のルールに対する人々の理解はばらばらなものになる傾向がある．より一般的に，均衡経路外でどのような行動がとられるかについて，統一された期待がない状況を「準制度化された（semi-institutionalized)」状況と呼ぶことにしよう．そこでは，均衡経路上の行動は（それに関して皆が同じ予想を持つため）依然として自己実現的で再生産され，個人の最適反応は，彼に期待された行動に従うことになっている[24]．

5.3 社会的・規範的行動が制度に及ぼす影響

　ここまでの議論は，行動の社会的・規範的基礎を無視してきた[25]．他の条件を一定とすれば，人々が追求する行動は，知人たちから好ましい社会的な反応を引き出し，より広い範囲で社会的な地位と尊敬を高め，自らにアイデンティティを与え，自身の（内面化された）規範と整合性を保つようなものである．

　現代社会学の中では，社会的交換や他人の社会的反応に関する予想，あるいは特定の行動の後に名声を失うことが，行動に重要な影響を与えることが議論されており，代表的な文献は，Homans（1961），Wrong（1999, 1961），そして Granovetter（1985）である．Talcott Parsons（1951）に関係する別の流れの研究は，規範が行動そのものに効用を与えることで，行動の動機づけを行うことの重要性を強調している[26]．規範を内面化すること，あるいは行動基準を超自我へ取り入れることは，本質的には外部的な制裁システムによって達成される行動と同じものを達成する，内面的な制裁システムを作り出すことを意味する[27]．この理論においては，「価値と規範は安定した社会的秩序の基盤とみなされる」（Scott 1995, p. 40）[28]．

　最近の実験ゲーム理論の研究によって，行動の社会的・規範的基礎について懐疑的であった経済学者さえも，それらの重要性を認識するようになった．ある人々は，実際に

利他的に行動するのである――つまり，彼らはそれが他人の物質的な利益を高めるならば，自らのそれを下げることを厭わない（Andreoni and Miller 2002; Charness and Gross-kopf 2001; Kritkos and Bolle 1999）．他人を知っていることは，例えそれが相手の姿を見るだけであっても，その人に対してどれぐらい利他的にふるまうかに影響を与える[29]．ある人々は，不平等を回避しようとする傾向を見せる．彼らは自分と他人との間における，利得の平等性に対して関心をはらう[30]．多くの人々は，それが自分の物質的な利益を下げるとしても，他人の行動に報いようとする．彼らは例えば「公正」な行動に対して，相手の物質的な利得を高める行動で報いるのである．

　そのような社会的・規範的行動は，**状況依存的**である．特定の行動が他人を侮辱するかどうか，どのようにして身分が獲得されるのか，誰が利他的行為に値するのか，そして何が公正な行動を構成するのかは，時間と場所に依存する．社会学者と文化人類学者が長く論じてきたように，社会的・規範的に認可される行動は広範囲に及ぶ．社会生理学（例えば Ross and Nisbett 1991）の発見はこの観察を裏づける[31]．数ある研究の中でもとりわけ E. Hoffman et al. (1994)，Henrich et al. (2001, 2004)，そして Roth et al. (1991) は同様の結論に達している[32]．

　行動の社会的・規範的基礎は，制度に影響を与えることができる．デュルケームは「制度はわれわれを超越したものであり，かつわれわれの中にあるものである」（Dur-

kheim 1953, p. 129) と書いた. 社会的な反応に対する予想
と, 期待される規範的な行動が, 行動の規則性を生み出す
とき, 制度は「われわれの中にある」. われわれの中にある
制度を研究することは, 特定の制度間の結びつきを研究す
ることに等しい. 社会的交換が制度に与える影響を検討す
ることは, 社会的取引と経済的取引との間の結びつきを考
察することに等しく, 規範を研究することは, 個人の超自
我と自我(イド)との間の「取引」を検討することに等し
い.

そのような社会的・規範的な取引の結びつきは, ゲーム
理論的な枠組みを使って分析的に研究することができる.
そのための1つの方法は, 社会的交換に関する規範と予想
を所与のものとして受けとめ, 規範や社会的要因の影響力
を, 行動や利得の定式化の中に取り入れることである. そ
のようなゲームはまず, 人が「社会的な」行動をとる可能
性を取り入れる. 他人に対して悪意をあらわにする行動
が, その一例である. そして, プレイヤーの選好がそのよ
うな社会的な行動に左右される可能性を取り入れる. つぎ
に, このように拡張されたゲームでの均衡において実現す
ることができる, 行動に関する予想と行動を検討する. 自
己実現的な行動に関するルールと予想は, さまざまな行動
に対して他人が実際にとる, あるいはとると思われる社会
的反応に依存する. それらはまた, 個人の内面化された規
範に反する行動をとる心理的なコストにも影響される[33].

われわれはさらに一歩進んで, ゲーム理論を使って, 行

動とその社会的・規範的基礎が同時決定される様子を分析することができる．社会的・規範的判断が状況依存性を持つため，人々は，何が社会で認容され，規範に適うかを教えてくれる，社会的・規範的な指針を捜し求めることになる．人々は，そうした指針が，社会的なレベルにおいて，社会的ルールの形で与えられることを見出す．社会的なルールは，地位を得るための手段，他人を不快に思う理由，規範的に制裁される行動，そして特定の状況を規範的にとらえる枠組みなどを定めるものである[34]．このような，社会的反応に関する広く共有された予想と，行動を動機づける規範のうち，どれが自己実現的なものとなるのだろうか？　社会で認容される規範に適った行動は，実際の行動と一致しない文化的現象であることがある．一方で，それが制度化されたルールになっていて，実際にとられる行動と一致することもある．この2つの場合を分けるのはどんな要因なのだろうか？

　ゲーム理論は十分な柔軟性を持っており，プレイヤーが他人の社会的反応に関心をよせることや，他人がどの程度規範を守るかによって自分が規範を守る度合いが変わってくることなどを盛り込む形で，プレイヤーの選好を定式化することができる．同時に，このような定式化をするに当たっては，そうした行動が伴う物質的なコストを取り込むことができるし，そうすべきである．したがって，ゲーム理論は，個人の行動の選択と集計された行動との間のフィードバックを通して，行動とその社会的・規範的な基礎が

同時に決定されることをモデル化することができる．社会的・規範的な行動のルールが与えられたとき，人々はそれに従う金銭的なコストを適宜考慮しつつ，そうしたルールに反応する．そうした状況で，どのようなルールが周知の事実となり，均衡行動に一致するかを検討することにより，ゲーム理論は，社会的に適切で規範的な行動が，いかなる要因によって影響されるかを特定することができる．

　例として，公共財の供給における自発的な協力の検討に，社会的交換理論を統合させた Höllander（1990）の分析を考えよう[35]．彼が仮定するのは，感情が引き起こす社会的な賞賛に人々は反応し，社会的な賞賛を得ようとする欲求が，経済的な行動に影響するということである．各個人は，行動を選択するにあたって，一定額を公共財への貢献に投じる経済的なコストを検討すると同時に，それに対する社会的な賞賛・非難も考慮に入れる．特定の行動がいかなる社会的な賞賛，あるいは非難をもたらすかは，他人がとる行動によって決まる．具体的にいえば，社会的な賞賛・非難は，公共財に対する個人の貢献と他人の平均的な貢献との差に比例する．ゲーム理論的な均衡で個人の行動を左右するのは，他人がどれくらい貢献するかという自己実現的な行動に関する予想である．また，こうした予想は，社会的な賞賛に対する欲求と，公共財を供給するコストとの間のトレードオフを決定し，これもまた均衡における個人の行動に影響を与える[36]．第7章の補論 7.1 は，社会的交換のゲーム理論的な分析の例を与える[37]．

この議論が明らかにするように，ゲーム理論の便利な特徴は，すべての，つまり，経済的，強制的，社会的，そして規範的な取引の結びつきを，同時に，同じ分析的枠組みで検討することを可能にすることである．そのような統一性を持った枠組みは，著名な社会学者 Dennis H. Wrong (1999) の懸念に応えるものである．Wrong は，行動の社会的・規範的な基礎を外生的なものとして受け取ることは，あまりに単純な考えであると論じた．Wrong によれば，われわれは「由緒ある物質的な「利益」の概念をすべて捨て去って，かわりに平凡でより包括的な「社会的価値」のみを専ら用いることはできない」(p. 43)．規範的な動機の重要性を認識することは「（人々が）彼らの文化が持つ特定の規範や価値によって，完全に支配されている……ことを意味しない」(pp. 45-6)．必要とされているのは，さまざまな，つまり，社会的，規範的，そして物質的な要素が，同時に，行動に影響を与えることを取り込む統一的な枠組みである．ゲーム理論はまさにそのような枠組みを提供する．ゲーム理論は，社会的交換や規範，そして（金銭や権力，その他の物質的な報奨と制裁を巡る）物質的な動機を簡単に統合することを可能にする．

　ゲーム理論的な分析では，利得を，特定の結果をもたらすためにとられる行動とならんで，ありうべき感情的な反応に関するプレイヤーの予想にも依存させることができる．こうしたゲーム理論的な枠組みの特徴は，制度化された行動の規範的・社会的な基礎を研究するために役立つ．

そうした規範的・社会的な要因は、それが行動と、行動に関する予想に与える影響を検証するために、ゲームのルールに組み込むことができる。それらは同時に均衡の帰結として、内生的に導き出すこともできる。

5.4　正統性と制度の起源

制度は均衡現象であるため、その起源を吟味することなく制度の議論をすることは、概念的に妥当、かつ分析的に有効である。制度が自生的に誕生したのか、意図的に制定されたのか、あるいはそれが、各人が個別に行う学習や進化的な圧力、はたまた社会デザインを反映しているのかどうかにかかわらず、制度の均衡としての本質は変わらない。制度的な起源のいくつかの側面については、第7章で触れる予定である。ここでは、ルールが予想に移しかえられる方法に焦点を当てる。というのは、そのような移しかえの有無が、社会的ルールと制度化されたルールとを分かつからである。社会的ルールは広く知れわたったものであるのに対して、制度化されたルールは、みんなが守っていると一般に信じられている社会的ルールである。

制度が法令によって制定されるためには、そのルールに従うべき十分に多くの人々が、他人もそれに従うであろうと信じていることが必要である。各個人が、ルールの認知的内容と関係者の行動を調整する力を信じることと、ルールの公布が社会的交換と規範に影響を与えると信ずること

の，片方あるいは両方が必要である．もしこうしたことが信じられていないなら，たとえルールが均衡と一致していた（すなわち，ルールが自己実現的な予想や規範，行動を記述していた）としても，人々はそれに従うことはないだろう．それが守られるという予想をルールがもたらさない限り，ルールが指示する行動は守られることはない．したがって，ルールを公布する者の正統性が制度化の中核をなす．もちろん，そのような文化的な権限を持つ個人や組織がない場合には，制度が法令によって誕生することはそもそもありえない．そうした場合には，すべての制度は経済学者お得意の，各人が個別に行う学習過程から生まれることになるであろう（例えばChamley 2004を参照）．しかしながら，おそらく間違いなく，法令による調整がまったくできないような状況は最適ではない[38]．

多くの社会には，制度を変革するために必要な正統性を持った社会的主体が存在する．正統性の普遍的な源泉の1つは，過去にその社会的主体が公布したルールが守られてきたということである．しかしながら，なにが正統性を持つ個人や組織となるかは，社会や状況によって異なり，それは組織的な遺産や内面化された予想を含む初期条件によって決まるものである．正統性を授ける社会規範は，ひとたびそれが定着すれば，均衡を構成する．つまり，新しく正統に公布された（均衡の）調整ルールが守られると期待されるならば，それは実際に守られる．そのようなルールが守られれば守られるほど，そのルールを公布した者たち

の正統性は強く確認される．異なる権威者は，おそらく異なる目的を持ち，また，社会はさまざまに異なった権威者を持つために，制度的な発展はおそらく社会によって異なるであろう．

正統性はしたがって，制度的発展の中核をなす．しかし，経済学，政治学，そして経済社会学において制度を分析している現代の研究者たちは，それについて多くを語ることができないでいる[39]．したがって，ここでは正統性の基準が確立するにあたって，ヨーロッパでは中世後期が決定的に重要であったことだけに言及する．この期間中，支配者たちは，正当性が，ルールに実効性を与え，異議申し立てを抑止するうえで価値あるものであることを十分に承知していた．例えば，正統性は，ウィリアムに導かれたノルマン人がどのように 1066 年にイングランドを征服したかを描いた，バイユーのタペストリー（1092）の精神を表すものである．このタペストリーはウィリアムの腹違いの兄弟である，バイユーのオド司教によって制作された．その開幕シーンでは，サクソン人最後の王であるエドワード懺悔王がウィリアムに王領を授け，ウィリアムの正統性を確立している．他のノルマン人たちは，シチリアと北イタリアを征服した後に領地をローマ法王に授け，彼の臣下として統治することで正統性を得ようとした．

これらの例は，中世ヨーロッパにおける支配者とルールの正統性の源泉を巡って，世俗と宗教との間に葛藤があったことを物語っている．教会は，かつては正統なルールの

究極的な源泉であり，支配者を任命したりルールを公布したりすることで，政治や社会，経済の実用面を統治してきたが，こうした教会の地位は中世後期を通じて失われつつあった．これを助長したのは，ローマ法や慣習的なゲルマン法にみられるような，人間によって作り出された慣習法に従うほうがよいという考えである．それは，伝統的な世俗のリーダーの利益に沿っていたため，彼らはこうした考えを促進した．また，教会の構成員たちは，自らの権威ある身分を物質的な利益のために戦略的に使い，教会はこれを防止できなかった．このことが，教会の正統性の道徳的基礎を損なうことに一役買ったのかもしれない（Ekelund et al. 1996）．

中世後期を通して，ヨーロッパにおいては，正統性の基準はますます国家と団体に立脚するようになった．ルールが正統性を持つのは，王位を世襲する権利を持つ支配者によって制定された場合，利害関係を持つ当事者が参加する選定過程を通して協議された場合，あるいはそうした参加型のルール制定過程を通して公布された場合であった．こうした傾向は例えばマグナ・カルタやドイツの選出された君主，スイス連邦，イタリアの都市国家，そしてフランス三部会をはじめとする多くの例に見てとることができ，現代の民主国家においてその頂点に達した[40]．今日の西洋社会では，国家と参加型の専門家団体が，正統なルールの主要な源泉である（DiMaggio and Powell 1991b; Scott 1995）．

イスラーム世界では，正統性の規範について，逆の過程

が起きていた．初期の支配者は，預言者にもっとも近い者であるという理由で正統性を与えられていた．その後，支配者の正統性はますます信仰の度合いに基づくようになり，支配者がイスラームに敬意をはらい，それを発展させ，広めることを条件として正統性が与えられるようになった．そのような行動をとらないならば，武力を行使して支配者を転覆することも正当化されたのである．当時もっとも尊敬されたイスラーム法学者の１人であるマーワルディー（1058年没）は，イスラームの教えに背く命令を出す者がいたなら，たとえそれがカリフであっても従うべきではないと宣言した．イスラームの法典であるシャリーア法（Shari'a）の解釈者としての国家の正統性は，しかしながら，限られたものとなってしまった．中世後期までにはすでに，**ウラマ**（'ulama）と呼ばれるイスラーム法学者がシャリーア法の正統な解釈者となっていた．カリフでさえもそのような正統性を持っていなかった．それ以降，イスラームの支配者たちは，国家がウラマを支配する仕組みを作ろうと画策したが，その成果はまちまちであった．支配者たちは特に，課税や財政政策など，彼らがもっとも懸念した問題についての規則に影響を与えることには成功した（例えば，Sonn 1990; B. Lewis 1991; Abou El Fadl 2001; Crone 2004; Kuran 2005）．

　しかし，こうした正統性の源泉の裏をかいたり，それから逃れたり，あるいはそれと対峙する必要があったことは，イスラーム世界の制度的発展に影響を与えた．実際

に，植民地が廃止され，王室や共和国，そして独裁政権が中東アラブに生まれたときも，正統性の伝統的な源泉は依然として保たれたままであった．宗教から比較的距離を置くような政体でさえも，シャリーア法の厳守を示す必要があった．例えば1922年に設立されたエジプト君主の憲法は，シャリーア法が法の根源であることを宣言した．エジプト・アラブ共和国の1971年の憲法は，エジプトを社会主義的民主国家と規定するものの，立法の主な根源はシャリーア法であると宣言している．

5.5 結論

この章は，さまざまな制度的要素の役割と，それらの相互関係をよりよく理解するために，古典的ゲーム理論とゲームにおける学習理論がもたらす洞察を利用した．さらに，こうした洞察を使って，内生的な制度を研究するためのゲーム理論的な枠組みの利点，方法，および限界を考察した．こうした洞察は，制度化されたルールの重要性を明らかにする．制度化されたルールは，周囲の世界や他人が何をするか，そして何が道徳的に正しいかについて，人々が予想を形成することを助ける．そうすることで，制度化されたルールは人々の行動を可能にし，それに指針を与えるのである．制度化されたルールは広く共有された認識を作り出し，情報を提供し，関係者の調整を可能にし，道徳的に正しく，社会的に認められた行動とは何かを指示す

る．人間は，自分がどんな状況に置かれているか，またそこでどのようにふるまえばよいかに関して，何らかの手引きを探し求める傾向があり，社会的ルールがそうした手引きを与える．社会心理学者は，人間は社会的ルールに導かれるような形で行動を起こすよう，進化によって脳の機能が巧妙に調整されていることを説得的に論じている（Tooby and Cosmides 1992）．

　同時に，過去をふり返って行動する個人は，自らが持つ私的知識と情報に基づいて社会的ルールに反応するため，制度化されたルール，すなわち行動の規則性と一致する社会的ルールは，私的情報と知識を集約する．制度化されることが可能な社会的ルールとなりうるのは，つぎのような性質を持つものに限られる．すなわち，もしそれが守られると期待され，また道徳的に適切な行動を記述するものと期待されるときには，実際に守られ，それらのルールや予想，規範が生み出す結果によって否定されないという性質である．したがって，制度は，認知，関係者の調整，情報，そして規範の各面を司るさまざまな社会的要素が形作るものとして定義される．それらの社会的要素は，（社会的）行動を可能にし，それに指針を与え，動機づけることで，そうした行動に規則性を生み出すのである．

　ゲーム理論は，制度化されたルールが成立しているような状況では，有用な分析道具である．なぜならそのようなルールは，ゲーム理論が周知の事実として仮定するものと一致するからである．分析はさらに，実現可能な社会的ル

ールを，自己実現的な行動と一致するものに制限する．他人がルールに従うと信じているすべての人々は，自らの私的知識と情報を所与としたときに，やはり同じように従うことが最適であると考えるのが，自己実現的であるという意味である．このような意味で，実現可能な制度化されたルールは，一定の範囲に制限される．実際のところ，ナッシュの意味での自己実現性も，これとまったく同じこと——行動が予想を否定せずに再生産し，行動を動機づけた規範を否定しないこと——を意味している．自己実現的な社会的ルールが，唯一制度化されることができるものであることから考えると，ゲーム理論が制度分析に役立つ一番の理由は，それが実現可能な予想の範囲を確定する能力を持つことであることがわかる．

　この章で展開された議論は，多くの方向にさらに発展させる必要がある．内面化された予想（心的なモデル）と規範のあり方を，演繹的推論によって一定の範囲に制限する分析道具はほとんどない．人々はゲームのルールではなく，（認知の仕方を与える）ルール（とその情報的な内容）に対してプレイするのだという議論もまた，未開発である．より広くは，Simon（1955）が論じたように，認知能力と合理性の限界が具体的に何をもたらすかは，いまだに完全には解明されていない．戦略的行動を最適化ではなく「満足化（satisfice）」を追求する個人の行動へと結びつけることが，さらなる発展のために有効であるかもしれない[41]．

社会心理学者は，自分に対する自己イメージと一致しない行動をとることは，心理的な負担を伴うとし，そのため行動の動機づけには心理的なものも存在していると主張している．さらに，人々は，他人が自分に期待するものと一致するような形で，自らのアイデンティティを作り出す傾向がある．誠実な人は，不正を働くことをより難しくさせるようなアイデンティティを発達させる．起業者となることを期待される人は，そうなることで満足を得る．したがって，制度が生み出す行動と，それを動機づける予想は，それに呼応するアイデンティティとそうした行動に従う心理的動機を生み出す．この線に沿って，外因的動機と内因的動機の相互関係をより深く研究することは，有望な研究課題であろう．

　けれども，そのような発展をまつまでもなく，制度が行動を生み出すような状況における，ルールと予想，規範，そして行動の基本的な相互作用を理解することはたいへん重要である．人々は，行動の決定の基礎となる認知モデルと情報を求める．彼らは行動を調整する手段を求め，何が社会的に受け入れられ，規範に適うかに関する指示を求める．社会的に流布され，広く知れわたったルールは，こうした役割をはたすミクロ的基礎を与える．そうしたルールは，個人が状況に関する認知的な理解と情報を得ることを助け，道徳に適い，社会的に認められた行動を決定し，他人の行動に関する予想を形成することを可能にする．一方で，各個人はそのような広く知れわたったルールに対し

て，自らが持つ私的情報と知識に基づいて反応する．こう
して，制度化されたルールはそうした情報と知識を集約し
て広めることになる．制度が社会的ルールを生み出すよう
な状況では，予想と規範，そして行動が均衡のシステムを
構成する．ゲーム理論的な枠組みが制度の分析にとって有
用なのは，こうしたルールと予想，規範，そして行動の間
の相互作用をとらえ，したがって適格な制度の範囲を明ら
かにすることができるためである．

第5章註

1) 実際のところ，調整の問題は，戦略の支配関係によって解くことのでき
ない（dominance-solvable でない）すべてのゲームの特徴である．

2) Aoki（2001, pp. 13-14, 235-9, 412-13）の議論は，ここで展開される議論
にもっとも近い．彼は制度が状況に関する「要約された表現」を提示し，
要約された表現の範囲は，それに対する個人の反応によって制限されてい
ると論じた．

† 経済理論が通常仮定するように，人々は純粋に利己的であると仮定する
ということである．

3) 実際のところ，行動を起こした後にそれを合理化し，将来の行動へ活か
すために，過去の経験を説明し，認知的に筋の通った理由を作り上げよう
とすることは，人間の本性の一部である．

4) ここでの議論は，ゲーム理論が，ゲームのルールが周知の事実であると
仮定するために，制度分析には向かないという主張に反論する．そうした
主張は，周知の事実が，ナッシュ均衡条件が満たされるための必要条件で
も十分条件でもない（Aumann and Brandenburger 1995 を参照）ことを見
過ごしている．ナッシュ均衡は，周知の事実を前提としない進化と学習の
ゲームでも生き残り，あるいは到達される．周知の事実が十分条件を与え
るのは，合理化可能（rationalizable）な均衡（Bernheim 1984; Pearce 1984）

―――これは，本質的には支配される戦略の反復消去がもたらすものである
―――という，より弱い均衡概念にすぎないのである．

5) これらのモデルは，一般的には，他人の戦略やモデルのさまざまなパラ
メータに関する学習に焦点を当ててきた．この理論は，個人の学習に基づ
いて内生的な認知システムが生成される様子を説明しておらず，このこと
は後で述べる社会的ルールの重要性に関する主張を裏づけるものである．

6) Schotter（1981）の影響力のある研究は，ゲームにおける学習の理論を
制度分析に適用する先駆けとなった．学習については，Marimon（1997）；
Fudenberg and Levine（1998）；Rubinstein（1998）；Young（1998）を参照．
進化ゲーム理論は，ナッシュ均衡の利用を正当化するためのもう1つの回
答であった．第1章は，進化ゲーム理論がゲームにおける学習の理論と同
じような難題に直面することを論じている．

7) 例えば，K. Davis（1949, 特に pp. 52 ff., 192 ff.）と Bandura（1971）を参
照．古代の先住アメリカ人の集会（councils）から国連議会にいたるまで，
集合的な意思決定のための組織が使う円座は，決定を周知の事実とするこ
とを目的としている（Chwe 2001）．

8) 厳密にいえば，彼らはナッシュ制約か，近似的ナッシュ均衡の制約を満
たす均衡をプレイするよう学習するが，その詳細はここでは重要ではな
い．

Kalai and Lehrer（1993a）の議論は直感的であるとはいえ，技術的な分
析は，プレイヤーたちが新たな情報に対してベイズの公式に従った予想の
改訂を行うという仮定に基づいている．実際には，人々はベイズ流の論理
に従って予想を更新しないかもしれない．しかしながら，もしそのような
更新をしないのであれば，他のプレイヤーたちの行動を規定する社会的ルー
ルは，行動の規則性へと導くうえで，よりいっそう重要であるというこ
とができよう．実際に，ナッシュ均衡の十分条件は，ゲームのルールに関
する知識を持つ（あるいはそれが周知の事実となっている）ことではなく，
すべてのプレイヤーが，他人がどのような行動をとるかに関する正確な予
想を持つことである（Aumann and Brandenburger 1995）．その直感的な
理由は，ナッシュ均衡が，他人の戦略を所与としたときに，各プレイヤー
にとって最適な戦略の組み合わせだということである．もし各プレイヤー
が，他人がどのように行動するかを知り，それでもなお，彼に期待されて
いるように行動することが最適であると考えるならば，その行動のルール
はナッシュ条件を満たしているはずである．

† 各プレイヤーの初期の主観的予想が，ゲームがプレイされる中で実際に発生する出来事に対して正の確率を割り当てるということ．

9) 規範の情報上の役割については Schotter（1981, p.52）を参照．慣習の情報上の役割については D. Lewis（1969）; Sugden（1986, 1989），および Young（1993, 1998）を参照．これらの研究は，行動を方向づけるにあたって，制度化されたルールよりは個々人が個別に行う学習に焦点を当てている．

10) 読者はフォーマルなルールと制度化されたルールとを混同すべきではない．交通のフォーマルなルールは速度制限を設定するものの，新入りのドライバーたちは，熟練したドライバーがどれぐらい速く運転するかを観察した後，その制限を長くは遵守しない．フォーマルなルールはドライバーが予想を形成することを促すが，彼らはそれを観察した行動によって更新する．

11) 「ルールに対してプレイする」という意味は，ルールに従うことでも破ることでもない．それは，各個人が一般的に知られた社会的ルールを外生的なものとして受け取り，それらのルールの内容と同時に彼の私的知識と情報，および選好に基づいて行動の選択を決定するという意味である．

12) この議論は，制度の誕生の過程において，ルールが予想に先立つと主張しているわけではない．第3部の議論で強調するように，予想はしばしばルールに先行する．同様に，車を運転するときに道路のどちら側を通行するべきかという問題が明らかにするように，学習と収束の過程は必ずしも必要ではない．ここでの議論は，どんなルールと予想の体系が制度化されたものとなりうるかを扱うものである．

13) Kuran（1995）は，制度が行動を生み出すような状況では，私的情報はしばしば歪められていることを強調する．人々は，自らの選好を正しく表明したときに明らかになる，他人の選好に関する情報を考慮して，自身の選好を正しく表明することを思いとどまる．人が，自らの選好の公的な表明を偽る動機を持つのは，そうすることがルールによって開示された情報に対する最適反応であるためである．

14) これは制度が内生的に変化せず，人々が広まった均衡を変えようとしないと主張しているわけではない．この問題については第3部で再び議論する．

15) 逸脱者の理由と役割は，この章の終わりと第3部で議論される．

16) 制度が行動を生み出すような状況のとき，人々は一見するとルールは

守るものだと考えているようにみえる．彼らは自らの社会的な役割に結びつけられているルールに従っているからである．March and Olsen (1989) は，人々が自らの役割に結びついた行動を採用する傾向があるのは，「この状況で何をするのが得なのか？」を問う，実利志向の論理によるものではないと主張している．そうではなくて，こうした傾向は「この状況での私の役割を所与としたときに，私に期待されていることは何か？」を問う「妥当性の論理」によってもたらされるものである．March and Olsen は，個人が，報酬や罰則に対する恐れよりは社会的な義務から「適切に」行動すると主張している．そのような内在的な動機は，以下で議論するように決定的に重要であり，またここで展開された枠組みにも簡単に取り入れることができる．しかし，人々が彼らの役割に結びついた行動を見つけ出し，それに従うということを観察するだけで終わってしまっては，その背後にある論理を明らかにすることはできない．

17) Calvert (1995, p. 59) が書いているように，「もしそこでプレイされているゲームにおいて……特定の個人が，特別な機会や力に恵まれた者として別格に扱われているのでなければ，そのような役割分化は均衡の一部としてしか維持することができない」のである．

18) 社会学では，制度化は，社会的な行いが制度として表現されるに十分なほど規則的，かつ継続的となる過程として考えられている (Abercrombie et al., 1994, p. 216).

19) 共有された意味づけと，それが可能にする集団的な反応は，同時に，国家の制度的な基盤も提供する．マグナ・カルタは，制度化されたルールが国家の制度的な基盤を提供する例である．この制度化されたルールは，政治に関係する人々が，支配者による権利の侵害に対して，集団的な反応をするであろうという予想を生み出すために必要な，共有された意味づけを作り出した．この近代政治システムの精神についての分析は，とりわけ Hardin (1989); Prezworski (1991); Weingast (1995, 1997) を参照．

20) 厳密には，完備情報の展開型ゲームにおいて，実現する経路を P，その経路をもたらすすべての戦略の組み合わせの集合を $S(P)$ と定義する．$S(P)$ 上の確率分布として定義されたプレイヤー i の予想を $B_i(S(P))$ で表す．そのような確率分布としてはさまざまなものが可能であるが，それらの違いは，均衡経路外の行動に対して割り当てられる確率の違いのみから来るものであることに注意されたい．こうした確率分布に注目することの意味は，したがって，プレイヤーが，特定の経路が実現することを踏ま

えて予想を形成する必要があるということである. 戦略の組み合わせ $s^* \in S(P)$ がプレイされるという共有された予想を $B(s^*)$ で表そう. つまり, $B(S(P))$ は $s^* \in S(P)$ に確率 1 を与えるものである. 任意の i と任意の $s_i \in S_i$ について $U_i(s_i^*, B(s^*)) \geq U_i(s_i, B(s^*))$ であるとき (すなわち, 予想を所与としたとき, この戦略に従うことが最適戦略であるとき), s^* はナッシュ均衡である. したがって, s^* は均衡であり, 対応する予想は自己実現的である.

21) 認知科学の膨大な研究を検討したうえで, Mantzavinos (2001) は, われわれがそのような理論を構築することはありそうもないと議論している. Kaneko and Matsui (1999) と Aoki (2001) は帰納的なゲーム理論を作り上げた. それは, 相互に作用する個人が, 状況に関する自らの主観的な理解を帰納的に形成するときに, 純粋に個人主義的な行動が, 行動の規則性を生み出すことができるのかを検討している.

22) よく知られているように, 人々は, 彼らの当初の予想に沿うように証拠を解釈する傾向がある. 第 3 部は, 制度変化に対するこの傾向の含意を検討する.

23) ゲーム理論的に見て, この違いが何をもたらすかは, いまだに十分にはわかっていない.

24) 主観的ゲーム理論 (Kalai and Lehrer 1993b, 1995) と自己確証的均衡 (self-confirming equilibria) (Fudenberg and Levine 1993, 2003) は, このようなケースに対して適切な分析的枠組みを提供する. 大ざっぱにいえば, 実際の行動がもたらす観察可能な結果と矛盾せず, なおも均衡経路上の行動を生み出すようなものならば, 他人の行動に関するどのような予想も持つことができる, というのがこうした均衡の特徴である. そのような準制度化された状況に関する実証分析としては De Figueiredo, Rakove, and Weingast (2001) を参照.

25) 社会学者はこの基礎を探究してきた (概観については, Wrong 1961, 1999 および Scott 1995). その重要性は Becker (1974); Arrow (1981); Hirshleifer (1985); Akerlof (1986); Lal (1998); North (1990); Platteau (1994); Samuelson (1993); Sen (1995) など多くの著名な経済学者によって強調されてきた. 社会的・規範的傾向の起源に関する進化的なモデルは Wilson (1975) にまで遡ることができる. 最近の貢献については, Güth and Yaari (1992); Güth (1992); Bowles and Gintis (1998); Huck and Oechssler (1999); Bester and Güth (1998); Kockesen, Ok, and Sethi

(2000a, 2000b)；Ely and Yilankaya (1997)；Dekel, Fudenberge, and Levine (1999)，そして Field (2002) と Gintis (2000) の中のレビューと貢献を参照．Kandori (2003) のような進化的なモデルは，規範的な行動が崩れてゆく可能性があることを指摘し，その長期的な安定性に疑問を投げかけている．

26)　行動そのものの価値以外には，何の報酬ももたらさないにもかかわらずとられる行動を，心理学者は内発的に動機づけられた行動として定義する（Frey 1997, pp. 13-14 の概観を参照）．

27)　規範とその伝達については，K. Davis (1949)；Cavalli-Sforza and Feldman (1981)；Bandura (1971)；Witt (1986)；Shapiro (1983)；Elster (1989a, 1989b) を参照．

28)　社会学的なより詳細な区別によると，価値が好ましさ，もしくは望ましさ（例えばゲームに勝つ）を特定するのに対して，規範はこれらのゲームに到達するための手段の正統性（例えばフェアにプレイして勝つ）を特定する．議論を単純化するため，私はこの両方を含むかたちで規範という用語を使う．

29)　Bohnet and Frey (1999) の独裁者ゲームを考えよう．独裁者ゲームでは，「独裁者」は彼ともう１人のプレイヤーとの間で 10 ドルを，自分の一存で好きなように分けることができる．ゲームが匿名で行われたとき，お金を等分に分けた独裁者は 25 パーセントしかなかったが，２人のプレイヤーが互いを確認したときには 71 パーセントがそうした．さらに Dawes and Thaler (1988)；E. Hoffman, McCabe, Shachat, and Smith (1994)；E. Hoffman, McCabe, and Smith (1996a, 1996b)；Ostrom (1998) も参照．

30)　Fehr and Schmidt (1999) は関連する実験をサーベイしている．さらに Loewsenstein, Bazerman, and Thomson (1989) および Bolton and Ockenfels (2000) も参照．不平等を高めることが効率的で，それほどコストがかからないときには，人々は不平等度を高めるような犠牲を払うこともある．

31)　理論的な裏づけとしては，Andreoni and Miller (2002) を参照．彼らは社会的選好の一般的なモデルを作ることができなかったことを認めつつも，「最終的な金銭の配分以外の多くのことが，被験者にとって問題となるようである．もしわれわれが，利他主義のような道徳的な行動に対する微妙な影響を理解しようとするならば，ゲームと，ゲームがプレイされる文脈から適当な変数を選んで理論に取り入れる必要があるだろう」(p. 20) と

結論づけた．社会的選好に対する公理的なアプローチも，似たような結論に到達した（Segal and Sobel 2000）．

32) Platteau and Hayami (1998) と Platteau (2000) は，環境的な要因が規範に影響すると論じている．現代の法律においてもさえも，異なる規範を見出すことができる．アメリカ合衆国における実証的な証拠としては，Young and Burke (2001) を参照．誰が誰に対して利他的にふるまう責任があるかに関する明確な観念は，社会福祉政策に反映されている．ごく最近まで，日本の民法 877 条は 3 親等内の親族に，障害のある家族の扶養義務を定めていた．これに反して，アメリカ合衆国ではそのような法的責任は家族にはない．

33) これに関連した多くの経済学的な研究（主には理論的なものであり，契約と組織の問題に焦点を当てている）があり，それらは，Fehr and Schmidt (1999) にまとめられている．Cole, Mailath, and Postlewaite (1992) は，社会がその構成員に対して，どのように社会的な地位を授けるかということが，経済成長に対して与える影響を分析している．さらに Fershtman and Weiss (1993) と Benabou (1994) も参照．（実験ゲーム理論によって指摘されている）規範を重んずる程度に個人差があることは，不完備情報ゲームを使って分析に組み込むことができる．Kreps et al (1982) を参照．

34) フレーミング効果（Tversky and Kahneman 1981）は，課題や問題の記述の仕方を変化させると，選択肢の選好が変化することを指す．

35) 彼の分析はしたがって，経済的な取引と社会的な取引とを結びつけることが何を意味するかを検討している．以下で言及するように，制度は特定の公共財への貢献が尊敬を集めるかどうかにも影響する．

36) 心理学的ゲーム理論（Psychological game theory）（Geanakoplos, Pearce, and Stacchetti 1989）は，効用関数が予想に依存すると仮定することで，怒りやプライドのような内生的な心理的動機を検討するものである．「プレイヤーの利得はみんなが何をするかだけでなく，みんなが何を考えているかにも依存する」（p. 61）．均衡における予想は現実と一致し，期待される均衡行動からの逸脱は，感情的な反応を引き起こす．個人の行動は，他人の感情的な反応に関する自己実現的な予想に影響され，それらの予想は，予想がもたらす行動によって再生産される．こうしたモデルには均衡が多数存在するという問題があり，そのことがこの理論の応用範囲を限られたものとしている（Rabin 1993; Fehr and Schmidt 1999; Char-

ness and Rabin 2002 を参照. 規範へのゲーム理論的な進化アプローチについては Frank 1987 を見よ).

37) Aoki (2001) は, 近世日本の社会的交換のゲーム理論的分析を行っている.

38) 調整ができないことと, 調整者の利益誘導との間のトレードオフが, 結果として生ずる制度の効率性にどう影響するかを追究した, 一般的な分析はあまり見たことがない. Hayek (1979) は法令によって公布されたルールの重要性を強調している.

39) **正統性**という言葉は *New Handbook of Political Science* (Goodin and Klingemann 1996) の索引にたった6つしか入っておらず, 非常に狭い範囲でしか扱われていない. *The Handbook of Economic Sociology* の索引には, Weber (1947) がそれについて検討したにもかかわらず, **正統性は入っていない** (Smelser and Swedberg 1994). Levi (1988) は課税に対する「同意」を議論する中で間接的にこの問題に触れている. ここでの議論は Greif (2002) に基づいている.

40) これらの例が持つ参加的な性質は, 直接その正統性の原因となるかもしれない. Ostrom (1998, p. 7) は, 人々は対話を行い, 行動のルールに合意できるならば, それが彼らの物質的な利益にならないとしても, 合意された通りに行動することを示す, 実験的な証拠をサーベイしている. Stewart (1992) は, 正統性は規範的な価値を与えることを指摘する. 献血と売血を規制するルールに関する比較研究の中で, 彼は, 法的なルールが医療目的の人血の販売を禁止し, 献血を奨励するところでは, 売血を否定するより強い規範が存在することを指摘している.

41) Simon (1955) は, 時間と知識, 計算能力に限界があるという条件に対処するためのアルゴリズムを特徴づけるために**満足化** (satisfycing: sufficing と satisfying の合成語) という言葉を使っている. 彼は, 人は起こりうるすべての帰結の確率を計算し, 最善の選択肢を選ぶのではなく, 自分の目標基準を満たす最初の選択肢を選ぶと主張している. 最近のサーベイとしては Conlisk (1996) を参照. Gilboa and Schmeidler (2001) は**満足化行動**を研究する分析的な枠組みを提示している.

第 3 部

歴史的過程としての制度のダイナミクス

Institutional Dynamics as a Historical Process

時々刻々変化する環境のもとで，制度はどのようにして存続しているのだろうか？　制度は，外生的な変化や，その制度自身によって引き起こされた一連の出来事によって崩壊するが，それはどのようにして起こるのだろうか？　また，過去の制度——これには，すでに人々の行動に影響を与えていないものも含まれるだろう——は，制度変化の方向にどのような影響を及ぼすのだろうか？　なぜそれぞれの社会は，それぞれ独自の制度変化の軌跡をたどって発展するのだろうか？　また，より望ましい結果をもたらすために，制度変化の方向を変えることがこれほど難しいのは，いったいなぜなのだろうか？

　制度は，経済学や政治学，社会学によって考察の対象とされてきたが，どの学問分野で分析される際にも，上で述べた問題は常に頭痛の種であった．これらの疑問に答えるためには，制度の安定性と変化を共に説明することができる理論的枠組みが必要である．その枠組みは，一方で，変化に富む環境の下において，制度が存続し安定性を持つことを説明できなくてはならない．また他方で，制度の内生的な変化や，制度がいつまでも存続し続けることができない理由をも，説明できなければならない．さらにそれは，なぜ，どのように，どの程度，過去の制度がそれに続く制度に影響を与えるかという問題に対する考察をも，可能にするものでなければならない．

　1970年代以来，経済学者は，制度の時間を通じた変化（ダイナミクス）を考察するうえで，制度に対する2つの見

方を発展させてきた．1つは，意図的構築物としての制度観（the intentionally created perspective）であり，もう1つは，進化的な制度観（the evolutionary perspective）である．前者は，制度はさまざまな機能を果たすことを目的として，将来を見通すことのできる人々によって意図的に創られるとみなす．したがって制度の時間を通じた変化は，制度が果たす機能に対して人々が反応する結果引き起こされる，と考えて分析するのがもっとも適当であることになる（例えば，North 1981; Williamson 1985 など）[1]．政治経済学的なモデルは，制度が確立・変化する過程を考察するうえで，特に役立つことが知られている．そのモデルでは，経済制度とは，経済活動を規制する公的なルールのことであり，それらは政治的なプロセスの結果生じるとみなされている．したがって，意思決定過程やそれに参加する人々の利害関係が外生的に変化することによって，制度は変化することになる（関連する文献のサーベイとして Weingast 1996 と Peters 1996 を参照のこと）[2]．

意図的構築物としての制度観によると，制度変化は将来を見通した人々によってもたらされるものであり，過去そのものが制度変化を制約することはない．制度の調整的変化を制限するのは，歴史による足かせではなく，むしろ，変化に伴うコストである．制度が外生的な変化に適応しそこなう原因は主に，サンク・コスト（回収不能な費用）・調整費用やネットワーク外部効果（North 1990），既存の制度から利益を得ている人々からの反発を抑えるためのコスト

(Olson 1982), そして, 変化によって被害をこうむる人々から賛同を得ることの難しさ (Fernandez and Rodrik 1991; Kantor 1998) なのである.

しかし, この制度観では, なぜ制度が変化しにくいかを説明するのは難しい. そこで研究者たちは, インフォーマルな制度が粘着性を持つという考えを持ち出した. 彼らの議論によれば, 慣習的な行動ルール・社会的な関係・規範などとして定義されるインフォーマルな制度は, 命令によって変わるものではなく, それゆえに, 公的なルールを変更することによって得られる効果が限定されてしまう (North 1990, 1991; Mantzavinos 2001; Aoki 2001)[3]. しかし, この見解は不満足なものである. というのも, O. Williamson (2000) がいうように, この見解は制度の変化を1つの分析的枠組みで説明する一方で, 制度が変化しないという現象は, その枠組みの外にある力を用いて説明しているからである. インフォーマルな制度の持続性のもとになっているものが, 分析の中に明示的に取り入れられたとき, はじめて, インフォーマルな制度が制度変化に課す制約を説明理由として用いることができるのである (Greif 1994a や Ensminger 1997 におけるように).

旧制度学派とオーストリア学派経済学 (Menger 1871 [1976]; Hayek 1937) から発展した進化制度学派は, 異時点における制度間の関連を考察するための異なるアプローチを提供してくれる. 限定合理的な個々人が相互作用を及ぼしあうと, 人々が意図していなかった結果を生じ, 人々は,

その結果をもとにある種の行動パターンを形成する．進化制度学派は，こうした行動パターンを制度と定義するのである．この制度観は，将来の見通しと制度の果たす機能を前提とした，意図的構築物としての制度観を退けるものである．

この考え方を取り入れた数理モデルでは，突然変異・淘汰・慣性が，限定合理的な個人の行動と制度を結びつける[4]．ある特性（もしくは形質：trait）がもたらす相対的な利得は，環境と，どのような行動特性が集団内に分布しているかによって決まる．淘汰と，新しい特性の外生的な侵入（突然変異）が，行動特性の分布を変え，時間が経つにつれて，より利得の多い特性がその比率を増していく．

突然変異と淘汰が特性分布の変化の仕方に影響を与える一方で，変化する速度を決めるのは慣性である．より利得の多い特性が占める割合も，あくまで時間と共に増えていく．淘汰は，模倣や高い繁殖率を通して働き，その結果が明らかになるには時間がかかるのである．進化的制度分析は，特性の安定的な分布，つまり，均衡に到達するための条件を考察する．

上記のような進化的モデルでは，安定性と変化は同じ分析枠組みの下で考えることができるが，第1章で触れたように，そこではミクロ的な基礎に強い制限が課されている．この分析枠組みでは，個々人は将来を見通すことができないと仮定されており，せいぜい過去を顧みることができるだけなのである．社会的なレベルは無視されており，

個々人は互いに行動を調整したり，コミュニケーションをとったり，人々の関係を取り巻く環境を一致団結して変えたりすることはできないと仮定されている．制度の変化のきっかけとなる突然変異のプロセスは外生的であるうえ，変化する速さを決める慣性も，内生的に導き出されるのではなく，初めから仮定されている．

　第6章から第9章では，制度の時間を通じた変化に対する新たな見方を概説する．「制度の時間を通じた変化は歴史的過程である」という制度観は，変わりゆく環境の下で制度の存続に寄与している作用を明らかにする．それは，いつ，そしてなぜ，制度は内生的に変化するのか，また，過去の制度は，どのようにしてそれに続く制度に影響を及ぼすかをも明確にする．この歴史的過程としての制度観は，旧制度学派的な進化的制度観と，新制度学派的な意図的構築物としての制度観とのギャップを埋めるものである．この制度観は，進化的で非計画的な制度の発達という旧制度学派経済学による認識と，意図に重きを置く新制度学派経済学による認識を，共に内包している．この制度観は，意図的な構築物としての制度観と異なり，そして進化的制度観と同じように，制度を均衡として成立させている作用を探究することによって，制度の発生，安定性や変化を説明しようとする．他方で，進化的制度観とは異なり，社会的なレベル（制度的な諸要素）を分析の中心に据え，変化の過程や慣性のミクロ的基礎を内生的なものと考える．したがってこの制度観は，異時点に存在する制度間の

関係に対する考察を，政治経済学的なモデルや進化的モデルでは説明できない状況にまで拡張することができる．

　進化的な制度観と意図的構築物としての制度観との間にあるギャップに橋渡しをすることによって，歴史的過程としての制度観は，それら双方の発展に寄与することができる．制度の慣性や突然変異，実験的試行を外生的なものとみなす進化的制度観とは対照的に，この制度観は，制度の慣性のミクロ的な基礎を検討し，突然変異や実験的試行そのものが既存の制度に基づいているという事実をとらえている．また，この制度観は，次のような点を明確に把握することによって，意図的構築物としての制度観をより豊かなものにする．すなわち，個人は過去の制度がもたらす色眼鏡を通して将来を見通すということ，制度の均衡としての性質によって，すべての機能的な要求に対して直ちに反応することができないこと，さらに，異なる制度は異なる制度発展の軌跡をもたらすことなどである．

　しかし，おそらくより重要なことは，歴史的過程としての制度観が，社会科学による歴史研究にまったく新しい方向性を提示することであろう．歴史研究は，マルクスやマルサスのような巨人たちに倣って，決定論的な歴史理論を追究してきた．歴史の流れは，地理・階級闘争や人口のような不可避な要因によって作り出される，というのである．われわれの歴史観は異なる見方を提供する．過去の制度は，結果一般に対して，また特に制度の時間を通じた変化に対して，非決定論的な形で影響を及ぼす．歴史は，こ

うした過去の制度の非決定論的な影響に基づいて展開していく，というのがわれわれの見方である．

　この制度観に基づく分析はいまだ発展途上であるが，第3部では，この制度観にまつわる議論を幅広く紹介し，その長所を実例を示しながら解説する．第6章では，内生的制度変化の理論について説明する．第7章では，過去の制度が制度変化の方向に及ぼす影響について議論する．第8章と第9章では，異なる社会がどのようにして異なった制度変化の軌跡の上に乗ったのかを示しながら，制度の時間を通じた変化を実例に基づいて考察する．これらの考察は，理論モデルを扱う章で展開される議論のすべてを尽くすものではないが，少なくともその多様な側面を明らかにするものである．

　より具体的には，第8章では，ジェノヴァ共和国の事例を検討しつつ，政体の制度的基盤がどのように変化するかという点に焦点を絞る．政治的な意思決定を統制するルールとしての政治制度と，政治的な秩序，そして経済的な繁栄の三者の間の関係に注目することによって，政治的な秩序と混乱を分析するのが永きにわたる伝統であった．しかし，政治的な秩序と混乱をよく理解するためには，こうした考察方法から脱却する必要がある（例えば，Przeworski 1991 を見よ）．第3部における分析では，政体を1つの自己実現的な制度とみなし，そのさまざまな特徴が行動を生み出し，それによって政治的秩序・混乱や経済的成果がもたらされると考える．政治的な意思決定を統制するルール

は，こうした制度を構成する 1 つの要素に過ぎない．政治的秩序や混乱，そしてそれらの経済への影響を理解するためには，政体を自己実現的な制度として考察する必要があるのである．

　第 9 章は，経済的・社会的制度の時間を通じた変化に焦点を当てる．この章では，マグリブおよびジェノヴァの商人たちが発展させた組織・契約・制度を比較する．経済学者たちは往々にして，そのような発展に影響を与えるのは，効率性への考慮（特に，取引費用を削減しようとする試み）であると考える（O. Williamson 1985）．しかしながら，これら 2 つの社会の発展を比較分析することによって明らかになるのは，過去の制度的要素が社会の発展方向に与える影響の重要性である．さらに，こうした異なる制度的要素は，文化が制度選択に及ぼす影響を色濃く反映している．初期の文化的・社会的要素は，制度の選択に影響を及ぼし，選択された制度のうちに統合され，その制度によって再生産される．こうして，初期の文化的・社会的要因は，制度や組織や契約の発展に対して，持続的な影響を及ぼし続けるのである．

註

1) 制度は不確実性を軽減し（Sugden 1989; North 1990），分配に影響を及ぼし（Olson 1982; Knight 1992），集団の厚生を最大化し（Ellickson 1991），

取引費用を最小化する（Williamson 1985）．このような機能主義的な分析は，制度の起源が，その制度から予想される効能になんらかの形で関係していることが明らかなときにのみ，説得力を持つ（Stinchcombe 1968, pp. 87-93; Elster 1983; Fligstein 1990）．

2) 取引費用の経済学（Williamson 1985 による独創的な貢献に端を発する）も，どのような制度が成立するかは，それが果たす機能によって決まると考える．ただしそこでは，制度は契約や組織の形態と同一視されている．

3) 第1次世界大戦中にイギリスで導入された国民皆兵制は，アイルランド人の兵役を免除していたが，それは，彼らの反イギリス的な規範を考えると，徴兵制を施行したり，真剣に兵役につかせるために必要なコストがあまりにも高すぎたためであった．

4) 例えば，Nelson and Winter（1982）; Frank（1987）; Sugden（1989）; Young（1993, 1998）; Hodgson（1998）; Kandori et al.（1993）; Macy（1997）を参照．Kandori（1997）と Gintis（2000）にサーベイがある．

第 6 章

内生的制度変化の理論

A Theory of Endogenous Institutional Change

　内生的な制度変化を考察するためには，環境に変化がないときに制度を存続させ，環境に変化が生じたときにも制度を安定させているメカニズムを知る必要がある．Berger and Luckmann（1967），Searle（1995），Giddens（1997）をはじめとする社会学者は，いったん普及した内生的な制度が存続するメカニズムを研究することの重要性を指摘してきたが，社会学は，そのために必要な満足のいく分析枠組みを提供できていない．Scott がいうように，「すでに確立した制度が存続するという現象は，（社会学では）ほとんど研究されていない．従来，存続を表すために用いられてきた「慣性」という用語は，あまりにも消極的で無難であり，この問題を研究するための正確な道しるべにはならない」（Scott 1995, p. 90; DiMaggio and Powell 1991a, p. 25; Thelen 1999, p. 397 も見よ）．

一方，経済学においては，制度存続の研究は通常，制度の経路依存性を研究することを指す（North 1990; David 1994; Greif 1994a）．経路依存というアイデアは，元来は技術を研究するために考え出されたものである（David 1985; Arthur 1988, 1994）．そこでは，「現状」を知るためには，「過去が現在に影響を及ぼし続ける原因となっている，物事の背景や環境，連鎖的に起こってきた出来事」を調べなければならない，と考えられている（David 1994, p. 206）．

　ゲーム理論的な分析枠組みと，これまでの章で展開されてきた制度に対する見方は，制度を存続させるある特定のメカニズムの存在を明らかにする．制度によってある行動が引き起こされるような状況では，予想がその行動をとる動機を与え，さらに，観察された行動によって，その予想の妥当性が確かめられる．いいかえれば，自己実現的な（再生産される）予想と行動は，定常均衡になっている．つまり，観察される行動は，その行動をもたらした予想を再生産する．なぜなら，観察される行動は，他の人々はこのような特定の行動をとるだろうという予想と合致し，その予想の下では，各個人にとって自分もその行動をとることが最適になるからである．与えられた環境の下で，どの予想と行動が自己実現的でありうるかを明らかにすることによって，ゲーム理論的な制度観は，制度を存続・安定させるメカニズムの限界をも明らかにする．すなわち，ゲーム理論的な枠組みを用いることによって，どのような外生的変化が生じれば，現在の行動がもはや自己実現的でなくな

り，変化するかがわかるのである．

　しかしながら，制度を均衡現象としてとらえると，内生
的な制度変化を研究することが特に難しくなる．ある制度
の下では，各個人の行動は最適反応となっている．一見す
ると，そこから必然的に導き出される結論は，「自己実現的
な制度の下では，誰一人，自分がとっている行動から逸脱
するインセンティブを持っていないから，制度が変化する
原因は必ず外生的なものでなければならない」というもの
であるように思われる．P. Hall と Taylor が指摘するよう
に，制度を均衡として考察することは，「そのような分析を
矛盾に陥れる．このアプローチから得られる 1 つの含意
は，制度が生成する出発点はそれ自体，ナッシュ均衡を反
映している可能性が高い，というものである．しかし，も
しそうであれば，なぜ人々が既存の制度を変えることに合
意するのかがわからない」(P. Hall and Taylor 1996, p. 953)．
制度の内生的変化は語義矛盾であるということになりそう
である[1]．実際，ゲーム理論を用いた制度変化の分析は，
もっぱら，外生的なパラメータの変化によって引き起こさ
れる制度の動学的な変化に集中してきた．

　本章では，制度を均衡とみなすアプローチが内生的制度
変化の研究と統合可能であることについて論じる．まず，
制度とゲーム理論における均衡概念との区別を明確にする
ことによって，2 つの関連する概念が導入される．それは，
準パラメータと**制度強化**である．これらの概念について議
論する前に，ゲーム理論の枠組みにおいて，パラメータと

変数がどのように区別されているかについて注意しておく必要がある．パラメータは，考察対象としているゲームにとって外生的なものである．もしそれが変化すれば，その結果として生じる新しい均衡の集合を考察する必要がある．他方，変数は，ゲームの中で内生的に決定される．ゲーム理論を援用した制度分析は，ある1つの取引に焦点を絞り（例えば，支配者による所有権の侵害や保護），所与のパラメータの下で，その取引と関連する可能性がある自己実現的な行動（例えば，所有権の保障）を変数として考察する．

　これに対して，この章の主張は，自己実現性を研究する際には，対象となる状況が持っているいくつかの側面をパラメータとして扱う一方，制度の動学的な変化を考える際には，それらのパラメータを変数として取り扱うことが，概念的に妥当であるし，分析を容易にしてくれる，というものである．制度をゲームの均衡として分析する際，制度が，考察対象としている取引における行動とは別に，それを取り囲む状況のいくつかの側面にも内生的に影響を及ぼしているかどうかを問うことは適切であろう．本章で提起される考えは，そのような側面のうちのあるものは，短期の自己実現性を考察する際はパラメータと考えるべきであるが，長期では内生的に決まるものとして——すなわち変数として——考えなければならない，というものである．このように内生的に変化し，このような効果を持つパラメータを，われわれは準パラメータと呼ぶ．準パラメータが

わずかに変化しても，制度に関連する人々の行動や，行動に関する予測は変化しない．

　均衡分析は，ある行動を均衡にしている要因を明らかにすることによって，準パラメータの研究を前進させる．パラメータ，変数，準パラメータの区別は厳密なものではない．それは経験的な観察に基づいて行われる．例えば，自己実現的な結果が，均衡を支えているいくつかのパラメータを変化させるとしよう．それによって，短期には行動は変わらないが，長期的には変化が生じる場合，これらのパラメータは準パラメータとして分類しなおすのがもっとも適切である．

　制度は，その制度によって引き起こされる行動とプロセスが，準パラメータへの影響を通じて，その制度をより幅広いパラメータの値（つまり，より多くの状況下）で自己実現的にするとき，強化される．制度が強化されていけば，より多くの人々にとって，より多くの状況下で，その制度に関連する行動をとることが最適となる[2]．制度が自己強化的であると，そうでなければ制度を変化させるような外生的な状況変化が生じても，制度は変化しない．制度は，より広範なパラメータ値の下で自己実現的になっているからである．しかし，そのような強化過程が生じないこともありうる．制度自身が引き起こす変化によって，その制度に関連する行動が自己実現的となる程度を小さくすることがあるからである．すなわち，制度が引き起こす行動が，制度自体の終焉の種を育ててしまうこともある．この

変化が徐々に生じるか突発的に起こるか、また、部分的な
ものにとどまるか包括的なものにわたるかは、上のような
プロセスの性質に依存する。

　内生的な制度変化を制度の弱体化の過程を反映するもの
としてとらえることは、新たな制度的要素を作り出したり
取り込んだりする動機や、新たな状況を作り出そうとする
インセンティブに対して、制度が与える影響を無視するこ
とになる。これらの重要な問題は、次章で取り上げる[3]。

　政治学における歴史制度学派は、特に制度変化に焦点を
当てた研究動向を代表している（P. Hall and Taylor 1996;
Thelen 1999; Pierson and Skocpol 2002 を見よ）。それは、制度
の形成における歴史の重要性を強調しているが、制度の安
定性、歴史的プロセス、変化の間の関係を考察しうる理論
を提供していない。Pierson（2000, p. 266）がいうように、歴
史制度学派の研究を進展させるうえで重大な障害となって
いるのは、制度変化は「しばしば事後的に、「外生的なショ
ック」に帰される。しかし変化が生じるのは、新たな状況
によって、既存の行動を再生産してきたメカニズムが混乱
ないし崩壊したからだと考えるべきである」という事情で
ある。制度を自己実現的にしている要因、制度がもたらす
プロセスと、そのプロセスが制度の自己実現性に及ぼす影
響の関係を検討すれば、ゲーム理論的な見方と歴史的な見
方に橋渡しをすることができ、それによって両者をより豊
かなものにすることができる（歴史制度学派と本章で展開さ
れる見方との関係に関する議論については、Greif and Laitin

2004 を参照).

　本章の構成は以下の通りである．第6.1節と第6.2節では，制度の存続と安定について検討する．第6.3節では，「準パラメータ」および「制度強化」の概念を導入する．第6.4節では，自己実現的な制度が，どのように自らを強化したり侵蝕したりするかを，近代初期のジェノヴァとヴェネツィアの政治制度を例にして説明する．第6.5節では，制度強化のモデルを提示する．第6.6節は，評判に基づいた制度に焦点を当て，なぜ制度は，はじめ強化され，後に弱体化するという「ライフサイクル」を持っていることがあるのかを説明する．第6.7節では，これらの議論の今後の発展性について考察する．

6.1　制度の存続

　第5章で述べたように，制度は，存続するためには**再生産**されなければならない．観察された行動やその他の結果によって，人々の行動を可能にし，導き，誘因を与えていたルールや予想が誤りであったことが明らかにならない場合，制度は再生産される．すなわち，予想が結果と整合的であれば，観察された行動や結果は，もともとの行動を可能にし，導き，動機づけていたルールや予測の正しさを裏づけるのである．

　D. Lewis（1969, pp. 41-2）は，均衡における行動による予想の再生産という考えをうまく表現している．彼は次のよ

うに書いている.「均衡がもたらす行動の規則性と一致する行為が行われるたびに, 人々の行為は全般的に規則性に一致するという経験が積み重なっていく」.「全般的に人々の行為が規則性に一致するという過去の経験は, 先例の持つ力によって, 同じように規則性に一致した行動が将来もとられるとわれわれに予想させる. その結果, 次のようになる――われわれはこのようである. それは, このようであるからだ. そしてそれは, このようであるからであり, それは, このようであるからだ. 一度この過程が始まれば, メタ安定的・永続的な, 無限に存続可能な選好・予想・行為のシステムができ上がる」. 構造が行動を生み出し, その行動は, それが自己実現的であるがゆえに, 構造を再生産するのである.

この存続のメカニズムは, 直感に訴える命題に基づいている. それは, 人々は将来を視野に入れて行動するという命題, いいかえれば, 彼らは行動する前に考え, 他の人々が何をしそうかを考慮に入れるという命題である. また, 彼らは過去を回顧し, 自分の予想を観察結果に基づいて評価する[4]. この存続メカニズムは, それぞれの個人が他の人々の行動に関して正確な予想を持っている, というナッシュの条件によってとらえることができる (付録Aおよび第5章を参照). ナッシュの意味で自己実現的な制度は, それが生み出す行動によって自らを再生産する.

前のいくつかの章で取りあげた歴史上の事例は, 制度の存続をもたらすメカニズムとして, ナッシュの条件によっ

てとらえられるメカニズムが妥当であることを示している．例えば，マグリブ貿易商たちの同盟が存続できたのは，行動に関する正しい予想と行動とが自己実現的だったからである．すべての人々がある特定の行動ルールに従うだろうという予想を持つ貿易商にとって，最適反応は，彼もまたそのルールに従う，というものである．さらに，他の人々が皆，自分が属する集団に所属する代理人しか雇わず，雇われた代理人が誠実にふるまうことを観察することによって，これらの予想は再生産（確認）された．

このようにして，ゲーム理論は，どのような条件下において，そしてどのようなメカニズムが働けば，ある構造——周知の事実となっているルールと予想——が生み出す行動がその構造を再生産するか，をとらえる．しかし，ゲーム理論的分析と制度分析の相違について，認識しておく必要がある．第1に，ゲーム理論的分析では，プレイヤーたちにとって，ゲームのルールは周知の事実であると仮定されているが，制度分析では，人々は（制度化した）ルールに基づいて行動し，社会的なルール，他人の行動，似たような観察結果などを通して，状況のさまざまな側面について学ぶと考える．後に示すように，状況のさまざまな側面の変化を認識せず，したがって変化に合わせて自分の行動を変えない人々もいる可能性がある．そのような場合には，パラメータが変化しても制度が存続できる可能性があるし，実際に存続することがしばしばある．

制度を存続させるメカニズムは，ある社会が持つ，いわ

ゆる文化的・社会的（組織的）な特徴を存続させる原因ともなる．制度化されたルール，予想，規範，組織は，行動を生み出す制度の構成要素である．同時にそれらは，その社会の文化的・社会的特質の一部でもある．なぜなら，これらの構成要素は，人々の社会的な地位を指定し，人々の選好に体現され，そして，周知の社会的特質となっている，内面化された，あるいはされていない予想を構成しているからである．制度的な特質と，文化的・社会的特質とが重なっていることは，上で述べた制度存続のメカニズムが，文化的・社会的特質を存続させるものでもあることを意味している．

　マグリブ貿易商たちの社会組織——マグリブの貿易商集団——は，集団の厚生を高める制度の構成要素であった．この制度によって生じた，自らが属する集団の構成員とそれ以外の人々に対する異なる行動は，この明確な社会的アイデンティティを再生産した．商人ギルド組織も，同様にして再生産された．この再生産過程は次のことを含意している．すなわち，内生的な過程によって，ある制度がもはや自己実現的でなくなってしまうと，その制度と重なり合っている文化的・構造的な特性も，制度が生み出した行動によって再生産されなくなってしまうということである[5]．

6.2 パラメータの内生的変化の下での制度の
安定性

　制度のゲーム理論的分析は，ゲームによってとらえられ
る取引において，ゲームのルールと均衡となる行動——協
力，戦争，政治的動員，社会的動揺——との間の関係を探
ることに焦点を当ててきた．それらの分析によって，実現
可能な均衡，したがって，実現可能な制度が，そのゲーム
のさまざまなパラメータ（さまざまな行動からの利得，時
間割引因子，危険選好，富，プレイヤーの数）に依存する
ことが明らかにされてきた．ゲーム理論の枠組みは，パラ
メータの外生的な変化が，制度の自己実現性を失わせる条
件を明らかにしている．

　しかし，ある取引における行動が，与えられたパラメー
タの下で一定の規則性を示すことのみに着目すると，制度
がその行動以外のものに対して及ぼす影響から注意がそら
されてしまうことになる．制度は，ゲームのルールにおい
て通常はパラメータとして仮定されるような，富，アイデ
ンティティ，能力，知識，予想，居住分布，職業の専門化
などの要因にも影響を与える．制度が一般的にそのような
効果を持つことを証明するのは不可能かもしれないが，長
期的に，その制度が統治する取引における行動以外には何
の影響も及ぼさない制度を考えることは難しい．ゲーム理
論の枠組みにおいては，そのような長期的影響は，それら

の影響を考慮に入れない場合にはステージ・ゲーム（つまり，毎期くり返されるゲーム．付録 A を参照）のパラメータと考えられていた変数の動学的調整を意味する．

　ゲーム理論の枠組みでは，そのようなパラメータの変化は，必ずしも行動の変化を引き起こさない．くり返しゲームにおけるフォーク定理（付録 A で解説されている）が明らかにしている，ゲーム理論の普遍的な洞察によれば，ある与えられたパラメータの下で，通常は複数の均衡が存在する．また，この定理はその系として，ある特定の均衡は，通常，広い範囲のパラメータ値の下で実現するということも明らかにしている．ある戦略の組が均衡であるとき，多くの場合，それはあるパラメータの集合の下で均衡となる．したがって，ゲーム理論家たちは長い間，パラメータの変化によって生じる行動の変化をゲーム理論によって予測することはできないと考えてきた．Moriguchi (1998) は，ある特定の戦略の集合が均衡であるような――したがって関連するある制度が普及するような――パラメータの集合を，「制度支持」パラメータと呼んでいる．

　実際，パラメータにわずかな変化があっても，人々が過去の行動パターンに従い続けることには十分な理由がある．このようなことが起こる理由としては，第 5 章で触れた知識やコーディネーション（調整）など相互に関連したさまざまなものがある．その他理由としては注意や習慣などがあり，それらについてはこの章で導入する．

6.2.1 知識とルールからの逸脱

第5章で論じたように，制度化されたルールは，個人の行動に認知的・調整的・情報的基礎を与える．制度化された行動ルールは，認知，知識，情報を圧縮して集計し，それによって形作られるゲームの中で，人々が均衡戦略をプレイするように導く．したがって人々は，周知の事実となっているゲームのルールではなく，制度化されたルールに基づいて行動を決めるのである．

そのため，パラメータにわずかな変化が生じても，過去の行動は力を持ち続けるし，人々は，制度化された過去の行動ルールに従って行動し続けるのである．それは，過去に学んだ制度化されたルールは，人々に認知モデルを与え，集計された情報を提供し，行動を導くからである．たとえ，なぜ他の人々がその行動をとっているかわからない場合でも，他の人々の行動が，認知モデルの誤りやパラメータの変化を反映しないかぎり，あるいは，現在いきわたっている制度化されたルールが有する認識的・情報的な内容に対応して，それまでとってきた行動をとり続けることが最適である限り，行動を変化させることはない．いいかえれば，人々がルールに反してプレイするという事実が含意しているのは，ゲームのルールに含まれるさまざまな側面に変化が生じたとしても，それが人々の行動に影響を与えるのは，その変化を観察した人々が自分の行動を変えることによってその変化を示すときのみである，ということ

である[6]. もしそのようなことが起こらなければ, 行動は
予想を再生産し, 制度は存続していくのである.

6.2.2 コーディネーション

Schelling (1960) によるフォーカル・ポイントに関する先
駆的な研究は, 複数均衡によって特徴づけられる戦略的な
状況下で行動を選ぶ際, コーディネーション (調整) が重
要であることを明らかにした. この点に関して本節で展開
する議論は, コーディネーションが必要であるために, パ
ラメータのわずかな変化が観察された場合でも, 人々は過
去の行動パターンに従い続ける, というものである. 彼ら
がそうするのは, (自己実現的な結果が複数あるため) 合理
性だけでは1つの行動を選ぶために十分ではないからであ
る. したがって彼らは, 制度化されたルールに頼って行動
の指針を得ることになる. このような状況では, 行動を新
たなものに向けて調整できる人物や組織が存在したとして
も, 過去に学習した行動ルールが将来の行動に関するもっ
とも優れた予測となる. 多くの理由によって, 新たな行動
のためのコーディネーションは, たとえそれが有益であっ
ても実現しない可能性がある. コーディネーション, フリ
ーライダー問題, 分配問題, 不確実性, 代替案に関する限
られた理解, 情報の非対称性などにまつわるサンク・コス
トによって, 新たな行動のためのコーディネーションが妨
げられる可能性がある. われわれの用語を用いれば, 数多
くの可能な行動のうちの1つを選択するためにコーディネ

ーションを行う必要がある場合，過去の行動がフォーカル・ポイントになるため，ゲームのルールが限界的に変化したことが観察された場合にも，行動は変化しない可能性が高い．

6.2.3 注意

　ある状況下で人が見，知り，理解することは，その人がそのためにどれだけの注意を払ったかに依存する．一方で，注意力は稀少資源である（Simon 1976）．制度化されたルールがあれば，限られた注意力を，制度化されたルールが存在しない状況における意思決定に用いながら，複雑な状況下で行動を選択することができる．人は，人生において行うすべての選択において最適反応を考えるわけではない（DiMaggio and Powell 1991a）．特に，制度が行動に指針を与える状況においては，最適反応を考えない．そのような状況では，もしもっと注意を払っていれば発見できたであろうパラメータの変化があったとしても，人はそれに気づかず，行動は変化しない．さらに，パラメータの変化を観察し，それを人々に知らせることができる人がいても，その人にはそうする動機がないかもしれない．注意力が限られているということは，潜在的に観察可能な変化がゲームのルールに生じたとしても，それは発見されず，したがって行動に影響しないことがあるということを意味している．

6.2.4 習慣と限られた認知資源

判断と習慣は，相互に関連しながら行動に影響を与える（Margolis 1987, p. 29）[7]．しかし，いったんある行動パターンが制度化されると，人は理性的判断や計算よりも，習慣や日常的行動様式に頼るようになる．われわれは，認知資源が限られているために，習慣的に制度化された行動をとっているのである（Clark 1997a, 1997b; R. Nelson and Winter 1982; R. Nelson 1995; March and Olsen 1989）．習慣があることによって，人は，限られた認知資源を他の目的に用いることができる．人々が習慣や日常的行動様式に従い，判断に頼ることが少なければ，パラメータのわずかな変化があっても過去の行動が人々を支配し続ける．

6.3 準パラメータと制度強化

くり返しゲームで通常，パラメータとされている多くの特徴は，次の2つの性質を共有している．すなわち，考察対象となっている制度のもたらす結果によって次第に変わっていきうること，および，それがわずかに変化しても制度と関連した行動を必ずしも変化させないことである．後者の現象が起こる理由は，人々は事前には，これらの特徴の変化と，変化が制度に与える影響を認識，予想，観察，理解せず，注意を払わないからである．そうでない場合でも，事後的なコーディネーション問題があるために，これ

らの変化は，制度に付随する行動を変化させない．これら
の特徴は，（内生的に変化するために）パラメータではな
く，（直接的に行動を条件づけるものではないために）変数
でもない．つまりそれらは，準パラメータである．人々は
準パラメータの変化やそれがもたらす結果を認識しないた
め，準パラメータは，短期における制度の自己実現性を考
察する際には（外生的かつ固定された）パラメータと考え
るべきであるが，同じ制度を長期的に研究する場合には，
内生的な変数と考えなければならない[8]．

　制度の結果として生じた準パラメータの変化は，制度を
強化することもあれば，弱体化させることもある．制度が
引き起こす準パラメータの変化によって，制度に関連する
行動が，その変化が生じなかった場合よりも大きな状況の
集合——より大きなパラメータ値の集合——の下で自己実
現的になるとき，制度は自身を強化していく．自身を強化
していく自己実現的な制度を，自己強化的な制度と呼ぶ．
逆に，制度がもたらす準パラメータの変化が，制度と関係
する行動が自己実現的となるパラメータ値の集合を小さく
する場合，自己実現的制度が自身を弱体化していくことも
ありうる．

　したがって，内生的制度変化にとって中心的な意味を持
つのは，自己実現的な予想とそれに関連する行動の動学的
な変化である．予想の変化は，制度変化の一部である．予
想の変化は，予想に関連した行動がもはや自己実現的でな
く，予想を再生産しないような行動に人々を導くときに生

じる[9]．弱体化が進めば，以前には自己実現的であった行動がそうでなくなり，制度が変化することがありうる．制度が内生的に変化するための十分条件は，制度がもたらす変化が，制度に関連した行動の最適性を持続的に侵蝕していくことである．逆に，時間の経過の中で制度が持続するための必要条件は，その下で関連する行動が自己実現的であるような状況の範囲が，時間の経過とともに減少しないことである．すなわち，制度がもたらす行動が，少なくとも弱い意味で，制度を強化しなければならない．したがって，制度が（弱い意味で）自己強化的でなければ，その制度に関連する行動は自己実現的でなくなり，内生的制度変化が生じる．

　制度変化に関する考察は，制度が内生的にそれ自身の変化に影響を与える間接的な仕組みを明らかにする．それは，予想や行動を変えるために必要な外生的ショックの大きさや特質に制度が影響を与えるという仕組みである．制度が自らを強化するとき，制度に関連した行動は変わらないが，制度はより頑健なものになっている．その制度に関連した行動は，これまでであれば自己実現的ではなかった状況においても自己実現的になっているからである．制度強化は，制度の履歴効果（institutional hysteresis）をもたらす．つまり，その制度は，強化される以前であれば自己実現的ではなかった状況においても，自己実現的になるのである．弱体化していく制度については逆のことがいえる．自らを強化あるいは弱体化させることによって，制度

は，その下における行動が自己実現的でなくなるために必要な外生的変化の程度を定め，そのことにより，自らの変化に間接的な影響を及ぼしているのである．

制度は，内生的な過程によっても，外生的な変化によっても，また，その両者の組み合わせによっても変化する．行動が自己実現的でなくなったときに制度変化をもたらす仕組みがどのようなものであるかは，制度が自己実現的となる範囲を定める準パラメータの性質に依存する．もし準パラメータの変化が観察不可能で，不確実であり，認識できないものであれば，制度の変化は，過去の行動から離れる実験を行うというリスクをとる人々の性向や，自らの行動によって新しい制度的な均衡を人々に知らせるような，状況をよりよく知っている人々の登場によってもたらされるであろう[10]．いずれにせよ，学習はゆっくりと進むため，弱体化が新たな行動に反映されるには長い時間がかかることがありうる．

制度変化にいたる弱体化の過程が事前には予測できず，過去の行動をとり続けることがもはや最適ではないことに多くの人々が事後的に気づいた場合には，制度変化は，過去の行動の突然の放棄という形で生じる[11]．この場合，制度変化は，実際には漸進的であるにもかかわらず突如変化したように見えるという，断続均衡（punctuated equilibria）として特徴づけることができる（Gould and Eldredge 1977; Krasner 1984; Aoki 2001）．そのような突然の変化は，典型的には，それまでの行動がすでに均衡ではないことを

明らかにする危機に伴って生じる.

　制度はまた，観察可能であり，かつその重要性が理解されているような準パラメータの変化によって自己実現的でなくなることもありうる. 差し迫った行動の変化がしだいに認識できるようになっていくとき，意思決定主体は，過去の行動が自己実現性を失いつつあることに気づく. そのようなとき，制度を直接的に変えるメカニズムは，意図的であり，また漸進的である可能性が高い. 代替的な行動，集団的意思決定による新しいルールの設定，組織の意図的な導入などが，このメカニズムが持つ共通の特徴である. そのような制度変化は，意図的な制度強化——すなわち，制度を強化する制度的要素の先取り——として生じることが多く，漸進的に生じる可能性が高い. この場合の制度変化は，次のような形をとるであろう. すなわち，変化以前の行動は維持されるが，それを支える制度的要素は異なるという形である. われわれは，商人ギルドの進化を考察したときに，まさにこの制度変化を見た.

　弱体化が予想される際になされる意図的な制度強化と同じように，ある制度の普及が，その制度を弱体化させ，異なる自己実現的な行動を制度化するための協調行動を誘引することがありうる. このような弱体化のための協調行動は，現在の制度に不満足であっても個人がそれを変えることはできないが，集団的に行動すれば変えることができるという事実を反映している[12]. 彼らは，例えば，自分たちの持っている資源を集め，それを使って，自分たちがとっ

て欲しいと思っている行動を他の人々がとったときに受け取る利得を増やすことによって，制度を弱体化させることができる．資源が必要であるのは，制度化されている行動はすべての人々にとって最適反応であり，したがって，ある人にこれまで制度化されていなかった行動をとらせるためには，（行動結果に対する予想を変えることなどによって）動機を変えなければならないからである．いったん十分多くの人が新しい自己実現的行動をとるようになれば，その他のすべての人々にとってもその行動をとることが最適反応となる．以前の制度は解体され，新しい行動が制度化される．いったんそうなれば，この行動をとらせるために資源を投じる必要はなくなる．

6.4　制度の自己強化：「二都物語」

　上記の制度変化に関する動学的アプローチを例証するために，中世後期のヴェネツィアとジェノヴァの事例を検討しよう．その際，それぞれの都市の政治体制を，次のような要素から構成される制度として分析する．すなわち，統治組織，指導者としての地位と行動を選択するためのルール，市民によって共有されている規範・ルール・予想である[13]．

　ヴェネツィアの潟湖の周囲に形成された入植地の住民たちは，697 年にヴェネツィアを政治的な単位として確立した．一方，ジェノヴァの住民たちは，1096 年頃，コミュー

ン（共同体）を組織した．14 世紀半ばまでに，ヴェネツィアとジェノヴァは，イタリア半島のもっとも商業的に成功した海洋都市国家になっていた．

両都市の勃興は，特に 11 世紀に，地中海沿岸でイスラーム世界とビザンツ帝国の陸海軍が衰退したことによって可能になった，商業の拡大の機会を反映している．しかし，この世紀には，両都市とも政治的真空地帯にあった．（ヴェネツィアに対する主権を主張していた）ビザンツ帝国も，（ジェノヴァに対する主権を主張していた）神聖ローマ帝国も，両都市の政治的発展に介入できる立場になかったためである．

中央権力が衰退した結果，両都市では，氏族と親族が社会組織における重要な単位となった（D. Hughes 1978）．Herlihy が記しているように，「少なくとも貴族階級においては，統合家族ないし連合家族は，核家族よりも，構成員間の団結力を増すことを通じて，よりよく富や地位を守ることができた」（Herlihy 1969, p. 178）．ジェノヴァにおいてもヴェネツィアにおいても，もっとも強力な氏族は彼らの経済的な利益を増進するために政治的に協力することに合意した[14]．その結果生じた政治的制度は，次のような特定の取引を管理した．すなわち，政治的秩序および集団行動による経済的利益と引き換えに，都市の強力な氏族と家族の構成員が他の氏族に意思決定権と資源を委ねるという取引である．

ジェノヴァとヴェネツィアの政治組織は，一見すると同

一に見える．両都市とも，寡頭政治が行われ，政治的なリーダーは市民によって正当な方法で選ばれ，法に服していた．ヴェネツィアの政治システムの頂点にいたのは，総督と小評議会（Ducal Council）であった．ジェノヴァは，初めは執政官によって統治されていたが，1194 年以降は，1人もしくは複数の行政官——**ポデスタ**（podestà, power：権力の意）と呼ばれた——と，支配者評議会によって統治された．11 世紀末以降両都市に広まった政治制度は，もともと商業的拡張と政治的秩序を促進していた氏族間の協力を支えるものであった．

これらの類似点にもかかわらず，両都市の歴史は大きく異なっている．ヴェネツィアは，変わりゆく経済環境の下で政治的秩序を維持し続け，極東との交易が衰退した後でさえ，その資源を動員することによって経済的繁栄を維持することができた．その歴史を通して，氏族の構成員と氏族組織との社会的結びつきは弱まっていった．これに対して，ジェノヴァの政治的秩序はしばしば破綻を来したため，ジェノヴァは経済的に衰退し，氏族の社会的・政治的重要性は増大した．

同様の初期条件，外部機会，基本的な政治構造に直面した両都市が，これほど異なる歴史的軌跡をたどったことは，どのようにして説明できるだろうか．以下では両都市の歴史と，その長期的な影響を理解するために，両都市の制度を詳細に検討する．ジェノヴァとヴェネツィアの相異なる制度の起源は，ここでの焦点ではない．しかし，ヴェ

ネツィアの相対的成功を説明する制度的な差異はおそらく，総督という地位の制度的遺産，軍事力と富が初期の氏族間で相対的に平等に分配されていたこと，ヴェネツィアの制度的要素を調整・発展させた一連の有能な指導者，などを反映しているだろう．

　ジェノヴァもヴェネツィアも，はじめは，氏族間の協力と経済的繁栄を維持するに足る自己実現的な政治体制を発展させた．しかし，ヴェネツィアの制度は自己強化的であったのに対して，ジェノヴァの制度は自己弱体化的であった．この議論を展開するために，都市の富，ポポロ（簡単に言えば，平民）の力，氏族の社会的アイデンティティ，などの準パラメータを考える．両都市のその後の歴史を理解するためには，2つの異なる制度的均衡における，これらの準パラメータの動学的変化を調べる必要がある．ジェノヴァの準パラメータの変化は，その政治的秩序を弱体化し，氏族の強さ，交易機会，外的脅威の強さなどの比較的小さな外生的変化に対して敏感にした．ヴェネツィアにおいては，準パラメータの変化は，逆の効果を持っていた．

6.4.1　ジェノヴァ

　初めの100年間（1096-1194年）は，選挙で選ばれた執政官たちが，政治的・行政的・軍事的なジェノヴァの指導者であった．執政官たちは，ジェノヴァの主だった氏族の代表であった（D. Hughes 1978, pp. 112-13）．執政官政府をコントロールすることによって，氏族は，都市の資源や権力か

ら経済的な利益を得ることができた．執政官，および彼ら
が代表している複数の氏族の行動は，都市を政治的に支配
する機会が生じれば氏族は他の氏族を軍事的に攻撃するだ
ろう，という予想によって導かれていた．つまり，氏族間
の関係を統治していた自己実現的な制度は，次のような相
互抑止に基づいていた．すなわち，ジェノヴァの2つの主
な氏族は，相手の氏族は都市を政治的・経済的に支配する
ために軍事力を用いるだろうと予想していたが，互いの軍
事力によってそうすることを抑止されていた．したがっ
て，ジェノヴァの2つの主要氏族は，相手氏族が自分たち
を攻撃することを抑止するための自分たちの能力を低下さ
せない範囲内で，それぞれの資源をジェノヴァ経済の発展
に資する氏族間協力のために動員する動機があった．

　はじめは資源を共同で動員することによる利益が大きか
ったため，氏族間の競争は氏族間の協力を妨げなかった．
しかし，氏族間の協力によってジェノヴァの経済が繁栄し
（準パラメータが内生的に変化した）ために，都市を政治的
に支配することがより利益の大きな目的となり，都市の政
治的・経済的支配をめぐる争いが激化した．一時的にでも
力の相対関係が悪化すれば相手氏族がすべてを手に入れて
しまうという恐れによって，氏族は「軍拡競争」に励むよ
うになり，それによって，さらに次のような準パラメータ
の内生的変化が生じた．すなわち，土地を購入して特定の
居住区を防御するためにそれを要塞化したこと，相互支援
ネットワークの確立，氏族に対する忠誠心や氏族の名誉を

守るための復讐の規範を内面化するために氏族の構成員を組織化したことなどである.

外国からの脅威は, 氏族間の協力を維持していたパラメータに外生的な変化を引き起こした. 1154 年以降, 神聖ローマ帝国皇帝フリードリヒ 1 世が, 北イタリアに対する事実上の統治権を復活させようとしたために, 相互抑止を自己実現的とするパラメータ値の集合が拡大した. この外部からの脅威は, 脅威が去ったときに相手氏族がとるであろう行動に関する予想を変えることはなかったが, 両氏族とも脅威が続くと考えていたために, 互いを軍事的に攻撃する動機は減少した. その結果, ジェノヴァの経済構造が遠隔地商業に基づくものに変化していくにつれて, ジェノヴァの氏族は彼らの資源を共同で動員し, 海外で商業拠点を獲得し, 商業的に発展した.

この商業的発展と構造変化によって, 氏族間の相互抑止が自己実現的となるパラメータ値の幅が小さくなり, 氏族間の相互抑止は弱体化した. 経済が繁栄すればするほど, 都市を支配したときの利益は大きくなり, そのことは, 外部からの脅威が存在しないときに相互抑止が自己実現的となるパラメータの値の集合が小さくなることを意味するからである.

1164 年にドイツで起こった内戦は, 皇帝の注意をイタリアからそらした. 結果として, ジェノヴァが直面していた外部からの脅威は大幅に減じ, おそらく 1154 年以前のレベルに戻った. しかし, 富に関する準パラメータは以前よ

り大きくなっており，相手氏族の行動に関する予想はそのままであったため，以前の氏族間の相互抑止均衡はすでに自己実現的ではなくなっていた．ジェノヴァのコミューンは長い内戦に陥り，その間，さまざまな氏族がそれぞれ一時的に優位に立ったが，外的な状況が変わるたびに他の氏族からの攻撃を受けた．12世紀ジェノヴァの年代記編者が観察しているように，「コミューンの執政官として政権を獲得することを熱望する数多くの人々による妬み合いによって，市内には不和，忌むべき陰謀と分裂がいや増していた」(*Annali* 1190, vol. II, pp. 219-20)．戦いは1189年から1194年にかけて苛烈になり，市の存続すら危ぶまれる状態であった．

　これらの出来事は，単に外生的条件が変化したことを反映しているだけではない．内生的変化——商業化と繁栄の進展，氏族による軍事力と保護・被保護関係に対する過去の投資，そしておそらく，氏族の構成員としてのアイデンティティの形成——が，ジェノヴァの制度が自己実現的となるパラメータ値の集合を小さくしたのである．そのために，1154年以前には皇帝による脅威がなくても平和であった都市が，1164年以降には，皇帝による脅威がなくなるとともに内戦に陥ったのである．つまり，以前であればジェノヴァの制度を崩壊させなかったであろうような外生的状況が，破壊的な影響を与えたのである．

　1194年，ジェノヴァ海軍の支援を必要とした神聖ローマ皇帝は，内戦を終わらせたいと考えた．そこで彼は，報酬

の約束と戦争の脅威を用いて，ジェノヴァの氏族に政治制度を変更することに合意させた．すなわち，氏族間の相互抑止と協力を復活させる自己実現的な組織を導入したのである．

ジェノヴァの新たな制度の核心は，ジェノヴァ人ではない**ポデスタ**であった．ポデスタは，近隣地域の代表者からなる委員会によって選ばれた．その委員会は十分に大きく，どの氏族もそれを支配することはできなかった．ポデスタは1年間，ジェノヴァの軍事的指導者，判事，行政官として働く役職であり，自分が連れてきた軍人や判事たちによって支えられた．

ポデスタとその軍事的派遣部隊の出現は，軍事力のバランスを作り出すことによって，氏族たちが相互に協力する能力を助長した．ポデスタが介入してくるかもしれないという脅威によって，それぞれの氏族は，都市を支配するために他の氏族を攻撃することを抑止されたのである．ポデスタには任期の終了時に報酬が支払われたため，ポデスタが介入するという脅威は信頼にたるものであった．なぜなら，もしある氏族が市を掌中に収めれば，ポデスタに報酬を支払う理由はなかったからである．この報酬システムの下では，氏族間の力のバランスを根本的に変えないことは，ポデスタにとっても利益であった．このようにしてポデスタは，公平性と，法が犯された場合には氏族全体ではなく法を犯した本人のみを罰することに，確実にコミットすることができた．

しばらくの間，ポデスタは，氏族間の協力——したがって政治的安定と経済的発展——を促進した．ポデスタ制度は，力で政治的支配権を得ることは無益であるという自己実現的な予想によって，各氏族がそれを試みることを抑止したという意味で，自己実現的であった．協力すれば，軍事的な対立によって経済的地位を危険に晒すことなく，すべての氏族が利得を得られる，という予想も，協力する動機を与えた．

　しかし，ポデスタ制以前に普及していた執政官制と同じく，ポデスタ制もまた自らを強化しなかった．実際それは，自らを崩壊させる種をはらんでいたのである．具体的には，ポデスタ制は，氏族間の軍事力のバランスに基づいており，各氏族は必要時のために軍事的な備えをしておきたいと考えていたから，氏族間の競争意識を内部に含みこそすれ，それをなくすものではなかった．各氏族は他の氏族よりも軍事的優位に立とうとし，氏族の構成員たちのアイデンティティは，相変わらず，都市に対するそれではなく氏族に対するそれであった．

　この時期における，アルベルギの創設と党派としてのポポロの興隆も，制度均衡に自己強化的性質が欠けていたことの現れである．アルベルギとは，氏族に似た社会的組織であり，正式な契約と，共通の姓，すなわち通常はもっとも強力な氏族の姓を名乗れることによって，さまざまな家族の構成員間に緊密な絆を築くことを目的としていた（D. Hughes 1978, pp. 129-30）．15世紀までには，それぞれ5か

ら 10 の家族からなる約 30 のアルベルギが，ジェノヴァの政治と社会を支配するようになった．同時に，各氏族が保護・被保護ネットワークを発展させようとし，ジェノヴァの収益性の高い海外交易にすべての市民がアクセスできるようになったため，時間の経過とともにポポロは資源と組織を獲得し，政治的党派を結成することによる共通の利益を認識した．その結果，貴族支配の均衡が崩壊したのである．

ポデスタ制の下で，平和は維持された．しかしジェノヴァの制度は，氏族たちに，保護・被保護のネットワークを形成し（それによってポポロを動員し），復讐の規範を内面化するために構成員を教化し，アルベルギを通じてアイデンティティを拡大し，居住地区を要塞化し，さらに，他の氏族を攻撃するために必要な軍事力を得る動機を与えた．これらの変化は，短期的にはポデスタ制の有効性を損なわず，ポデスタ制は自己実現的な状態にとどまった．しかし時が経つにつれて，これらの変化はジェノヴァの政治構造が自己実現的になる状況をより小さなものとしていき，その終焉につながった．長期的には，ポデスタ制は，競い合う氏族が力のバランスをとろうとするインセンティブを制御することができず，システムは崩壊した．

6.4.2 ヴェネツィア

初期のヴェネツィアの歴史は，ジェノヴァの歴史と一致している．初期の氏族間の協力の後，総督の地位をめぐる

氏族間の対立が生じた（Lane 1973; Norwich 1989）. もともと，総督はビザンツ帝国の役職であったが，ヴェネツィア建国（679 年）の直後，選挙によって選ばれた，法，行政，立法上の権力を持つ君主の地位になった. 続く数百年間にわたって，氏族たちは総督の地位をめぐって争った. ジェノヴァと同じように，氏族間の対立を内に含むことができる組織が欠如していたため，経済的協力は阻害された.

　しかし，地中海沿岸に起こった変化によって，そのような対立に伴うコストが増大した. 11 世紀の終わりにかけて，ビザンツ帝国の海軍力が衰え，ヴェネツィア人にとって，協力を可能にする政治制度を確立することから得られる利益が大きくなった. 彼らはこの機会に反応して，新しい自己実現的な制度を確立した. その中心となるのは，都市の政治的支配と経済的資源を勝ち取ろうとした裏切り者の氏族を，他のすべての氏族が攻撃するであろうという予想であった[15]. この予想と，予想によって促進された行動が，ヴェネツィア市民としてのアイデンティティを形成し，そのことによって，この予想がさらに強化された可能性がある. いずれにせよ，一組の制度化されたルールが，人々の行動を導いてこの自己実現的な予想を形作るとともに，この予想が自己実現的となるための条件をも生み出したのである. これらのルールは，経済的・政治的収益を分配する総督の力を制限し，氏族たちが総督（あるいは他の役人）の選挙の結果に影響を及ぼす力を削減し，氏族間の協力から得られる利益に対する厳格な行政的支配を確立

し，どの氏族に属するかにかかわりなく，すべてのヴェネツィア市民に収益の分け前を分配した．この分配ルールは，氏族間の紛争に備えて軍事力を強化する誘因を氏族に与えなかった．これらのルールは，ビザンツ帝国とイスラーム帝国の海軍力が衰えはじめ，協力がもっとも利益を生むときに発展したため，ヴェネツィア市民はこの機会を最大限に活かすことができたのである[16]．

総督の権限は，1032年以降，評議会の設立によって制限され，最終的には選挙君主制から執政官による事実上の共和制に変化した．1172年にヴェネツィアの人々は，彼らを代表する組織を通じて，総督は評議会の構成員の助言に反して行動してはならないことを決定した．氏族の政治組織や世論の支持を使って選挙結果に影響を与えることができないように，総督の選出は公式の指名委員会に委ねられた．そして指名委員会は，くじ引きと協議に基づいた複雑なプロセスを経て選定された．この（部分的に無作為な）指名委員会の選定プロセスは，有力な氏族の成人構成員が全員参加することができる大評議会から始まる．この評議会から30人がくじで選ばれ，選ばれた人々が総督候補者のリストを作る．候補者は，協議とくじからなる次の9つの段階を経て選ばれ，推薦された候補者はヴェネツィア議会で承認を受けた．これらのプロセスとルールによれば，どの委員会においても，1つの一族からは1人の構成員しか参加することができず，また親族が審議対象となっているときはそれに関与できなかったため，氏族や氏族間の保

護・被保護ネットワークの重要性は低下した．プロセス
は，決定を迅速にし，それによってシステムを操作しにく
くなるように設計されていたのである．

　これほど手は込んでいないが，同様の選任過程は，他の
役職を選ぶときにも用いられた．多くの氏族の構成員が役
職を得られるよう，役職の数はより多く，任期はより短く
定められた．数多くの役職のための指名委員会は，その委
員に選ばれる確率が等しくなるような方法で，大評議会で
投票によって選ばれた．役人が違法に利益を得ることがな
いように，(総督を含む) すべての役人の行動は委員会の監
視下に置かれた．

　すべての氏族がこのルールから利益を得ていたため，ル
ールを変えるために軍事力を行使した氏族に対しては，す
べての氏族が協力して対抗するであろうという予想は自己
実現的であった．このルールとそれと関連した予想は，自
己強化的でもあった．なぜならそれらは，自らの居住地区
の防備を固めたり保護・被保護ネットワークを確立したり
する動機を，氏族にほとんど与えなかったからである．こ
のシステムは，氏族の重要性を低下させ，人々の考えを市
のルールと繁栄に結びつけることによって，市への忠誠と
いう規範を促進した．氏族の持つ重要性を低下させること
によって，ヴェネツィアの共和制的執政官制度は，時間の
経過とともに，この政治制度が自己実現的となる状況の範
囲を拡大した．制度としての執政官制は，ヴェネツィアの
海外資産を政治的に支配することから得られる利潤を，保

護・被保護ネットワークを形成することによって平民氏族に分配する動機を氏族に与えなかったため，ポポロの間に内生的に党派が結成されることも抑止した[17].

6.5 制度強化のフォーマルな表現

くり返しゲームとは，同じステージ・ゲームが毎期くり返されるゲームのことである（付録 A を参照）．このようなゲームは，ゲームが期によって異なりうる動学ゲームと比べて，制度の動学的な変化を考察するためにはあまりふさわしくないように見える．実際には，すでに議論したように，また，くり返しゲームが実証分析に役立っていることからもわかるように，くり返しゲームの理論は，人々が状況を判断し意思決定を行う際に用いるある重要な方法をとらえている．動学ゲームは，情報に関して非現実的な要件を想定し，人々に複雑な計算を課すため，制度変化の一般理論の基礎とするにはあまりに非現実的であるが，くり返しゲームの場合にはそのようなことはない．したがってここでは，制度の内生的変化をくり返しゲームの枠組みを用いて定式化することにしよう．

本節では，ゲームの1つのパラメータ（利得）が内生的に変化する可能性があるゲームのフォーマルな表現を提示する[18]．それは，準パラメータと制度強化の過程を，どのようにして標準的なゲーム理論のモデルに取り入れることができるかを例証する．また，以下で取り上げる例証の一

般性を示すために，本章ですでに議論した実証分析と関連づけることにする．

　ゲーム理論の枠組みを用いることによって，さまざまな予想の自己実現性の程度を決めるパラメータを明示することができる．予想の自己実現性の程度は，関連する取引間の関係に依存する．この枠組みに基づくことによって，分析者が状況について——特に，（準）パラメータを強化したり弱体化したりするプロセスについて——理解していることと，意思決定者が理解し，知り，観察していると推測されることとを組み合わせて，制度のダイナミクスを研究することができる．

　この定式化の含意を把握するために，補論6.1で示した無限回くり返し囚人のジレンマゲームを考える．自己実現的な制度と制度強化との関連に焦点を当てるため，このモデルでは1つの制度的要素のみを考えている．それは，相互に協力する（すなわち，くり返しゲームの均衡における(c, c)という戦略）という共有された予想である[19]．このゲームは，以下の4つのパラメータを持っている．初期に協力することから得られる利得（b_0），カモにされたときの利得（$-k$），相手プレイヤーが協力したときにそれを裏切ることによって得られる追加的利得（e），時間割引因子（δ），の4つである．これらの中で，b_tが準パラメータである．

　このゲームが通常のくり返し囚人のジレンマゲームと異なるのは，過去にとった行動から準パラメータへの中立，

正，負のフィードバックが，それぞれ制度強化（制度弱体化）に対して中立，正，負の影響を与えるという点である．正のフィードバックの場合，(c, c) という結果が生じた後，利得 b は次の回に ε だけ増加し，協力するという制度を強化する．負のフィードバックの場合，(c, c) という結果が生じた次の回に，b が ε だけ減少し，制度を弱体化する．協力した場合の利得が前回のゲームの結果に依存して変わるのである．制度が強化される場合，時間の経過とともに，(c, c) が自己実現的となる δ の値の範囲は大きくなる．すなわち，協力という制度は，自己実現的であるだけでなく，自己強化的でもある．この制度は短期的に均衡であり，その均衡は長期的に，時間割引因子やその他のパラメータのより広い範囲の値の下で自己実現的になっていく．

逆に，弱体化していく場合には，協力は自己実現的であるが，自己強化的ではない．すなわち，(c, c) が自己実現的であるような δ の範囲が，時間の経過とともに小さくなっていく．将来のある期 t で，協力はもはや自己実現的ではなくなり，(d, d) が新しい制度の下における行動となる．

このゲームでは，強化や弱体化の過程自体は，プレイヤーがフィードバックの存在を知っているかどうかに依存しない．しかし，その知識を持っている人は誰でも，強化や弱体化の過程の制度に対する含意に影響を与える．まず初めに，プレイヤーが強化（弱体化）の過程を知っている場合を考えよう（ケース 1）．この場合，制度強化によって，

協力が自己実現的であるパラメータの集合 $(\delta, e, -k, b_0)$ が大きくなる（主張1）．このプロセスの早い段階におけるほど，協力は外生的ショックに対して脆弱である．実際，ヴェネツィアの政治制度は，その初期に最大の危機に直面した．他方，制度が弱体化すると，協力が可能となるパラメータの集合が小さくなり，それが露呈することによって，協力は均衡にはならなくなる．

　現実には，予測可能な弱体化に対して，他の反応をとることが可能であることもよくある．ジェノヴァの事例は，そのうちの2つを表している．第1に，ジェノヴァでは，富が増加し，それを獲得する誘惑が増すことによって，協力するという制度の弱体化が引き起こされた．ジェノヴァの氏族には，協力によって増加した富から得られる利益が，予想される相互抑止費用の増加を上回る範囲内でのみ，他の氏族と協力する動機があったのである．そして，弱体化への反応は，行動の変化であった．すなわちジェノヴァの氏族は，相互抑止的な制度を維持する一方で，協力を停止した．

　起こりうる第2の反応は組織上のものである．すなわち，制度の自己実現性を維持するために制度の組織面での構成要素を変えるという反応が起こりうる．1194年には，相互抑止均衡はすでに自己実現的ではなかったが，皇帝が介入してくる脅威があったため，双方の氏族にとって，この均衡に伴う費用が増加した．その結果生じた反応は，組織上のものであった．すなわち，相互抑止と協力を維持す

るために設計されたポデスタ制を導入するというものであり，それは人々が学習していく過程を反映していた．

　他方，ケース2では，関連するプレイヤーは，強化や弱体化の過程を認識していない．囚人のジレンマゲームでは，制度が弱体化していることをプレイヤーが知らない場合，彼らが状況の変化を認識して裏切るまでの数期の間，協力が続く．しかし，動学的な変化は，より複雑な状況を反映して別な形をとることもありうる．自己実現的な制度が生み出す動機のために，たとえ弱体化の過程が認識されていても，プレイヤーはそれに対して効率的に反応しないかもしれないからである．

　さらに，弱体化を観察した人々が，それを他の人々に明らかにする動機をほとんど持たない場合もしばしばある．このように，弱体化に関する知識が偏在していることによって，制度は，それを知っている人が行動によってその知識を顕在化させた後に，初めて崩壊にいたる．そして制度が崩壊した後に，状況に関する新たな知識を前提として望ましい結果を再び得るために，制度の改良・再設計が行われることもありうる．

6.6　制度のライフサイクル

　ジェノヴァの歴史が示唆しているように，制度は「ライフサイクル」を持っている可能性がある．初期には，制度は自らを強化していくことが多いが，時が経つにつれて弱

体化の過程が前面に現れてくる．初期に制度が強化される
のは，主に，制度が認識，調整，情報に関して行動の基礎
を与えるからである．制度化が進展しつつあるとき，各個
人は他の人々が制度化されつつある行動に従うかどうか，
そしてそれがどのような効果を持つのかについて，何らか
の不確実性に直面する．そのため，他の人々の行動に対す
る予想に基づいて自分の行動を決めるのは簡単ではない．
なぜなら，他者の行動は事前に確実にはわからないし，第
5章で強調したように，他の人々の行動や結果に影響を及
ぼす多くの要因は観察できないからである．事前には，あ
る目的を達成するための行動が最適であっても，その戦略
が事後的に失敗することがある．これらの行動が事後的に
うまくいけば，不確実性は解消され——制度存続のメカニ
ズムが始動し——，その行動をとり続けることによる期待
利得は，行動をとる前の期待利得よりも大きくなる．なぜ
ならば，ある特定の行動がある特定の結果にいたったとい
う事実が，その行動と関連する意思決定者がとる戦略は将
来も同じ結果を生み出すであろうという予想を強化し，そ
の結果，より多くの人がその行動をとるようになるからで
ある[20]．

　さらに制度は，その制度が生み出す行動から逸脱するこ
との心理的・社会的コストを大きくすることによって，
人々が制度を強化するように彼ら自身を形作る．制度化さ
れた行動とその帰結は，規範，帰属意識，アイデンティテ
ィ，自己像，思考パターン，イデオロギーを強化する[21]．

行動の規則性は，規範的な意味で，適切かつ公正な行動の仕方となっていく．それらは正当性を獲得し，協調的な人柄を養い，個人のアイデンティティに取り入れられるのである．いったんこれが起こると，それに続く社会化が制度をさらに強化する．さらに，制度自体がもたらすこのような社会的・心理的強化が生じると，その制度を法や規制によって強化しようとする政治的活動が生じる傾向がある．既存の制度から経済的な利益を得ている者は，しばしば，そのような政治的活動を追求するために必要な手段と影響力を持っている（Olson 1982; North 1990; Mahoney 2000; Pierson 2000）[22]．最後に，制度は人々に対して，制度を強化する組織を設立し，制度を強化する補完的能力，知識，人的・物的資本を獲得する動機を与える（Rosenberg 1982; R. Nelson and Winter 1982; North 1981; David 1994）．

　どのような条件下で起こるのかはまだわかっていないが，いったんこの強化の初期段階が生じると，弱体化の過程も始動する可能性がある．しかし，弱体化をもたらす制度の属性を特定する一般的な理論はない．

　しかし評判に基づく制度は，その制度が導く行動自体によって，その行動の報酬や制裁の期待値が減少する場合は，弱体化していく（付録Cを参照）．これらの期待値の減少によって，制度に関連する行動を動機づけていた予想が自己実現的になるパラメータの集合は小さくなる．なぜなら，評判に基づく制度では，人々は報酬を失ったり制裁を加えられたりすることに対する恐れによって，制度化さ

れた行動をとっているからである．もし制度化された行動が，報酬や制裁と，それらが人々に与えている動機を弱体化させれば，そのような行動は最終的には均衡ではなくなる．

　自律的秩序や評判に基づいた制度が自らを弱体化していくこのメカニズムは，本書における次の3つの実証的な研究に反映されている．第4章で議論した商人ギルドの発生，第8章で議論するジェノヴァの政治制度の弱体化，そして，第10章で議論する個人的関係に依存しない交易において契約執行を促していた制度の衰退，の3つである．商人ギルドの場合，関連する制度は，外国商人たちの権利を守るという評判を失いたくない支配者の関心に基づいて，交易の拡大を促した．支配者は商人たちが支払う関税から利益を得ていたため，この評判を重視したのである．しかし，交易の拡大は，追加的に交易に参加する商人から得られる関税の価値を低下させた．支配者にドイツ人商人の権利を尊重する動機を与えた評判に基づく制度は，当初は，権利を侵害された商人とその親しい仲間が交易をやめるという脅しに基づいていた．交易が拡大するにつれて，支配者にとって，新たに参加する商人から得られる将来の関税の価値が低下したため，この制度の作用は弱体化した．その結果，十分多くの商人に確実に報復を実行させるような，追加的な補助制度が必要となったのである．

　この歴史的なエピソードは，人々がルールに基づいて行動することが，どのようにして準パラメータを作り出すか

を例示している．すなわち，ゲームのルールとして取り入れられているさまざまな側面に変化が生じたとき，変化を観察した者が自らの行動を通じて変化を示す場合にのみ，それらの変化は行動に影響を与えるのである．制度弱体化のどの段階においても，商人たちは，支配者が彼らの権利を侵害することによって受ける便益とコストの変化を直接観察してはいなかった．支配者の行動が，制度がすでに自己実現的ではないことを商人たちにも示したときに初めて，商人たちは，衰退していく制度を強化する新しい制度的要素を導入するために行動したのである．

6.7 結論

本章では，制度強化の過程を分析することにより，自己実現的な制度によって誘発された行動が，なぜ，どのようにして，制度の長期的安定性に影響を与えたかを検討した．均衡における行動は，制度がより大きな状況の集合において，またはより小さな状況の集合において自己実現的となるように，徐々に準パラメータを変化させる．したがって制度的均衡は，直接的にも間接的にも，内生的に変化する．間接的には，制度的均衡は外生的変化に対してより脆弱または堅固になる．また，自己実現的な制度は（弱い意味で）強化されていかない限り長期的に変化するため，制度に伴う行動は，制度が変化する速度に直接的に影響を与える．結果として，制度に伴う行動は自己実現的でなく

なるか，それを支えるための新たな制度的要素が必要となる．

　このような内生的変化は，準パラメータのわずかな変化によって引き起こされる．そしてそのような準パラメータの変化は，制度を環境変化に対してより脆弱または堅固にし，与えられた環境の下で制度を自己実現的でなくすることがありうる．分析上は，初めは準パラメータを外生的で固定されたものと考えて制度の自己実現性を調べ，次に，制度によって含意される強化の過程を調べ，最後に，これらの過程が制度の内生的な変化速度に与える影響を調べる．こうすることによって，自己実現性と制度強化の研究を統合することができる．

　制度の内生的変化に関するこれらの洞察には，方法的・実質的に，いくつかの拡張を行う必要がある．第1に，本章における分析ではくり返しゲームの枠組みを用いた．しかし，本章のモデルでは軽く触れただけであったが，自己強化の分析を進めるうえでは，より明確な動学的分析枠組みが有益であろう．第2に，制度変化に関する文脈に基づいたゲーム理論的分析は，統計的テストによって補強することができるかもしれない．制度強化のモデルから導き出される観察可能な含意が，この理論を導き出した事例の範囲外では統計的に立証されなければ，これらのモデルには同義反復的な部分が残っていることになる．しかし，モデルを作る際には詳細に分析されなかった社会の諸側面についてモデルから観察可能な含意を引き出し，それを統計的

にテストすれば，分析の妥当性を確かめることができる．例えば，イタリアの2つの都市国家のモデルから得られた観察可能な含意は，時間の経過とともに，ジェノヴァよりもヴェネツィアにおいて氏族間の融合が進むだろう，というものである．それが実際にそうであったことを示すことは，同義反復の問題を克服するのに役立つ．さらに，統計的テストによってわれわれは，制度変化の内生的要因と外生的要因のどちらが相対的に重要かを評価することができる．第3に，本章の分析では準パラメータの重要性を強調したが，さまざまな状況下で準パラメータの制度強化的または弱体化的な変化を促すのは制度のどのような特徴なのかについては緒についたばかりである．

多くの重要な課題が残されている．ここで提示した理論は，制度強化における規範の重要性に注意を払いはしたものの，主に予想に焦点を当てた．規範についての，対応する理論が開発されねばならない．これに関連する問題は多い．どのような条件下ならば，行動は道徳的に妥当なものとして内面化され，強化されるのか？ 選好において，規範的な行動と物質的な利益を生む行動との間のウェイトは何によって決まるのか？ これらの問題を考えることは，規範的には望ましいが経済的には利得を生まないような制度化された行動を，経済的（物質的）な考慮が，弱体化させるか，あるいはさせないかを理解するための核となる．

より一般的には，われわれは，制度強化の過程の程度と速度を決める要因を説明する理論を持っていない．例え

ば，どのような要因が，意図的な行動と習慣的な行動の程度を決めるのだろうか？　ゲームのルールではなく，制度化されたルールから逸脱した行動によってもたらされるリスクには，どのような組織が対応するのだろうか？　また，制度化されたルールを人々が操る能力は，何によって決まるのであろうか？

　本章は，準パラメータおよび制度の強化という概念を導入し，改善することによって，自己実現的な制度に関する研究と内生的な制度変化に関する研究を統合する枠組みを提示した．このアプローチは，次章で行われるように，なぜ，どのように，自己実現的な制度が制度変化の方向に影響を与えるかを検討するために拡張することができる.

補論 6.1　制度強化のモデル

　以下のような戦略と利得を持つ囚人のジレンマゲームを期間 $t = 0, 1, \cdots$ の各期にプレイする，無限回くり返し囚人のジレンマゲームを考える.

1 \ 2	c	d
c	b_t, b_t	$-k, b_t + e$
d	$b_t + e, -k$	$0, 0$

$b_0, k, e > 0$ であり，プレイヤーは共通の時間割引因子 $0 <$

$\delta<1$ を持っている。モデルには，δ, b_0, k, e という 4 つの
パラメータがある。b_t は制度から影響を受けることがあり
うるため，準パラメータである。われわれが興味があるの
は，協力，つまり，ステージ・ゲームで (c, c) を生み出す
制度である。

定義 t 期における (c, c) が $b_{t+1}-b_t>(<, =)0$ をもたら
すとき，協力は，正の（負の，中立な）制度強化を伴うと
いう。標準的なくり返し囚人のジレンマゲームでは，協力
は中立的な制度強化を伴うとされている。簡単化のため
に，制度強化が正・負どちらの場合でも，協力がもたらす
利得の変化分は各期一定であるとする。

仮定 すべての t において，正の（負の，中立な）強化で
は，$b_{t+1}-b_t=\varepsilon, \varepsilon>(<, =)0$ が成り立つ。以下では，均衡
として部分ゲームナッシュ均衡を用いる。複雑な記号や用
語を避けるために，説明はいくぶん直感的なものとなって
いる。

ケース 1　プレイヤーが制度強化を知っている場合

プレイヤーが制度強化のメカニズムを知っている場合を考
える。

主張 1　協力という制度は，正の強化が生じているとき，
中立な強化が生じている場合よりも大きな時間割引因子の
範囲において自己実現的である。

証明　期間を τ 期に固定する。強化が中立的であるとき，

$$\delta \geq \frac{e}{b_\tau + e} \qquad (1)$$

が満たされている場合，そしてその場合に限り，制度が自己実現的となることは容易にわかる．

正の強化が生じているとする．ナッシュ回帰戦略［協力から逸脱したあと裏切りを永久にプレイする戦略］で協力を達成する場合，利得は毎期 $\varepsilon \equiv b_{\tau+1} - b_\tau > 0$ だけ増加していく．したがって，プレイヤーがナッシュ回帰戦略に従う場合は，均衡経路において，彼らの利得は $b_\tau + (b_\tau + \varepsilon) \frac{\delta}{1-\delta}$ よりも厳密に大きいが，逸脱すれば $b_\tau + e$ である．したがって，もし $e \leq (b_\tau + e) \frac{\delta}{1-\delta}$ であれば，プレイヤーは協力する誘因を持つ．書き直すと，

$$\delta \geq \frac{e}{b_\tau + e + \varepsilon} \qquad (2)$$

となる．

$\varepsilon > 0$ であるから，上式の右辺は (1) 式の右辺よりも厳密に小さい．よって，主張1が成り立つ．

主張2 負の強化の下では，協力は自己実現的な制度ではない．

証明 以前に協力していたとすると，互いに協力し合うことによって利得は ε ずつ減るから，後ろ向き帰納法によって証明は明らかである．

したがって，協力という制度は，中立または正の強化においてのみ，自己実現的である．正の強化では，(2) の右

辺は時間の経過とともに小さくなるから（b_tが大きくなるため），より大きな範囲のδにおいて均衡が成立し，制度は強化されていく．同様の論法を用いると，制度は中立的な強化において，強化されることも弱体化されることもないことがわかる．どの期においても，制度が自己実現的となるδの値の範囲は変わらないからである．

ケース２　プレイヤーが制度強化を知らない場合

次に，プレイヤーが制度強化のメカニズムを知らない場合を考える．毎期，プレイヤーはb_tを観察し，自分の行動とは無関係にその値は一定であると考える．もし協力が均衡であるとすると，それはナッシュ回帰戦略によって達成可能である．この戦略は，任意の期τで$b_\tau + e \leq \dfrac{b_\tau}{1-\delta}$のときにのみ，つまり

$$\delta \geq \frac{e}{b_\tau + e} \qquad (3)$$

が成り立つときにのみプレイヤーがそれに従う誘因をもたらす．

（3）の右辺は，b_τが大きくなるほど小さくなる．したがって，協力が正の強化をもたらせば，ナッシュ回帰戦略が自己実現的であるような，つまり，制度が強化されるためのδの値の範囲は大きくなる．したがって，もし制度がある期τにおいて自己実現的であれば，それ以降のすべての期において自己実現的である．

もし協力が負の強化をもたらせば，制度は弱体化してい

く. 実際，負の強化において，どのような δ と b の初期値 b_0 においても，その期においてもはや協力は自己実現的ではないような，ある（もしかすると非常に大きな）t が存在する．したがって，制度はその期から裏切り，裏切りへと変化する．協力から得られる利得が減少していくため，協力することによってその期以降に得られる利益が，いま裏切ることで得られる利益を下回るような期が存在するためである．

第 6 章註

1) ゲーム理論的なアプローチの貢献に対するこのような批判は基本的に正しいが，制度的枠組みが，後の時期にならなければ実現しない変数に基づいて生成することがありうる．その変数が実現することによって，制度は，動的な均衡の 1 要素として変化しうる（例えば，Muthoo and Shepsle 2003 を参照）．パラメータに変化が生じたときの制度の安定性に関するこの章の議論は，制度をモデル化する際には，変数の変化がもたらす長期的な効果は事前に予測することができないと前提するのが適切かつ現実的であるということに注目している．

2) より具体的には，同じ状況下でより多くの人々が，また，同じ人数の人々がより多くの状況下で，そしてその任意の組み合わせにおいて，制度に関連する行動をとることが最適となる．

3) 同じように，説明を簡略化するために，この章では規範ではなく主に予想に焦点を当てる．しかし第 5.3 節の議論を土台にすれば，議論を規範の場合に拡張することは可能である．

4) このメカニズムは，予想と行動との間の関係に関するものであるから，経済的，情報共有的，強制的，法的，政治的，社会的なものを含め，すべての取引に応用することができる．

5) しかしながら，ここで議論した存続メカニズムは，文化的・社会的特質

を広めるものとして唯一のものではない．それらの特質は，他のメカニズム，例えば，社会化や人々の社会的アイデンティティへの願望を通じた規範の伝達などによっても維持される．

6) 第3章では，ある人が他の人々に対して情報を開示する動機と能力を検討するための不完備情報モデルについて議論した．より一般的な議論については，Fudenberg and Tirole (1991) を参照．

7) 習慣と制度の分析は，少なくとも Simon (1976) まで遡ることができる．Berger (1977) と Kuran (1993) は，制度化された行動は社会に関する本能の対応物であると論じている．Margolis (1994) と G. Hodgson (1998) は，習慣を制度と同一視している．

8) 制度的要素やその属性（共同体の大きさなど）は，準パラメータでありうる．制度的要素は行動を生み出すシステムの一部であり，それは，制度的要素，準パラメータという概念が，それぞれ社会的要因の異なる特質を示すものであることを含意している．

9) ここでの焦点は，自己強化と自己弱体化による内生的制度変化であるが，制度，制度化されたルール，予想などの性質を観察することによって，他人の予想を変えるための意図的な協調行動，変化を促すための注意の喚起，他の人々の最適行動に影響を与えるための一部の人々との協調，強化や弱体化を促進または停止させるための組織の創設など，関連した問題を考察するために分析を拡張することができる．これらのうちのいくつかは，後の章で取り上げられる．

10) ゲーム理論は，このような過程における不確実性の重要性を明らかにしている．もし，制度が最終的に崩壊することが知られており，それが特定の時期に起こることが予想されているならば，その取引は終わりのあるゲームとしてモデル化されるべきである．このゲームにおいて自己実現的な行動は，無限回くり返しゲームにおけるそれよりもずっと小さな集合になる．もし制度の崩壊が予想されていない，あるいはそれがいつ生じるかわからない場合には，均衡の集合はずっと大きくなる（付録 A を参照）．

11) 制度の漸進的な変化については，本章の後の節と第7章で議論する．

12) 制度変化におけるリーダーシップの役割については第7章で論じる．

13) ヴェネツィアとジェノヴァの歴史に関する全般的な議論については，それぞれ Lane (1973) と Epstein (1996) を参照．ここでの分析は主に Greif (1995, 1998c) に基づいている．自己実現的な制度としてのヴェネツィアの政治形態に関する啓発的な分析については Gonzalez de Lara

（2004）を参照.

14) 氏族間の協力は, それぞれの氏族が, 利益を増進するために相手に対して力を行使することを望まなかったということを意味しない. 事実, 歴史上の記録は, ジェノヴァの一氏族が他の氏族に対して力を行使することを阻むには道徳的な考え——内面化された制約——だけでは不十分であり, 氏族は政治的支配を達成することを望んだということを示す証拠に満ちている（Greif 1998c; Tabacco 1989）. 封建世界では自分の領地で領主になることが人々の目標であったが, ジェノヴァの2つの支配的な氏族はそのような世界の産物であった. 同時に, これらの氏族が有していた緊密な内部組織や軍事的・経済的資源は, 都市の支配を可能にするほどのものであった.

15) なぜこのような予想が形成されたかは不明である.

16) イスラーム帝国の海軍力は, イスラーム勢力の支配下にあったスペインの政治的崩壊, 北アフリカに対する中央集権的支配の衰退, エジプトに拠点を置いていたファーティマ朝とバグダードにあったアッバース朝との軍事的衝突の後, 特に11世紀に衰えた.

17) このシステムは, 勃興してきた平民氏族を吸収するために, 何度か拡張された. したがってこのシステムは, 恒久的に持続するために必要な柔軟性を持っていた.

18) 自己実現的かつ弱体化していく過程の重要性に関する議論の有効性は, 特定のゲームの構造や特定の均衡選択に限定されない. それは, 人々が戦略的状況において自分のとる道を考えなければならない場合に通常直面する困難に依存する.

19) プレイヤーが囚人のジレンマゲームを行っているというとき, 私は, 関連のある制度的要素と関連のない制度的要素について, ある特定の仮定を置いている. 例えば, 法制度が存在し, 囚人の行動に対してある種の対応をとることにコミットすることができると暗黙裡に想定している. この暗黙の想定は, 協力すれば罰が減るという囚人の予想として, ゲームの利得に反映されている. 一方で, マフィアなどの, 潜在的に関連がある組織は存在しないと仮定している. したがってこのゲームでは, 裏切った囚人がそのような組織によって罰せられるという予想が存在する可能性は想定されていない. 分析はまた, 囚人たちが逮捕されるまえに内面化していたかもしれない, 泥棒の間での名誉といった規範の影響を想定していない. そのような規範の内面化が生じていたとすれば, 協力や裏切りから得られる

利得は変化するであろう.

20)　この議論をわれわれのモデルにフォーマルに統合する1つの方法は，情報が不完全な場合に拡張することである（例えば，Fudenberg and Tirole 1991 の議論を参照）．個々人は，さまざまな状況における他者の「タイプ」と，したがって彼らの反応について，ある予想を持っている．したがって，彼らの行動に関する事前の予想と事後的な予想は区別される.

21)　そのような特質と過程を経済学的に分析した研究として，以下がある：K. Davis（1949）; Homans（1950）; Berger and Luckmann（1967）; Scott（1995）; March and Olsen（1989）; Mead（1967 [1934]）; Sugden（1989）; Rabin（1993, 1994）; Fudenberg and Levine（1993）; G. Hodgson（1998）; Kuran（1995, 10-14 章; 1998）; Ben-Ner and Putterman（1998）; Akerlof and Kranton（2000）

22)　政治システムがどれだけ人々の選好を政治的結果に反映するかは，制度の細部に依存する.

第 7 章

制度の軌跡：過去の制度は現在の制度に
どのような影響を及ぼすか

Institutional Trajectories: How Past Institutions
Affect Current Ones

　取引を統治してきた制度がもはや自己実現的でなくなっ
たとき，自己実現性を失いつつあると認識されたとき，あ
るいは技術，組織などに生じた変化が新たな取引を生み出
したとき，社会は新しい状況に直面する．過去の制度——
おそらくすでに行動に有効な影響を与えていない制度さえ
も——は，制度変化の方向に影響を与えるであろうか？
もしそうであれば，なぜ，どのように影響するのだろう
か？

　意図的な構築物として制度をとらえる見方では，制度を
ルールとして見ることが多く，新しい制度は経済主体，政
治主体の利害と帰納的推論を反映することが強調される．
進化的制度観では，環境の（つまり構造的な）力の重要性

366　第 3 部　歴史的過程としての制度のダイナミクス

と，演繹的推論の欠如が強調される．過去の制度の影響について，これらの制度観は共通して，一組の制度を外生的なものとし，それが続いて生成する制度を説明すると考える．例えば，経済制度をルールとして考察する際に，政治制度や非公式の——文化的に決定された——制度を所与として，ルールの制定を考察するのが一般的である．しかしこの考え方は，制度の制度変化への影響という問題を1期間前に押し戻しているに過ぎない．

これに対して，本章では，制度的要素に集約された過去が，なぜ，どのようにして制度変化の方向を決定し，それぞれの社会が異なる制度的軌跡にそって進化するように導くかを探る．議論の中心となるのは，制度を構成している社会的要素の性質を調べることである．これらの性質は，過去から受け継がれた制度的要素と技術的に実現可能な選択肢との間にある，**基礎的な非対称性**を含意する．基礎的な非対称性によって，過去の予想・規範・組織は新たな状況における初期設定となり，そのことを通じて新しい制度に影響を与える．すなわち，代替的な新しい制度の選択肢から1つを選ぶ過程で，過去の制度的要素が初期条件の一部になっているのである．このことは，たとえこれらの要素が，もともとすでに自己実現的でなくなっている制度を構成していたものであったとしても同様である．

後により詳しく述べるように，この基礎的な非対称性が反映しているのは，制度的要素は制度の属性であるだけでなく，人々の属性であり，また，彼らが知り，共有してい

る社会と文化の属性でもあるという事情である．制度的要素は，人々の記憶に宿り，彼らの認知モデルを構成し，人々の選好に反映され，そして，組織として姿を現す．それは，新しい状況に直面したときに，人々が自分たちの中に持っているものなのである．過去から受け継いだ制度的要素は，新しい状況における行動のミクロ的基礎に，初期設定を提供している．逆に，それに代わる，技術的に実現可能な制度的要素を作り出すためには，人為的努力が必要とされる．すなわち歴史が意味を持つのである．

　制度の発展を形作る力を考えるとき，歴史的過程として制度を見るこうした見方においては，意図的な構築物として制度を見る場合よりも，人々が制度を変化させる力は小さいと考える．前者の見方においては，人為（すなわち目的思考的な人々による制度変化の追求）は，歴史の足かせによって制限されると考えるからである．同時に，歴史的過程としての制度観は，過去が将来に影響を与えるのは，人々が受動的だからではなく，人々が過去に頼ることが必要であり，有用であり，また望ましいことだと考えるからである，とみなす．人々が過去に頼るのは，制度を意図的に変えようとしているときや，制度的・組織的イノベーションの開発や導入を考えているときに，新しい状況の中でどのように行動すべきかを決めるためである．したがって，本章で展開する制度観は，進化的制度観や他の構造主義的な制度観よりも，意図的な制度変化を許容し，制度変化における人為の役割を認める．

したがって，歴史的過程としての制度観は，歴史による制度変化の方向に対する影響は，人為の役割と代替的というよりも補完的であると考える．このように考えることによって，歴史の力か人為のどちらか一方を反映するものとして新しい制度を研究する場合の分析上の困難が緩和される．制度分析への社会学的アプローチにとって，歴史は中心的な意味を持っている．社会学的アプローチでは，文化は，新しい状況に直面している社会を再構成するための「道具箱」を提供すると考えられている（Swidler 1986）．過去から受け継がれた社会的ネットワークは，新しい制度の基礎となる（Granovetter 1985, 2002; Greif 1989）一方，過去の認知モデルは，新しい状況を認識する方法を形作る（Di-Maggio and Powell 1991a）．しかし歴史の中には，もはや行動への影響力を失った文化的・組織的・認知的なモデルが散在している（Thelen 1999 を参照）．したがって，過去が現在に影響を及ぼすという主張を有意味なものとするためには，主張に限定を加える必要がある．演繹的推論から導き出される限定なしで，制度の動学的変化を純粋に歴史的に分析すると，アドホックな分析に陥る危険がある．

同時に，人為を重視する見方を考慮に入れつつ，制度変化の方向を演繹的に研究することにも限界がある．ゲーム理論は，制度分析で中心的な状況——行動の選択肢が数多く存在し，くり返し生じる戦略的状況——の下では，通常，複数の均衡，したがって複数の制度が存在することを明らかにしている（付録 A を参照）．自己実現性という条件に

よって演繹的に，実現可能な制度の集合を十分に絞り込むことはできないのである．

制度変化への影響に関して，基礎的な非対称性と人為の役割が重要であることを認識することによって，歴史分析と演繹的分析を統合する方法とその有用性が明らかになる．制度変化を研究する際に，**文脈に基づいた均衡の限定**（文脈に基づいて複数の均衡のうちどれが実現するかを判定すること）（contextual refinement）という概念を用いることは，概念的に適切であると同時に，分析上も有用である．新しい制度は自己実現的でなくてはならないことを認識することによって，歴史の力は限定される．他方で，文脈に関する知識——特に過去から継承された制度的要素に関する知識——によって，実現可能な自己実現的制度は限定される．これらの知識は，実現可能ではあるが文脈上，関連がない制度をとり除いてくれる．過去から継承された制度的要素は，新しい制度にいたる過程の初期条件の一部となっている．歴史と理論が，相互に規律を与えるのである．ここでの分析は，（制度の異時点間のつながりを許容することに関して）標準的歴史分析ほど寛大ではないし，（各時点で実現する可能性のある制度の集合に関して）標準的なゲーム理論の均衡分析ほど寛大ではない．

以上の議論を提示するために，第7.1節では，過去から継承された制度的要素と技術的に選択可能な他の選択肢との間の，基礎的な非対称性について詳しく述べる．この非対称性が新しい制度に対して持つ含意については第7.2節

で議論し，第7.3節と第7.4節ではそれぞれ，人為と制度革新について論ずる．第7.5節では，基礎的な非対称性がもたらす共時的な影響を説明し，ヨーロッパとイスラーム世界の奴隷制度を考察することを通じてそれを例証する．第7.6節では，議論を総括し，文脈に基づく均衡の限定という概念を提示する．

7.1 過去から受け継がれた制度的要素とそれに代わる技術的に可能な選択肢との間の基礎的な非対称性

新しい状況においては，行動を導く制度化されたルールがないため，将来を見すえて行動を決めようとしても，行動を演繹的に決めることには限界がある．人々は，自分の行動と他の人々の行動を調整するために，認知的枠組み，情報，規範的な手がかり，そして人々がどう行動するか予想するための方法を探し求める．このような行動に関するミクロ的基礎を探す際に，人々は，たとえそれがすでに自己実現性を失った制度の一部であったとしても，過去から受け継がれてきた制度的要素に頼ることになる．過去の制度的要素は，制度の属性であると同時に，人々が知り，共有し，記憶している社会の属性でもある．それらの要素は，記憶に宿り，認知モデルを形作り，選好に具体化され，行動について人々が共有している予想を構成している．

それら以外の制度的要素も，このような行動のミクロ的

基礎を提供することができるかもしれない．例えば，新しい組織や行動に関する予想が，新たな状況の下で人々の行動を調整することができるかもしれない．しかし，過去の制度的要素は初期設定となっている一方で，新しい状況で技術的に利用可能な他の制度的要素を導入し機能させるためには，意図的な行動が必要である．すなわち，人々に新しい知識を与え，他の人々ができること，するであろうことについて人々が共通して持っている予想を変え，内面化された予想と規範を変えなければならない．したがって，社会が持っている制度的な遺産とそれに代わる制度的要素との間には，基礎的な非対称性が存在する．その1つの理由は，新しい制度的要素を作り出すためには，交渉，調整，調査，学習などに伴うコストがかかることである．さらに，そのような活動の結果やそれによって引き起こされる制度変化は不確実であり，結果がわかるまでに時間がかかる．加えて，未知の不確実な影響を厚生や分配に及ぼす可能性が高い．また，このような活動はしばしば，標準を設定し，過去の出来事に関する統一的解釈を提供し，あるいは裁判所のような新しい組織を設立するなどの公共財の供給を意味するため，集団行動，フリーライダー問題，戦略的操作などの問題に悩まされることになる．制度変化に伴うこのような取引費用が，過去から受け継がれた制度的要素とそれに代わる要素との間の非対称性の原因となるのである．

　この基礎的な非対称性は，取引費用を反映するだけでは

なく，過去の制度的要素が持つ認知的・情報的・調整的・規範的な内容をも反映する．一方，過去の制度的要素が持つこれらの内容は，人々や組織による能力や知識の獲得と普及の結果であるとともに，ほとんど認識されることがなく，しばしば意図せずになされる社会化，内面化，学習，実験の過程の結果でもある．したがって過去から受け継がれた制度的要素は，人々が環境をどのように考えるか，さまざまな状況下で他の人々がどのように行動すると予想するか，そして彼らが何を道徳的に望ましいと考えるか，を決定する．つまり，過去の制度的要素は，何が予想されるか，何が真実で道徳的に正しいと認識されるかを示すのである．

　人々が行動の基礎とするルールは，自然や，観察可能あるいは不可能な，状況のさまざまな側面や細目（例えば，物理的環境，時間割引因子，リスクに対する態度，さまざまな意思決定者の目的など）に関する認知モデルと情報を体現している．他方，新しい，それに代わる行動ルールは，そのような内容を持っていない（第5章を参照）．代替的なモデル——すなわち内面化された新しい予想——を発達させ，新しい情報を得ることは，時間とコストがかかる，不確実な試みである．さらに根本的なのは，あるモデルが正しいと思っている限り，人々は新しいモデルを作り出そうとはせず，既存のモデルを——おそらくはわずかに修正して——用い続け，新しい状況においてもそれに則って行動を決めるということである．例えば，無神論者にとって

は，神への恐れに基づいた契約執行制度は実行可能ではない．

　既存のモデルが周知の事実としての性質を持っているために，新しいモデル（内面化された予想）を作り出す誘因はさらに小さくなる．たとえある人がよりよいモデルがあることを知っても，他の人々が別のモデルに体現された行動指針に従っていれば，その人の最適反応は，その別のモデルに従うことであるかもしれない[1]．既存の制度的要素が人々が意思決定をする場となっているため，それらの要素は，新しい制度が生成される環境にもなっているのである．

　認知的不協和——新しい情報が予想ないし想定と矛盾した場合に生ずる心的摩擦——は，過去から受け継がれた心的モデル（内面化された予想）と代替的なそれとの間の非対称性をさらに大きくする．心的摩擦を避け，自分の世界観に秩序を保つため，人々は確証バイアスや心的モデルと矛盾する事実の回避など，さまざまな防衛手段を講ずる[2]．そして，過去の制度とその構成要素は，内面化された規範，予想，関連する行動を構成，生成，維持することによって，人々が保持したいと考えているものの多くを提供する．したがって，新しい状況への対応は，過去から受け継がれてきた制度的要素を形作っている予想と規範を維持しようとする試みによって特徴づけられる．

　例えば，紀元前6世紀のソロモン神殿破壊と亡命生活の後のユダヤ人の経験を考えよう．ユダヤ人はどのようにし

て，信ずる者を守ると約束した全能の神への信仰と，そのような軍事的敗北とを調和させたのであろうか？　彼らは認知的不協和を取り除くために，旧約聖書の預言は，敗北は神の教えに従わなかったユダヤの人々に対する罰であったと論じたのある．現実は，過去から受け継がれた内面化された予想と整合的に説明された．さらに，大多数の人々が新しい情報に依拠しないと予想される場合，各個人が新しい情報に依拠する動機は小さくなる．

　行動に関する予想の基礎的な非対称性は，人々がくり返し生ずる戦略的な状況において行動を決める際に，演繹に頼ることには限界があるという事実を反映している．ゲーム理論が強調するように，くり返し生じる戦略的状況においては自己実現的な行動が複数存在する．そのため人々は，自分の行動を決め，他の人々の行動を予想する際に，過去から継承された行動予想を用いるのである．彼らが過去から継承された予想に依存するのは，過去から受け継がれた制度的要素とそれに代わる要素との間に基礎的な非対称性があるためである．過去から受け継がれた要素は，周知の事実となっている．すなわち，各個人は，それらを他のすべての人が知っているということを知っている．他の人々の予想に関する予想を変えるのは本質的に困難なのである．

　過去から継承された規範に基礎的な非対称性があるのは，いったん内面化されると，規範は個人のアイデンティティや自分に関する概念を構成し，それが新しい状況に引

き継がれるためである．規範は個人のアイデンティティの一部となって，新しい状況における行動に影響を与える．経済学において，選好は（財やサービスという形をとる）帰結に対して定義されるが，規範は，どのように到達したかによって帰結を区別する．例えば，規範があるために，同じ1ドルから得られる効用も，それが盗んだものか稼いだものかによって異なったものとなるかもしれない．また，個人のアイデンティティや自分に関する概念を変えることは，心理的にコストを要する．既存の規範を消滅させ，新しい規範を創造するためには，社会化，教化，他者の行動の観察，そして，なぜ古い規範は新しい状況には適用できないかについての合理的説明など，長い時間を要するプロセスが必要となる[3]．

　非対称性は，過去から継承された組織とそれに代わる組織との間にも存在する．組織の構成員同士や，構成員と非構成員との間の行動を統治しているルール，予想，規範は，歴史的遺産の一部をなしている．さらに組織は，制度と制度的要素という二重の性質を持っている（第2章および第5章）．組織は，組織の構成員同士や，場合によっては構成員と非構成員との間の取引に関しては，制度として機能する（例えば，警察という組織を考えると，警察官同士の取引や，警察官と一般の人々との間の取引などがそれである）．同時に組織は，他の取引においては制度の一部として行動の原因となる（例えば，警察官が，犯罪者と法を遵守している市民との間の取引において自己実現的な予想の

集合を変えることがそれである）．組織は，それ自身が制度でもあるから，それが組み込まれている制度が自己実現的でなくなったからといって，すぐに自己実現的でなくなることはない．このことについては次のように考えるとよい場合がしばしばある．つまり，組織は部分ゲームにおいて自己実現的な行動と予想をもたらし，一方では，組織がその一部となっている制度はゲーム全体において行動と予想をもたらすのである．

過去から受け継がれてきた組織は，それが機能することを通じて，さまざまな新しい能力を獲得する．慣行化した行動，情報，正当性などの資産，組織間の人間関係やコミュニケーション記号，情報処理能力，技術的なノウハウ，そして，人的・社会的・物的資本などがそれである[4]．これらの資産は，組織がさまざまな課題を実行する能力を高める．したがって，いったんある組織が機能し始めると，正のフィードバックが生じ，それがその組織とその他の代替的な組織との間の非対称性をもたらす（David 1994）．過去から継承されてきた組織は，新しい制度の生成過程で，自己の利益を増進させうる地位にある．他方で，まだ存在しない組織には，発言権も行動を起こす能力もない．

どの程度の非対称性があるかは，過去から継承された制度的要素がどのようなものかに依存する．過去から継承された制度的要素によって，制度の移行に伴う取引費用の大きさが決まるからである．例えば，神権政治において，宗教的教義と結びついているルールを制度化されていない方

法で変えることは，心理的コストが大きいだけでなく，社会的・経済的・法的な制裁を招く可能性がある．他方，有効な民主主義の下では，圧力団体を形成することによって，経済行動を統治しているルールを変えようと試みても，失うものは神権政治の場合よりずっと少ない．実際，有効な民主主義は変化を促進することに適しているのである．したがって，制度移行に伴う取引費用——効率性，欲望，公平性などを動機として，新しい制度的要素を導入しようとする個人が負うべきコスト——は，過去から継承されてきた制度的要素の関数となっている[5]．

　要約すると，以下のようになる．人々は，認知と知識を含むルールに基づいて行動し，過去に依拠しながら他の人々との調整を探索し，自分たちの行動を内面化された規範や予想と整合的にしようとする．そこから，過去から継承された制度的要素と利用可能な代替的要素との間の基礎的非対称性が生まれる．この非対称性の程度は，過去から継承された制度的要素の関数として決まる．

7.2　基礎的な非対称性の含意

　基礎的な非対称性は，過去から受け継がれた制度的要素が新しい制度の生成過程の初期条件の一部となっていることを意味する．新しい制度にいたる過程は，過去の制度的要素が持つ認知的・情報的・調整的・および規範的内容に対する人々の反応を反映している．人々が，新しい状況を

認知的に整理し、情報を獲得し、行動を調整し、自分の利益を特定し、規範的な方向づけを受ける手段を提供するのは、技術的に利用可能な他の代替的要素ではなく、過去から継承されてきた制度的要素である。過去の制度的遺産は重要な意味を持ち、新しい制度の中にその痕跡を残すのである。

基礎的な非対称性は、過去の制度的要素と新しい制度との関係に関する4つの含意を通して現れる。第1に、本節で詳しく論じるように、制度がうまく機能しなくなった場合、新しい制度は一から作られるのではなく、既存の制度的要素をわずかに変えることによって生成し、あるいは確立される。新しい制度は、このような**制度の改良**の結果なのである。基礎的な非対称性の持つその他の含意には、**環境、調整、包含**の各効果がある。既存の制度によって決められる環境と整合的な制度、すなわち、過去の制度的要素の調整作用を反映し、過去から受け継いだ制度的要素を取り入れた制度ほど、実現する可能性が高い。

制度変化の特徴は、制度の改良、すなわち、まったく新しい制度を創設するのではなく、機能しなくなった制度を補強する試みにある。そのような補強は、制度を再び自己実現的にするために、既存の要素を少し変えたり、新しい要素を取り入れるといった形をとる。ある取引を統治している制度が予期された結果をもたらさなくなったときにも、まったく新しい制度に移行するようなことは通常起こらない。通常の反応は、制度が機能しなくなったという認

識に基づき，既存の制度を補強することによって欠陥を補うというものである．制度が必ず失敗するだろうと認識されるときや，望ましくない限界や含意を持っていると認識されるときにも，制度の補強が行われる．制度の機能不全や予想される機能不全によって，認知，知識，情報，調整の限界のためにうまく新しい制度を考案するのが困難であることが示されるとき，そしてそのことが示されるゆえに，新しい制度が作られるのではなく，制度の改良が起こる．より一般的にいえば，基礎的な非対称性の結果として，新しい状況において生成ないし作り出される制度は，既存の制度を改良したものか，既存の制度的要素を再構成したものである可能性がより高いということになる．

　ハンザ同盟の歴史（第4章）は，そのような制度の改良を反映している．支配者が商人の権利を侵害することを防止するため，商人たちは協調して対応する必要があった．当初は，権利が侵害された交易中心地にいた商人のみからなる局地的な組織が，ドイツ人商人たちの行動を調整していた．しかし，この制度が可能にした交易の発展のために，この組織の限界が明らかになった．すなわち，この組織は比較的狭い地域を越えた交易の基礎となることができず，したがって権利侵害が起こり続けたのである．これに対して商人たちは，特定の交易中心地の商人と他の商人の行動を調整する都市間組織，すなわち，ハンザ同盟にコーディネーションの主体を移すことによって，制度を補強した．既存の制度が生み出した知識が制度の適応的改良をも

たらしたのである[6].

　意図的かつ大規模な制度変化は，制度の危機に引き続いて生じることが多い．すなわち，過去の制度に伴う結果があまりにも不満足であると認識されるため，基礎的な非対称性の存在にもかかわらず，全面的な変化が開始されるのである．そのような包括的な変化は，「模範」がある場合に試みられる可能性が高い．「模範」というのは，よりよい結果をもたらすようなよく知られた代替的制度であり，それによって基礎的な非対称性が多少とも軽減されるからである[7].　近代におけるオスマン帝国による西洋列強に対する軍事的大敗，およびそれがあらわにした経済的・技術的衰退は，包括的な制度改革を促した．そしてその改革が，西洋世界で普及していた多くの制度を模倣しようとするものであったことは，驚くべきことではない．

　過去から受け継がれてきた制度は，新しい制度に対して「環境効果」を与える．なぜなら，それは外生的であると同時に社会的に作られたゲームのルールの一部を構成しており，そのルールの下で新しい制度にいたる相互作用が行われるからである．過去から受け継がれてきた制度が，新しい制度にいたる過程に参加している**すべての**人々にとって外生的である場合，それは明らかである[8].　例えば，神聖ローマ皇帝がジェノヴァを攻撃するために軍隊を動員することを可能にした制度を，われわれは外生的なものであると考えた．その制度は，ジェノヴァの人々にとってコントロールの及ばないものだったからである．

一方で，関係する意思決定者にとって内生的な制度が，環境効果を発揮する場合がある．その１つの理由は，それらの制度が個々人にとっては外生的であることによる．制度は均衡を構成しているため，また基礎的な非対称性があるために，個々の主体は，その制度が含意として指定する行動をとることが最適であると考え，また他の人々もそうするだろうと予想する．さらに，制度化されていない状況においては，人々は，制度化された行動ルールとそれが体現・集約・流布する認知モデルや情報の助けなしで，行動に関する決定を行う必要がある．このような状況では，限られた認知資源をできるだけ節約することによって，意思決定が容易になる（Simon 1987 [1957]）．そして，既存の制度を所与とみなすことは，その方法の１つである．そうすることによって，問題が簡略化され，扱いやすい大きさに限定されるからである．また，過去の制度を所与とみなすことによって，新しい制度化された行動に到達するために必要なコーディネーションの程度を減らすことができる．

　以上の議論に異議を唱える人はあまりいないであろうが，難しいのは，ある特定の研究においてどの制度を外生的とみなすべきかについて分析的に述べることである．しかし，環境効果が，新しい状況において，意思決定にかかわる認知的・調整的な負担を減じようとする行動を反映しているとすれば，相互作用をしている人々は，考察対象としている取引から離れた取引であるほど，それに関連する制度を所与とみなすであろう．そこで分析上の問題は，取

引の間の距離をどのように測るかである．しかし，どの制度を外生的とすべきかを判断するうえでは，常識が助けになる．例えば，ポデスタ制への移行を考える際，ジェノヴァ人の言語や婚姻制度のような，彼らにとっては内生的であるが政治的取引からはかけ離れた制度は，外生的であるとみなした．要するに環境効果は，新しい制度が，過去の制度が提供する構造の中で形成されることを意味している．

　次に，コーディネーション（調整）効果は，過去の制度が提供する構造を所与としたときに，自己実現的でありうる複数の制度の中から新しい制度が選ばれる過程に対して，過去の制度的要素が与える影響を反映する．人々は，新しい状況で他の人々と自分の行動を調整するために，調整機能を持つ公的な組織，過去の行動ルール，予想など，過去の制度的要素に依拠する．例えばジェノヴァでは，執政官という制度的要素が，ポデスタ制への組織的移行を調整した．ハンザ同盟設立の際には，さまざまな行政機関が行動を調整した．第9章では，過去から受け継がれた，文化によって決定された異なる予想が，どのようにして中世の2つの商人グループの間で制度を調整したかを示す．他の条件が等しければ，新しい制度は，過去の制度的要素が持つコーディネーション効果の影響を反映したものであることが多い．

　環境効果とコーディネーション効果が存在するため，他の条件がすべて等しければ，新しい制度は既存の制度を補

完したものになる可能性が高い．ある制度が存在することによって，他の制度が自己実現的になるパラメータの集合が大きくなる，あるいは，ある制度が存在するときに他の制度に基づいて調整を行う人々の利得が増加する場合，その制度は他の制度を補完する，という[9]．

　帝国内で得られる収益を増やすことに関心があったファーティマ朝のカリフは，所有権を保障する制度を創り出し，マグリブ貿易商たちの結託はその制度によって補完された．カリフにとっては，マグリブ貿易商たちの所有権を誠実に保障することによって交易から得られる期待収益が増加し，その結果，所有権を保障することの純現在価値が増したのである（第3章）．ジェノヴァでは，民主主義が自己実現的となるパラメータの集合を氏族が小さくした（第6章および第8章）．共同体責任制は，ポデスタ制が自己実現的となるパラメータの集合を拡大した（第10章）．共同体責任制の下では，ある共同体の構成員に対して契約を履行しなかった人物が属している共同体の構成員が，相手の地域にいた場合，その人が債務の支払い義務を負うことになっていた．したがって，ジェノヴァのコミューンが，ポデスタが任期を全うしたときに彼に報酬を支払わなかった場合，海外旅行中のジェノヴァ人がポデスタへの支払い義務を負う可能性があった．この制度によって，ジェノヴァ人がポデスタへの支払いにコミットする能力が増加した．

　他の条件が等しければ，新しい制度は，過去に具体化していた制度的要素を，それ以外のものよりも，取り込む可

能性が大きい．**包含効果**は，基礎的な非対称性と，人々による非対称性への対応の結果である．ジェノヴァでは，包含効果の結果，執政官制とポデスタ制の下で，同じ規範，予想，組織が国家の制度的基盤に含まれていた．第8章で論じるように，ポデスタ制は，既存の氏族的構造，力で政治的目的を達成することを正当化する規範，適当な機会が生じればある氏族は他の氏族を攻撃するだろうという予想，などを取り込んでいた．これらの制度的要素は，（ゲームのルールの一部や予想として）新しい制度が実現する過程の初期条件となり，結果として生まれた新たな制度の一部に取り入れられた．

コーディネーション効果と同様に，包含効果もまた，自己実現的な制度がいくつかある場合，代替的な制度の中からの選択に影響を与える．この2つの効果は，概念的には別のものであるが，場合によっては重複することもある．例えば，行動に関する過去の予想は，人々の新しい行動を調整する効果があり，同時に，結果として生じる新しい制度の重要な部分ともなる．第6章と第8章で議論されているように，ジェノヴァの執政官制とポデスタ制は，2つの効果の重複を反映している．機会があれば氏族は他の氏族を攻撃するだろうという文化に根ざした予想は，執政官制下のジェノヴァの政治制度の根幹であった．そしてこれらの予想は，ポデスタ制を含む新しい制度の下で期待される行動に向けて人々を調整し，新しい制度の構成要素の1つとなった[10]．しかし，新しい制度に向けて行動を調整する

機能を持つ制度的要素には，新しい制度の一部にならないものもある．したがって，調整効果と包含効果を区別することは概念的に有益である．例えば，ジェノヴァの執政官制はポデスタ制に向けてコーディネーション機能を担ったが，ポデスタ制の一部にはならなかった．

7.3 主体と歴史

制度の改良，環境効果，調整効果，包含効果は，基礎的な非対称性が新しい制度の要因となる行動に対して与える影響を反映している．これらの効果は，人々が行動を選ぶ際に推論を通じて，あるいは何も考えないことによって，認識・情報・協調・規範に関する難問に対応することを示している．したがって，過去の制度的要素が制度変化の軌跡に与える影響は，人々が自分たちの利益を追求する際に，これらの制度的要素が与える機会や制約に対してどのように反応するかによって媒介されることになる．

実際，過去の制度的要素が影響を及ぼすことは，そうでない場合よりも，制度の選択に人々が与える影響が大きいことを意味する．過去から受け継がれた制度があることによって，人々は共通の認識を持ち，予想を共有し，同様の規範を持ち，制度選択に影響を与えるために必要な組織を有している[11]．さらに，新しい制度を生み出すために全体的で体系的な変化が必要とされるわけではないという事情が，制度選択における制度革新者の役割をより容易なもの

とする．ある新しい制度は，過去の制度的要素を変更したり，導入したり，再構成したりすることによって作り出すことができるからである．

　はじめに，過去が新しい制度に対して与える影響がもっとも小さいように見える場合，つまり，制度化された方法で新しい制度が生じる場合を考えよう．制度化された方法で新しい制度が生じるというのは，制度化されたルール，予想，規範，組織があって，それによって新しい制度が決まるという意味である．特に，（指導者や集合的意思決定のための組織など）社会的な機関があって，それらが，新しい状況における行動を導くルールを決定する場合がそれに当たる．しかし，そのルールによる指導が新しい制度化された行動を生み出すためには，すなわち，それらの機関が権力を持つためには，以下の3つの条件が満たされていなければならない．第1に，ルールをアナウンスする者は，他の人々がそれに従うだろうと十分多くの人々に信じさせるに足るだけの正当性や，ルールに従わせたい人々にとってルールに従うことが最適反応になるような状況を作り出す能力を持っていなければならない[12]．第2に，ルールをアナウンスする者は，そのルールを普及させ，周知の事実とすることができるだけの組織能力を持っていなくてはならない．第3に，そのルールは自己実現的な行動を指定しなければならない．

　基礎的な非対称性が存在するため，過去から受け継がれた予想・規範・組織は，正当性を付与し権力を生み出す．

それらはまた，ルールを普及させる能力を決める．さらに，ゲームのルールの一部やゲームにおけるコーディネーションの手段となることによって，どの行動が自己実現的であるかを決める．それらの制度的要素によって，誰が，どのような状況で，どの程度，新しい制度の生成に向けて人々を調整できるかが決まるのである．したがって，その結果生じた新しい制度は，調整・環境・包含効果の影響を受けている．

　例えば，ポデスタ制への移行を考えよう．第8章でより詳しく論じるように，この移行は，皇帝による介入も反映していたが，主に執政官政府によって調整されたものであった．執政官政府は，制度を移行させる力を持っていたのであるが，それは，執政官政府が選挙によって正当に選ばれた組織であったこと，そしてそれ以上に，政府の構成員がジェノヴァの指導的な氏族の代表だったことによる．執政官政府はさらに，ジェノヴァを統治している間に発達した公的な組織能力を持ち，それによってジェノヴァの人々に制度の移行を知らせることができた．このように，新しい制度は，過去から受け継がれた制度的要素の調整効果を反映していた．

　ポデスタ制はさらに，過去の制度的要素が執政官に課した制約をも反映していた．これらの制約があったため，自己実現的な制度のうち，執政官がその実現に向けて人々の行動を調整することのできるものは限られていた．特に，執政官の選択は，氏族やその内部化された規範，行動予想

などによって制約されていた．執政官政府が目指すことができたのは，これらの制度的要素を取り入れた制度だけだったのである．

　近代社会でも，制度化された方法によって新しい制度が選ばれるとき，過去から受け継がれた制度的要素が制約を課し，同時に機会を提供する．例えば，1920 年から 1933 年の間のアメリカにおける禁酒令の失敗は，単に人々が酒を飲みたかったということを反映しているわけではない．それは，人々にはアルコールを飲む権利があり，政府はそれを規制する正当性を持っていないと人々が信じていたことを反映しているのである．もし異なる予想と規範を持つ現代のイスラーム国家のいくつかで同様の禁酒政策を行ったとすれば，それははるかに有効であろう．

　制度変化の過程で，過去の制度的要素は，制約を課すだけでなく，人々を調整する者が利用できる機会をも提供する．アメリカの社会保障制度は福祉制度としてではなく保険として定義すべきである，というフランクリン・ローズヴェルトの主張は，言葉のいいかえ以上のものを含んでいる．彼は意図的に問題を構成し直し，（保険料を支払った人はお金を受け取る権利があるという）保険という制度に関連する予想と，社会保障制度とを結びつけたのである．ローズヴェルトは，そうすることによって社会保障制度が，将来におけるより大きな状況の集合の下で自己実現的になるであろうことを知っていたのである（Romer 1996）．

　新しい状況においてコーディネーションを行う必要があ

るために，そのための新しい組織が発達することがあるが，そのような組織も多くの場合，過去の組織やそれに付随する予想と能力に基づいている．現在外国にいる商人たちと，将来外国に行く商人たちの行動をよりうまく調整する必要があったため，ハンザ同盟が作られた．ドイツの諸都市を支配していた大商人が制度変革のために行動を起こし，それによって，ハンザ同盟に加盟していた都市の市民からなる会議——議会——が設立された．過去から受け継がれた制度的要素——特にドイツ諸都市の自治制度——に基づいたプロセスを経て，議会が成立した．人々は，過去から受け継がれた組織と予想に基づいて，行動を調整するための新しい組織を生み出す活動に従事する．したがって新しい組織は，調整効果と包含効果を反映している．議会は都市の代表者によって構成されたため，諸都市の自治を可能にしていた予想と組織能力は，ハンザ同盟の設立にも役立ったのである．

　人々を新しい制度に向けて調整しようとする制度革新者は，新しい制度を選ぶための制度化されたプロセスの外部でも活動する．実際，歴史上もっとも劇的で重要な制度変化は，制度化された手段に依存することなく新しい制度を創設することができた指導者，預言者，思想家によって引き起こされた．むしろ，彼らが引き起こした変化は，既存の制度化された手段を用いずに新制度を作り上げたからこそ，革命的であったといえる．しかし，それにもかかわらず，彼らの行動選択は，過去の制度的要素が与えた制約や

機会の影響から逃れることはできなかった．彼らは，資源を動員し，自分たちの行動に対する人々の反応を予想し，新たな状況を頭の中で整理し，人々が自分の利益になり，あるいは道徳的に正しい反応だと考えることを変えるために，過去の制度的要素に頼ったのである．

　ムハンマドは，制度革新者として，新しい制度を作るための既存の制度化された方法に頼ることなく，新しい宗教と政治組織を作り上げた．それにもかかわらず彼は，既存の制度的要素とその含意によって制約され，また，それらを利用したのである．例えば，メッカについて考えてみよう．メッカは，イスラーム教が誕生する前から，カーバ神殿を中心とした，商業的収益の大きな巡礼地であった[13]．巡礼とカーバ神殿の宗教的重要性に関する予想は，イスラーム教の予想の体系に組み込まれ，イスラーム教徒はカーバ神殿に向かって祈るようになった．過去の予想によって引き起こされた行動と矛盾しなかったことによって，新しい予想体系の普及が促進されたのであろう．そのことはまた，この新しい宗教が自分たちの繁栄を危うくするのではないかというメッカの大商人たちの恐れを軽減した（B. Lewis 1991）．制度革新者が特定の結果にむけて人々を調整する能力は，彼らが新しい制度を実現するために制度化された手段を用いない場合でも，過去の制度的要素をうまく操作できるかどうかにかかっている．したがって，「革命的」に誕生した制度でさえ，過去の制度的要素を含んでいるのである[14]．

人々の反応が調整されない場合には，制度選択の過程
は，多くの人々の行動の結合された影響を反映した自然発
生的・個人主義的なものになる．このような場合でも，過
去から受け継がれた制度的要素は，機会や制約を提供し，
それらの機会と制約は包含効果や調整効果として現れる．

　補論7.1は，経済主体が，それぞればらばらに既存の組
織の構成員となり，それによって新しい行動に関する予想
を自己実現的にし，新しい契約執行制度を形成したケース
を例示している．この事例では，メキシコ領時代のカリ
フォルニアの地域社会に意識的に溶け込むことによって，自
分たちに不正を働いた地域社会の構成員が社会的な制裁を
受けるような仕組みを作ったアメリカ人商人について考察
している[15]．メキシコ等やさらに遠方で活動していたアメ
リカ人商人が遠隔地交易を行うことができたのは，評判に
基づく制度のおかげであり，彼らはこの制度に所属し続け
た．地元に根づいたアメリカ人商人たちは，地域社会の
人々と，遠隔地交易に従事するアメリカ人商人との間の信
用を取り持つ仲介人となった．彼らは，地域の人々とアメ
リカから来た遠隔地貿易商たちとの間の，新しい二段階の
契約執行制度を機能させたのである．アメリカの遠隔地貿
易商は，必要があればメキシコにいるアメリカ人商人が損
失を補塡しうると考えて，メキシコ人に金を貸すことがで
きた．約束を守らなければアメリカにいる貿易商たちの間
の評判を失うことになるため，メキシコにいるアメリカ人
商人は，この代理業務を誠実に実行することにコミットす

ることができた.

　新しい制度にコーディネーションなしで向かっていく過程においても，過去の制度化された規範と予想は，他の人々がどのような行動をとるかを予測し，したがって自らの行動を導き出す手段を提供する．（なんらかの基準に照らして）新しい制度が旧い制度と類似している場合には，新しい制度の下でも人々は旧い制度の下でとっていたのと同じ行動をとるであろう，と人々は予想する．ある文脈で形成された自己実現的な予想は，新しい文脈においても人々の行動を調整するフォーカル・ポイント（Schelling 1960）となるのである.

7.4　知識，制度革新と制度変化の方向

　異なる制度は，異なる観察可能な結果を生み出すため，そこから得られる知識もまた異なる．したがって，制度に関する学習は，その制度に特有なものであるという意味で局所的である．ある制度から得られた局所的な知識によって，可能性や利益に関する認識が形成され，そのことによって知識は制度変化の方向に影響を与える[16]．1164年の内戦における機能不全によって，ジェノヴァの執政官制度は，外的な脅威がない場合には脆弱であることが明らかになった．そのため，1194年には，外部からの脅威が増大したにもかかわらず，内戦で敗れた氏族は執政官制度の下で協力することを拒んだのである.

異なる制度は，さまざまな契約形態，情報を組織化する方法，および組織を創り出し，採用することに関して，異なる誘因を提供する．これらの，制度ごとに異なる革新は，その後に実現可能な自己実現的制度やその他の結果の集合に影響を与える．例えば，マグリブ貿易商たちの間の代理人関係を統治していた評判に基づく制度においては，代理人からの事業報告をその他の情報源から得た情報と比較することができたため，各国の事業についての会計報告さえ手に入ればそれで十分であった．それとは対照的に，ヴェネツィアでは，代理人を監視するために必要な情報は国によって集められた（Gonzalez de Lara 2002）．商人は，事業が行われるたびに事前に情報を収集する必要がなかったため，全体的な財務状態をよりよく反映した会計制度を考案するより強い動機を持っていた．その結果生じたのが，複式簿記（あるいは当時知られていた名前によれば，ヴェネツィア・システム）である．

　中世の商人ギルドや職人ギルドにおいて生じた所有と経営の分離は監査制度の発明につながり，外部監査役という職務が創設された（Watts and Zimmermann 1983）．複式簿記と監査制度は，所有と経営が分離した近代的な株式会社が最終的に誕生するうえで大きな役割を果たした．それは，これらの仕組みによって，会社の所有者や投資家たちが，経営者や会社の業績をよりよく評価できるようになったからである．

　制度的要素が，制度の革新や，その結果生じた新しい制

度の採択に与える影響は，もっと微妙なものである．制度的要素は，組織や契約形態，および手続き上の革新に対して，それらを目指したときに何が得られるかに関する期待を形成することを通じて，革新に影響を与える．過去の制度的要素は，そのような革新がもたらした新たな状況において，人々がこれから起こると期待することに影響を与える．組織が変化するための必要条件は，変化のきっかけを与えることのできる人が，変化によって利得を得るということである．そして，彼らの期待は，既存の制度的要素，特に，文化的な影響を受けて形成された行動に関する予想に依存して形成される．このようにして，異なる制度的要素は，異なる組織発展の軌跡を導くのである．

異なる組織がたどる軌跡は，「組織的な大発明」に続いて生じる修正，改良のための「小発明」の過程で，さらに異なったものになっていく[17]．そしてさらに，組織の異なる発展経路が異なった歴史を生み，歴史的過程による均衡選択に影響を与える．いったんある組織が普及すれば，その組織は，歴史的にそれに続くゲームのルール，したがって，ゲームの結果として生まれる制度に影響を与えるのである．

マグリブ貿易商たちが科した集団的懲罰によって，個人的関係に依存しない交易を支える制度を発明したり採用したりする動機が失われてしまった．第9章ではこの事例を論じることによって，組織がそれ以降のルールや制度に与える影響を幅広く分析する．一方，ジェノヴァの商人たち

の間ではこのような動機の喪失は起こらず，司法制度に支えられた一対一の評判メカニズムによって代理人関係が統治された．

7.5　制度複合体：制度のダイナミクスの相互作用

　基礎的な非対称性がもたらす異時点間における制度の相互関係は，同時期に並存している制度間の関係に影響を与える．環境，調整，包含の各効果によって，いくつかの制度が集まって**制度複合体**が形成される．複合体の中では，制度は相互に補完し合い，同じ調整作用を反映し，同じ制度的要素を共有する．この共時的な制度間の関係は，制度変化が生じるタイミングだけでなく，新しい状況における代替的な制度間の選択にもさらに影響を与える．

　制度複合体は，さまざまな次元で相互に異なっている．例えば，どのような制度によって成り立っているか，同じ複合体に含まれている制度は互いにどれくらい補完的か，特定の制度的要素がどの程度多くの制度によって共有されているか，コーディネーションが明示的な意思決定組織に基づいて行われているか，どのような賞罰の組み合わせが動機を与えているか，そして，複合体を管理している人物の目的は何か，などの点で，それぞれ異なっている．社会に存在している制度複合体の細部が違えば，制度の移行に伴う取引費用も変わってくる．

　制度複合体の細部と制度変化に伴う費用との関係を見る

ために，中世後期に生じた制度変化の中でもっとも深い意味を持っているもの，すなわち，ヨーロッパにおける奴隷制の事実上の消滅について考えよう．いうまでもなく奴隷制はその後，ヨーロッパ諸国の植民地で復活したが，19世紀半ばまでには法的に禁止され，事実上廃止された．ヨーロッパにおける奴隷制の消滅は，「労働史におけるもっとも輝かしい記念碑の1つ」（Duby 1974, p. 40）であった．それは，ヨーロッパ経済の長期的な成長トレンドを変えた重要な要因であろう．ヨーロッパの経済成長は，ローマ帝国の支配下にあった1000年の間は非常に遅く，帝国崩壊後の500年間はマイナスであったが，奴隷制の衰退と共に始まった次の1000年の期間には上昇した．この経済成長の変化は，奴隷制下では，自由な労働や経営の場合と比べて，生産性を上げる技術を作り出し，革新するインセンティブが小さかったことを示唆している．事実，「近代西洋のもっとも顕著な特徴である労働節約型動力技術」の起源は，中世後期にある（White 1964, p. 79. Mokyr 1990 も参照）．

　この深い意味を持つ変化——早い時期における奴隷制の内生的排除——は，イスラーム諸国では生じなかった．イスラーム諸国では，第2次世界大戦後まで合法的な奴隷制が残存した．イスラーム国家の中には，1962年にいたるまで奴隷制を廃止しなかった国さえある．そしてこの制度は現在も，事実上，多くのイスラーム国家で生き続けている（B. Lewis 1990; R. Segal 2001）．

　なぜキリスト教世界は，イスラーム世界に先だって奴隷

制を廃止したのだろうか？　その理由は，この2つの文明の持つ相異なる制度複合体と関係がある．この相違の歴史的起源は，ローマ帝国内でキリスト教が誕生したときにまで遡る．ローマ帝国は統一された法典，有効な法制度を有していたため，キリスト教は，信者のコミュニティを形成するために日常生活を統治する法典を作る必要がなかった．キリスト教は正統性と適正な信仰を持つ宗教として発展した．そして信仰以外の点では，ローマ法，後の時代にはその他の世俗法に従った．この遺産のために，中世後期にヨーロッパで新たに興った国家は，奴隷制を含む私法上の事項を管轄することを再び求めることができたのである．

　イスラーム教は，ムハンマドが宗教的・経済的・社会的な集団を確立するという，キリスト教とは非常に異なる過程を経て誕生した．そのためイスラーム教は，イスラーム法，すなわちシャリーアを制定し，それを遵守する義務を信者に強調する必要があった．その結果，イスラーム教は，ユダヤ教と同じように，信者の日常的・経済的・政治的・社会的行動を規制する宗教となったのである．

　キリスト教もイスラーム教も，その聖典で奴隷に対する行動に言及しており，奴隷制に道徳的な正当性を与えていた（例えば，レビ記25：46，エペソ人への手紙6；コーラン16：71, 4：36, 30：28を参照）．しかし，それぞれの文明において，奴隷制は異なる制度複合体の一部となっていた．キリスト教世界では，奴隷制に関する法律は，法的・政治的組織を

中心とした制度複合体の中に含まれていた．法は人間によって作られるとするヨーロッパの伝統の中では，奴隷制の廃止は，キリスト教にとって中心的な組織，予想，規範を変化させなかった．

　しかし，イスラーム世界ではそうではなかった．奴隷制は，イスラーム法の神聖性に対する信仰を核とした制度複合体の一部となっていたからである．イスラームの法的伝統では，「法は神の目から見た道徳的行動」であり「人の行動が道徳にかなっているかどうかを評価するのは（宗教的）法律家の仕事」であった（Crone 2004, p. 9）．そして，シャリーアは奴隷制を容認していたのである．したがって，奴隷制を廃止することは，——シャリーアは神の設けた聖なる法であるという——イスラーム教徒の中心的な信仰と矛盾した．奴隷制の廃止は，信仰の道徳的な権威，シャリーアの法的権威，そしてイスラーム法の施行に責任のある者たちの地位と権力への挑戦であった[18]．要するに，奴隷制廃止が困難であったのは，「イスラーム教徒にとっては，神が許していることを禁止することは，神が禁じていることを許すのと同じくらい重大な罪であった．そして奴隷制は，聖なる法によって認められ，規制されていた」（B. Lewis 1990, p. 78）からである．奴隷制に関する制度的要素は，イスラーム教信仰の中心を占めていたのである．

　複合体を構成している制度は，互いに強化し合い，単独で存在している場合よりも変化しにくくなる．制度 A が準パラメータの変化をもたらし，その変化によって制度 B

がより大きなパラメータ値の集合の下で自己実現的になるとき，制度Aは制度Bを強化する，という．他の制度によって弱体化される制度は，消滅してしまうか，さらなる強化が必要となるであろう．したがって，制度複合体に含まれている制度は，最終的には，互いを（弱い意味で）強化し合うようなものとなるであろう．したがって，複合体に含まれている制度のうちの1つを他の制度によって代替しようとするとき，それに伴って複合体内の他の制度が共有している制度的要素を弱める必要があるなら，そのような代替はより困難である．なぜなら，他の制度がその制度的要素を強化するであろうからである[19]．

制度的補完性はまた，制度の移行に伴うコストを増加させる．制度的補完性は，ある制度が，他の制度が自己実現的となるパラメータ値の集合を拡大すること，ないしは，ある制度が存在することによって他の制度につながる行動をとる人々の利得が増加することを意味するからである．商人ギルドの場合，支配者と商人との間の取引において行動を生み出していた制度は，商人同士の関係を統治していた制度によって補完されていた．補完性がある場合には，ある制度を変えると，もう一方の制度はより限られた状況下でしか自己実現的でなくなるか，その制度につながる行動をとる人々の利得が減少する．したがって，制度を意図的に変えることがより難しくなる．

制度複合体の細部は，制度変化の性質，すなわち，新しい制度にいたる過程の性質にも影響を与える．制度変化

は，漸進的なこともあれば突発的なこともあり，局所的（少数の制度だけを含む）な場合もあれば包括的（多数の制度を含む）な場合もある．さらに，人々の意図的で明示的な意思決定によることもあれば，自然発生的進化によることもある．

制度複合体と制度変化の性質との関係を例示するために，それを構成する制度同士が相互に強化し合い，補完的である複合体を考える．制度が強化し合っているために，制度変化が頻繁に起こる可能性は低いが，同時に補完性は，1つの制度が自己実現的でなくなると，その他の制度も自己実現性を失う可能性が高いことを意味する．したがって制度変化は起こりにくいが，起こる場合には，多数の制度を巻き込んだ包括的なものになる可能性が高い．

そのことは，ある社会の多くの制度が同じ制度的要素を共有しているときにも当てはまる．その基本的な制度的要素が変化すると，多くの制度が同時に影響を受けるからである．基本的な制度的要素がいったん自己実現的でなくなると，制度変化は「革命的」になる．それはめったに生じるものではないが，起きるときには包括的であり，多くの制度を巻き込み，多数の人々の行動に影響を与える可能性が高い．他方，さまざまな制度が緩やかに結びついている制度複合体の場合は，制度変化は緩やかに進み，同時に影響を受ける制度は少ない可能性が高い．

いったんある制度が普及すると，それらの制度が後に続く制度に影響を与えるため，制度が形成される順序を考え

ることは意味がある．後に続く制度を決めるうえで特に重要なのは，制度と制度的要素が確立して制度複合体を生み出す時期とそのときの出来事である[20]．ヨーロッパがローマの法的伝統を受け入れたときや，イスラーム世界がシャリーアを受け入れたときが，それに該当する[21]．これらの相異なる法的伝統は，その後の商業的・政治的制度の発展に影響を及ぼしたのである（Kuran 2004 と本書第 10 章を参照）．

7.6　結論

　本章で展開した議論は，内生的制度の動学的な変化に関する研究方法についてどのような含意を持っているだろうか？　過去の制度が新しい制度に及ぼす影響について理解を深めるために，今後研究すべきことは何だろうか？　本章で主張したことを要約した後で，本節ではこの 2 つの問題について考える．

7.6.1　制度の軌跡と過去が及ぼす影響

　過去は制度的要素に集約され，それによって，それぞれの社会は別々の制度的軌跡をたどって発展する．過去から受け継がれた制度的要素と技術的に利用可能なそれに代わる要素との間に基礎的な非対称性が存在するため，新しい制度の細部や制度が変化する可能性は歴史によって決まる．そして，過去から受け継がれた制度的要素は，何が理

解され，何が予想され，何が道徳的であると考えられるか
を決め，それらを反映する．そのようなものとして，これ
らの要素は，制度の構成要素であると同時に，個人や集団
の内部に深く入り込んでいるのである．これらの要素は，
選好や記憶の中に取り込まれ，共通の認識や予想の元にな
っている．すでに自己実現的でなくなっている制度の要素
——規範，予想，組織など——でさえ，少なくともしばら
くの間は，文化的・社会的遺産として生き続ける．人々は，
新しい状況に，過去から受け継がれた制度的要素を持ち込
む．なぜならば，技術的に利用可能な他の制度的要素を用
いるためには，活動や学習・試行・社会化などの過程が必
要となるからである．過去の制度的要素は新しい制度に至
る過程の初期条件の一部となっているのである．

　新しい制度にいたる過程が調整されるかどうかは，制度
的要素に集約された過去がどのようなものであるかに依存
する．新しい制度は，既存の制度の改良の結果であり，過
去の制度が持つ環境効果，調整効果，包含効果の影響を受
けている．過去から受け継がれた制度的要素によってより
大きなパラメータの集合の下で自己実現的になり，これら
の要素によって調整され，さらに，これらの要素を自らの
内に取り込むような制度が，もっとも成立する可能性が高
い制度である．ゲーム理論の用語を用いれば，過去から受
け継がれた制度的要素は，新たな状況におけるゲームのル
ールや，そのルールの下で行動を調整する手段，さらに，
新たな制度的要素の誕生につながる行動に伴う費用に影響

を与える要因の一部となっているのである．このような意味で，過去から受け継がれた制度的要素は，後に続くゲームとその結果に影響を与える．

　結果として生ずる制度は，どのような制度的要素が過去から受け継がれたかに依存するのだろうか？　ゲーム理論は，依存する，という答えを示唆する．戦略的な状況下では，実現可能な自己実現的帰結，つまり均衡は，ゲームのルールによって決まる．ゲームのルールの中のあるものが意味を持ち，他は意味を持たない場合に，特定の結果が自己実現的になりうる．また，ルールがごくわずかに異なるだけで，均衡の集合が大きく変わることがある．さらに，ゲームのルールが一定でも，均衡としての制度は通常複数存在する．したがって，帰結の選択に影響を与える制度的要素の詳細が重要な意味を持つ．

　環境・調整・包含の各効果によって制度が制度複合体を作るため，過去は新しい制度の細部にも影響を与える．複合体を構成している制度は，互いに連関・補完・強化し合い，同じ制度的要素を共有している．さらに，過去の制度的要素は，革新に対する人々の反応や新しい制度に関する予想に影響を与えることを通じて，制度，組織，契約形態の革新にも影響を与える．

　したがって，よりよい結果を得るために制度のダイナミクスを変えることは，非常に難しい．新しいルールを公布して新しい組織を作ることは可能であるが，それらが人々の行動をどのように変えるかは，過去から受け継がれた制

度的要素によって決まる．新しいルールの宣言や新しい組織の設立は，必ずしも新しい制度，特に，その有効性が変化を促すような新しい制度の成立につながるわけではない．新しい制度を導入するためには，ルールや組織を導入する以上のことが必要である．そのためには，基礎的な非対称性を乗り越えて，1つの自己実現的な制度から新しい自己実現的制度に移行することが必要である．それは，特に過去から受け継がれた規範や予想を変えなくてはならないため，困難である．人々が正しいと思っていることや，他の人々の行動に関する予想を変えるのは，容易なことではないからである．

基礎的な非対称性が存在するため，過去の制度的要素によって生ずる制約や機会を考慮に入れることなく，もしくは制度間の相互関係の詳細と含意を認識することなく，制度を変えることは，特に困難である．制度革新者が制度選択に影響を与える際に行うのはまさにこれらのことである．制度変化を追求するとき，革新者にとっては，制度は単一の実体ではないという事情が助けになる．新しい制度を創造するためには，制度全体のシステマティックな変化を必要としない．既存の制度を改良したり，あるいは過去から受け継がれてきた制度的要素を土台にしたり，組み替えたりすることによって，新しい制度を作り出すことができる．それゆえに彼らは，制度選択に大きな影響を与えることができるのである．制度の時間を通じた変化は，決して過去の制度のみによってあらかじめ決まっているわけで

はない.

7.6.2 内生的制約と制度変化の方向：文脈に即した
制度改良

制度分析に関係する状況，すなわち個々人が大きな戦略集合を持っており，同じ戦略的状況がくり返し生じるような状況では，すでに述べたように，通常は複数の均衡，したがって複数の制度が存在することが，ゲーム理論によって明らかにされている（付録 A を参照）．したがって，自己実現性という条件と論理的推論だけによって，実現可能な制度を十分に絞り込むことはできない．しかし，歴史がその後に生じる制度の発展において果たす役割を考えることによって，論理的な制約のみによって実現可能な制度を絞り込むときよりも，生じうる制度を限定することができる．

歴史は，初期条件となるゲームのルールを与え，また次に生み出される構造の中での調整メカニズムを与えることによって，制度変化の方向に影響を及ぼす．すなわち，過去から受け継がれた制度的要素の影響は，社会における主体のそれらに対する反応に反映されるとともに，それらの反応によって制約されるのである．もし過去の制度的要素が新しい制度に組み込まれなければ——すなわちそれらの要素が新しい状況下で自己実現的でなく自己強化的でもなければ——，それらはしだいに衰退し，ついには消滅してしまう[22].

したがってわれわれは，文脈に基づく制度の限定という方法によって，新制度の選択を研究することができる．すなわち，（制度的要素に集約されている）歴史的遺産に関する知識に基づいて実現可能な制度の集合を絞り込む（限定する）という方法である．その際，歴史的遺産は，結果として生じる制度が自己実現的であるという条件つきで，関係するゲームのルールに影響を与え，それらのルールを調整すると考える．つまりわれわれは，過去に関する知識を用いることによって，理論的には実現可能であるが文脈的には現実性がない制度を考察対象から外すことができるとともに，ゲーム理論の分析能力を用いて，事後的に自己実現的になる制度的要素のみが新しい制度の一部となりうるという条件を課すことによって，過去の影響を限定することもできるのである．

　文脈に基づく制度の限定は，ゲーム理論を乗り越える第一歩であるが，それは過去に関する知識によって実現可能な制度を限定するという以上の意味を持っている．ゲーム理論では，ゲームのルールは所与とされ，予想と行動は内生的に決定される．本章で提示した議論は，逆の因果関係が重要である可能性があるという認識に基づいている．過去から受け継がれた予想と規範は，新しい制度の形成過程における初期条件の一部となっている．そして関連するゲーム（したがって，制度）は，それらを支えるルールや組織を確立することによって，過去から受け継がれた予想や規範を中心として構築されるのである．

7.6.3 現状と展望

本章の議論はまだ緒に就いたばかりであり，その発展のためにはここでの議論によって提起された多くの問題を解決する必要がある．基礎的な非対称性の程度は，どのような制度的要素によって決まるのだろうか？　また，他の制度への移行に伴うコストが小さい制度，すなわち，より高い厚生をもたらす新しい制度に移行する制度は，どのような特徴を持っているだろうか？　あらゆる状況の下で有効に機能する制度は存在しえないため，これらの疑問は非常に重要である．なぜなら，新たに生じた必要に制度が柔軟に対応する能力は，少なくとも静学的な効率性と同じくらい，長期的な成功にとって重要だからである．

過去の制度化された予想と組織が制度変化の方向に影響を与えるという考えは，理論的にさらに発展させることができる．人々は似たような状況に直面したとき，以前から持っている予想を用いる．しかし，状況の相似性を決めるのは何だろうか？[23]　人は何に基づいて，過去のある状況における予想を他の状況にも適用するのだろうか？　類別（framing effects），類推，構造的な類似性などは重要だろうか？

これらの疑問は残るが，第8章と第9章では，なぜ，どのようにして，それぞれの歴史を持つ社会は異なる制度の軌跡をたどっていくかを実例に即して考察するとともに，文脈に基づく制度の限定という概念がいかに有益であるか

を例証する．これらの分析によって，過去から受け継がれた組織や文化に根ざした予想が，代替的な制度からの選択に影響を与え，新しい制度の一部となり，またその後の制度進化の軌跡に影響を与える点で，重要であることが明らかにされる．

補論 7.1　調整されない制度の発展において過去の制度的要素が意図的に活用された事例：メキシコ領時代のカリフォルニアにおけるアメリカ人商人

　この補論では，過去の制度的要素を用いて調整されない制度が発展した事例を紹介する．この事例はまた，社会的交換に基づく制度と評判に基づく制度とが結合された例でもある．19世紀のメキシコ領カリフォルニアでは，地域社会内部の社会関係が契約執行の基礎となっていた[24]．そしてこの関係は，地域社会とアメリカから来た商人との交易を可能にするために意図的に利用された．他の経済的取引において自己実現的になる予想の集合を変えるために，社会的関係と経済的関係とが結びつけられたのである．

　情報伝達や移動に時間がかかった19世紀初期に，メキシコ領カリフォルニアは広大な国土の辺境に位置していた．地域社会は小規模で，1840年の時点で，現在カリフォルニア州に区分されている地域の中でもっとも大きな集落は，1800人が住むサンタ・バーバラであった．これらの集

落では，契約執行において国家の手（役割）は見られなかった．アルカルデと呼ばれる地元の法官は，契約書を起草しそれを保管していたが国家は（刑事に関しては法を執行しようとしたが）商業的な契約を執行しなかった．例えば，州都のモントレーでは，1831 年から 1846 年の間に 374 件の訴訟が起こされ，そのうちの 65 パーセントは債権取立てや損害賠償についてであったが，債務者の資産差し押さえを命じる判決が出されたことは一度もなかった．当時の様子を目にした 1 人のアメリカ人によれば，地域の法制度は「非効率で予測不能なことが多く，犯罪や違反に対する抑止効果はまったくなかった」（Langum 1987, pp. 115, 123）．

しかし，そのアメリカ人が法制度を非効率だと思ったからといって，社会的秩序が存在していなかったわけではなく，また，裁判所が秩序の生成に何の役割も果たさなかったわけでもない．Langum（1987; Clay 1997, pp. 504-7 も参照）がいうように，このメキシコ人の小さな地域社会における契約執行や社会的秩序は，社会的コントロールに基づいていた．他の人々の反応に関する期待が，地域社会の構成員に，つねに慣習的な行動をとる動機を与えた．アルカルデは，地元の人々によって選挙で選ばれた無報酬の非公式な役職であり，彼らは公式の法には頼らなかった．そうする必要がなかったからである．

この法制度は，社会的コントロールの重要性を明らかにしている．訴訟を起こす前に，原告と被告は必ず調停の席

に顔を出さなければならなかった．そこには，それぞれ原告側と被告側によって調停のために選ばれたその地方の名士とアルカルデが同席し，両者の言い分を聞いたうえで解決策を提示した．およそ85パーセントの訴訟はこの方法によって解決された（Langum 1987, 第4章）．法廷は，誰に非があるかを人々に知らせるために用いられたが，案件が調停によって解決された場合には罰則は科されなかった．いったん解決されたにもかかわらず調停案に従わなかった場合にどのような社会的帰結がもたらされるかに関する予想が，人々を調停による解決に導いたのである．

地域の社会関係に基づいて行動する動機を人々に与えた条件は，地域社会が小規模であり，そこから他の地域に移住するコストが高いうえ，構成員が相互に接触する頻度が高く，そしておそらくは噂話によって情報が広まったことである．人の移動がなかったため，人々は，自分の属する地域社会とその構成員を外生的なものとして受け取らざるをえなかった．同時に，地域社会は，構成員全員の行動に関して内生的でありつつ，相互に交流する個々の人々に関するゲームのルールを変更するような組織であった．一方，裁判所は，争いが生じたときに誰が間違っているかを公衆に知らせるための組織であった．

この時期，これらの地域社会とそれを取り囲む大きな経済とを結びつけることによって得られる利益が増加した．当時，アメリカ，メキシコ，ハワイ，中国などは，毛皮，獣脂，毛皮製品，馬，材木を探し求めていたが，カリフォ

ルニアはそれらのものに富んでいた．ラテンアメリカの政情不安によってこれらの商品の供給が減少するにつれて，需要は増加した．

そこでアメリカ人商人たちは，カリフォルニアとの間の輸出入をますます盛んに行うようになった．彼らは，地元の生産者に約束手形を振り出して事前に商品を購入しておくことで，カリフォルニアに行った際に確実に輸出品を入手できるようにした．しかし，地元の人々と信頼関係を築くためには，契約の履行にまつわる問題を解決する必要があった．法制度には契約を執行させる力はなく，加えてアメリカ人商人たちは，地元社会で有効に機能していた秩序維持制度からは除外されていた．地域住民の数は少なく，交易のためにはるばるやってくるためにかかる費用は大きかったため，契約を守らなかった者に罰を加えなければ地域の人々全員を罰するというアメリカ人による脅しは，誰にも信じてもらえなかった．したがって，地元住民の誰かが外部の者をだましても，それを罰する理由がなかったのである．さらに，アメリカ人商人たちも，地元社会を集団で罰するために自分たちの行動を統一したり，それができることを示したりするための手段を持っていなかった．

したがって，遠隔地交易を行うためには新たな制度が必要であった．それは，地域社会の秩序維持システムをうまく操作することによって形成された．アメリカ人商人たちは，自分たちの仕事に関連のある重要な事柄を解決する際，地元社会でとられている方法に従うことにした．ま

た，地元の女性と結婚し，カトリックに改宗し，メキシコの市民権を得，地元の人々と同じ教育方法で子供を育てた．このようにして地元社会の一員となることで，アメリカ人商人たちは，その地域で機能していた契約執行制度を用いることができるようになったのである．アメリカ人商人と地域住民との交易は，このような「メキシコ化した」商人を媒介にして行われ，「メキシコ化した」商人たちは，アメリカの商人たちから報酬を得た．カリフォルニアのメキシコ人たちによる契約の履行に不安があるとき，アメリカの商人たちは，これらの「メキシコ化した」アメリカ系商人たちに助けを求めたのである．

　それでは，メキシコ化した商人たちは，どのようにして取引において誠実に行動することについて，アメリカ人商人たちにコミットしたのだろうか？　アメリカ人商人の間では（メキシコ化しているかどうかを問わず），経済的制裁に基づく多角的評判を通じて，誠実な行動が維持されていた．ある商人をだました代理人は，他のすべての商人たちから罰せられたのである．このような方法で罰せられることは，メキシコ化した商人にとっても高くついた．なぜなら，彼はメキシコに定住するために多大な費用をすでに投じてしまっていたからである．他方で，メキシコ化した商人は地元の人々とつながりがあったため，他の商人たちにとっても，彼を罰することによって発生するコストは大きかった．そのため，最適な懲罰の与え方は，1回目の詐取の後には部分的に取引を止め，2回目の詐取が生じたら全

面的に取引を中止する，という段階的なものであった
(Clay 1997)．

　アメリカ人商人たちは，自分たちの持つ幅広い商業的通
信ネットワークを用いて，さまざまな人々の行いに関する
情報を周知させた．彼らの人数はそれほど多くなかったか
ら，互いにある程度顔見知りであった．だからこそ，集団
的制裁が脅威となりえたのである．

　メキシコ人たちの間では，アルカルデや他の商業的指導
者たちが，集団的制裁を調整するために必要な公開情報を
提供する役割を果たしていた．彼らの決定は，時間をかけ
て発展してきた慣習に基づいていた．ところがアメリカか
ら来た商人たちは，そのような協調のための手段を持って
いなかったし，長い歴史を持つ慣習的行動も持っていなか
った．そこで彼らは，それらの代わりに，とるべき行動を
特定した法に則ることにした．アメリカ人商人たちは，公
的な制度の一部をなしていた制度的要素を母国から歴史の
遺産として持ち込み，それを新しい民間秩序の制度の一部
に取り入れたのである．

第 7 章註

1) どのような条件下でこれらが妥当するかは，まだわかっていない．明
らかに，ある人が異なるモデルを持っていることが，彼により良い結果を
もたらす場合がありうる．Kuran (1995) は，他者が否定的な（社会的また
は強制的）反応をすると予想されるとき，自分の真のモデルを明らかにす

ることを思い止まる条件を考察している.

2) 私の知る限り,防衛手段を講ずるか否かの決定に影響を与える要因を分析した研究はない.

3) この議論は直感的ではあるが,内面化された過去の予想や規範のうちのどれが,ある特定の新しい状況において有効であるかを説明できていない.例えば,隣人から盗んではいけないという内面化された規範は,旅商人にも同じように当てはまるであろうか?

4) このような資産が,新しい制度にいたる過程の初期条件となっていることの重要性は,経済学,政治学,社会学において認識されている.Greif (1989);North (1990);Rothstein (1996);Granovetter (1985, 2002) を参照.Greif (1994a);Banerjee and Newman (1993);Galor and Zeira (1993) は,その動学的過程を明示的に分析している.このような資産が蓄積されることによって,与えられた状況下で新しい制度が存立可能になる.フランス革命以前の公証人たちは,時間をかけて多くの情報を収集することによって,新しい契約執行およびマッチングのための制度を作り出した (P. Hoffman, Postel-Vinay, and Rosenthal 2000).近代の興信所も,同様の経過をたどった (Klein 1996).正当性は,指導者や組織が人々の行動に影響を与えることに成功し,その他の人々が将来も同じことが起こると予想し始めることを通じて徐々に獲得される.

5) 何が正しく,適正であるかに関する議論において立証の基準を決める予想と規範は,特に重要である (Mokyr 2002).近代後期,ヨーロッパの人々は,科学的(分析的で実証的な)立証基準の適切さを信じ始めた.同じ時期にイスラーム世界は,過去の学者がいったことに依拠することを強調していた.

6) (第1章で議論した)制度をルールとみなす制度観は,次のような重要な点を強調している.それは,制度の機能不全によって損失を被った人々は,過去の制度に関連する結果を保持しようとすることによって元の制度を復活させようとする,という点である.ここでの議論はそれとは異なっている.新しい状況において保持されるのは,過去の制度がもたらした結果ではなく,形式(制度的要素)なのである.

7) 同時に,基礎的な非対称性は,その地域の条件に合わせて調整しなければ,そのような制度を取り入れることが難しいということを含意している(第12章を参照).

8) North (1990) は,他の制度がその中で形成されるような制度を制度的

環境と呼んだ.

9) Aoki（1994, 2001）および Okazaki and Okuno-Fujiwara（1998）は，制度的補完性について関連する概念を提示している．Milgrom, Qian, and Roberts（1991）に基づいたこの概念は，補完性をスーパーモジュラリティによって定義している．その補完性の概念は，大ざっぱにいえば，あるゲームにおける特定の均衡から得られる利得が，他のゲームの特定の均衡における行動がとられることによって増加するというものである．実証分析については Greif（1994a, 1996a, 1998a）；Baliga and Polak（2004）；Moriguchi（1998）；Yang（2002）；Pagano and Rossi（2002）を参照.

10) 第9章では，この重複に関する詳細な事例を提示する．そこでは，過去から受け継がれた文化的要素が，どのようにして，新しい状況における特定の自己実現的行動と関連した文化的予想を形成したかを論じる.

11) 例えば「契約書にサインする」「国王」などの，過去の制度の下で普及していた意味，象徴，表現，身振りでさえ，制度選択に影響を与える．なぜなら，それらは集約された知識が周知の形で外的に表現されたものであり，人々はそれに基づいて行動するからである（Zhang 1997）．共有された文化理解（行動規則，認識，思考枠組みなど）は，行為者たちが何を考えることができるかを決めることによって，新しい制度を作り出す行動に制約を与える．社会学者たちは長きにわたってこのことの重要性を強調してきた（Zucker 1983, 1991; Meyer and Rowen 1991; DiMaggio and Powell 1991a; Dobbin 1994; Scott 1995 を見よ）.

12) 正当性については，第5.4節を参照．権力は，特定の制度化された行動を指図することができるような制度的ヒエラルキー（第2.1節を参照）を反映している．すなわち，制度の影響下にある人々にとって，その行動が最適反応であるようにすることができるような社会的機関が存在することを反映する.

13) カーバ（アラビア語で立方体を意味する）神殿は，サウジアラビアのメッカにある大礼拝堂の中心的な建造物で，立方体の石で作られ，黒い布で包まれている．そこは，イスラーム教誕生以前から，メッカの人々が多くの神像を納めるための中心的な聖地であった．それはまた神の家としても知られ，メッカへの巡礼においてもっとも重要な場所の1つでもある．なお，巡礼もイスラーム教誕生以前にその起源を持つ.

14) インドの独立を勝ち取るためにマハトマ・ガンジーが非暴力不服従運動を展開したとき，彼は過去の制度が与えたイギリスの反応の予測可能性

を利用した. 彼の戦略は, 過去の制度的要素, すなわち, 市民の抵抗に対する適切な強制的対応についてのイギリス人の内面化された規範, に基づいていた. Bates et al. (1998) は, 暴力的な政治活動に対する反応は, 攻撃される対象の, 歴史的に決定された意味合いを理解することなくしては理解できない, と述べている.

15) この議論は, Langum (1987) と Clay (1997) に基づいている.

16) 制度に関するこれまでの文献は, 制度が引き起こした行動 (例えば, 海賊行為や農耕など) について制度が示唆する知識の重要性を強調してきた (North 1990 を参照).

17) Mokyr (1990) はこれらの用語を技術変化を説明するために用いた.

18) 私はここで, シャリーアに示されたイスラーム法が不易不変であったというつもりはない. 明らかにそのようなことはない. 私がいいたいのは, 社会に宗教法がある場合とない場合とでは, 法的変化のための制約と機会が異なるということである. より広くいえば, 各システムの中で法が異なる規範的な意味を持ち, 異なる意思決定者が法の発展に影響を与える場合, 法の時間を通じた変化はシステムによって相違する.

19) 適切な理論的枠組みについては, Milgrom and Roberts (1990); Milgrom et al. (1991); Milgrom and Shannon (1994); Topkis (1998) を参照.

20) この考えは, 歴史制度学派における臨界期 (critical moment) という概念と密接に関係している (Collier and Collier 1991; Pierson and Skocpol 2002). Collier and Collier (1991) は臨界期を, 「ある変化の方向を確定し他の方向を排除して, その後の政治を形作るような, 重大な政治的分水嶺」(p.21) と定義している. しかし Thelen (1999, p.397) が指摘しているように, この議論を発展させるためには, 臨界期を生み出す出来事とそれに続く制度発展を限定する必要がある. ここでの見方は, それを目的としている.

21) ここでローマの伝統的な法制度というのは, 明示的な, 人によって作られた世俗法のことである (Stein 1999; Kelly 1992). イスラーム世界の法的伝統は, ローマやその他の法典に大きく依存していたが, その起源は隠され, 神の言葉という起源が強調された. この点に関する議論については, Crone (2002, 第1章) と Rahman (2002, 第6章) を参照.

22) このことは, 制度的要素が, 社会化 (socialization) などの, ここでは考察の範囲外にあるメカニズムによって普及しているのでない限り, 当てはまる. より一般的には, 人々が関連する取引における相互作用を通してあ

る制度的要素を普及させる動機を持つ場合，その制度的要素は普及する．特に，文化的な特質が直接的な社会化を通じて普及する場合は，それを実行している人々の内部化された規範や予想が原因である．他方，（学校や政党の活動などを通した）間接的な社会化を通じて普及する場合には，学校や政党を支配している人々がそうすることによってなんらかの利益を得られることが要因となっている．制度が再生産される，つまり，制度の存在によって生じた観察可能な結果によって制度と関連する予想や規範が変化しないということが，自己実現性の定義に含まれていたことを思い出してほしい（第5章）．

23) Sugden (1989) は，人は新しい状況でどのような行動をとるかを，類推によって決めると述べている．しかしわれわれの疑問は，人はどのようにして，ある状況と以前に生じた状況とが似ていると判断するのか，というものである．似たような問題は，人は過去の似たような事例に基づいて行動を最適化する，と考える事例ベースの最適化でも生じる（Gilboa and Schmeidler 2001）．

24) この議論は，Langum (1987) と Clay (1997)，特に後者に基づいている．

第8章

国家の建設：ジェノヴァの興亡

Building a State: Genoa's Rise and Fall

　現在も多くの国々が，政治的安定の促進，政治的暴力の
削減，経済的繁栄の助長を有効に行う国家を建設するとい
う困難な課題に直面している．中世後期のヨーロッパで
も，そのような国を作り上げるために幾多の試みがなされ
た．北イタリアの都市国家はその好例である（例えば，
Waley 1988 を参照）．しかしこれまでに，これらの国々の建
国の過程をミクロレベルで分析した研究はなく，彼らの経
験から十分な教訓を引き出しているとはいいがたい．

　本章では，都市国家ジェノヴァを例に，国家建設の過程
を詳細に吟味することにしたい．ジェノヴァは，混沌の中
から次第に姿を現し，ヨーロッパでもっとも富んだ国の1
つとなった都市国家であるが，政治的暴力が頻発し，後に
は経済力の低下にも苦しんだことで知られている．本章で
は，ジェノヴァ建国の歴史をミクロレベルで検討する．そ

して，人々が略奪と経済活動との間の選択を行うゲームの均衡として，政体を明示的に分析する.

政治制度と経済的繁栄との関係に関する考察においては2つの説が有力であるが，そのどちらも，ジェノヴァの歴史を十分に説明することはできない. 第1の説は，独占的な強制力を持ち人々を食い物にする支配者が存在することをあらかじめ仮定する. この考え方によれば，経済的繁栄を実現するためには，支配者が人々の所有権を守ることを宣言し，人々がそれを信用することができるような制度を作る必要がある[1]. しかしこの説は，ジェノヴァという都市国家には当てはまらない. なぜなら，建国当初，独占的な強制力の有無を問わず，ジェノヴァには支配者自体が存在しなかったからである.

第2の，新ホッブズ主義的な国家観は，国家は自らの利益を追求する経済人たちの行動によって建設されると考える. 国家は，秩序や公共財を提供することによって彼らを利するからである (Hardin 1997, p. 23). そして，これらの利益を実現するためには，制度を作ることによって，経済的プレイヤーと政治家・官僚との間に内在する代理人問題を軽減させなければならないと考える (Buchanan 1999; Barzel 2002 を参照).

経済史家は，共和国として成立したイタリアの都市国家の誕生を説明する際，暗に第2の説に従ってきた. 中世後期の商業的発展の解明でその名を知られる偉大な歴史家，Robert Lopez によって表明され，現在主流となっている見

方によれば，イタリアの都市国家は「商人の，商人による，商人のための政府」であった（Lopez 1976, p. 71）．しかし，中世後期にイタリアの都市で頻発した政治的暴力は，普段は経済活動に従事している人々によって起こされたものであった（Martines 1972; Tabacco 1989）．このことから，第2の説にも限界があることがわかる．都市国家の住民たちがなぜ戦いではなく交易を選んだのかは，前提とすることではなく，説明すべきことなのである．国家建設の過程は，個々人が経済活動と略奪を選択肢として持っているとき，彼らが経済活動を選択するような制度の発展として考察する必要がある．

ジェノヴァの建国の実験が示唆しているのは，建国の過程はある自己実現的制度の集合から別の自己実現的制度の集合への移行を必然的に伴う，とはっきり認識することの重要性である．国家の建設は，通常，白紙の状態から始まるわけではない．すなわち，すでに制度が存在し，それが潜在的・現実的に強制力を行使することができる人々に影響を与えているという状態から始まる．制度の中心となっているのは，氏族，部族，貴族階級，宗教団体，カースト，共同体，武装集団などとして組織された，政策決定にかかわる人々である．これらの社会組織やルール，予想，規範などが，組織内や組織間の行動を律することによって制度を形成し，政治的な行動に影響を与える．既存の制度は，過去から継承された社会構造内部および社会構造間の行動を生み出し，建国過程の初期条件の一部となっているので

ある.

　本章では，分析を簡単にするために，それぞれの社会組織を一枚岩であると仮定したうえで，これらの組織に影響を与える制度的要素に焦点を絞る．建国の初期には国家は独自の資源を持たないため，既存の社会組織を利用せざるをえない．したがって，有効に機能する国を建設するためには，次のことを行わなければならない．すなわち，国家が政治的安定と経済的繁栄の促進に必要な課題を達成するため，既存の社会組織が自己の経済的・軍事的資源を用いるよう，それらの組織を誘導することである．

　国家が調整して組織にこのような動機を与えることは難しい．なぜなら，前例のない目的のためにさまざまな資源を動員すれば，これまで組織間の関係を律してきた自己実現的な制度が，パレート改善的な代替的制度を生み出すことなく弱体化してしまう可能性が高いからである．特に，協調によってひとたび利用可能な資源が蓄積されると，それらの資源は軍事力を動員するために利用されてしまう可能性がある．このような事態に陥ることを避けるために，それぞれの組織は，既存の制度の下で自らの厚生を低下させないような目的に対してしか，資源の動員を認めようとしない．したがって，それぞれの組織が，自らの所有している資源を国家のために差し出すか否かを決定することができるような**調整的国家**（coordinating state）は脆弱であり，できることは限られている．それぞれの組織は，他の組織が強制力を増し，利益や権力，新たな資源を得ること

によって自らの相対的地位が低下するような企てには，資源を用いようとしないからである．

　対抗策や利益の増加を制度が保証（コミット）することがない限り，もともとある社会組織が前例のない目的のために一丸となって資源を動員する動機は限られている．したがって，有効に機能する国家を建設するためには，得られた利益を分配する力を国家に与えるような新しい制度を作る必要がある[2]．しかし，強力な国家であれば，資源配分を変え，制度的な力やその他諸々の権力を既存の社会組織から他に移すことができる．社会組織が国家の権力の強化に協力するのは，国家が事後的にその社会組織の厚生を低下させることがないと信じているときだけであろう．なぜならば，たとえ国家の機能が向上し秩序と繁栄が促進されても，必ずしも特定の社会組織が利益を得るとは限らないからである．自らの組織が利益を得られないのであれば，国家や政府は限定的な力しか持っていない方が望ましいのである．

　強力だが限定的な政府，すなわち行動を決定する十分な力を与えられているが，その力を濫用することは阻止されているような国家を作ることの難しさは，社会科学者たちによって古くから認識されてきた．ジェノヴァの例が示すように，過去から受け継がれてきた社会組織に対する政府の影響力が限られているだけでは，安定した有効な国家を建設するために十分ではない．そのために強力だが限定された国家がなすべきことは，過去から受け継がれてきた社

会組織や国家の機能によって新たに生じた組織が，国家に抵抗したり自らの利益のために国家を乗っ取ったりする力を削ぐことである．

　ジェノヴァが，国家による資源動員，繁栄の促進，政治的暴力の抑制に成功するかどうかは，その自然発生的もしくは計画的な制度的基盤が，この課題のために社会組織の反応に対してどの程度まで影響を与えることができるかに依存していた．ジェノヴァの制度的基盤——現実的ないし潜在的に政治にかかわる主体の行動を生み出している制度——は次のものを反映していた．すなわち，過去から受け継がれてきた制度的要素が新しい自己実現的な制度に課す制約，および，それらの制度的要素が，過去から受け継がれてきた社会組織に，限定的な政府を作り出すために自己の資源を動員する動機と能力を与える程度である．

　ジェノヴァの制度的基盤の動学的な変化は，外生的な変化，制度が弱体化していく程度，そして，制度的基盤の改良につながる局所的な学習によって形作られた．ジェノヴァははじめ，氏族たちの持つ資源を動員する能力には限界のある調整的国家であった．加えて，この国家の制度的基盤は自己弱体化的であった．ジェノヴァの人々は，特定の歴史的条件と学習によって，より機能的で，しかも強力だが制限された国家をつくることを促され，またその能力を得たのである．結果として，経済的繁栄と政治的安定がもたらされた．それにもかかわらず，ジェノヴァの制度は依然として自己弱体化的であった．過去から受け継がれた氏

族制度が強化され，それらは国家を超えた強制力を保持する動機を持っていたからである．

　経済史家は，中世後期の商業発展期に北イタリアの都市国家が経済的に成長したことが，ヨーロッパ経済の成長に長期的な影響を及ぼしたと考えている．「西洋の繁栄は，12世紀イタリアに端を発した，ヨーロッパの交易と商業の発展から始まった」（Rosenberg and Birdzell 1986, p. 35）．これら諸都市の経済的発展は，Robert Lopez らによって詳細に検討されてきたが，その政治的な側面はほとんど無視されてきた（Greif 1994c, 1998c などの例外もある）．しかし，本章におけるジェノヴァの考察から明らかなように，イタリアの都市国家の経済成長はもとより，その経済的・政治的・社会的帰結は，制度的基盤を考慮に入れることなくして理解することは不可能である．

　この点の分析のためには，国家建設当初から残っているジェノヴァの歴史的記録が役に立つ．同時代人による歴史的記録によって，第1次十字軍（1096-9）以降の状況を詳細に知ることができる．ジェノヴァ共和国外交史（*Codice Diplomatico della Repubblica di Genova* [*CDG*]）には，1056年以降の膨大な政治的・商業的記録が残されている．この時期の特許状台帳（Cartularies of scribes）から，取引，不動産売買，遺書，婚姻契約などを含む私的な契約書も入手することができる．これらの1次資料は，ジェノヴァの歴史を分析するうえで非常に貴重な情報源となる．本章では，優れた2次資料とともに，これらの1次資料を随所で用い

る[3].

　以下，第8.1節では，重要な歴史的状況を詳述するとともに，建国の過程におけるマネチャーノ，カルマディーノ両氏族の重要性について述べる．第8.2節では，氏族間の関係をモデル化し，現実に氏族の間に生じた制度の他に，潜在的にはどのような制度が実現しえたかを考察する．第8.3節では，モデルから得られた洞察とジェノヴァの歴史を重ね合わせることによって，1099年から1154年の期間にジェノヴァの制度的基盤をなしていた執政官システムを分析する．第8.4節では，1154年から1194年にかけて，はじめは制度を強化し後に弱体化させた，内生的変化と外生的要因を議論する．この後ジェノヴァは，長期の内戦に突入することになる．第8.5節と第8.6節では，執政官制に続くポデスタ制を詳細に検討する．この制度下では，短期的には氏族間の協力関係が復活したが，長期的には政治的秩序は弱体化した．第8.7節では，結論として，ヨーロッパとイスラーム世界における建国の歴史を，ジェノヴァの事例に照らして考察する．説明を容易にするため，数学的なモデルの詳細は補論8.1-8.3に回した．

8.1　国家建設と契約

　中世後期，ジェノヴァは混沌の中で誕生し，北イタリアでもっとも大きく，もっとも豊かな国へと成長を遂げた[4]．ジェノヴァ経済は当初，主に大規模な組織的襲撃を含めた

海賊行為に基づいていたが，後に，前近代における成長と繁栄のもととなった，「特権的」な遠隔地交易を基礎とするようになった．ジェノヴァの商人たちは，港，居住区，関税，および法的権利の点で，交易に伴うリスクとコストを軽減されており，他の商人たちに対する競争力を得ていた．これらの，海外における商業的特権の利益を享受しているという意味で，ジェノヴァの交易は特権的であった．

　地中海沿岸を支配していた人々は，支援することや中立的立場をとらせることに値する陸海軍力を持つ政治的単位に対して，特権を与えた[5]．イスラーム帝国やビザンツ帝国の陸海軍による地中海沿岸支配が衰えた後，11世紀には，上記のような形で他国による支援や中立の維持という対応を受けるのが一般的になった．その結果，商人が海外で特権を受け商業的な成功を実現できるか否かは，母国が必要な軍事力を提供する能力と動機を持っているか否かに依存した．

　しかし11世紀のジェノヴァには，自国の商人を海賊から守ったり，海外で特権を得たりするために軍隊を組織できるような国家は存在しなかった．また，ジェノヴァは神聖ローマ帝国の一部であったが，ドイツにおける内戦などのさまざまな理由により，神聖ローマ帝国はその陸海軍によってジェノヴァを支援していなかった[6]．

　したがって，ジェノヴァの人々は，自らを政治的に組織し，自分たちの陸海軍を編制することによって，利益を得られる状態にあった．すなわち，彼らは次のような（政治

的な）取引を適切に管理することから，多くの利益を引き出すことができた．それは，公的な秩序と特権という形での公共財の供給から利益を得られるように，経済的・軍事的資源を動員するという取引である．実際，1096年の少し後には，ジェノヴァの人々は政治的に団結し，コミューン——暫定的な誓約によって成立した自主的な団体——を結成した．コミューンは執政官を首長とし，執政官は，「全権」を持つ全ジェノヴァ人の集まりである議会（parlamentum）によって，任期つきで選任された（Annali［年史］1099, 第I巻, p.9)[7]．

歴史的な記録は，この社会的契約の背後にある経済的な動機を明らかにしている．執政官は，「都市の名誉を汚さず，その利益も損ねない」こと，そして，「動産・不動産を問わず，それらに関して都市のために」働くことを誓わなければならなかった（CDG, 第I巻, 20号)[8]．また，ジェノヴァに関する歴史的な資料には，陸海軍を第1次十字軍に送った結果として得られた経済的利益について，詳細に記述されている（Annali 1101-2, 第I巻, pp.20-1）．さらに，コミューンの結成とそれへの参加を左右していたのは経済的利益の考慮であったことは，コミューンによる活動への参加を拒否した場合の究極的な罰則が，海外交易からの排除であったことからも見て取れる（CDG, 第I巻, 285号）．

コミューンがどの程度ジェノヴァ経済の発展に寄与したかを評価するためには，ジェノヴァの政治的主体の行動を生み出した制度的基盤を特定しなければならない．第7章

で議論したように，そのためには，この制度的基盤に対して環境，調整，包含効果を及ぼしたであろう過去の制度的要素を見つけ出すことが有効である．ジェノヴァの場合，氏族や彼らの予想，規範という制度的要素を軸にして，新しい制度が生成した．

中央権力の長い衰退期を経て，北イタリアでは 11 世紀後半までに，氏族が経済的，社会的，政治的に重要な主体となっていた（Herlihy 1969, pp. 174-8）．特にジェノヴァでは，子爵の称号を持つ 2 つの氏族，マネチャーノ（Manecianos）とカルマディーノ（Carmadinos）が特に重要であった．これらの氏族は，10 世紀にこの地域を支配していた封建貴族の子孫であり，ジェノヴァ建国に必要な経済的・軍事的資源を持っていた．すなわち，コミューン成立初期に，これらの氏族は，大規模な海賊行為を行い，海外で商業的特権を得るのに十分な資源を持っていた[9]．コミューンが大きな特権を得られるのは，これら 2 つの氏族が協力し，彼らの持つ資源を特権獲得のために動員するときだけであった．

歴史的記録は，これらの氏族の構成員は規範を内部化し，封建時代の予想を共有していたことを示唆している．この時期，貴族たちは独立した封建領主となって特定の地域を支配することを望んでいた．そして，そのために軍隊を用いることは正当な方法だと考えられていた．多くのジェノヴァの貴族たちは，しばしば自らの属する氏族の助けを得て，ジェノヴァ以外の地域で独立した封建領主となっ

た（Greif 1998c, 2004a）.

これらの制度的要素は，ジェノヴァにおいて商業的に利益のある協力関係をどの程度弱めたであろうか？　氏族が商業的目的のために資源を動員したとすれば，それは利益が期待できたからであろう．第三者による合意や契約の執行が欠如しており，したがって第三者執行による合意実行の保証（コミットメント）が可能でない場合，事前に合意された利得の分配は，氏族が事後的に力で合意を破ることができるにもかかわらず，事後的に自己実現的でなければならない．はたして，合意が事後的に自己実現的でなければならないという条件は，ジェノヴァの商業的発展を制約したであろうか？

8.2　相互抑止モデル

これらの疑問に答えるためには，相互抑止モデルが有用である（モデルの詳細については補論 8.1 を参照）．歴史的事実と整合的な仮定として，無期限に存続する 2 つの氏族があり，そのそれぞれが各期の初めに海賊行為に関して相互に協力するかどうかを決めるとする．この決定は同時になされるものとする．ただし海賊行為は，ジェノヴァがすでに特権を得ている地域に対しては行わないものとする（特権は襲撃を防ぐために与えられていた．ジェノヴァが実際に襲撃をしないというコミットメントの信頼性は，後に詳述する方法によって獲得された）．したがって，海賊

行為への協力から得られる利益は，特権の数が増えるに従って減少する．遠隔地交易が経済的繁栄の鍵を握っていたことをモデルに組み込むために，特権の数が増加すれば総収入が増加すると仮定する．

　氏族たちは，海賊行為に関して協力したか否かにかかわらず，海賊行為から得られた利益とジェノヴァの交易に関する特権から得られた利益を分配したが，分配の仕方は半分ずつとはかぎらなかった．それぞれの氏族は，収入を得た後，どれだけの額を軍事力増強のために投資するかを順番に決める[10]．その軍事投資の成果は，次の期になって同じ氏族が再び軍事投資を行う時点まで持続する．いいかえると，過去の投資が効力を失うのは，新たな投資がなされる時点である（したがって，第2の氏族がある時期に投資したとすると，第1の氏族がその後に投資の決定をする時点では，第2の氏族の軍事力はそのまま持続している）．軍事力は公開情報であり，自らの氏族を守ったり，都市を支配下におくために他の氏族を攻撃したりするために用いることができる．ある氏族が軍事投資をした場合，直ちに，もう一方の氏族を攻撃するか否かを決めることができるものとする[11]．

　攻撃には費用がかかるとする．もしどちらの氏族も攻撃しなければ，それぞれの氏族は収入から投資を引いた額だけ受け取り，このステージ・ゲームがくり返される[12]．攻撃した場合には，より大きな軍事力を持つ氏族が勝つ確率が高い．勝った氏族は「支配的」氏族となり，それ以後に

特権から得られる利益のすべてを手に入れることができる。一方、双方の氏族とも、協力して海賊行為を働くことによって得られる利益を失う。

実際には、コミューンはその成立以後、長年にわたって平和な状態にあった。したがって歴史的には、氏族間で衝突が生じないような部分ゲーム完全均衡をまず考察するべき理由がある。また理論的にも、そのような均衡を考えるべき理由がある。なぜなら、われわれは、ジェノヴァの氏族構造が、政治的秩序を促進する国家を建設することを妨げたかどうかを評価することに関心があるからである。

氏族間に衝突が生じない部分ゲーム完全均衡の集合を詳しく調べることによって、相互抑止によって平和を維持できることがわかる。相互抑止均衡においては、相手氏族の軍事力、攻撃に要する費用、共同海賊行為から得られる利得の喪失を所与として、相手氏族を攻撃しても得をしないという自己実現的な予想が成立しており、それによって攻撃が抑止されている[13]。

興味深いことに、相互抑止均衡に基づいて平和が維持されているときには、特権を得ようという動機は弱められる。それはなぜかを示すために、特権の数が内生的に決まるようにモデルを拡張しよう。具体的には、特権を獲得するためには氏族の協力が必要であるから、所有する特権の数は両方の氏族が獲得に合意する最大の数であると仮定したうえで、その数を総収益が最大になる特権数と比較する。

このゲームを分析すると，相互抑止均衡の下では，平和
は経済的繁栄を犠牲にして成り立つことが明らかになる．
相互抑止均衡の下では，正の軍事投資をしている場合に
は，両氏族にとって最適な特権数は効率的な特権数よりも
少ない（命題8.1）.

　直感的には，特権をもう1つ獲得するかどうかを考える
とき，氏族は，抑止効果を保障するために追加的に必要な
支出（政治的費用）を考慮に入れなければならない．他の
条件が等しければ，特権数が増えることによって，相手氏
族を攻撃することによって得られる利益が増加するからで
ある．支配権を獲得することによって得ることができる利
益は増え，共同海賊行為をしないことによって被る損失は
減る．したがって，新たな特権を得る前の軍事投資額で
は，相手氏族の攻撃を抑止できなくなってしまう[14]．ゆえ
に，氏族にとっての最適な特権数，つまり，氏族の純収入
を最大化させる特権数は，経済的な限界収益と経済的な限
界費用（簡単化のため，ここでは0と仮定する）を等しく
する数ではなく，経済的な限界収益と，限界的な経済的・
政治的費用の和を等しくする数なのである．

　相互抑止均衡の下で効率的な特権数を所有していれば，
各氏族の総利得は最大化されているが，純利得は最大化さ
れていない（図8.1）.相互抑止均衡の下では，より少ない
数の特権が氏族にとって最適なのである．そのとき，経済
的な限界収益と，経済的・政治的限界費用の和は等しくな
っている．以上の結果は，相互抑止均衡の下で効率的な特

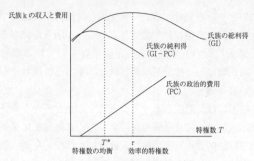

氏族kの収入と費用

氏族の総利得
(GI)

氏族の純利得
(GI – PC)

氏族の政治的費用
(PC)

特権数 T

T^*　　　　τ
特権数の均衡　効率的特権数

図8.1　均衡と効率的な特権数

権数を有しているとき，正の軍事投資が必要となる限り成
り立つ[15]．

8.3　執政官システム（1099-1154）

　氏族間の相互抑止均衡がジェノヴァで実際に実現したと
すれば，その制度的基盤は，過去の制度による調整効果と
包含効果を反映していたはずである．さらにモデルは，氏
族が必要とされる行動を保証（コミット）することができ
なかったために，有効な国家の生成が難しかったことを示
唆している．これらはほんとうだろうか？　歴史的事実
は，ここで提示したモデルの含意と一致するだろうか？
本節ではその歴史的証拠について考察し，1099 年から
1154 年においては，氏族が互いに必要とされる行動を保証
することができなかったために有効な国家の生成が妨げら

れたことを確かめる.

モデル分析に基づく予測によれば，相互抑止均衡が実現していれば，ジェノヴァ人コミューンの契約的な性質や遠隔地交易の利益にもかかわらず，ジェノヴァ経済には特権的商業よりも海賊行為に重きを置く傾向があったはずである．実際，同時代の旅行家，トゥデラのベンヤミンによれば，ジェノヴァの人々は「海を自由に行き来し，彼らがガレーと呼ぶ船を建造して，ビザンツ帝国の領土やイスラーム教徒の地，はてはギリシャ人の住むシチリアまでをも襲撃し，強奪品をジェノヴァに持ち帰った」(Benjamin of Tudela 1987, p. 62)[16]．Gerald W. Day によれば，特権に基づいた交易は「通常，なかなか発展しなかった」(Day 1988, p. 6)．同時代のジェノヴァ史の筆者，カッファロはその原因を，氏族たちが自らの資源を用いたがらなかったことに帰している．彼によれば，「都市は眠りについているようで，無気力にさいなまれていた．それはあたかも，羅針盤を失って海上を漂う船のようであった」(*Annali* 1154, 第 I 巻, p. 48)．

ジェノヴァの歴史をその南に位置する小さな隣国ピサと比較すると，ジェノヴァは自己実現的な政治的秩序を維持する必要があったために，獲得可能で有利な数よりも少ない特権しか獲得していなかった，という見方に関してより具体的な証拠が得られる[17]．ジェノヴァと同じようにピサのコミューンも 11 世紀末に成立したが，1154 年までに，ビザンツからスペインにかけての地中海一円で特権を獲得

していた．他方，同じ時期にジェノヴァは，十字軍国家，サルディニア，バルセロナ，おそらくヴァレンシア，そしてプロヴァンスにあった公国のみでしか特権を持っていなかった．ジェノヴァが，ビザンツ，エジプト，シチリア，北アフリカなど，重要な交易地で特権を得ていたという証拠はない[18]．

この違いを機会，地理，保有資源などの外生的要因に帰すことはできない．ピサの立地がジェノヴァよりも良かったわけではないし，12世紀を通して，ピサの人口はジェノヴァの60パーセントに過ぎなかったからである（Bairoch et al. 1988）．また，ピサがジェノヴァよりも先に特権を獲得したことによる「先行者の優位」によって上記の現象を説明することもできない．問題はなぜピサが先に行動を起こしたかであり，その結果として何が生じたかではない．

ジェノヴァでは氏族間の相互抑止によって商業的発展が妨げられたが，ピサではそうではなかった．相互抑止は特権獲得の誘因を削ぐという議論と整合的に，ピサの政治は，わずか3つの家族からなるヴィスコンティという単一の氏族によって支配されていた．1153年にいたるまで，ピサにおいて知られている指導者の地位（執政官とヴィーチェコーメ）のうち，65パーセントをこの氏族が占めた．ほぼ毎年，1人ないしそれ以上の氏族の構成員がコミューンを指導する地位にあり，また，ピサの執政官は自分の後継者を指名する権利を持っていた（Rossetti et al. 1979; Christiani 1962）[19]．ピサではヴィスコンティが，新たな特権を得

ることがコミューン内部の軍事力のバランスに影響を与えることについて気にすることなく，特権を獲得することができたのである．

ジェノヴァ国内は，1099年から1154年の間，平和であった．しかし早くも1143年には，相手の攻撃から身を守るために，それぞれの氏族は要塞建設に多大な投資を行った（*CDG*, 第Ⅰ巻, 128号）．彼らは土地を買い，城壁の中に家屋を建てて，見張り塔を持つ飛び地を作った[20]．氏族はネットワークを形成し，指導的氏族に軍事的・政治的に協力するとともに，見返りとして経済的・政治的支援を受けた[21]．平和な時期における一見すると無駄なこうした行動は，氏族たちが相互抑止均衡下にあったとすれば理にかなっている．氏族たちは氏族間の軍事的なバランスを維持するために資源を投資したのである．なぜならば，ジェノヴァの富が増すにつれて，力のバランスを保つためにそれぞれの氏族がより多く投資しなければならなくなったからである．

ジェノヴァの執政官の地位をだれが握っていたかに関する詳細な記述が残されており，それによって，氏族たちが海外から商業的特権を獲得するためにどの程度資源を動員したかを知ることができる．執政官はジェノヴァのコミューンの構成員によって選ばれたが，構成員のほとんどは主要な氏族の一員でもなければ，主要な氏族に従属する者でもなかった．これらのあまり地位の高くないジェノヴァ人たちは，その数と軍事力によって次第に政治力を増してい

った．このことは例えば，彼らが租税に関する許認可権を持つようになったことにも表れている（*CDG*，第 I 巻，111号）．彼らの利害関係は特権的商業の拡張を求めたが，初期には，ジェノヴァの主要な氏族が持つ指導力と資源なしにこの目的を追求するには，彼らの組織力，経済力，軍事力，政治力は弱すぎた．一方で彼らは執政官の選任に発言権を有していたため，彼らの利害関係を考えれば，海外から商業的特権を得るために資源を動員する意思がある氏族のみが，継続的に執政官政府に参加することを期待できた．

　上の考察が正しいとすると，氏族間の関係が相互抑止均衡によって統治されていたという推測から，初期にはジェノヴァの 2 つの主要な氏族が共同で執政官を務めていたことが示唆される．理論的には，商業的特権の数がそれぞれの氏族にとって最適な値（図 8.1 の T^*）より少なければ，双方の氏族にとって，資源を動員して特権の数を増やすことが望ましい．しかし，いったん商業的特権数がある氏族にとっての最適値に達すれば，その氏族はもはや特権獲得のために資源を動員しなくなる．相互抑止的な制度が，その氏族に，コミューン全体の厚生を向上させる政策を追求する意欲を失わせるのである．したがって，その氏族からは執政官は選ばれなくなるであろう．

　すでにコミューンが持っている商業的特権から得られる利得の分配に偏りがあれば，それぞれの氏族にとって最適な特権の数が異なる可能性がより大きくなる．なぜこのよ

うなことが生じるかを見るため，簡単化して，一方の氏族が既存の特権から生ずる利益をすべて得るが，新たに獲得される特権からは何も得られない場合を考えよう[22]．この氏族の利得は，新たな特権が獲得されるに従って減少する．なぜなら，相互抑止関係を維持するために，より多くの軍事投資をしなければならなくなるからである[23]．

　それでは，ジェノヴァの歴史はこの理論的予測と合致するだろうか？　ジェノヴァの氏族たちは，初期には協力していたのだろうか？　既存の商業的特権からより多くを得ていた氏族は，途中で資源の動員を止めたのであろうか？歴史的記録は，まさにこれらのことが生じたことを示している．1102年から1105年の間は，マネチャーノおよびカルマディーノ両氏族の構成員が執政官職に就いていた．また，両氏族が共同で特権獲得のために資源を動員していたという公的な資料も残っている[24]．この頃，ジェノヴァは第1次十字軍に参加し，東方における商業的特権を獲得した[25]．

　（ピサの行動から察するに，特権による利益はいまだ存在したにもかかわらず）ジェノヴァでは初期の特権獲得が一段落した後，氏族間の協力が解消された．執政官政府を支配したのは，1122年まではマネチャーノ一族であり，1123年から1149年まではカルマディーノ氏族であった（表8.1）[26]．

　マネチャーノ一族が1122年以降，事実上，執政官職を放棄したことは，彼らが既存の商業的特権からより多くの利

表 8.1 50 パーセント以上の執政官を輩出した一族または氏族の
　　　執政官数による順位

一族または氏族	1099-1122 年	1123-49 年
マネチャーノ（氏族）	1	
ルスティコ（一族）	2	
プラテアロンガ（一族）	3	
ルーフス（一族）	4	
ローザ（一族）	5	
ペディクーラ（一族）	6	
カルマディーノ（氏族）		1
ヴォルタ（氏族）		2
カシフェッローネ（一族）		3
マッローヌス（一族）		4
ゴンタルドゥス（一族）		5
ペッラムートゥス（一族）		6
総執政官数	102	111

注：結果は期間の分け方を変えても変わらない（Greif 2004a を見よ）.
出所：*Annali*, 複数年；Olivieri (1861).

益を得ていた場合に相互抑止均衡から導かれる推測と一致
する. 実際, 第 1 次十字軍の後, マネチャーノ一族の構成
員は, 東方にあるジェノヴァの港, 居住区域, 町をコミュ
ーンのために管理するため, 現地に残されたのである. そ
して時が経つにつれて, 彼らはこれらの地域の実質的な支
配者となっていった. 12 世紀の 100 年の間に彼らは次第
に独立していき, ジェノヴァへの地代の支払いや, 土地や
財産の返還を拒否するようになった[27]. マネチャーノ一族
には新たな特権を獲得する動機がなかったため, ジェノヴ
ァの人々はカルマディーノ一族に執政官職を与えることと
した.

　マネチャーノ一族が東方の特権を支配したために, 新た
な特権を獲得する動機が氏族間で異なり, その結果, 執政
官職がカルマディーノ一族に移ったとすれば, カルマディ

ーノ一族は地中海西部で特権を得ようとしたはずである．東方交易の方が有利であったにもかかわらず，まさにそのようなことが実際に起こった．この見方によれば，そうしなければ説明不可能なジェノヴァの政策転換，すなわち，第1次十字軍（1099年頃）への参加と第2次十字軍（1147-9）への不参加を説明することができる．ジェノヴァは，陸海軍を東方に派遣するのではなく，スペインで商業的特権を得るために西へ派遣したのである．要するにジェノヴァの政策は，カルマディーノ一族とマネチャーノ一族のどちらが執政官政府を支配しているかによって変化した．ジェノヴァが東方で有する特権をマネチャーノ一族が事実上独占していたため，カルマディーノ一族は西方に目を向けた．そして，マネチャーノ一族の協力を得られなかったため，ジェノヴァはこの時期，重要な商業的特権を新たに獲得することができなかった．この帰結は，商業的特権を獲得するためには氏族同士の協力が必要であるというわれわれの見方と整合的である[28]．

　以上のように，ジェノヴァの自己実現的な政治形態は，3つの主要な特徴を持っていた．第1に，相互抑止的な予想が2つの主要な氏族間の関係を律していた．それぞれの氏族は，相手の軍事力や，共同して行う海賊行為から得られる利益を失うことによって生ずるコストを勘案して，相手を攻撃することを思い止まっていたのである．第2に，執政官政府自体が，氏族の代表者を通して氏族の行動を調整し，ジェノヴァの人々が持っている資源を国の政策のた

めに動員するための手段となっていた.第3に,執政官シ
ステムは,商業的発展を犠牲にして平和と政治的秩序を維
持していた.新たな特権を獲得すれば,共同海賊行為によ
って将来手に入れることができる利得が減少するため,政
治的なコスト,つまり,政治的秩序の崩壊や軍事的なバラ
ンスを保つための追加的な軍事費などが発生することにな
る.その結果,この時期には商業的特権はわずかしか獲得
されなかった.ジェノヴァという都市国家は,氏族を統治
する力を持たない「調整的国家」に過ぎなかったのである.

8.4 外生的変化,弱体化と制度破綻 (1154-94)

いったんは少数の商業的特権しか持たない制度均衡に陥っ
てしまったが,1154年以降,ジェノヴァの主要な氏族は
特権獲得のために再び協力するようになった.その結果ジ
ェノヴァ経済は,特権的商業に基づくものへと変化した.
理論的には,ジェノヴァが予想外の外生的変化に直面した
とすれば,制度変化が生じなくてもこのような協力関係の
復活が起こりうる.例えば,外部からの軍事的脅威が増大
し,氏族間の軍事紛争に勝利することから得られる利益が
減るため,支配的な氏族になることの価値が減少する場合
である[29].その結果,新たな相互抑止均衡の下では,より
多くの特権を持つことが双方の氏族にとって最適となる.
直感的には,外的脅威の存在が,図8.1に描かれている氏
族の純収益曲線を上方にシフトさせる([補論8.1]の命題

8. 2).

　中世後期のイタリア人は，外的脅威によって協力が促進されることを知っていた．11世紀ミラノのある年代記編纂者は，彼の同胞は「外部の敵がいないと，互いに憎しみをぶつけ合う」と書き残している（Waley 1988, p. 117 で引用されている．Riker 1964 も近代社会について同様の発見をしている）．外的脅威は，人々を一致団結して外敵に向かわせる．しかしわれわれの論点はそれとは異なり，外的脅威が存在すると，外敵に立ち向かうのとは異なる次元での協力も可能になる，というものである．

　1154年，ジェノヴァはドイツ皇帝による予想外の脅威にさらされることになった．その年，フリードリヒ1世が皇帝に即位したことによって，ドイツの内戦が終結した．法的にはジェノヴァの支配者であった皇帝は，北イタリアの諸都市を再び皇帝の支配下に置くという意図をはっきりと宣言しながら，大軍を率いてアルプスを越えた[30]．1155年に皇帝が行ったトルトーナの破壊に関する当時の *Annali* [年史] の記述は，ジェノヴァ人が皇帝の意図をどのように認識していたかを示している．ジェノヴァ人は，速やかに都市の周囲に城壁を築き始めたのである[31]．

　相互抑止が商業的特権獲得のための氏族間の協力を妨げていたとすれば，新たな外的脅威によって，資源を共同で用いて商業的特権を得るという氏族の行動が導かれることが，理論から示唆される．実際，1154年，カルマディーノ一族とマネチャーノ一族は，過去40年間で初めて，共同し

て執政官政府のために働くことになった．そしてこの2つ
の氏族は，1154年から1162年にかけてほぼ同じ数の執政
官を輩出した（*Annali*, 複数年；Olivieri 1861）．さらに両氏族
とも直接的に，かつ共同で，商業的特権の獲得に努めるよ
うになった．1154年から1162年の間，ジェノヴァは地中
海周辺の主要な交易都市のすべてで特権を得ることに成功
した．それによって，十字軍国家におけるジェノヴァの商
業的特権が再確認されるとともに，スペイン，北アフリカ，
ビザンツ，シチリア，フランス沿岸のいくつかの都市で新
たに特権を持つことになった[32]．1155年からの9年間，ジ
ェノヴァが遠隔地交易から得た利益は，それ以前の実に14
倍にも上った[33]．

　執政官システムにおける相互抑止の重要性に関する推論
から，外的脅威，資源の動員に関する氏族間の協力と商業
的発展との間の関係を予測したが，歴史はその予測に一致
する．外的脅威の増大によって，政治的安定を自己実現的
な形でもたらす特権の数と，氏族にとって最適な特権の数
が増加した．外的脅威は，共同海賊行為からの期待収益の
増加や，都市を支配することから得られる利益の減少に代
わって，ジェノヴァにおける相互抑止状態の維持に貢献し
た．外的脅威の出現によって，ジェノヴァ経済は，略奪を
基礎とするものから特権的商業に基づくものへと構造的に
変化することができたのである[34]．

　しかし，外見上の成功にもかかわらず，執政官システム
は自己弱体化的な性質を持っていた．このシステムは，さ

まざまな準パラメータを内生的に変化させ，その結果，相互抑止均衡が自己実現的となるパラメータの集合が次第に縮小していったのである．すなわち，商業的特権の増加は，相互抑止が均衡になるパラメータの集合を縮小させた．しかも，執政官システムは，氏族の政治的・社会的な重要性を低下させなかった．他方で相互抑止は，軍事力と内部組織を増強するよう氏族構成員に促すことを通じて，ジェノヴァの氏族構造を強化した．執政官システムは氏族に基づいて成立しており，それらをさらに強化する作用を持っていたのである．特に，相手氏族もその構成員を利する行動をとるだろうという予想を皆が持っていたため，個人の厚生は氏族の強さに依存していた[35]．「一族の結束が弱まるどころか，都市の人間関係はむしろそれを強め，血のつながりは以前よりもはっきりと特定されるようになった．父方の系譜がより重んじられ，それがますます頻繁に引き合いにだされるようになった」（D. Hughes 1978, p. 107）のである．個人は第一義的に氏族を通して社会の一員なのであり，ジェノヴァ市民であることは二義的であった．また，執政官システムの下では，自らの氏族を敵の攻撃から守らねばならず，政治的・経済的目的のためには暴力を用いることも許されるという規範が氏族の間で醸成された．相互抑止均衡は，定義により，抑止効果に基づいている．相手が暴力で対抗してくると予想されるときには，暴力を用いることから生ずる期待費用が増加する．このように，この制度は，暴力的な文化を強めるものであった．

こうした弱体化の過程は，外的脅威が突如として永遠に消滅したかのように見えたときに顕在化した．1162年，ドイツ皇帝は依然として強力に見えた．1164年，ジェノヴァは，シチリア制圧のために皇帝に自国の海軍を提供することに同意した．しかしその年，ドイツで内戦が再燃し，皇帝に対抗するためにロンバルディアでヴェローナ同盟が結成された．シチリア遠征のためのジェノヴァ艦隊の準備は整っていたが，ジェノヴァ人たちが驚いたことに，皇帝は軍隊を率いて来ることができなかった（*Annali* 1162, 第 I 巻, pp.80-90; 1164, 1165, 第 II 巻, *CDG*, 第 I 巻, 308 号, 第 II 巻, 3-5 号）．

1164年までには，氏族間の衝突によって得られる利益を減少させるという外的脅威の効果では，氏族の行動を制約できなくなっていた．同時に，ジェノヴァはいまや以前よりも多くの商業的特権を有していたから，執政官政府を支配することによって得られる利益は1155年当時のそれよりもずっと大きくなっていた．

理論的には，外的脅威が弱まり，政府を支配することから得られる利益が増加すれば，支配的な氏族となることの利得は増加する．いいかえれば，外生的なパラメータの変化によって，特権数という準パラメータが変化したのである．準パラメータが変化してしまえば，パラメータが元に戻っても，元の制度はすでに自己実現的ではなくなってしまっている．特権から得られる利益の分配方法が同じであれば，特権数が多くなることによって，相互抑止が均衡と

なるようなパラメータの集合は縮小してしまうのである（補論8.2）．もし，氏族の構成員の帰属意識や氏族の相互支援ネットワークなどの準パラメータが，執政官システムを強化するように変化すればこのようなことは生じない．しかし実際にはむしろ，執政官システムは，自らを弱体化させる方向にこれらの準パラメータを変化させたのである．

相互抑止均衡が（氏族間における所与の利得分配の下で）存在しなくなった場合，モデルから得られる予想は，氏族は軍事的に衝突するようになるだろう，というものである．これは，利得の分配の仕方が内生的に決まるようにモデルを拡張してもほとんど変わらない．そのようなモデルを考える際は，ある特定の相互抑止均衡が消失した場合，各氏族がより小さな分け前に合意した方が得をするという可能性も考慮に入れなければならない．しかし，相互抑止均衡が成り立つような他の利得の分配方法が，両方の氏族にとって受け入れられるものである可能性は低い[36]．新たな利得分配は，収益と軍事力の関係を考慮に入れた場合にも両方の氏族が事前に受け入れ，かつ事後的に自己実現的なものでなければならないからである．例えば，既存の分配において氏族2を攻撃することが氏族1にとって有利であれば，氏族1は，今より少ない分け前にしか与れない分配には同意しないであろう．同時に氏族2も，軍事的衝突よりも得るものが少ないような分配を受諾しない．したがって，特に軍事力と利得の関係を考慮に入れると，事

前に合意され，しかも事後的に自己実現的になるような分配は存在しない可能性がある．氏族1に相対的に多くの利得をもたらす分配はどのようなものでも，氏族1の軍事力を氏族2に対して相対的に向上させる．そのため，攻撃することによって得られるものは少なくなるが，氏族1が軍事的対立において優位に立つ確率は高められるのである．ジェノヴァの文脈では，持っていた商業的特権を放棄し海賊行為に基づく経済に復帰することによって，相互抑止均衡を回復することはできなかった．そのような戦略を提唱した氏族は，ジェノヴァ人の大多数を相手の氏族の側につけることになったであろう．一般のジェノヴァ人は，交易から利益を得ていたからである．

　理論的には，1164年に氏族同士の軍事的衝突が生じる可能性が高まったという予想が導かれる．そして実際，その年に内戦が勃発した．1154年から1164年にかけてともに執政官政府に参加し，商業的特権の獲得のために協力してきた氏族が，この内戦では相互に戦った[37]．戦闘は主に1164-9年と1189-94年に行われ，1171年と1189年の間に，勝利を得たマネチャーノ一族が執政官政府の支配権を手に入れた[38]．

　ジェノヴァの年史は，内戦の原因と広がりを振り返って，次のように述べている．「執政官職を熱望する人々の間に渦巻く嫉妬の念によって，都市は不和や陰湿な策略，相互不信で満ち溢れていた」（*Annali* 1190, 第II巻, pp. 219-20）．内戦は市の隅々にまで広がり，「悪事が横行し，市民

同士の争いは戦火よりも燃え上がっていた．鎧をまとわず
に歩いている人を見ることはほとんどなかった」（*Annali*
1160, 第Ⅱ巻，p. 63）．

　ジェノヴァの内戦は，外的脅威なしに，執政官システム
の下で商業的特権に基づいた経済を維持することには限界
があることを明らかにした．ジェノヴァの主だった氏族た
ちは，コミューンの経済を豊かにするのではなく，過去の
繁栄の遺産を奪い合うために戦った．ジェノヴァの経済発
展を促進し，政治的秩序を確立するためには，適切な制度
的発展が必要だったのである．

8.5　自己実現的で限定的な国家：
　　　ジェノヴァのポデスタ制（1194-1339）

　1194年には，内戦を終結させ，より多くの資源を動員
し，経済的繁栄を達成することをジェノヴァ人に可能にす
る制度的発展が生じた．新しい制度の中心をなすのは，軍
事的指導者，裁判官，行政官として通常1年任期で都市を
統治する，**ポデスタ**（podestà：権力の意）と呼ばれる非ジ
ェノヴァ人であった．

　この新たな自己実現的政治制度を理解するためには，い
くつかの鍵となる要素を確認しておかなければならない．
それは，変革をもたらした人々と環境，当時の状況におい
て認識可能であった選択肢，過去から受け継がれた制度的
要素が新たな自己実現的制度に与えた影響，の3つであ

る．実際，新しい制度への移行は，以前の制度の下での局所的な学習や，過去の制度的要素が持つ調整・包含効果の結果生じたものであった．

ポデスタ制への移行が生じたのは，ジェノヴァが深刻な外的脅威に直面し，カルマディーノ，マネチャーノ両氏族にとって相手と敵対することの不利益が増大したときであった．1194 年，フリードリヒ 1 世の息子ハインリヒ 6 世は，シチリア攻略に際して海軍力で支援することをジェノヴァに要求した．この要求に応じなければ，皇帝との関係は疎遠になり，皇帝が約束していたシチリアにおける特権を失うことになることが予想された．そうなれば，敵国であるピサが特権を得，力を増すことになる．皇帝の要求を拒むという危険を冒すことなくこの外的脅威に立ち向かうためには，人々が所有する資源を共同で動員する必要があった．

おそらく，皇帝による脅威があったからこそ，そのような動員が可能となった．1154 年には，外的脅威の存在によって，共同の資源動員がより大きなパラメータの集合に対して自己実現的になり，カルマディーノ，マネチャーノ両氏族が協力するようになった．しかし，1194 年には，カルマディーノ一族は資源を動員することを拒み，コミューンから離脱して新たなコミューンを建設しようとした（*Annali* 1194, 第 II 巻）．1164 年に執政官システムが崩壊したことによって彼らは，外的脅威に頼った政治的秩序に疑いを持つようになっていたようである．その結果，彼らは，コ

ミューンに参加し続ける条件として制度を変えることを要求した．そして，制度変更は 1194 年に実現した．皇帝の代理人が執政官政府に，帝国のポデスタによるジェノヴァ支配を提案したのである[39]．

ポデスタに都市の統治を任せるという考えは，制度的な学習の結果でもある．12 世紀前半，イタリアの諸都市は単独の支配者に行政を委任した．フリードリヒ 1 世がイタリア支配を企図して失敗した後，多くのコミューンは，レクトーレース，ドミナトーレース，ポデスタなどと呼ばれる役人を任命し，都市の行政を任せた．これらの行政官たちは，法の制約の下で警察権と司法権を有していた[40]．その意味で，彼らは古代ローマの独裁者たちに似ていた（Spruyt 1994, p. 143）．そして 1190 年代に入って，ハインリヒ 6 世は，自らの支配力を維持するために現地人ではない皇帝の代理人，すなわちポデスタに，イタリア諸都市の行政を委任したのである[41]．

マネチャーノ一族の支配下にあったジェノヴァの執政官政府はポデスタの受け入れに同意し，マネチャーノ，カルマディーノ両一族はシチリア遠征に参加した．しかしその後に起こった出来事は，ポデスタを通してジェノヴァを支配することを望んだ皇帝と，独立の維持を望んだジェノヴァ人との利害の乖離を反映している．シチリア遠征中にポデスタが死んだとき，ジェノヴァは皇帝の意向をうかがうことなく新たなポデスタを任命した（Annali 1194, 第 II 巻, p. 239）．皇帝はこのポデスタを認めず，このままであれば

ジェノヴァを反乱国として扱うと脅迫した（*Annali* 1194, 第 II 巻, pp. 240-1）. ジェノヴァの人々は, 脅迫に屈することなくこの問題をうまく処理することに成功した. そしてその後も, 独自のポデスタを任命し, 皇帝からの要求がないときでもポデスタ制を用い続けた.

ポデスタ制の下で, ジェノヴァは長期間にわたって政治的安定を維持し, 保有する資源を公共の目的のために共同で活用したため, 経済は急速に発展した. 政治史家たちはかなり以前から, ポデスタがどのようにしてジェノヴァの秩序と統一を保持したかについて議論を重ねてきた. ジェノヴァの卓越した歴史家ヴィート・ヴィターレによれば, ポデスタは一行政官に過ぎず, 現実に国を動かしていた人々の要求に従って執政官ポストをめぐる争いを制限するために雇われていたに過ぎない (Vitale 1951, p. 9). 彼によれば, ポデスタ制下の平安は, 協力することによって得られる利益によって支えられていた. 他方, Heers (1977, p. 206) は, ポデスタの軍事力が, ジェノヴァの相争う氏族に対して平和を強制することを可能にし, それが協力を可能にする鍵であったと考えている.

しかし, どちらの考え方も弱点を抱えている. もしポデスタが単なる行政官で, 政治的秩序が協力関係に支えられているのであれば, なぜ執政官システムの下ではその関係が成り立たなかったのだろうか？ また, もしポデスタが協力を強制できるほどの軍事力を持っていたのであれば, なぜ彼は独裁者となって政権を掌握しなかったのだろう

か？

8.5.1 勢力均衡の形成

ポデスタの雇用は，組織変化であった．すなわち，戦略的なプレイヤーが1人増えることによって，関連する取引の相互関係が変化した．それはジェノヴァの政治的ゲームのルールを変え，したがって，氏族間の中心的な取引において，行動に関する自己実現的な予想の集合も変化した．

この変化の性質と含意を理解するためには，文脈に即した制度改良を考える必要がある（第7章）．過去から受け継がれてきた制度的要素とそれに代わる制度的要素との間には基礎的な非対称性が存在するため，ポデスタ制は過去の制度的要素，特に，氏族とそれらが共有していた規範や予想を取り入れているはずである．したがって，過去の制度的要素を考慮に入れたゲームのルールを分析することによって，ポデスタ制が社会に及ぼした影響を推測することができる．そしてそれをふまえて，ポデスタ制の導入により，ジェノヴァを独裁国家にすることなく，氏族間の協力と政治的秩序が均衡として実現するかどうかを問うことができるのである（より厳密な考察については，補論8.3を参照）．

独裁制ではなく，氏族間の協力と政治的秩序が均衡となるためには，以下の3つの条件が満たされている必要がある．第1に，ポデスタが独裁者となり，政治的支配力を手に入れることがないよう，軍事的な抑止力が働いていなけ

ればならない．第2に，ポデスタが氏族の1つと結託して
他の氏族と対立することがあってはならない[42]．第3に，
ポデスタが存在することによって，そうでない場合より
も，状況のより大きな集合の下で氏族間の衝突が回避され
なければならない．要するに，ポデスタは氏族間の協力を
促進するものでなければならない．

　ポデスタが独裁化しないためには，ジェノヴァの氏族
（そしてより一般的にジェノヴァ人）を攻撃するに足る軍
事力を有していてはならない[43]．また，ポデスタがそれぞ
れの氏族よりも弱ければ，1つの氏族と手を組むことも防
ぐことができる．その理由は次の通りである．金銭的な報
酬のためにポデスタがある氏族を軍事的に支援するという
形の結託は，ポデスタが権力を得た後にその氏族がポデス
タに報酬を払うことを保証できる場合にのみ可能となる．
氏族がポデスタよりも強いほど，氏族のコミットメント能
力は低下する．なぜならば，氏族は，ポデスタと軍事的に
対峙するために要する費用以上の金額をポデスタに支払お
うとはしないからである．また，ポデスタが弱いほど，自
分たちと結託すれば報酬を支払うという約束をその氏族が
保証するのは難しくなる．そして，その氏族がたしかに支
払うであろう報酬の額が，結託しない場合にポデスタが受
け取る利益を下回れば，結託は均衡とはならない．

　しかし，ポデスタがいずれの氏族よりも弱い場合には，
どのようにして，ある氏族が他の氏族を攻撃することを抑
止し得るのだろうか？　ポデスタの持つ相対的な軍事力を

制限すれば，彼が独裁者になることも，1つの氏族と結託することも防ぐことができる．しかしその場合には，ポデスタが氏族同士の衝突を抑止する力も弱くなってしまう．

それにもかかわらず，なぜある氏族が相手を攻撃しなくなるのかを見るためには，ある氏族が相手を攻撃したときに，攻撃された氏族とポデスタとが手を組む動機を考える必要がある．より一般的にいえば，次に述べるような，ある特定の予想が自己実現的になるような条件を考えるのである．その予想の下では，どちらの氏族も相手を攻撃しない．また，ポデスタは相手を攻撃している氏族とは手を組まず，攻撃されている氏族の側に立って戦い，攻撃されている氏族からの支援を受ける．

もし，ポデスタへの報酬，ポデスタの軍事力，その他のパラメータが以下の条件を満たしていれば，上で述べた戦略の組み合わせは，上記の予想の下で部分ゲーム完全均衡となっている．第1に，ポデスタにとってある氏族と結託するよりも報酬を支払われる方が有利である程度に，ポデスタの軍事力が小さいこと．第2に，ポデスタから見て，攻撃を受けている氏族が相手と戦う場合，そしてその場合に限り，特定の氏族と結託するよりも，攻撃している氏族と戦うことが彼にとって有利となる程度にポデスタの軍事力が大きく，かつ，両氏族の力が均衡していること．第3に，ポデスタと氏族の軍事力は，相手氏族に攻撃されればポデスタと組んで戦うが，そもそも攻撃しないことが最適であるような相対関係にあること．

これらの条件と均衡戦略は，ポデスタ制がどのようにして適切な誘因と自己実現的な予想を与え，上で述べた種々の問題を解決しているかを示している．ポデスタが得る給与と比較して彼の持つ軍事力が十分に小さくなれば，ポデスタと結託しようとする氏族が結託の報酬として保証できる最大の金額を提示しても，ポデスタを結託に導くことはできない．また，ポデスタは，攻撃された氏族は自分とともに戦うと予想しているため，攻撃している氏族と組むよりも，攻撃している氏族と戦うことを選ぶ．さらに，攻撃される側から見れば，自分が反撃しなければポデスタは戦いに参加しないと予想しているため，攻撃されれば相手氏族と戦うことを選択する．同時に，攻撃された氏族にとっても，ポデスタと連合して戦うことが最適である．

　これにより，ポデスタ制の下で政治的秩序を形成するためには，微妙な力の均衡が要請されることがわかる．一方では，独裁者となったり，氏族の一方と癒着したりするほどポデスタの軍事力が強大であってはならない．他方でポデスタは，他の氏族を攻撃すれば攻撃された氏族と連合して戦うという彼の脅しが，戦闘を回避させるに足るだけの軍事力を持っていなければならないのである．

8.5.2　ポデスタ制の機能

　理論的には，ポデスタの導入は，政治的秩序と氏族の資源動員との関係を弱めるような自己実現的な制度変化でもありえた．以下では，実際にそうであったか否かを見るた

めに，ポデスタ制の下で支配的だったルールや規制を調べ，それらが協力や秩序を促進するための理論的な条件を満たしていたか否かを検討する．

　必要が生じたときには戦闘に参加するポデスタのために，ジェノヴァは彼に十分な給与を与えた（Vitale 1951, p. 25）．また，ポデスタは彼が連れてきた軍隊や裁判官によって支えられていた．彼の持つ軍事力は，主要な氏族に属していないジェノヴァ人からも支持されており，無視できるほど弱くはないと同時に強大でもなかった（Vitale 1951, p. 27）．年史によれば，ポデスタの軍事力は，「共和国に対するすべての反乱者に報復するのに十分であった．ポデスタによる保護と彼の果断さが，人々の安全を保障していた」（*Annali* 1196, 第 II 巻，p. 253）．

　同時に，ポデスタの軍事力は，彼が独裁者になることを防ぐために，ジェノヴァ全体の軍事力と比較して十分劣るように抑えられていた．おそらくそれは，特定の氏族との結託を未然に防ぐためでもあった．事実，ジェノヴァを征服しようと企てたポデスタは歴史上 1 人もいなかった．理論的には，強大な氏族が支払いを保証できる報酬額は少ない．それでも，ある氏族とポデスタは，相対的な軍事力とは関係のない，婚姻や共同投資などのコミットメント手段を用いる可能性がある．

　このようなことが生じないようにするために，ポデスタがジェノヴァの社会や政治に関与するのを阻止する目的でさまざまな方策が講じられた．例えば，ポデスタは評議会

で選ばれるのであるが，その参加者は，特定の氏族が支配権を握ることを防ぐために地域ごとに選ばれており，任期を終えたポデスタが選考過程を監視していた．また，ポデスタ自身と彼の3親等以内の親族は，ジェノヴァの人々との親密な付き合いや不動産の購入，ジェノヴァ人との結婚，ジェノヴァ内における商業取引などが禁止されていた．さらに，ポデスタと彼が連れてきた軍隊は，任期が終わると同時にジェノヴァを去らねばならず，数年間は再入国を許されなかった．加えて，各地域はそれぞれ特定の氏族の支配下にあるため，いかなる氏族とも特別な関係を結ばせないように，専用の邸宅が建てられるまでの間，ポデスタは定期的に住居を変えることになっていた．

　ポデスタ制は，局所的な制度に関する学習によって不具合が見出されるたびに改良されていった．行政や政治における決定の柔軟性を増し，ポデスタの行動とジェノヴァ全体の利益が合致するように，1196年以後，各地域に1人ずつ，計8人のレットーレ（コンシリエーレ）が置かれ，行政と管理の任に当たった．これらの役職は，ポデスタを有力氏族の影響から隔離するためのものであった．また，12世紀の氏族間紛争に参加した主要氏族出身のレットーレはほとんどいなかった[44]．これらの変化の後まもなく，ポデスタの規制は，より大きな議論の場（すなわち議会）での認可を必要とするようになった．主要な政策は，「全権を持った」ジェノヴァ議会で決定されるようになったのである．1229年，ジェノヴァの法的なルールは成文化され，裁

量をさらに縮小し，氏族がその法的事項に関する影響力を用いて相互支援ネットワークを確立する能力をさらに制限した（Vitale 1951, pp. 32-40; 1955, 1: 56）．

　ポデスタは，思うがままに都市を管理する権限を濫用することができたわけではない．任期終了後15日間は都市に残らねばならず，その間に監査人が彼の行動を評価したからである．あらかじめ決められたルールが守られていなかった場合には，ジェノヴァを発つ前に罰金を支払わねばならなかった（Vitale 1951, pp. 27-8）．この時期には，他の多くのコミューンもポデスタを雇っていたため，良い評判を得られれば新たなポストに就くことができた．ポデスタが氏族間の争いを回避しようとした要因の１つには，そのような事情もあったのである[45]．一方，ジェノヴァの人々も有能なポデスタを雇いたかったため，約束した通りに報酬を支払った．ポデスタはイタリアの少数の都市から採用され，その契約書はポデスタの出身都市の「議会」で読み上げられた[46]．

　内戦が終わり，以前よりも容易に資源を動員することができるようになったため，ポデスタ制の下でジェノヴァの政治は安定し，経済は繁栄した．ポデスタ制は，「まさにジェノヴァの黄金期」を築いたのである（Vitale 1955, 1: 69）．ポデスタ制は1339年まで150年もの長きにわたって続いた．その間，一時的な氏族間の勢力不均衡，ポポロの台頭，法王と皇帝の衝突などによって脅かされたが，その基礎的な構造は変わることがなく，党派に基づかない力の均衡を

生み出すとともに，行政，司法を有効に機能させた．

1195年，ジェノヴァはようやく平和を実現し，周辺の小都市に対する支配力を取り戻した．そして，それに続く100年の間に神聖ローマ帝国の支配から脱し，地中海西岸に位置していた商売敵のピサに勝利して，地中海東岸の商売敵であったヴェネツィアをも打ち負かす勢いであった（Vitale 1955; Donaver 1990 [1890]）．ジェノヴァは，地中海および黒海一円で広範な商業的特権を得るにいたった（Vitale 1951，第2-3章）．

この時期，ジェノヴァの経済はめざましく成長した．1160年から1191年の間，遠隔地交易による収入は年率3パーセントで成長していたが，ポデスタ制導入直後（1191-1214）には，その成長率は少なくとも年率6パーセントに達した．急速な成長の結果，1314年までには，ジェノヴァの交易額は1160年の交易額の46倍になっていた[47]．同時代の資料からの推計によれば，ジェノヴァはこの時期，北イタリアでもっとも豊かな都市であった（Hyde 1973）．

同じ時期には，ジェノヴァの人口も急速に増加した．1200年の人口は，1050年の人口の2倍に達した．さらに，1200年から1300年にかけて，ジェノヴァの人口は230パーセント増加した（Bairoch et al. 1988, pp. 43, 49）[48]．一方，同じ時期ヴェネツィアの人口は50パーセント増えたに過ぎなかった．1300年までにジェノヴァはヴェネツィアについで2番目に人口の多い都市となり，しかも，ヴェネツィアとの差は10パーセントに過ぎなかった．

8.6 ポデスタ制の自己弱体化

　ポデスタ制は，氏族間の協力，政治的秩序，経済成長を促した．ポデスタ制の下では，一氏族が政治的支配力を得ようとする試みは無駄であると予想されたため，いかなる氏族もその試みを実行に移そうとはしなかった．また相互に協力すれば，軍事的な衝突によって報酬を失う危険を冒すことなく利益が得られるという予想によって，氏族同士が協力する誘因が存在した．つまりポデスタ制は，自己実現的な制度であった．

　それにもかかわらず，執政官システムと同じように，ポデスタ制も自己弱体化的な制度であり，そのため，13世紀の終わりにはひずみが生じ始めた．そもそもポデスタ制は，氏族間の紛争は抑止したが，氏族間の敵対関係を解消したわけではなかった．この制度の成功の鍵を握っていたのは，相対的に弱い軍事力しか持たないポデスタの行動が氏族同士の争いの勝敗を決するほど，両氏族の軍事力が拮抗しているという事実であった．それぞれの氏族は，相手氏族が一時的に弱くなったときには軍事力を強化することによって利益を得られたが，両氏族とも，相手氏族から軍事的な格差をつけられるわけにはいかなかった．一方でポデスタにも，一氏族が弱くなりすぎないようにする動機があった．なぜなら，彼の報酬が支払われる条件は，任期の終わりに1つの氏族がジェノヴァを支配していないことだ

ったからである．すでに見たように，この制度の下では，1つの氏族が都市を支配した場合，どの氏族も，ポデスタに対して約束通り報酬を支払うことを事前に保証することができない．したがって，都市が繁栄するにつれて，氏族が支配権を得るべく体制に叛旗を翻すことで得られる利益は増加し，一方で，叛旗を翻した氏族に科すことのできる罰則は限られたものになっていった．

　ポデスタ制の下で，依然としてある氏族は他の氏族を攻撃するための軍事力を増強する動機を持っており，住居を守り，相互支援ネットワークを構築し，構成員間の交流を通じて報復の規範を内面化していた[49]．また，ジェノヴァの人々は，ジェノヴァ市民としての自覚よりも，氏族の一員としての意識を強く持ち続けた．ポデスタ制には，氏族間の敵対意識と，憎悪と報復の連鎖という，内戦の遺産を克服するためのメカニズムは備わっていなかったのである．

　内戦後に始まった氏族間の確執によって，氏族内部の結束を弱め，氏族間の社会的・経済的提携を強めたかもしれない氏族間の交流が妨げられた[50]．確執が非常に激しいものであったため，氏族たちは，頻繁に教会に通うことが危険であることを理由に，一族の教会を作る権利をローマ法王に求めた．実際に教会内で仇討ちが行われたこともあった（D. Hughes 1978, p. 112）．祈禱と同じように，商取引も，ますます私的に行われるようになった．ジョヴァンニ・スクリーバの台帳（1154-64）によれば，海外との契約のうち

88 パーセントは教会や市場などの公共の場で交わされた
が，オベルトゥス・スクリーバの台帳（1186）によれば，90
パーセントの契約は，商人の住居などの私的な場所で取り
交わされた[51].

　第6章で指摘したように，ポデスタ制を弱体化させた要
因として，氏族が支援者ネットワークを構築する動機を持
っていたこと，すべてのジェノヴァ市民が収益性の高い海
外交易に関与することができたことが挙げられる．それに
よって，氏族に属さない人々が次第に富を蓄積し，独自の
政治的武装集団を形成し，氏族もまた，アルベルギを結成
することによって力の増強を図るようになった．アルベル
ギというのは，氏族に似た社会組織であり，正式な契約と
共通の姓（通常は最も有力な氏族の姓）を名乗ることによ
って，多くの異なる家族間の結束を強めることを目的とし
ていた．15世紀までに，ジェノヴァの政治経済は，それぞ
れ5から15の一族からなるおよそ30のアルベルギによっ
て支配されるようになっていた．

　短期的にはこれらの変化によってポデスタ制が機能しな
くなることはなかったが，時間の経過とともに，ポデスタ
制が自己実現的となる状況の範囲が狭くなっていった．
1311年以降，ジェノヴァは，1311年に服したドイツの王の
ような外部の者であれ，内部の者（総督）であれ，強力な
軍事的支配者を迎えることによって政治的安定を取り戻そ
うとした．しかし1339年を過ぎると，ポデスタ制はもは
や自己実現的ではなくなった．都市は氏族間の激しい紛争

によって分裂し，また，ある氏族は（敵国による支援の有無は定かではないが）国外からジェノヴァに戦争をしかけてきた．そして，続く200年の間に39の反乱と内戦が勃発した（S. A. Epstein 1996, appendix）．海外の商業拠点を陸海軍力によって支援することも，内陸にある農地の荒廃を防ぐこともできなくなって，ジェノヴァは経済的に衰退していった．

そして1381年，ジェノヴァはヴェネツィアに敗北した．この敗北は確定的なものではなかったが，ある意味では，12世紀のうちにその予兆が現われていた．なぜならば，この自己実現的ではあるが自己弱体化的な制度が確立されたのが，この時期だったからである．それらの制度はジェノヴァの政治，経済，社会の歴史に持続的に影響を及ぼした．

皮肉にも，ヴェネツィアに敗れたことによって組織変化が生じ，ジェノヴァ内部の政治的・軍事的対立からジェノヴァの資産を守る制度が発達した．この組織変化は，ジェノヴァの経済的発展と氏族間の競争から，意図しない結果として生じた．経済が繁栄し，氏族への支援の見返りとして富が主要氏族の構成員以外の人々に渡ることによって，主要氏族に属していない家族はかなりの経済的・軍事的資源を獲得することができた．そして，1381年にヴェネツィアに敗れる以前に，ジェノヴァはこれらの家族に多額の負債を負っていた．これらの家族は，古くからの封建的な氏族と違い，政治的支配力よりも経済的成功に関心を持っていたため，敗戦後に負債の支払いができなくなったジェノ

ヴァは，さまざまな税収源をこれら国内の債権者に譲り渡した．収入源を得たこれらの家族は，サン・ジョルジオ銀行という自治組織を作った．そしてサン・ジョルジオ銀行は，しだいにジェノヴァ領内のほとんどの都市や町を管理するようになった．

第3章で取り上げた商人ギルドと同じように，サン・ジョルジオ銀行は，ジェノヴァ国内の債権者間の取引を仲介する組織であり，この銀行があることによって債権者の対応が調整され，債権者間の決定が履行されるようになった．銀行は次第に力を増し，政治的暴動が起こっているときでさえ構成員の所有権を守ることができるまでになった．ニコロ・マキァヴェリは1532年に，ジェノヴァの政治的支配者となった者は皆，「それが武力と資金と影響力を持つため」，銀行の権益を尊重せねばならず，それを損ねた者は「必ず恐るべき報復を受けなければならない」と記している（Machiavelli 1990, p. 352）．

1528年に，アンドレア・ドーリアがヴェネツィアに似た貴族共和制を確立して初めて，ジェノヴァは長期にわたる政治的安定を実現した．しかし，そのときには既に，地中海を取り巻く政治的・経済的状況はジェノヴァが過去の栄光を取り戻すことを許さなかった．皮肉にも，そうであったからこそ，ジェノヴァは再び共和制を敷くことができたのかもしれない[52]．

8.7 結論

本節では，ジェノヴァの歴史的経験と建国の過程という，本章の2つの主要な問題について議論する．その後，ヨーロッパとイスラーム世界における相異なる国家建設の軌跡について，われわれの分析から導き出すことができる一般的な洞察について論じる．特に，有効に機能する国家を建設するうえで妨げとなる大きな血縁組織が，ヨーロッパでは中世後期にすでに衰退しつつあったが，イスラーム世界ではそうではなかったという事実に注目する．

8.7.1 ジェノヴァの経験：制度と有効に機能する国家の建設

ジェノヴァの政治，経済，社会の歴史を理解するためには，都市内の暴力を抑制し，経済成長を促進する政策を生み出した制度を考察する必要がある．ジェノヴァの歴史は，それらの制度によって形作られたからである．それらの制度の細部や，したがってその有効性は，制度が果たした機能以上のものを反映している．また，制度の細部は，過去から受け継がれた制度的要素も反映している．氏族，および彼らの目的を形成しその行動に動機を与えた予想と規範は，ジェノヴァの制度が確立する過程で調整効果と包含効果を及ぼした．制度は，氏族間の相互抑止関係を維持する必要から生まれ，氏族に対して，自分たちの資源をジ

ェノヴァ商業の発展のために動員する動機を与えた.

コミューンの初期には執政官が氏族の行動を調整したが,執政官は決定を強制的に執行する力は持っていなかった.この時期は平和ではあったが,相互抑止を実現する均衡における特権数が経済的に効率的な特権数と乖離していたことから,経済的な繁栄が妨げられた.他方,1154年以降は,外的脅威の出現によって氏族が共同して国のために資源を動員するようになった.外的脅威のため,他の氏族を攻撃することから得られる利益が少なくなり,その結果,商業が拡大した後に他の氏族を攻撃しないことについて,すべての氏族がより説得的に保証することができるようになった.こうして,ジェノヴァ経済は特権的交易に基づく経済に移行した.

しかし,経済的繁栄は,執政官システムがもたらした他の結果と相まって,ジェノヴァの制度的基盤の自己実現性を弱体化させた.氏族たちは軍事力に投資するよう動機づけられ,人々はジェノヴァという都市よりも自分たちの氏族に強い一体感を持つようになった.その結果,相互抑止均衡が自己実現的になるパラメータの集合がしだいに小さくなっていった.そして,予想外の出来事として突如,外的脅威が低下したとき,相手氏族を攻撃しないという行動はもはや均衡ではなくなり,ジェノヴァは内戦に突入したのである.

新しい自己実現的な政治制度——ポデスタ制——が確立されるには,30年の歳月と特殊な歴史的状況が必要であっ

た．ポデスタ制への移行は，それまでの制度の失敗についての認識，外的脅威の増大，実現可能な代替的制度に関する学習過程，そしておそらくもっとも重要な要因として，適切な指導体制を反映している．しかし，旧制度と新制度との間には基礎的な非対称性が存在するため，過去の制度はそれに続く制度の選択に影響を及ぼす．事実，ポデスタ制は，ジェノヴァの氏族構造やそれに伴う予想や規範を取り入れ，過去の制度的要素を軸として作られた．

しかしそれでも，ジェノヴァ国家は，その歴史を通じて初めて，ポデスタ制の下で氏族から独立した権力を獲得した．ポデスタ制への移行は，相互抑止をより大きなパラメータの集合の下で自己実現的とするような制度変化であった．しかし，ポデスタは強制力と政策決定権を有していたため，望ましい結果を得るためには，彼に適切な動機を与える必要があった．そしてポデスタ制の下では，他の氏族を攻撃する氏族と戦い，どの氏族とも結託せず，与えられた強制力を用いて権利を濫用したり国を乗っ取ったりしないような動機が，ポデスタに内生的に与えられていた．したがってポデスタ制は，限定的な政府の代表的な事例であったということができよう．

しかし長期的には，ポデスタ制は政治的秩序を保つことができなかった．執政官システムと同じように，ポデスタ制もまた，自己弱体化的な制度だったからである．氏族は依然として軍事力を増強し，その構成員に，ジェノヴァ市民としてよりも氏族の一員としての自覚を持たせるインセ

ンティブを持っていた．さまざまな集団は，なお軍事力に
頼ってその目的を果たそうとし，ポデスタにはジェノヴァ
を支える氏族構造を変える動機がなかった．そしてついに
は，敵対する集団間の力の均衡が崩れ，ポデスタ制は崩壊
した．

　ジェノヴァの政治・経済・社会の歴史を理解するために
は，その政治制度を自己実現的なものとみなさなければな
らない．おそらく，時代を問わず他の政治形態を同じよう
な方法で分析し，その成否をジェノヴァと比較する必要が
あるだろう．その際にわれわれは，国家を所与として選挙
制度や集団的意思決定ルール，個々人の行動ルールの考察
に焦点を絞る一般的な政治経済学的分析から，一歩を踏み
出さなければならない．同時に，国家が強制力を持つこと
をはじめから仮定することも止めるべきであろう．そうで
はなく，どのような要因によって社会的な強制力を獲得・
行使することができるのかを考えなければならない．より
一般的にいえば，政治形態や政治的結果は自己実現的であ
るとみなし，人々の経済的・社会的・政治的行為はその自
己実現性に影響を与えるとともに，さらにそれから影響を
受ける，と考える必要がある．

8.7.2　暴力，制度と経済的繁栄

　支配者を略奪者と見る社会観も新ホッブズ主義的社会観
も，国家の存在は強制力の独占を意味すると仮定してい
る．ジェノヴァの歴史は，これらの見方が不十分であるこ

とを明らかにしている．強制力の獲得と行使に影響を与える制度——強制力を制約する制度——こそが，建国の過程とその経済的含意に対して中心的な意味を持つのである．有効に機能し人々の福祉を向上させる国家においては，このような制度によって，福祉を低下させるような資源の再分配を抑止するために強制力が用いられている．ジェノヴァでは，ポデスタがその強制力によって氏族を監視し，逆に，氏族がその強制力によってポデスタの権力濫用を制限することによって，福祉の低下が回避された．しかし，すでに見たように，ポデスタ制は氏族構造を弱めることができなかったため，繁栄を長期的に持続させることができなかった．紛争，制度，繁栄の間の関係を明示的に特定しながら建国の過程を考察することによって，その失敗や成功の要因をよりよく理解できるようになる．

　ジェノヴァの分析を通して明らかになったのは，平和は常に繁栄を促進し，紛争は繁栄を崩壊させるという，支配者を略奪者と見る社会観と新ホッブズ主義的社会観がともに暗黙に想定しているような，直感的にはもっともな主張でさえも，限界を持っているということである．秩序の有無が経済的繁栄にどのような影響を及ぼすかは，平和や紛争を均衡としている制度がどのようなものであるかに依存するのである．

　執政官システムの下で，ジェノヴァは平和であった．しかし，平和を支える相互抑止を考察すると，経済成長を促進する点で平和は部分的にしか成功しなかったことが判明

した．相互抑止に対応する予想は，経済的な意味で生産的な行動をとる氏族の動機を低下させた．なぜならば，そのような行動をとると平和の自己実現性が脅かされてしまうからである．つまり，平和は経済的繁栄を犠牲にして成り立っていたということができる（この点についての包括的な考察については，Bates et al. 2002 を参照）．

逆に，政治的紛争は必ずしもジェノヴァの経済的繁栄を阻害しなかった．サン・ジョルジオ銀行は，ジェノヴァの私的・公的資産の大部分を直接管理していた債務者たちの利害関係を調整する役割を果たした．この銀行の存在は，債権保有者たちがその所有権を侵害された場合，自らの経済力と強制力によって報復することを確実に保証する能力を高めた．サン・ジョルジオ銀行は，第4章で検討した組織と同じように，ジェノヴァを政治的に支配しようと闘争する人々による権力の濫用を抑える制度の構成要素であったと考えられる．

より一般的に，ジェノヴァの事例は，国を建設できるか否かは，すでに存在している社会組織に誘因を与えて，その軍事的・経済的資源を建国のために動員させることができるか否かにかかっている，ということを示唆している．建国の過程が，社会組織の間に政治的秩序をもたらしていた制度や，社会組織そのものを弱体化させる可能性があるため，そのような誘因を与えることは難しい．民族間・部族間の大きな分裂を伴う現代の国家が，民主的・平等主義的で平和な政体を確立できないのは，偶然ではないかも

しれない（Collins 2004）.

　外的脅威によって，社会組織が相互に協力することがより大きなパラメータの集合の下で自己実現的になり，その結果，有益な協力が促進されることがある（Greif 1998c）. したがって，植民地以後の時代に外的脅威がなくなったことが，現代アフリカ諸国において，有効な機能国家の基盤形成を阻害してきたといえるかもしれない（Bates 2001）. しかし，ジェノヴァの歴史は，外的脅威が政治的に望ましい結果をもたらすか否かは，次の2つの要因に依存することを示している．第1は，一方の社会組織が，もう一方の組織と対峙するために外部の権力と結託することができないということであり，第2に，外的脅威が去った後も政治的秩序が維持されるよう，外的脅威に直面している間に普及した制度が既存の社会組織を強化するのではなく，弱体化することである．

　また，ジェノヴァの歴史は，指導者の選挙や集合的意思決定のために西欧で有効に機能しているルールを取り入れて政治制度を改良するだけでは，国家を建設することはできないということをも明らかにしている．そのようなルールが内生的に生じたとき，その場所では，それらのルールは政治に参加する人々の間で均衡となっている．人々がルールに従うのは，それが自己実現的な制度の一部だからである（Greif 2004b）. したがって，有効に機能し，人々の福祉を向上させる国家を作るためには，西欧の政治的な規則を移植するだけでは不十分である．そのような国家を建設

するためには，新しい自己実現的制度に移行する必要がある．そして，新しい制度の創設は，既存の自己実現的制度均衡を新しい自己実現的制度均衡によって代替することを意味するのである．

　ヨーロッパが模範を示したことによって，上の課題に応えることがより容易になったと考えることもできる．つまり，西欧諸国が相対的にうまく機能したため，他の地域の予想，規範，願望などが影響を受け，それらの地域でも西欧の政治的ルールが均衡になりやすくなった，ということである．同時に，都市化と経済の国際化によって，有効な国家を建設するうえで妨げとなってきた，血縁関係に基づく社会構造が弱体化してきた．

　いずれにしても，新しい制度的均衡に移行するのは容易ではない．うまく移行するためには，制度移行にあたって協力を得る必要がある人々に，協力する動機を与えなければならない．つまり，移行に反対するよりも協力した方が事後的に有利になることを保証する必要がある（例えば，Fernandez and Rodrik 1991; Roland 2000; Lau, Qian, and Roland 2000）．事後的な利得を左右することができる国家は，このような保証を与えることができるだろう．しかし，そのように大きな力を持っている国家は，自らの権力を濫用しないことを確実に保証できるという意味でその権力が限定されていない限り，人々に事後的な利得を保証することができない．加えて，経済厚生の向上という観点から見れば，そのような国家は，経済的に非効率な分配政策に頼る

ことなく，均衡となっていなければならない．最後に，有効に機能し，厚生を高める国家が存続するためには，その制度的基盤が次第により大きなパラメータの集合に対して自己実現的になっていかなければならず，また，変化する環境に迅速に適応できなければならない．これらの条件をすべて満たすことは非常に難しい．

8.7.3　ヨーロッパとイスラーム世界の社会構造と国家

　ジェノヴァとヴェネツィアの歴史が示すように，有益な制度移行を実現することの容易さやそのための手段は，過去から受け継がれてきた制度的要素，特に，社会構造やそれに伴う予想や規範によって異なる．ジェノヴァの場合，血縁関係に基づいた社会構造が，有効に機能する国家を建設するうえで妨げとなった．一般的にいえば，中世後期にヨーロッパで有効に機能する国家を建設する試みが失敗に終わったのは，そのような社会構造に起因するところが大きい（Tabacco 1989; Waley 1988）．しかし，長期的に見た場合，その後ヨーロッパでは有効に機能する国家が出現した．これは，血縁関係に基づく社会構造が相対的に脆弱であったからかもしれない．中世後期以降のヨーロッパの政治的・経済的制度は，部族や氏族を核としたものではなかったのである．

　事実，早くも中世後期に，ヨーロッパでは非血縁組織を中心とする社会が築かれ始めていた．この頃には，中世に存在した部族はすでに有効な社会組織ではなくなってい

た．このことは，中世後期に国家が有効に機能しなくなったとき，ヨーロッパの人々が部族やその他の血縁集団に基づく社会組織に頼らなかったという事実からも窺うことができる．人々はその代わりに，血縁とは無関係な都市国家やコミューンを結成したのである．

　血縁に基づく社会組織のこうした相対的衰退は中世に始まり，それは，利害に基づく社会組織である教会の活動を反映していた．教会は，イデオロギー的な理由と組織の利害に基づく理由から，早くも4世紀には，ヨーロッパの血縁的社会組織を弱体化させるようになった．その方法は，親族（ときには7親等以内の者）との結婚の禁止，遺産の寄付の奨励，両者合意の上での結婚の提唱，家族を拡大させるような慣行（一夫多妻制，離婚，再婚など）への非難などであった（Goody 1983）[53]．これらの政策は，何世紀にもわたって続けられた．例えば1059年には，「7親等以内の者を妻にした者は，教会法に則り，妻を追放することを司教によって厳命される．断れば破門されるであろう」という内容の勅書が回覧された（Goody 1983, p. 135）．このようにして，一夫一婦制をはじめとする教会の政策によって，ヨーロッパの家族が持つ特徴が形成された．

　中世の終わりまでには，血縁的社会組織はもはやヨーロッパの制度複合体の中心ではなくなっていた．それを受けて，コミューン，ギルド，職業別団体，大学などの，それに代わる非血縁的社会組織の勃興が，この時代の顕著な特徴となった．伝統的に血縁的社会組織や国家を通して実現

されてきた目的や機能を果たすために，ヨーロッパの人々はますます，おそらくは他に類を見ないほど，自治的な，利害に基づく社会組織に頼るようになった．より広くいえば，第12章でさらに詳細に検討するように，血縁集団も有効な国家も持たなかった中世後期のヨーロッパ人は，非血縁的・自治的・利益追求型の社会組織である団体（corporation）に依存するようになっていった．

これらの社会組織ができたことによって，血縁的社会組織に対する代替的組織が提示され，血縁的組織はますます弱体化した．例えば，セーフティネットや生活保護を得るために，拡大家族に頼る必要性は低下した．さらに，教会と同じように利害関係に基づいたその他さまざまな組織が，自らを脅かす血縁組織を弱体化させた．例えば，北イタリアの都市国家は，過去から存続してきた強力な貴族的氏族の力をジェノヴァよりもうまく制限した（Tabacco 1989; Waley 1988）．また教会は，自らを団体化しようという意図を持っていたため，団体の法的地位を法学によって定義し，それに適合しない組織に制裁を加えた（Berman 1983）．

ヨーロッパと同じような歴史的発展は，イスラーム世界では生じなかったようである．データを見つけ出すことは難しいが，イスラーム世界では，大規模な血縁的社会組織が重要であり続けたようである．よく知られているように，イスラーム教は，等しい権利を持つ人々からなる**ウンマ**（umma）を理想として掲げることによって，イスラー

ム教徒としての強固なアイデンティティを作り上げた．事実，8世紀までには，イスラーム教徒の一員であることは，どのような政治的党派，民族，部族に属しているかとは無関係になっていた．それでも，部族，氏族，一族といった血縁的社会組織は，イスラーム世界の中心であり続けたのである（例えば，Watt 1961; Cahen 1990; Rahman 2002; Rippin 1994; Crone 2004）．

当初，主としてアラブの部族を中心として成り立っていたイスラーム社会は，部族ごとに区分されていた．しかし，時間の経過とともに，アラブ民族ほど部族ごとにはっきり区分されていない他民族の人々がイスラーム教を受け入れ，その結果，中東のイスラーム社会全体の中で部族の持つ重要性が相対的に低下した．それにもかかわらず，大規模な血縁的社会組織，特に部族，民族，氏族，家族などは，依然として重要な制度的要素であり続けた．

実際，中東イスラーム社会の政治と軍事の歴史は，部族や民族集団が持続的に重要であったことを示している（例えば，Saunders 1965; M. Hodgson 1974, 第1巻; Kennedy 1986; Lapidus 1989; Greif 2002; Crone 2003, 2004）．そしてこのことは，この地域の歴史的遺産と，初期に国家が力を持っていなかったという事情を反映している．「（最初の2世紀の間，イスラーム社会を支配した）部族の伝統の特徴は，国家が存在していなかったことに由来する．血のつながった人々は，離れ離れにならないように1つ所に集まった」（Crone 2004, p. 51）．

しかし，皮肉にも部族主義は，初期のカリフがウンマを存続させるためにとった戦略の結果でもある．その戦略は初代カリフ，アブー＝バクルが採用したものである．彼は，632年のムハンマドの死をうけて勃発した背教者の反乱（the Wars of Apostasy）に直面した．そのとき，自分に忠誠を示し続けていたアラブの部族の支援を得て背教者を降伏に追い込んだが，同時に部族への帰属を強化する政策も取り始めたのである．

　アブー＝バクルとその後継者ウマル1世（在位634-44）は，アラビア半島外部への軍事的展開を開始し，戦利品をウンマのさまざまの構成員に分配した．ウンマを支援した人々は継続的に毎年報酬を受け取ったが，そのことは，部族の観点から見ると，構成員は彼の部族への帰属に応じて報酬を受け取ることを意味した．さらにこのシステムは，征服された非アラブ人と支配者であるアラブ人の間，そしてさまざまなアラブの部族を区別するために形成された．アラブ人は要塞町を作ってそこに移り住み，その中の各街区には特定の部族の人々が住んだ（Al-Sayyad 1991）．アラブ人による南アラビア以外の土地の購入が禁止されたため，地元の人々との分離はますます進んだ．

　イスラーム帝国の最初の支配王朝であるウマイヤ朝は，この政策を継続しつつ，イスラーム世界の内部でそれぞれの民族を個別に処遇することによってその政策を補完した．特恵的な関税などによってイスラーム教への改宗が奨励されたが，新たにイスラーム教に改宗した者は制度的に

差別された. 彼らは高い地位に就くことができず, 尊敬を受けていた騎兵隊に入ることもできず, 戦利品の分配においても不公平に扱われた. 新たな改宗者を意味する語を見ても, ウンマが当時, いかに政治的エリートと深く関わっていたかがわかる. 改宗者は**マワーリー**（解放された奴隷. 文字通りには「生まれ変わり」）と呼ばれた. これは, 南アラブでイスラーム教誕生以前から使われてきた, 部族の新参者, すなわち, 生来の構成員ではないものを指す言葉であった.

この,「社会的区分に沿って人々を分離し, 支援には報酬を与えて支配する」という戦略は, 勃興しつつあるイスラーム帝国内部に存在した社会的な差異を利用して, 強力な軍事同盟を形成した. この戦略の下では, 異なる社会組織（民族, 部族, 氏族など）に属する人々には, 異なる報酬が与えられた. したがって, 既存の社会的な亀裂はますます深まり, ウンマによる社会的統合は妨げられた. 社会的な格差はアラブ人同士の間でもそのまま残り, 751 年にウマイヤ朝が終焉を迎えるまで休みなく続いた内戦の原因となった. 非アラブ人も, それぞれの社会的アイデンティティを保持し, それによって宗教的分裂をきたすこともあった. ベルベル人やペルシア人などの, アラブ人ではないイスラーム教徒は, このシステムに対する不満を表明し, 彼らの反抗を宗教的に正当化するイスラーム教の特定の解釈を採用した.

イスラーム世界の歴史は, アラブ人, ペルシア人, ベル

ベル人，トルコ人，クルド人などによる民族的な対立の歴
史である．指導者たちは，自分の属する民族や部族の外部
からは支援を得ることができなかった．そのことは，彼ら
が，子供のうちに買って軍人や行政官として育てた**奴隷**
（マムルーク）に大きく依存していたことに反映されてい
る．前近代のイスラーム世界では，既存の社会組織に属し
ていなかった「奴隷や専属軍人の排他的な忠誠心」は，「支
配者の政治的権力にとって決定的な意味を持った」（Lapi-
dus 1989, p. 148）のである．

　ヨーロッパ社会とイスラーム社会の違いをもっともよく
示すのは，おそらく婚姻関係であろう．一般的に近親婚
は，氏族，親族，一族などを堅固にするための手段である．
このような婚姻は，中東のイスラーム諸国や北アフリカで
は，現在でもかなり一般的である．これらの地域では，は
とこ同士かそれよりも血縁的に近い者同士の婚姻の数は，
世界でもっとも多い．このような婚姻は，この地域にある
それぞれの国の現在世代の婚姻全体のうち，20 パーセント
から 50 パーセントを占めている（Bittles 1994; 西欧ではこの
ような婚姻は全体の 1 パーセント以下である）[54]．この習慣
は，部族単位で財産を相続したり，家族の財産を自分たち
で管理し続けるために，イスラーム教が誕生する前から行
われてきた可能性もあるが，イスラームの相続法によって
強化されたことはたしかである（M. Hodgson 1974, 2: 124）．
イスラームの相続法の下では，死後の資産の取り扱いにつ
いて本人は比較的小さな決定権しか持たない．この前提の

下では，一家の資産を保ち続けるためには近親婚が必要で
あった．イスラームの相続法はまた，個人の資産を多くの
親類の間で分配するよう定めることによって，拡大家族全
般の関係を強化した（Schacht 1982 [1964], pp. 169-74）．

　民族，部族，氏族などの，核家族よりも大きな，血縁に
基づく固有の社会組織は，現代においても中東諸国の特徴
となっているが，中世ヨーロッパに存在した部族主義や氏
族関係は姿を消して久しい．社会組織と建国過程の関係を
考えれば，これら2つの社会における政治的発展が明確に
異なるものであったことは，驚くべきことではないのかも
しれない[55]．

補論8.1　ジェノヴァの政治制度の数理モデル

　無限期間存続し，時間割引因子が $\delta \in (0,1)$ である2つ
の氏族，C^i と C^j を考える．さしあたり，商業的特権の数
を $T \in [0, \overline{T}]$ とし，各期の総収入は $I(T)$ であるとする．
この完備情報ゲームのステージ・ゲームは，2段階に分け
られる．第1段階では，2つの氏族が，海賊行為に協力す
るか否かを同時に決定する．双方の氏族が協力した場合に
は $R(T)$ の利益が生じ，総所得は $I(T) + R(T)$ となる[56]．
第1段階の終わりに，各氏族 k は総所得のうち比率
$\lambda^k \in (0,1)$ の取り分を得る．第2段階では，それぞれの氏
族が順番に軍事投資額 ψ^k を決める．これはいったん支出
されると回収できない費用（サンク・コスト）である．新

たな投資が行われると前の期に行われた投資は時代遅れとなり，新しい投資に置き換えられる．投資は氏族の予算制約，$\psi^k \leq \lambda^k[I(T)+R(T)]$ を満たさなければならない．軍事投資は観察可能であり，簡略化のため，支持者を確保するために行われるものとする[57]．各氏族は，軍事投資を行った後，相手氏族の過去の軍事投資が償却される前に，相手を攻撃するか否かを決めることができる．

どちらの氏族も相手を攻撃しなかった場合には，その期が終了し，氏族 $k \in \{i, j\}$ は利得 $\lambda^k[I(T)+R(T)]-\psi^k$ を得て，再びステージ・ゲームが行われる．相手を攻撃した氏族があった場合には，氏族間の戦争となる．戦争によって各氏族が被る費用は c，相手に勝つ確率は $s^{k,w}(\psi^k, \psi^{-k})$ であるとする．この関数は，自分の軍事投資額に関して非減少，相手氏族の軍事投資額に関して非増加であるとする[58]．勝った氏族は「支配」氏族となり，その期以降，毎期，商業的特権から生じる所得 $I(T)$ のすべてを得る[59]．負けた氏族は，それ以後ずっと何も得ることができない．

氏族間の戦争に引き続いて，外敵に対する戦争が発生する可能性がある．外的脅威が氏族間の均衡に与える影響を簡単な形で捉えるために，次のような仮定を置く．すなわち，氏族間戦争の段階では，両氏族の総軍事力の合計は十分に大きく，また，外的脅威に対しては互いに協力する可能性が高いために，外的脅威は無視できるほど小さい．外的脅威は，支配氏族になったときに得られる純利得の期待値のみに影響を与えるものとする．その期待値は，軍事投

資額，氏族間戦争の可能性，氏族間戦争の結果に依存して決まる[60]．

　定式化するうえでは，（氏族間戦争が起こった場合）戦争が終わった後に毎期，支配氏族はその期の利得を受け取った後に，軍事投資を行うことができると仮定する．この投資の後に外国との戦争が生じる可能性がある．外国との戦争が生じる確率は，脅威の程度 $\theta \in [0, \bar{x}]$ と，支配氏族の軍事力に依存する．そこで，ψ^k を投資した場合に外敵との戦争が起こる確率を $\omega(\psi^k, \theta)$ とし，戦争が起こらないか，戦争が起こって氏族側が勝つ事前的な確率を $s(\psi^k, \theta)$ とする．$\omega(\psi^k, \theta)$ は ψ^k の減少関数，θ の増加関数であり，一方，$s(\psi^k, \theta)$ は ψ^k の増加関数，θ の減少関数である．また，$\theta \to 0$ のとき，$s(\cdot) \to 1, \omega(\cdot) \to 0$ であるとする．外敵との戦争にかかる費用は c である．戦争が起こらなかったり，支配的氏族が勝った場合には，ゲームはそれまでと同様に進行する．負けた場合には，それ以降の利得はずっとゼロとなる．

　支配氏族 k の割引平均期待利得（以下，平均利得）を $V^{k,c}(T, \theta)$[61] とする．これは，参加制約，$(1-\delta) \sum \delta^t s(\cdot)^t [I(T) - \psi^k - c\omega(\cdot)] \geq 0$ と予算制約，$I(T) - \psi^k - c\omega(\cdot) \geq 0$ の下における以下の最大化問題の価値関数である[62]．

$$(OP) \text{Max}_{\psi^k} (1-\delta) \sum_{t=0}^{\infty} \delta^t [s(\psi^k, \theta)]^t [I(T) - \psi^k - c\omega(\psi^k, \theta)]$$

　OP はコンパクト集合上における連続関数の最大化問題であるから，解は存在する．ここでは，内点解であると仮

定する．$V^{k,c}(T, \theta)$ が T の増加関数であり θ の減少関数
であることは容易にわかるし，直感的にも理解できる．支
配氏族の利得は，総収入，つまり特権の数 T の増加関数で
あり，外的脅威 θ の減少関数である．明らかに，より多く
の特権をもつ都市を支配し，その状態が失われるリスクが
小さく，かつ，その状態を維持するための投資額が少ない
方が，氏族にとって望ましい．また，支配氏族は外的脅威
に直面した場合の方が大きな利益を得られる，すなわち，
$\delta V^{k,c}(T, \theta; \psi^k) > c$ と仮定する（以下では，$V^{k,c}(T, \theta; \psi^k)$
に含まれる内生的変数 ψ^k は省略する）．

特権数が固定されている場合の相互抑止均衡

　相手氏族の軍事投資額が大きく，相手氏族を攻撃するこ
とによって得られる期待利得が攻撃しないときのそれを下
回る場合には，攻撃は抑止される．相互抑止均衡の下で
は，どちらの氏族も，軍事投資を減らしたり相手を攻撃し
たりすることから利益を得ることはない．

　相互抑止均衡が存在するための必要十分条件を考えるた
めに，それまで一度も攻撃が行われたことがなく，どちら
の氏族も攻撃をしないと予想されており，氏族 $k \in \{i, j\}$ が
各期に ψ^k の軍事投資をする場合を考える．この場合，氏
族 k の平均利得 $V^k(\lambda^k, T; \psi^k)$ は，氏族 k の各期の純所得，
$\lambda^k [I(T) + R(T)] - \psi^k$ に等しい．氏族が毎期にこの利得
を得られると予期しており，この利得が氏族間戦争を開始
したときに得られる期待利得よりも大きければ，相手氏族

への攻撃は抑止される.

　厳密には, 以下の不等式が成り立つとき, そしてそのときに限り, 氏族kは相手氏族を攻撃しない.

$$\delta V^{k,d}(\lambda^k, T; \psi^k) \geq \delta s^{k,w}(\psi^k, \psi^{-k}) V^{k,c}(T, \theta; \psi^k) - c(1-\delta)$$

ただし, $\delta V^{k,d}(\lambda^k, T; \psi^k)$ は, 次期の相互抑止下で氏族kが得る平均利得の割引現在価値であり, $\delta s^{k,w}(\psi^k, \psi^{-k}) V^{k,c}(T, \theta; \psi^k) - c(1-\delta)$ は, 次期に氏族kが支配的氏族になったときに得られる純利得の割引現在価値に氏族間戦争で勝つ確率 ($s^{k,w}(\psi^k, \psi^{-k})$) を掛け, そこから戦争の (割引平均) 費用を差し引いた値である.

　われわれが関心があるのは, 両方の氏族にとってこの不等式が成立し, どちらの氏族も軍事投資の削減によって利得を増やすことができない状況である. そのためには, 以下の条件8.1が成り立たなければならない.

条件8.1　$k \in \{i, j\}$ について, 以下のような $(\psi^{i,d}, \psi^{j,d})$ が存在する.

A. 与えられた軍事投資は実行可能である:
$$\psi^{k,d} \leq \lambda^k [I(T) + R(T)]$$

B. 投資額は, 条件Cの制約下で利得を最大化する:
$$\psi^{k,d} \in \text{argmax} \, V^{k,d}(\lambda^k, T; \psi^k)$$

C. 相互抑止が実現する $[ICC^{-k}]$:
$$\forall \psi^{-k} \leq \lambda^{-k}[I(T) + R(T)], \psi^{-k} \geq \psi^{-k,d}$$
$$\delta V^{-k,d}(\lambda^{-k}, T; \psi^{-k,d}) \geq \delta s^{-k,w}(\psi^{-k}, \psi^{k,d}) V^{-k,c}(T, \theta)$$

$$-(c+(\phi^{-k}-\phi^{-k,d}))(1-\delta)\,[ICC^{-k}]$$

条件 8.1 が満たされているとき，それぞれの氏族にとってある選択可能な投資額が存在し（A），それは相手氏族が自分たちを攻撃することを，彼らが選択可能などのような軍事投資を行った場合にも抑止するような（C），最小の投資額である（B）．（部分ゲーム完全な）相互抑止均衡 (λ^k, T) が存在するとすれば，条件 8.1 が成り立っていなければならない．逆に，条件 8.1 が成り立てば，それは直ちに相互抑止均衡が存在することを意味する[63]．具体的には，条件 8.1 が満たされているとき，以下の戦略の組は相互抑止均衡 (λ^k, T) である：攻撃が行われたことがない場合，氏族 $k \in \{i, j\}$ は協力して海賊行為を行い，$\phi^{k,d}$ の軍事投資をする；$\phi^{-k} \geq \phi^{-k,d}$ であれば氏族 k は攻撃せず，そうでなければ攻撃する；攻撃が行われた後は，どちらの氏族も海賊行為に協力しない；戦いに勝った氏族 k は，外的脅威に備えるために $\phi^{k,c}$ の投資をする[64]．

商業的特権数が内生的な場合における相互抑止均衡の効率性

商業的特権数 T が増えると，特権から得られる所得 $I(T)$ が増加し，海賊行為から得られる所得 $R(T)$ は減少すると仮定する．つまり，$I'(T) \geq 0, R'(T) \leq 0$ が成り立つとする．また，$I(T) + R(T)$ は厳密に凹であり，一意な最大値が存在すると仮定する．解 τ は（経済的な意味で）効率的な特権数であり，$\tau \in (0, \overline{T}), I'(\tau) + R'(\tau) = 0$ であ

る．したがって，（経済的な意味で）効率的な相互抑止均衡は τ である．氏族 k にとって最適な相互抑止均衡の下では，平均利得 $V^{k,d}(\lambda^k, T; \psi^k)$ が最大化されている．

商業的発展を犠牲にして平和が実現するか否かを調べるためには，**効率的な**相互抑止均衡が，両氏族にとって**最適な**相互抑止均衡でもあるか否かを調べる必要がある．いいかえれば，（総余剰を最大化する）経済的に効率的な数の特権を協力して獲得することは，それぞれの氏族にとって最適な選択なのであろうか？[65]　もし答えがノーであれば，理論的には，ジェノヴァでは政治的秩序を保つために経済的効率性が損なわれたと結論することができる．そして次に，モデルを用いて非効率の原因を特定することができる．

興味深いのは，効率的な特権数の下で正の軍事投資がなされる場合である．正確にいうと，相互抑止均衡 (λ^k, T) が正の軍事投資を伴うための必要条件は，以下の通りである．相手氏族が軍事投資をしない場合，ある軍事投資額が存在して，それだけの投資を行えば相手を攻撃することが有利になる．すなわち，氏族 i または j に関して，$\psi^k \leq \lambda^k[I(T) + R(T)]$，$\delta s^{k,w}(\psi^k, 0) V^{k,c}(T, \theta) - (c + \psi^k)(1 - \delta) > \delta V^{k,d}(\lambda^k, T; 0)$ を満たす ψ^k が存在する．この条件は，（$V^{k,c}$ は θ の増加関数であるため）θ の値が小さいほど，c が小さいほど，あるいは δ が大きいほど，成り立ちやすい．

命題 8.1 は，効率的な相互抑止均衡が正の軍事投資を伴

う場合，氏族の粗平均利得は最大化されているが，純平均利得は最大化されていないことを示している[66]．

命題8.1

a. 相互抑止均衡 (λ^k, τ) が存在し，氏族による均衡軍事投資 $\psi^{k,*}(\tau)$ は（一般性を失うことなく）厳密に正であり，$k = i, j$ について $\partial^2 s(\cdot)/\partial \psi^{k2} < 0, \partial^2 \omega(\cdot)/\partial \psi^{k2} > 0$ であるとする．このとき，それぞれの氏族の純平均利得は，τ で最大化されない．

b. すべての T に対して相互抑止均衡 (λ^k, T) が存在し，（一般性を失うことなく）$k = i, j$ について軍事投資 $\psi^{k,d}(T)$ が厳密に正であるとする．このとき，もし氏族にとって最適な商業的特権数がゼロでなければ，氏族の純平均利得は，

$$T^* < \tau, \lambda^k \partial I(T^*)/\partial T = \partial \psi^{-k,d}(T^*)/\partial T - \lambda^k \partial R(T^*)/\partial T$$

を満たすような相互抑止均衡 (λ^k, T^*) で最大化される．

証明　相互抑止均衡 (λ^k, T) では，氏族 k の最適な投資額は，氏族 $-k$ の選択可能な最大の投資額 $\lambda^{-k}[I(T) + R(T)]$ において条件8.1の誘因制約式 $[ICC^{-k}]$ が等号で成り立つような投資額である．この条件によって，ψ^{-k} は T の関数，つまり，$\psi^{-k,d}(T)$ として定義される．氏族 k にとってもっとも利得が大きい相互抑止均衡 (T) は，各期の収入 $H(T) = \lambda^k[I(T) + R(T)] - \psi^{-k,d}(T)$ を最大化するものである．最大化の1階条件は次の通りである．

$$\lambda^k \left[\frac{\partial I(T)}{\partial T} + \frac{\partial R(T)}{\partial T} \right] - \frac{\partial \psi^{k,d}(T)}{\partial T} \geq 0$$

$T=\tau$ で評価すると，この条件は $\frac{\partial \psi^{k,d}(\tau)}{\partial T} \geq 0$ のとき，そしてそのときに限って成り立つ．均衡軍事投資額 $\psi^{k,*}(\tau)$ は，$\partial V^{-k,c}/\partial T > \partial V^{-k,d}/\partial T$ であれば，T が増えるに従って増加する．包絡線定理より，

$$\frac{\partial V^{-k,c}}{\partial T} = \frac{(1-\delta)}{(1-\delta s(\cdot))} \frac{\partial I(T)}{\partial T}$$

を得る．同様に，

$$\frac{\partial V^{-k,d}}{\partial T} = \lambda^{-k} \left[\frac{\partial I(T)}{\partial T} + \frac{\partial R(T)}{\partial T} \right]$$

となる．したがって，以下が成り立つとき，そしてそのときに限り，$\partial V^{-k,c}/\partial T > \partial V^{-k,d}/\partial T$ となる．

$$\frac{(1-\delta)}{(1-\delta s(\cdot))} \frac{\partial I(T)}{\partial T} > \lambda^{-k} \left[\frac{\partial I(T)}{\partial T} + \frac{\partial R(T)}{\partial T} \right]$$

$T=\tau$ で評価すると，上の不等式の右辺はゼロとなり，左辺は厳密に正になる．したがって，$T=\tau$ では均衡軍事投資は増加する，つまり，$\partial \psi^{k,d}(\tau)/\partial T > 0$ となる．ゆえに，氏族の期待効用は効率的な特権数では最大化されていない．

また，氏族 k の期待効用は，以下の条件が成り立つ相互抑止均衡の下で最大となる．

$$\lambda^k \frac{\partial I(T)}{\partial T} = \left[\frac{\partial \psi^{k,d}(T)}{\partial T} - \lambda^k \frac{\partial R(T)}{\partial T} \right]$$

よって，第2の主張も証明された．　　　　　　　（証明終）

この命題は，外的脅威が弱いほど，非効率的な相互抑止均衡が存在しやすくなることを意味している．外的脅威が弱いと，支配氏族になることによって得られる期待利得が増え，したがって，パラメータ値のより大きな集合の下で，正の軍事投資を伴う効率的な相互抑止均衡が存在するからである．軍事投資は支持者の確保を意味するから，これは正の数の支持者がいることと等しい．

数学的には，$\theta \to 0$（したがって，$\psi^k = 0$ において $s(\cdot) \to 1$ および $\omega(\cdot) \to 0$），$c(l-\delta) \to 0$ かつ $R(T) \to 0$ となる極限においては，$k = i, j$ に対して $\psi^k \leq \lambda^k[I(T) + R(T)]$ と $s^{k,w}(\psi^k, 0) > \lambda^k$ とが成り立つような ψ^k が存在すれば（つまり，相手氏族に支持者がいないとき，氏族 k の勝率 $s^{k,w}(\cdot)$ を利得の分配比率 λ^k よりも大きくするような実現可能な支持者の数が存在すれば），均衡における支持者の数は必ず正になる．

命題8.2 すべての $T \in [0, \tau]$ に対して，正の軍事投資を伴う相互抑止均衡 (λ^k, T) が存在すると仮定する．そのとき，両氏族にとって最適な特権の数 $T^*(\theta)$ は，θ の非減少関数である．

証明 $V^{k,c}(\cdot)$ が減少すれば，相互抑止のための制約が緩和され，両氏族にとってより多くの特権を持つことが最適になる．θ が直接影響を及ぼすのは $V^{k,c}(\cdot)$ だけであるから，命題を証明するためには，支配氏族の期待効用が θ の

増加に伴って減少することを証明すれば十分である．支配氏族の期待効用は，先に定義した最大化問題 OP の解となる（価値）関数である．これが θ の減少関数であることを見るために，$g(\cdot) = I(T) - \psi - c\omega(\cdot)\,(>0)$ と定義する．また，$\partial s(\cdot)/\partial\theta < 0, \partial\omega(\cdot)/\partial\theta > 0$ であるから，これらと包絡線定理により，

$$\frac{\partial V^{k,c}}{\partial\theta} = \frac{(1-\delta)\delta}{(1-\delta s(\cdot))^2}\frac{\partial s(\cdot)}{\partial\theta}g(\cdot) - \frac{(1-\delta)}{(1-\delta s(\cdot))}\frac{\partial\omega}{\partial\theta}c < 0.$$

（証明終）

補論8.2　相互抑止均衡の存在

　相互抑止均衡が存在しないのはどのような場合であろうか？　条件8.1は，ある氏族がすべての資源を軍事力増強のために投資しても，他方の氏族にとって相手を攻撃することが有利である場合には，相互抑止均衡 (λ^k, T) が存在しないことを意味している．すなわち，$k = i$ または j のとき，$\psi^{-k} = \lambda^{-k}[I(T) + R(T)]$ に対して $\psi^k \leq \lambda^k[I(T) + R(T)]$ となるような ψ^k が存在して，$\delta V^{k,d}(\lambda^k, T, \psi^{k,d}) < \delta s^{k,w}(\psi^k, \psi^{-k})V^{k,c}(T, \theta) - (c + (\psi^k - \psi^{k,d}))(1-\delta)$ となる場合である．

　最後の不等式の左辺は $\delta\{\lambda^k[I(T) + R(T)] - \psi^{k,d}\}$ と等しいから，$R(T)$ が減少すれば左辺も減少する．他方，（命題8.2の証明の中で得られたように）$\partial V^{k,c}/\partial\theta < 0$ であるから，右辺は θ の減少に伴って増加する．したがって，

$R(T)$ と θ が減少するに従って，この不等式はより成立しやすくなる．

$R(T) \to 0$，$\theta \to 0$（つまり，$s(\cdot) \to 1$ および $\omega(\cdot) \to 0$）かつ $\delta \to 1$ という極限では，$k=i$ または j について，ある実現可能な ψ^k とすべての ψ^{-k} に対して $\lambda^k < s^{k,w}(\cdot)$ となる場合，そしてその場合のみ，相互抑止均衡 (λ^k, T) は存在しない．すなわち，ある氏族について，支持者が十分に多く存在するため，総所得の一定割合を分配されるよりも攻撃して勝利することによって得られる期待利得の方が大きいとき，配分比率 λ^k の下では相互抑止均衡 (λ^k, T) は存在しない．

補論 8.3　結託とポデスタのゲーム

結託ゲーム

　ポデスタが軍事的に氏族を支援する場合，氏族は，事後的にポデスタに報酬を支払うことをどの程度，事前に保証できるだろうか？　それぞれの軍事力が m_j, m_k, m_i であるとき，プレイヤー i（氏族またはポデスタ）が j および k との戦争に勝つ確率を $\nu_i(m_j, m_k; m_i)$ とする．i が勝つ確率は，m_j, m_k が増加すれば減少，m_i が増加すれば増加するものとする（簡単化のため，以下では m_i を省略する）．軍事的な紛争に参加したプレイヤーには，費用 c が発生する．ジェノヴァを支配することによってプレイヤー i が得る利得の純（または正味）現在価値を V_i とする．また，ジェノ

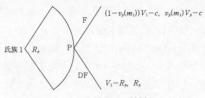

図8.2　結託ゲーム

ヴァを支配することから得られる利得は，地元の氏族の方がポデスタより大きいと仮定する．つまり，i が地元氏族であるとき，$V_i > V_p$ であるとする[67]．

一方の氏族（氏族1）がポデスタと結託して氏族2と敵対したのち都市の支配権を握った場合に，何が起こるかを考える（図8.2）．支配氏族は，ポデスタにどれだけの報酬 $R_p > 0$ を支払うかを決めなければならない．報酬が公表されたら，ポデスタは，それを受け入れるか，もしくは拒否して支配氏族と戦う．受け入れた場合に，氏族1の利得は $V_1 - R_p$ であり，ポデスタの利得は R_p となる．拒否して戦った場合には，両者の期待利得は，戦争に勝つ確率に都市を支配することによって得られる利益を乗じた額から，戦争の費用を差し引いたものになる．つまり，それぞれ $(1 - v_p(m_1)) V_1 - c$ と $v_p(m_1) V_p - c$ である．

氏族1は，戦うこととポデスタと結託することが無差別となる額以上の報酬をポデスタに支払うことはない．つまり，$V_1 - R_p \geq (1 - v_p(m_1)) V_1 - c$ である．したがって氏族1がポデスタに提示する報酬 R_p は $R_p \leq v_p(m_1) V_1 + c$ を満

たす. ポデスタとしては, 氏族を相手に戦ったときの純期待利得と同じかそれ以上の報酬を受け取ることができれば, すなわち, $R_p \geq \nu_p(m_1)V_p - c$ であれば, 戦わないことが最適と考えるであろう. したがって, いかなる部分ゲーム完全均衡においても, ポデスタにとって戦うことと戦わないことが無差別となる額以上の報酬を, 氏族1が支払うことはない. つまり, $R_p = \nu_p(m_1)V_p - c$ である. ゆえに, 部分ゲーム完全均衡の下では, 氏族1が $R_p = \nu_p(m_1)V_p - c$ を支払い, ポデスタは, 報酬がこの額より少なければ戦い, この額かそれ以上であれば戦わない, という戦略をとる. この均衡の下で氏族とポデスタが得る利得は, それぞれ $V_1 - V_p^c$ と V_p^c となる. ただし, $V_p^c = \mathrm{Max}\{0, \nu_p(m_1)V_p - c\}$ である.

以上の分析は, 結託がなされた後にポデスタが受け取る報酬は, ポデスタの軍事力に依存することを含意している[68]. 特に, ポデスタはいかなる均衡の下でも, 氏族と軍事的に衝突した場合の純現在価値以上の報酬を受け取ることはない. したがって, 氏族は事前に——すなわち結託する前に——後になってそれ以上の額を支払うことを保証することはできない. 例えば, $\nu_p(m_1)V_p - c \leq 0$ が成り立っているとき, 氏族はポデスタに対していかなる報酬もポデスタに対して信頼できる形で約束することができない. つまり, ポデスタが弱ければ弱いほど, 氏族がポデスタに報酬を支払うことを信頼できる形で約束する能力が小さくなるのである[69].

ポデスタゲーム

ポデスタの軍事力を（氏族の軍事力に対して相対的に）制限すれば，ポデスタの軍事力が，ある氏族が他の氏族を攻撃することを抑止する能力は小さくなる．それでもなお，どのようにして氏族が攻撃を抑制されるのかを見るために，2つの異なる問題を考える．氏族間の紛争において負けそうになっている氏族をポデスタが助けるように動機づける問題，および，氏族がポデスタと結託して戦うように動機づける問題である．

氏族間に軍事的紛争が生じなかった場合に氏族 i が各期に受け取る所得を I_i，ポデスタの賃金を W，時間割引因子を δ とする[70]．ポデスタゲームは，ポデスタの軍事力を制限する必要があるにもかかわらず，ポデスタの登場によっていかに氏族間の戦略的状況が変化するかを明らかにする（図8.3）．

一般性を失うことなく，氏族1が氏族2を攻撃するか否かを決めることから，このくり返しゲームが始まるものとする．氏族1が攻撃した場合には，氏族2は戦うか戦わないかを決めなければならない．いずれの場合にも，ポデスタは，氏族1が支配権を握ることを妨げる（戦略 p），氏族1の行動を妨げない（dp），氏族1と結託する（co）の中から反応を選択する．簡単化のために，ポデスタが氏族1と結託した場合には，氏族2は都市を支配することはできず，ポデスタと氏族1は結託ゲーム（図8.2）を行うとする．結託ゲームは唯一の部分ゲーム完全均衡を持つから，

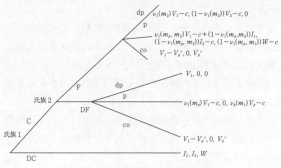

dp $\nu_1(m_2)V_1-c, (1-\nu_1(m_2))V_2-c, 0$

p

$\nu_1(m_p,m_2)V_1-c+(1-\nu_1(m_p,m_2))I_1,$
$(1-\nu_1(m_p,m_2))I_2-c, (1-\nu_1(m_p,m_2))W-c$

co

$V_1-V_p{}^c, 0, V_p{}^c$

$V_1, 0, 0$

F dp

氏族2 p $\nu_1(m_p)V_1-c, 0, \nu_p(m_1)V_p-c$

DF

C co

氏族1

$V_1-V_p{}^c, 0, V_p{}^c$

DC I_1, I_2, W

図8.3 ポデスタゲーム

図8.3には，この均衡における利得が記されている．

このゲームにおける利得は，次のようになる．

・氏族1が攻撃しなければ，氏族1，氏族2，ポデスタの利得はそれぞれ (I_1, I_2, W) であり，同じゲームが次の期にも行われる．氏族1が攻撃し，氏族2が応戦しなかった場合には，氏族1が支配氏族になる．この場合の3者の利得は，ポデスタが介入しなければ $(V_1, 0, 0)$．ポデスタが氏族1と結託した場合には，氏族1はポデスタに $V_p{}^c$（結託ゲームでポデスタが得る利得）を支払う．したがって利得は $(V_1-V_p{}^c, 0, V_p{}^c)$ となる．ポデスタが氏族1の都市支配を阻止することを試みた場合，ポデスタの利得は都市の支配を試みる場合の純期待利得と等しい．すなわち，3者の利得は $(\nu_1(m_p)V_1-c, 0, \nu_p(m_1)V_p-c)$ である．

・氏族1が攻撃し，氏族2が応戦する場合には，利得は次のようになる．ポデスタが介入しない場合は，それぞれの氏族の利得は支配氏族になることによって得られる純期待利得であり，ポデスタの利得はゼロである．すなわち $(\nu_1(m_2)V_1-c, (1-\nu_1(m_2))V_2-c, 0)$ となる[71]．上と同じように，ポデスタが氏族1と結託すれば，氏族1が支配権を得る．したがって，利得は $(V_1-V_p{}^c, 0, V_p{}^c)$ となる．

・ポデスタが攻撃を阻止した場合には，氏族1は支配権を獲得して V_1 を得るか，支配権を得られずにその期の分け前 I_1 のみを得るかのどちらかである．氏族1が支配権を獲得できなかった場合には，氏族2はその期の所得 I_2 を得，ポデスタは賃金 W を得る．したがって，利得は $(\nu_1(m_p, m_2)V_1-c+(1-\nu_1(m_p, m_2))I_1, (1-\nu_1(m_p, m_2))I_2-c, (1-\nu_1(m_p, m_2))W-c)$ となる．

次に，以下のような戦略の組み合わせを考える．氏族1は攻撃せず，氏族2は攻撃されれば応戦し，ポデスタは，氏族1が氏族2を攻撃し，氏族2が応戦した場合に限り参戦する．氏族1が攻撃し，氏族2が応戦しない場合には，$V_p{}^c>0$ であれば結託し，それ以外の場合には結託しない．この戦略の組み合わせは，以下の条件が成り立っていれば，部分ゲーム完全均衡である．

(a) $(1-\nu_1(m_p, m_2))W-c \geq V_p{}^c$. つまり，氏族2が応戦した場合には，ポデスタは氏族1の攻撃を阻止し，

氏族1と結託しない.

(b) $(1-\nu_1(m_p, m_2))I_2/(1-\delta) \geq c$. つまり, 氏族2は応戦する.

(c) $c + \dfrac{\delta I_1}{1-\delta} \geq \nu_1(m_p, m_2)(V_1 - I_1)$. つまり, 氏族1は攻撃しない.

　直感的にいえば, 条件 (a) は, 氏族2が応戦すれば, ポデスタにとっては氏族1の攻撃を阻止した方が有利であり, そうでなければ氏族1と結託することを意味する. 条件 (b) は, 氏族2が応戦することを保証する. ポデスタは, 氏族2が戦わなければ氏族1の攻撃を阻止しないし, 条件 (b) はポデスタが氏族1の攻撃を阻止するなら氏族2は戦うことを選ぶことを意味するから, 結局, 攻撃された場合には応戦することが氏族2の最適反応であるということになる. そして条件 (c) は, 氏族2とポデスタが協力して応戦してくることを予想する氏族1にとって, 攻撃しないことが最適であることを意味している.

　これらの条件と均衡戦略は, ポデスタ制の有効性を失わせる可能性があるさまざまな問題を克服するうえで, ポデスタ制がいかに適切な誘因を提供したかを示している. 条件 (a) と氏族2の戦略により, 氏族1とポデスタとの結託は実現しない. ポデスタの軍事力は彼の賃金と比べて十分に小さいため, 氏族1が結託後の報酬としてポデスタに保証できる最大限の金額では, ポデスタを結託に導くことができないからである. 氏族2が自分と協力して戦うことを

予想するポデスタにとっては，氏族1と結託するよりも，氏族1の攻撃を阻止する方を選ぶ．氏族2にとっても，自分が戦わなければ，（ポデスタの戦略が含意するように）ポデスタが協力してくれないため，ポデスタと協力して戦う動機がある．同時に，条件 (b) は，氏族2とポデスタの軍事力の合計と，氏族2の分け前 I_2 との相対的な関係が，氏族2にとってポデスタと協力して戦うことを最適にしていることを意味している．

　ポデスタ制によって政治的秩序を実現するためには，微妙な勢力バランスが成り立っていなければならない．すなわち，一方でポデスタは，単独もしくは氏族1と結託することで都市の支配権を握るほど強大であってはならない（条件 (a) の両辺は m_p の増加に伴って減少するが，右辺は W が増えるにしたがって増加する）．他方でポデスタは，氏族2と結託して応戦するという脅しによって氏族1の攻撃を抑止することができる程度の軍事力は持っていなければならない（条件 (b) の左辺は m_p が大きくなれば増加する）．この勢力バランスは，ポデスタに，モデルでは明示的にとらえられていない重要な動機を与える．すなわち，両氏族の軍事力が拮抗すればするほど均衡が実現しやすくなり，ポデスタは戦争に参加せずに給与が得られる可能性が高くなる．このようにポデスタは，戦争を防止し，しかもどちらの氏族も極度に弱体化しないようにするという動機を持っている．だからこそポデスタは，各氏族の相対的な勢力を維持しようと努めることを，信頼のおける形で保証

することができるのである.

第8章註

1) 例えば, North (1981); Levi (1988); North and Weingast (1989); Root (1989); Olson (1993); Greif et al. (1994); Barzel (2002); Greif (2004b) を参照.

2) 制度の階層の上部に位置する制度は, 制度間の関係を律している制度に影響を与えることで, その他のすべての制度を左右することができることを思い出されたい (本書2.1.3を参照).

3) ジェノヴァの歴史的資料が持つ価値については, 特にFace (1980); Abulafia (1977, pp. 6-24); Epstein (1984, pp. 5-24), そして, Giovanni Scriba (1154-1164) の序章を参照. Gabriella Airaldi, Eugene Byrne, Franco Cardini, John Day, Gerald W. Day, Steven Epstein, Richard D. Face, Diane Owen Hughes, Hilmar C. Krueger, Teoflio Ossian de Negri をはじめとしたジェノヴァの歴史家による優れた業績が, ジェノヴァに関するわれわれの知識に多くの貢献をなしている. 本章は, 基本的にはこれらの文献に基づくが, ときには異説を提示している. 本章では取り上げなかったこれらの異論や多くの重要な詳細については, Greif (1994c, 1995, 1998c, 2004a) を参照.

4) 北イタリアの他の国々と同じように, ジェノヴァの誕生も技術的・経済的要因のみによって説明することはできない (Pryor 1988; Reynolds 1929, 1931; Krueger 1987; Greif 2004a).

5) Heyd (1868, 1885); Lopez (1938); Luzzatto (1961, pp. 73 ff.); Hicks (1969, pp. 49-50); G. Day (1988, pp. 5-6); Jacoby (1997); Greif (2004a) を見よ.

6) Tabacco (1989, 第4章); Schumann (1992, 第4章); Airaldi (1983) を参照.

7) Hyde (1973, pp. 29-52); Donaver (1990 [1890]); Lopez (1937); Vitale (1951, p. 17; 1955, 1: 3 ff.); de Negri (1986, pp. 232-4); D. Hughes (1978); G. Day (1988, pp. 72-3) を参照. ジェノヴァの司教 (のちの大司教) は, コミ

ューン成立の直後，その実質的な自律性を失った（S. A. Epstein 1996, pp. 33-4）.

8) ジェノヴァの執政官政府については，Vitale（1955）; de Negri（1986）; Pertile（1966）; S. A. Epstein（1996）を参照. Waley（1988, pp. 35 ff.）は，北イタリアの共和制都市国家に関して包括的な議論を展開している. 選挙で選ばれた執政官に共和国を支配させるという選択は，ローマ時代から受け継がれてきた思想と予想の結果であるかもしれない.「11 世紀の終わりまでには，イタリア都市国家の住民たちは十分な古典的・法的素養を身につけていたため，自らをローマ人とみなし，選んだ役人を執政官と呼び，法的な遺産として自治権を主張していた」（Hearder and Waley 1963, p. 43）.

9) これらの氏族の系譜については，Olivieri（1861）; Belgrano（1873, 表 XIX-XXVI および XIX ff.）; Byrne（1920, pp. 200-1）; Cardini（1978）; G. Day（1988, p. 74）を見よ. マネチャーノ氏族は，スピノラ家，カストロ家，エンブリアキ家，ブルスカス家，ヴィスカム家から成り立ち，カルマディーノ氏族は，ピペル家，ウスマリス家，ルシス家，カルマディーノ家から成り立っていた. ジェノヴァで三番目の氏族，デレ・イゾレ（Belgrano 1873, 表 XXXVIII）は，政治的な活動は行っていなかった. その他の氏族は，これら 2 つの氏族と連携しており，当然のごとく指導を仰ぐこともあった. こうして，これら 2 つの氏族が党派の中心的地位を占めていたのである. 簡単化のために，本章ではこの点を無視する. 詳しくは Greif（2004a）を参照のこと.

10) 軍事投資は，氏族間の相互支援ネットワークを維持するためのものであった. 投資が 1 期間だけしか効力がないと仮定するのはそのためである. 簡単化のため，海賊行為のための投資は考えない.

11) 各人が順次行動を決定することは，相互抑止に関する Powell（1993）の研究の中核である. ここでの仮定を採用したのは，氏族の行動は明らかにばらばらになされていたからである.

12) 以下の分析は，歴史的事実から見て妥当な以下の 2 つの仮定のうち 1 つが成り立てば，より説得力のあるものになる. それらの仮定とは，①都市を支配する氏族は非金銭的な利益を得る，②敗れた後も正の割引総利得を得る，というものである.

13) 海賊行為と特権から得られた利得の分配方法がそれぞれ異なるような，数多くの相互抑止均衡が実現可能である.

14) 追加的に特権を得た後で相手氏族を攻撃した場合には，得るものも失うものもより大きくなる．相手氏族が攻撃抑止のために軍事力を増強した結果，攻撃と平和が無差別になっている場合には，他の条件が同じであれば，得るものの方が失うものよりも大きい．

15) より正確には，この結果は効率的な特権数においてのみ成り立つ．しかし簡略化のため，図8.1はすべての値で成り立つように描かれている．

16) フライジングのオットー司教は，ジェノヴァ人の強さを「海戦」のようだと表現した (1152-8, p. 126)．海賊行為に関する記録については，*Annali* 1133-4, 1137-8, 1147-9, 第I巻，pp. 36, 38, 105-19, *CDG*, 第I巻，75号を参照．

17) ピサの歴史については，Heywood (1921); Duffy (1903); Rossetti et al. (1979) を参照．

18) ピサは，コルシカ (1091年以降)，サルディニア (1118年以前)，十字軍国家 (第1次十字軍以降)，ビザンツ (1111年以降)，スペイン (カタロニア地方は1113年から，アルメニア地方は1133年以降)，北アフリカのボーナ，トリポリ，スファクス，ブギア各地方 (1133年以降)，エジプト (1153年以降のカイロ市場と，それよりもかなり前からのアレキサンドリア市場を含む)，さらに，おそらくはいくつかのプロヴァンスの公国 (1113年から) などで特権を得ていた (*CDG*, 第I巻，27号)．

19) 歴代執政官の記録は完全ではないが，いずれにせよ確かなのは，ヴィスコンティが1155年にいたるまで，1人かそれ以上の執政官とヴィーチェコーメを毎年輩出していたということである (Heywood 1921, pp. 8, 253-4; Waley 1988, pp. 35-6)．

20) 例えば，Giovanni Scriba (1154-64, nos. 342, 505); Krueger (1957, pp. 270-1); D. Hughes (1977, pp. 99-100; 1978) を参照．1159年と1173年の間にジェノヴァを訪れた当時の旅行家トゥデラのベンヤミン (1159-73) は，氏族間に紛争があったときに塔がどのように用いられていたかについて記している (1987, p. 62)．その他の氏族も塔を建てた理由については，Greif (2004a) を見よ．

21) これについては，例えば，*Annali* 1164, 第II巻，p. 16; 1179, 第II巻，p. 192; 1192, 第II巻，p. 227を参照．

22) フォーマルに表現すると，命題8.1に従って，既存の特権に関しては$\lambda^k=1$であり，新たに獲得される特権については$\lambda^k=0$ということである．

23) 厳密には，補論8.1で用いた記号を使えば，総収益が増加すればより多

くの軍事投資を施すことになり（つまり，ICC^k より $\partial\psi^{-k}/\partial(I(T)+R(T))>0$ となる），したがって，氏族 $-k$ の投資の増加は，氏族 k の支持者数の増加をもたらす（つまり，ICC^{-k} から $\partial\psi^k/\partial\psi^{-k}>0$ が成り立つ）．現在の均衡の方がより特権数の多い均衡よりも望ましく，加えて，特権数の多い均衡の方が攻撃よりも望ましい氏族は，特権の獲得に協力しないことが最適である．

24) 例えば，*CDG*，第 I 巻，第 24 および 30 号．この時期にもジェノヴァは海賊行為に支出していたが，そのために 2 つの氏族が共同で資源を用いていたかどうかはわからない．

25) ジェノヴァによる他国の征服に関しては，*Annali*，第 I 巻の，特に，pp. 155-60 にも収められている．Caffaro, *Libro della Liberazione delle Citta d'Oriente* を見よ．マネチャーノ氏族はこの期間に，他のどの氏族よりも多くの執政官を輩出した．一方，カルマディーノ氏族は，その構成員であったイド・デ・カルマディーノが 1102-5，1118，1119 年に執政官となった（表 8.1）．氏族イドの提携関係については Belgrano (1873) と G. Day (1988, p. 71) を見よ．特権については，*CDG*，第 I 巻，15，16，17 号を参照．この時期全般に関する議論に関しては，Heyd (1885, 1: 149-50); Byrne (1920, 1928); G. Day (1984) を参照．

26) 1122 年まではマネチャーノ一族がジェノヴァでもっとも多くの執政官を送り出し，それは全体の 18 パーセントにも及んだ．1123 年以降は，カルマディーノ一族出身の執政官がもっとも多く，全体の 13 パーセントであった．この，マネチャーノ一族による支配からカルマディーノ一族によるそれへの変化は，執政官の構成に生じたより大きな変化と連動していた．このことは，一方の氏族が執政官政府を支配しているとき，相互支援ネットワークを介してその氏族とつながりのある小さな氏族からも執政官が出ていたことを示唆している．

27) *Annali* 1099，第 I 巻（*CDG*，第 I 巻，9 号にも引用されている）; *CDG*，第 I 巻，47 号，170 号，246-8 号．この点を考察している文献としては，Heyd (1868, 1885); Rey (1895); Byrne (1920, pp. 202-5; 1928); Cardini (1978); Face (1952) がある．

28) *Annali* 1143，第 I 巻，p. 41; *CDG*，第 I 巻，122, 124, 125 号．徒労に終わったスペインへの遠征については Caffaro, *Storia della Presa di Almeria e di Tortosa* を見よ．これは *Annali*，第 I 巻，第 1 号と Krueger (1949) にも収められている．

29) 簡単化のため，相互抑止均衡の基礎的なモデルではこの点を無視している．

30) Munz (1969, pp. 119-20); Waley (1988, pp. 88-97); Otto of Freising (1152-8, pp. 126-8) を見よ．

31) *Annali* 1154, 1155, 1158, 1159, 第Ⅰ巻．外的脅威を阻止することは，必ずしもモデルで仮定されているように無償でできることではないが，そのための費用を含めて考えても主な結果は変わらない．

32) *Annali* 1155-61, 第Ⅰ巻；*CDG*，第Ⅰ巻，特に 266, 268, 269, 270, 271 号；Krueger (1949, pp. 127-8); Lisciandrelli (1960, pp. 11-2); Byrne (1920); Vitale (1955, 1 : 36-8); de Negri (1986, pp. 275-81); G. Day (1988, pp. 86-99) を見よ．

33) この時期の台帳で唯一残っているジョヴァンニ・スクリーバ (Giovanni Scriba) による．1155 年以前のものは保存されておらず，1164 直後の台帳も残されていない．

34) しかし，海賊行為も継続して行われた (*CDG*，第Ⅲ巻，104-7 号)．

35) 氏族内部でも衝突が起こることはあったが，歴史的な資料にはほとんど記述されていない．例えば，1144 年の 5 月には，ウーゴ・エンブリアーコは，今後はウィリエルムス・エンブリアーコを侮辱するような行動はとらず，良好な関係を回復するために行動に気をつける，と誓っている．

36) この点に関する理論的な考察については Fearon (1997) を見よ．

37) 例えば，*Annali*，各年），第Ⅱ巻，pp. 16, 28, 104 を見よ．

38) 戦闘については，*Annali*，各年），第Ⅰおよび Ⅱ 巻を見よ．主要な氏族が戦っていた際には，アルベリキスやローザなどの小さな氏族が国を運営していた．また，1164 年から 1189 年までの間，特権数は変化しなかった．交易が拡大した形跡もない (Giovanni Scriba; Obertus Scriba; Guglielmo Cassinese)．ジェノヴァがいかに疲弊していたかは，ほどなくピサとの戦争に敗れたことによっても窺い知ることができる（詳細については，Greif 1998c と 2004a を参照）．

39) *Annali* 1194, 第Ⅱ巻, pp. 231-2；Vitale (1955, 1 : 51-5); Abulafia (1977, pp. 204-12); G. Day (1988, p. 149) を見よ．

40) Hyde (1973, pp. 100-1); Heywood (1921, p. 262); Waley (1988, p. 42) を参照．

41) G. Day (1988, p. 147) および Heywood (1921, pp. 214, 220) を参照．

42) ジェノヴァの人々は，1154 年以降の制度改良の失敗（第 7.2 節）によっ

て，この問題の存在に気づいた．1154 年以降は，ボルタ一族が 2 つの有力氏族間のバランスをとることで，氏族同士の協力関係が促進された．ボルタ一族は双方の氏族と婚姻関係を結び，執政官政府にも多くの執政官を送り出した．そして，最終的にはカルマディーノ一族の一部となった（Greif 2004a を見よ）．

43）　しかし逆に，もしジェノヴァ人が自分たちだけでポデスタの軍事的行動を抑止できるほど強大な力を持っていたら，ポデスタの力を借りずに氏族を抑制することができてしまう．

44）　1196, 1199, 1202, 1203, 1205, 1206 年の Olivieri（1861）; Vitale（1951, p. 11）; G. Day（1988, pp. 150-1）を参照.

45）　それぞれの都市のポデスタ制は，重要な点で異なっていた．ピサでは，1190 年にポデスタ制が確立したが，力の均衡を作り出すことが目的ではなかった（Rossetti et al. 1979; Christiani 1962; Heywood 1921）．初代のポデスタ（1190-9）は，ハインリヒ 6 世に仕えたゲラルデスカ公爵であった．1199 年までには，1190 年以前にピサを支配していたヴィスコンティ氏族が支配力を回復し，その後のポデスタ制に多大な影響を与えた．1237 年のヴィスコンティ氏族 – ゲラルデスカ氏族間の紛争の後になって初めて，ピサ人ではないポデスタが任命された．

46）　第 10 章で議論するコミューンの責任制度も約束の履行を促進した．

47）　これらの計算は，この時期のもので入手可能なすべての特許状台帳（cartularies）（Giovanni Scriba, Obertus Scriba, Guglielmo Cassinese, Lanfranco Scriba, Giovanni di Guiberto）に基づいている．Sieveking（1898-9, p. 67）; J. Day（1963, p. XVI）; Greif（1994c, 1998c, 2004a）も参照のこと．

48）　1100 年の両都市の人口推計は入手できない．

49）　相互抑止は報復の文化——報復の規範の社会化——を事前的には合理的なものとしたが，結果として生じた氏族間の確執は高くついた．しかし，もし復讐しないことによって他の氏族に容易に「餌食」にできると信じさせてしまい，費用のかかる復讐に参加しない場合より不利になる場合には，復讐は事後的にも合理的であるかもしれない．氏族間の確執の解消は，まさに国家的課題であった．

50）　例えば，*Annali* 1190, II, p. 220; 1193, II, p. 228; 1203, III, pp. 28-9; 1187, II, pp. 204-5; 1203 を見よ．好戦的な氏族たちを抑えることに成功したイタリアのその他の都市に関する優れた記述については，Martines（1972）を参

照.

51) この違いを富裕度の違いに帰することはできない (Greif (2004a)).

52) 例えば，Donaver (1990 [1890], pp. 86 ff.)；S. A. Epstein (1996, 第 5 章) を見よ.

53) 世界のさまざまな地域で，過去および現在，拡大家族が有する（有した）相対的な重要性に関する包括的な分析については，Goody (1983)；Mitterauer and Sieder (1982)；Korotayev (2003)；Bittles (1994) を参照. 血縁関係を弱めることで教会が得た利益については，Goody (1983) と Ekelund et al. (1996) を参照. 教会が用いたその他の手段については，Stark (1996) も参照のこと. なお，部族たちによる西ヨーロッパ帝国征服の過程やその際に用いられた政策によって，社会的統合が進んだことが知られている.

54) イギリスの歴史的な資料によれば，中世後期には，いとこ同士が交流することすら稀であった. Razi (1993) を参照.

55) 政治における正当性の根拠が異なっていたことも重要である. Greif (2002) および本書第 6 章を参照.

56) 氏族の効用関数に社会的名声や政治的支配力を含めるように拡張しても，結果は頑健である——実際にはより強められる.

57) 戦争抑止論についての最近の論考については，Powell (1993)；Bates, Greif, and Singh (2002)；Grossman and Kim (1995)；Skaperdas (1992) を参照されたい.

58) すべての関数は微分可能であると仮定する. 勝率を決める関数に関する全般的な議論と具体例については，Skaperdas (1996) を見よ. また，本質を変えることなく，引き分けになる確率をモデルに組み入れることができる. 引き分けになる場合も許容して，氏族 k がある期で勝つ確率を $S^{k,w}(\psi^k, \psi^{-k})$ としよう. そのうえで，$s^{k,w}(\psi^k, \psi^{-k}) = S^{k,w}/(1-\delta(1-S^{k,w})(1-S^{-k,w}))$ と定義すればよい. この関数は，氏族 k が勝つ確率と，遅延によってもたらされる利得の減少を表している. $s^{k,w}(\psi^k, \psi^{-k})$ が 1 つ目の変数の増加関数であり，2 つ目の変数の減少関数となるような $S^{k,w}(\psi^k, \psi^{-k})$ の例としては，$S^{k,w}(\psi^k, \psi^{-k}) = f(\psi^k)/(f(\psi^k) + f(\psi^{-k})) - \varepsilon$, $\varepsilon \in [0,1]$, $f(\psi^t) = \alpha(\psi^t)^m$, $\alpha > 0$, $m > 0$, $t = k, -k$ がある.

59) 均衡では，攻撃が行われた後に共同で海賊行為を行うことはない.

60) 事実，カルマディーノ—マネチャーノ共同戦線は，強力な抑止効果を持っていた. 年史に残された記述によれば，1155 年，神聖ローマ帝国皇帝は

イタリアの都市トルトーナを壊滅させ、「イタリアの諸都市が彼に大いなる敬意を払うことを期待した。しかしジェノヴァの執政官たちはわずかな金額を支払うことすら拒絶し、すべての城を補強し始めた。極度の便宜主義で知られるジェノヴァ人たちが戦いの準備を完了したことを知るやいなや」、皇帝はジェノヴァへの攻撃を中止した（*Annali* 1155, 第 I 巻, pp. 54-5）。このことは、ジェノヴァの氏族が一致団結して対抗したため、皇帝が、分裂させて征服するという手法をとることができなかったことを示している。

61) 記号を簡略化するために、ここでの分析に関係のないパラメータは省略している。

62) 両氏族の軍事力や軍事投資は異なっていてもよい。したがって、両氏族の関数 $s(\cdot)$ は必ずしも同じものではない。簡単化のため、ここではこの点を無視している。

63) 効用関数や勝率関数の形も、その他のパラメータの次数もわからないため、一般的な均衡の存在証明はしない。

64) 攻撃が行われた後には、相手氏族が協力しないと予想するため、海賊行為には協力しない。しかしこの点は、相互抑止均衡に関する主な結果とは本質的な関連がない。Geanakoplos et al. (1989) は予想に依存する効用関数を提示した。それに基づいてなされたより込み入った分析によれば、共同海賊行為が、ある氏族に相手氏族を攻撃するより良い機会を提供する場合（これは現実的な仮定である）、内生的に生じる報復への恐怖が、共同海賊行為を回避する追加的な動機になる。実際、軍事的対立の後、確執がジェノヴァの氏族間関係を特徴づけるようになった。

65) この問いも以下の分析も、より多くの特権を獲得すれば新たな相互抑止均衡に移行すると仮定している。ここでは、移行に伴う困難から効率性が妨げられる可能性は無視している。

66) この結果は、1 つの氏族の $\phi^{h,*}(\lambda^k, \tau)$ のみが厳密に正で、海賊行為が行われない場合には、定性的にも成り立つ。海賊行為が行われない場合、正の軍事投資を伴ういかなる相互抑止均衡においても限界的な政治的費用が正となるための必要十分条件は、$(1-\delta)/(1-\delta s(\cdot)) > \lambda^k$ である。つまり、どのような δ および λ^k の値に対しても $s(\cdot)$（すなわち、支配氏族として君臨し続けられる確率）が十分に 1 に近ければ、この結果が成り立つ。$s(\cdot)$ が大きければ、攻撃が失敗することによって被ると予想される損失よりも、支配権を得ることによって獲得できる利益の方が大きく増加するた

め, 限界的な政治的費用は正となる.

67) この仮定も, 戦争の費用がすべてのプレイヤーにとって等しいという仮定も, 結果を得るうえで本質的ではないが, 分析を簡単にしてくれる. また, 氏族が軍事投資を行う能力をモデルに加えても本質的に結果が変わらないため, ここでは簡単化のためにそれを無視する.

68) 同様のコミットメント問題は, 氏族と支持者との間にも発生する. ただしこの場合には, 関係が継続するため問題は生じにくくなる. これは, 外部の者との関係では生じないことである.

69) 情報の非対称性を導入すると, 結果はより強いものとなる. ポデスタと氏族との間に, 氏族の軍事力に関して情報の非対称性があると仮定する. この場合, 軍事力のある氏族はポデスタに寛大な報酬を提示するであろう. しかしそのような氏族は, 事後的にはポデスタに対する支払いをしないであろう. したがって, ポデスタはさらに氏族と結託しなくなる.

70) 職を得た後のポデスタの留保効用はゼロである, と暗黙に仮定している.

71) ポデスタが, 氏族間の紛争を防止せず, 紛争に勝った氏族を攻撃することができる場合にも, 結果は変わらない.

［監訳者紹介］

岡崎哲二（おかざき・てつじ）

東京大学大学院経済学研究科教授．1981 年，東京大学経済学部卒業．1986 年，東京大学経済学博士．著書に，『江戸の市場経済——歴史制度分析からみた株仲間』（講談社選書メチエ，1999 年）．*American Economic Review, Journal of Economic History, Economic History Review, Explorations in Economic History* などに論文多数．

神取道宏（かんどり・みちひろ）

東京大学大学院経済学研究科教授．1982 年，東京大学経済学部卒業．1989 年，スタンフォード大学経済学博士．主な研究分野はゲーム理論（特にくり返しゲームと進化ゲーム）．論文に，「ゲーム理論による経済学の静かな革命」（伊藤元重・岩井克人編『現代の経済理論』東京大学出版会，1994 年所収），*Review of Economic Studies, Econometrica, Journal of Economic Theory* などに論文多数．

［訳者紹介］

有本 寛（ありもと・ゆたか）

一橋大学経済研究所准教授．2001 年，筑波大学第二学群生物資源学類卒業．2006 年，博士（農学，東京大学）．

尾川 僚（おがわ・りょう）

元広島大学社会科学研究科特任講師．1999 年，東京大学法学部卒業．2008 年，博士（経済学，東京大学）．

後藤英明（ごとう・ひであき）

国際大学大学院国際関係学研究科教授．1999 年，東京大学文学部卒業．2009 年，コーネル大学 Ph.D.（Applied Economics）．

結城武延（ゆうき・たけのぶ）

東北大学大学院経済学研究科准教授．2005 年，大阪大学経済学部卒業．2011 年，博士（経済学，東京大学）．

本書は、二〇〇九年十二月十七日、ＮＴＴ出版より刊行された。

ちくま学芸文庫

比較歴史制度分析 上

二〇二一年二月十日　第一刷発行

著　者　アブナー・グライフ

監訳者　岡崎哲二（おかざき・てつじ）
　　　　神取道宏（かんどり・みちひろ）

発行者　喜入冬子

発行所　株式会社　筑摩書房
　　　　東京都台東区蔵前二‐五‐三　〒一一一‐八七五五
　　　　電話番号　〇三‐五六八七‐二六〇一（代表）

装幀者　安野光雅

印刷所　株式会社精興社

製本所　加藤製本株式会社